A desculpa

Alexandre Werneck

A desculpa

As circunstâncias e a moral das relações sociais

1ª edição

CIVILIZAÇÃO BRASILEIRA
Rio de Janeiro
2012

Prêmio Capes de tese 2010
Sociologia
Menção Honrosa

PROJETO GRÁFICO DE MIOLO
Evelyn Grumach e João de Souza Leite

CAPA
Sérgio Campante

CIP-BRASIL. CATALOGAÇÃO NA FONTE
SINDICATO NACIONAL DOS EDITORES DE LIVROS, RJ

W524a

Werneck, Alexandre, 1974-
A desculpa: as circunstâncias e a moral das relações sociais / Alexandre Werneck. – Rio de Janeiro: Civilização Brasileira, 2012.

Inclui bibliografia
ISBN 978-85-200-1167-6

1. Sociologia. I. Título.

12-8390

CDD: 305
CDU: 316.7

Este livro foi revisado segundo o novo Acordo Ortográfico da Língua Portuguesa.

Direitos desta edição adquiridos pela
EDITORA CIVILIZAÇÃO BRASILEIRA
Um selo da
EDITORA JOSÉ OLYMPIO LTDA.
Rua Argentina, 171 – Rio de Janeiro, RJ – 20921-380
Tel.: 2585-2000

Impresso no Brasil
2012

À dona Zenilde, minha mãe,
que uma vez me disse para não duvidar de nada,
pois qualquer coisa pode acontecer
e o negócio mesmo é entender
as coisas quando elas acontecem.

Só a realidade justifica tudo.

Fiódor Dostoiévski,
O *adolescente*

Sumário

Apresentação 11
Prefácio 17

NO PRINCÍPIO... 21

O INVENTO DE ADÃO 35
Mil desculpas 42
Uma desculpa: John L. Austin e além 60
Às desculpas, por meio de desculpandos 71

DE UMA SOCIOLOGIA PRAGMATISTA DA CRÍTICA A UMA SOCIOLOGIA PRAGMATISTA DA MORAL 77
A sociologia pragmatista francesa 81
Algumas palavras de moral 100
Moral em estado crítico 113

CACHORRINHOS, IMPRESSORAS E JABUTIS (MANUAIS DE DESCULPA) 117
Manualização 119
Mil e uma verdades, quantidade, qualidade 123
Desculpas esfarrapadas 131
Uma sociologia do absurdo: a dispensa da lógica na argumentação 135
O cachorrinho e a impressora devoram o dever: o modelo do "não era eu" 137
Mais real que o rei: o modelo do "é assim mesmo" 142
Nota de "fitness" situacional: a definição de uma moral flexível 145

RESPONSABILIDADE PÚBLICA E CIRCUNSTÂNCIAS (O MENSALÃO) 147
O escândalo cívico e a pessoalidade 160
Políticos, rotulação e sujeição criminal "que não cola" 163
Cronologia da fase acusatorial (até o final da CPMI) 166
Com a palavra... 172
Errar é humano: "não era eu" porque "é assim mesmo" que eu sou 188
Da pessoalidade 192

DISCUTINDO A RELAÇÃO (DESCULPAS DE CASAL) 197
A hora marcada e o "desamor" 203
A construção de um relacionamento: uma dinâmica peculiar para as conversações 212
Características complicadoras, mal-estares e desculpas para eles 219
Familiaridade 226
1) Previsibilidade: o outro nos é conhecido e agirá sempre de uma mesma maneira 228
2) Inevitabilidade: a relação é inevitável, determinada por um princípio superior 230
3) Intimidade: há pouca ou nenhuma limitação em relação ao outro 232
Familiaridade e pessoalidade 233

A IDADE DA DESCULPA (DESCULPAS DE IDOSOS) 241
Desculpa, dispositivo moral 249
Pequenas disputas por espaço 252
A velhice como desculpa: "não sou mais eu" e "velho é assim mesmo" 256
1) Quebra de protocolo: O "velho expansivo" ou "entrão" 258
2) Competição agressiva pelo espaço: O "velho espaçoso" 260
3) Furar a fila comum: O "velho aproveitador" 261
4) Abordagem de senhores a moças: O "tio" ou o "velho babão" 263
Da recusa de uma rubrica identitária a seu uso como dispositivo moral 264

DE ADÃO AO BOM LADRÃO 267
Por uma sociologia da moral: uma forma pragmática de descrição das situações 278
Sobre a efetivação 287
O amor e o "egoísmo" como competências: sobre as efetividades 291
Da disposição para o acordo à disposição para o bem 297
Competências, conveniências, efetividades: várias formas de bem 300
E finalmente: da capacidade metapragmática à efetividade metapragmática 313

Referências 317
Livros e artigos científicos 317
Textos de jornais e revistas 332
Documentos audiovisuais não jornalísticos e relacionados 334
Manuais de desculpa analisados 334

Notas 339
Índice 371

Apresentação

Michel Misse

Não foi certamente sem surpresa que recebi, mais ou menos no meio da primeira década deste século, no quarto andar do vetusto "*mao*soléu" — como chamávamos, nos idos de 1970, o velho prédio do Instituto de Filosofia e Ciências Sociais (IFCS) —, um jovem meio atabalhoado, com uma pasta de couro imensa a dificultar-lhe a escolha do lugar para sentar-se a meu lado no surrado sofá de minha sala de trabalho. Estava abraçado à tal pasta, que não largava, e foi um pouco nervoso que se apresentou como ex-orientando de mestrado de Paulo Vaz, da Escola de Comunicação (ECO) da UFRJ, o que, para mim, já representou um trunfo, um primeiro passe. Se passou pelo Paulo, está quase feito, concluí com meus botões. Mas soube que o rapaz também fora editor de Caderno B ou coisa parecida e, crítico de cinema, realizara uma de minhas frustrações na vida (sempre me lembro do Beto me ensinando em Cachoeiro de Itapemirim a apreciar as resenhas fílmicas de Moniz Vianna, no *Correio da Manhã*). Então, pensei, não é só do Paulo o crédito; o rapaz parece ser por si mesmo interessante; críticos de cinema geralmente têm humor ácido e meio cínico, mas sempre inteligente.

Minha identificação com seus modos tímido-altaneiros-pasta-velha-de-couro-abraçada-ao-peito e a conversa que em seguida tivemos a respeito de sua dissertação de mestrado em comunicação social — sobre o cinismo — me convenceram de que eu estava diante de uma coisa rara hoje em dia: um intelectual. Mas eis que isso era, também, um primeiro problema. Para o bem ou para o mal, intelectuais dificilmente se transformam em sociólogos.

Disse-me, então, levemente constrangido, que queria fazer o doutorado em sociologia comigo e, instado a dizer sobre que assunto pensava desenvolver sua tese, sem pestanejar enveredou pelo tema das desculpas na vida social. Lembrei-me novamente com meus botões: Jacques Tati andava em seus filmes como quem pedia desculpas por transitar no espaço que ocupava, o que me conduziu novamente a mim mesmo, à minha querida professora de filosofia do Instituto La-Fayette, Maria Regina Pedrosa Figueiredo, que dizia que eu, aos 17 anos, lhe lembrava os modos de Monsieur Hulot, com meu guarda-chuva abraçado às pernas. E lá estava o meu jovem interlocutor, abraçado à pasta de couro, dizendo querer estudar desculpas!

Levantei-me, fui à estante e peguei um livro que quase ninguém conhecia, de dois autores esquecidos, uns tais Marvin B. Scott e Stanford M. Lyman, intitulado *A Sociology of the Absurd*, e o passei a Alexandre Werneck, este o nome do rapaz, que me olhava com olhos, barbas e bolsa de couro escuros, sentado, sem se recostar, em meu velho sofá de pés de jacarandá. Chamei-lhe a atenção para um dos capítulos, intitulado "Accounts". Foi o que bastou. O que ele fez com isso, dali para a frente, estava muito além de minha própria imaginação.

Este livro que o leitor tem em mãos é a completa realização do que ele já trazia consigo, do que aprendeu com o Paulo Vaz, do que só ele viu no tal capítulo que lhe passei e do que aprendeu da experiência que teve no Programa de Pós-Graduação em Sociologia e Antropologia (PPGSA) da Universidade Federal do Rio de Janeiro (UFRJ), no Núcleo de Estudos da Cidadania, Conflito e Violência Urbana (Necvu) e, tempos depois, com as "justificações" de Boltanski e Thévenot, dois franceses de moral alta. Muito mais que isso, claro! Pois o homem escarafunchou bibliografias, fez trabalhos de Campo Grande a Nanterre, discutiu, em franco-português, com o extraordinário Daniel Cefaï, conseguiu livrar-se, com certa imprudência, dos testes *mellodramáticos* de desasnar jovens inquietos, e até mesmo preparou o que parece ter sido um excelente bobó de camarão na verdadeira *cité*, a *universitaire*, em Paris, devidamente absorvido com gosto pelos antropólogos que por aquelas paragens passavam, entre os quais os amigos Robert Kant de Lima, coordenador, com Marco Antônio da Silva Mello, do acordo Capes-Cofecub que levou Werneck à França.

Não devo mais partilhar com os leitores todas essas recordações, e provavelmente o autor ficará corado com esta minha apresentação, pois ainda nem sequer falei do livro, só de nós outros. Mas é que o livro é bom demais, dispensa salamaleques, entra e sai da estante e não pede desculpas. Direi poucas palavras sobre ele, apenas o suficiente para fortalecer no leitor a vontade de lê-lo até o fim.

Não se contam, em mais dedos, trabalhos sociológicos no Brasil que enfrentem, ao mesmo tempo, questões de teoria sociológica e de pesquisa empírica como este. Não me perguntem o porquê, sou dos últimos a saber. Alexandre Werneck parte do tema da desculpa, busca *todos* (eu disse *todos* mesmo, *todos*) os interlocutores internacionais do tema e, à luz de seu trabalho de campo, "conversa" teoricamente com *todos* eles, sem exceção. Até manuais de como proceder para dar boas desculpas em situações difíceis foram compulsados e analisados pelo nosso incansável autor, que nada deixou de lado. E burilou várias joias, a melhor de todas, pelo menos para mim, a da diferença entre desculpar-se, "*pedir* uma desculpa" (que é universal), e "*dar* uma desculpa" (que é circunstancial). Quem *pede desculpas* pode receber e geralmente recebe o perdão, mas fica na posição do interpelado e, como pedinte, de quem admite que tinha consciência e controle da situação que o levou ao pedido. Já quem *dá* uma desculpa se põe em uma posição de relativa superioridade, tenta "obrigar" o outro a recebê-la, ainda que a contragosto, já que nega controle completo da situação.

Mas muito mais que essa joia, o processo da desculpa é decupado por Werneck em todas as suas fases ou momentos, em uma análise densa, que permite ao leitor compreender a centralidade do que poderia parecer um tema banal nas interações sociais. Eu mesmo havia tratado dos *accounts* em minha tese de doutorado, mas não havia percebido a diferença entre relatos justificadores e desculpas nem havia explorado suficientemente os seus desdobramentos. Werneck o fez com maestria.

O objeto do livro é a restauração de uma ruptura na interação que poderia definir o fim de uma relação social. Dito nas palavras do autor:

"a questão é como *manter* algo que está constantemente pressionado pela possibilidade de ruptura e mesmo de ocaso, de encerramento. E como, no processo de promover essa *manutenção*, um tipo muito peculiar de *dispositivo* desempenha um importante papel. Esse dispositivo é o ato de dar uma desculpa, ou, neste livro, simplesmente, "*desculpa*". E o mais importante é que "desculpa" seria um procedimento para anulação da culpa de alguém que cometeu um erro — "É como o próprio nome diz, desculpar é *des-culpar*, é 'tirar a culpa', dizem-me, em uma etimologia informal. Mas é preciso sublinhar antes de tudo: este livro se debruça sobre a *desculpa dada*, não sobre a *desculpa pedida*. Embora as duas, digamos, tenham o mesmo nome, são fenômenos morais e sociais enormemente distintos."

Acompanhando a argumentação do autor, pode-se dizer que, na situação de ter-se que "pedir desculpas" ou "desculpar-se", o agente responde a uma acusação de culpa que demanda alguma punição. A punição, em qualquer caso, para poder existir, sempre precisa simplificar a complexidade da interação, pois precisa afirmar a agência do ator, posto como sujeito que tem controle absoluto sobre a situação, sendo portanto culpado pela opção que tomou. Reifica assim, em apenas uma, a pluralidade de gramáticas morais possíveis no caso avaliado. É a base de todo o processo (potencial) de incriminação, na modernidade (e de sujeição criminal, em sociedades profundamente desiguais). Já ao se "dar uma desculpa", reconhece-se o negativo da situação, mas se nega ter plena responsabilidade por ele, nega-se a associação direta entre agente e ação. Admite-se a generalidade negativa da situação, mas se retira do questionamento recorrendo a uma narrativa singular, que afasta o agente do controle responsável da história. Nas palavras de Werneck, quando se *dá uma desculpa* (que não precisa ser necessariamente uma desculpa "esfarrapada"), oferece-se uma explicação circunstancial para uma ação que incomodou alguém. Admite-se e se nega ao mesmo tempo, o que resulta em uma configuração curiosa, que inverte a possibilidade da sujeição à norma geral por um sujeito que se recusa enquanto tal ao recusar a interpelação, pondo-se fora do controle das ações e, portanto, da culpa.

Ligar as questões levantadas e pesquisadas pelo autor às interpretações do particularismo brasileiro pode servir de guia para se sair de dilemas heurísticos comuns entre os chamados "intérpretes" do Brasil. Afinal, "dar desculpas" pode não ser uma exclusividade cultural apenas nossa. Mas, como esse dispositivo produz conciliação nas relações sociais e funciona como prática de "curar feridas" incuráveis em outras culturas, fica implícita, nesta obra, a sugestão de uma agenda de pesquisas inovadora entre nós. Mais um aspecto fecundo que brota deste trabalho.

Alexandre Werneck recebeu uma menção honrosa no Prêmio Capes de Tese, pelo conteúdo que deu origem a este livro. É hoje professor de sociologia na mesma instituição em que se formou. Honro-me de tê-lo tido como orientando e agora de tê-lo como colega de departamento e editor da revista que fundamos para tratar desse e de outros dilemas. Alexandre ainda continua a usar pastas de couro em vez de mochilas. E as agarra sempre contra o peito, ambos carregados, de livros e ideias.

Prefácio

Howard S. Becker

Ao chegar ao Brasil pela primeira vez, em 1976, tinha ainda muito a aprender. Certa noite, fui com dois amigos a um bar, em Copacabana. Ao menos era aonde pretendíamos ir. Mas, quando chegamos, meus camaradas passaram a minha frente e, antes que eu tivesse tempo de cruzar a porta de entrada, já haviam voltado lá de dentro, cheios de raiva. Por que eles estavam tão enfurecidos? Aconteceu que, quando entraram no salão, o garçom (ou recepcionista, ou seja lá quem eles esperavam que tivesse de demonstrar cortesia com eles) não havia aparecido logo para tomar ciência de sua presença e lhes dar as boas-vindas que eles achavam que deveriam receber. Eles não chegaram a atacá-lo, mas lhe deram as costas, enquanto o garçom (suponho, uma vez que nem tive tempo de passar pela entrada) corria para tentar compensá-los por aquele terrível insulto que lhes havia impingido. Não podíamos, então, ir mais àquele bar e tivemos que andar um bocado para encontrar outro lugar que não cometesse o mesmo erro, até que eles pudessem me ensinar sobre caipirinhas.

Americano amante da paz, fiquei surpreso, talvez um pouco chocado, e talvez até preocupado com o que mais poderia acontecer antes que a noite terminasse e eu tivesse minha aula de caipirinha. No lugar de onde venho, as pessoas não se sentem ofendidas tão rapidamente.

Mas na verdade, mesmo estando em Copacabana com um casal de aristocratas, não chegamos a ter nenhum problema mais sério. Eles expressaram seu desconforto energicamente, mas parou por ali. Por que aquela confusão não chegou às vias de fato? Bem, na verdade, na maioria das vezes pequenas desfeitas como aquelas não levam nem mesmo àquela forma levemente agressiva de reprovação que presenciei.

O que pode nos ajudar aqui é uma antiga tradição sociológica, resultante talvez das penetrantes análises de Georg Simmel sobre o jogo da sociabilidade, tendo continuidade na sutil dissecação de Norbert Elias do que significam de fato as maneiras à mesa e que conduziu em nossos dias à claríssima compreensão de Erving Goffman das pequenas coisas que causam embaraço e nos informam quando duas pessoas estão "juntas".

Essa linha de pensamento se coloca em oposição direta a outra tradição, talvez personificada nas análises da estrutura e das funções sociais associadas ao nome de Talcott Parsons, o sociólogo americano de quem cada palavra repousava em uma visão da sociedade como algo mantido em um estado de "equilíbrio funcional", para a qual cada elemento da vida social contribui para a operação harmoniosa e sem falhas.

A outra tradição, que conduz diretamente ao livro de Alexandre Werneck que você está prestes a ler, vê as coisas de forma diferente, tomando como ponto de partida a ideia de que a vida social está sempre na iminência de se despedaçar, de que um minúsculo insulto no bar em Copacabana muitas vezes (embora não seja inevitável) conduzirá a um conflito cada vez mais intenso.

Em cada caso, esses pensadores, de Simmel a Werneck, nos obrigam a ver que essas pequenas, quase despercebidas, rotinas de polidez e cortesia permitem que a sociedade e a vida social sigam em frente sem maiores problemas e evitam conflitos que mal-entendidos a respeito de intenções e suspeitas mútuas podem tão facilmente produzir. Não temos de pensar em como reparar uma ruptura social. Todo o procedimento demanda tão pouco esforço, é tão automaticamente produzido por todos os envolvidos que esquecemos como teria precisado ser diferente.

Quando duas pessoas se esbarram no corredor de um supermercado, elas não suspeitam imediatamente de motivos malignos uma da outra e começam a brigar. Nem apresentam uma à outra argumentos complexos, com longas e detalhadas listas das premissas que defendem, a partir das quais chegam à conclusão de que nenhum dano foi intencional e nenhum insulto foi apresentado. Nem aguardam ansiosamente para ver se a outra parte aceita sua fundamentada argumentação. Em vez disso, ambos balbuciam algum pedido de desculpa-padrão — "Sinto muito", "Desculpe-me" — ou dão uma desculpa qualquer, viram-se e prosseguem em suas compras. De modo que sua atividade principal — talvez obter o que precisam para o jantar da noite — segue adiante sem perturbações, muito embora tenham passado por aquilo que poderia ter sido uma desagradável sequência para um desafortunado contato físico.

Esses pequenos atos de pedir, dar e aceitar uma desculpa mantêm a vida social seguindo suavemente mais do que aconteceria sem eles, porque todo mundo os aceita como forma de evitar problemas sem cortejar o perigo ou sofrer humilhação. Você diz apenas "Desculpe-me", a outra pessoa pronuncia alguma fórmula similar, e a vida segue em frente.

Werneck centrou sua atenção nessa pequena ferramenta de interação que ajuda a vida cotidiana a prosseguir sem muitos problemas: a desculpa dada. E começa pela primeira desculpa — para os que acreditam nessas coisas: a explicação de Adão para ter desobedecido à prescrição do Senhor para ficar longe da árvore, não comer a maçã e com isso adquirir o terrível conhecimento do bem e do mal, sem o qual sem dúvida todos nos sentiríamos um pouco melhor. A desculpa de Adão, a "desculpa original", é simples: "Não foi minha culpa. *Ela* me fez fazer aquilo." O que Eva então repete, explicando que fora a serpente que *a* convencera a fazer aquilo. Essa maravilhosa ferramenta da vida social não deixou Deus tão impressionado a ponto de evitar que o casal fosse severamente punido, mas tem funcionado bem para muitos de nós desde então.

O autor fez um profundo estudo desse quase despercebido ato de civilidade que tanto contribui para a mínima paz relativa que possamos experimentar em nossas vidas cotidianas. Ele nos mostra como as ideias de muitos pensadores contemporâneos em filosofia e sociologia, assim como na literatura, contribuem para compreender toda a complexidade das ações cooperativas envolvidas no simples ato de dar e receber desculpas, e, ao fazê-lo, lança uma nova luz sobre teorias de pensadores como J. L. Austin, Harold Garfinkel e muitos outros.

O livro nos torna cientes da fragilidade da chamada estrutura social e do trabalho exigido de todos nós no sentido de impedir seu completo colapso. Uma lição de que nunca deveríamos nos esquecer.

No princípio...

Quando eu ainda era apenas um pequeno estudante, no curso que no meu tempo se chamava primário, comecei a ter na escola aulas de religião. Era coisa comum, parte de uma disciplina moral e cívica em sentido amplo. Ao mesmo tempo, como era também típico naquela época, estava tomando lições de catecismo na igreja e tendo contato habitual com o universo simbólico da Bíblia e da liturgia eclesiástica. Era um momento em que aquilo era entendido como cultura geral e em que a TV exibia filmes bíblicos à tarde sem que isso fosse considerado programação segmentada, programas de humor apresentavam sátiras de cenas bíblicas e qualquer um era capaz de entendê-las sem ser chamado de mais ou menos carola por isso. Não é, então, nada curioso que tenha sido na laica educação formal que, um dia, fui exposto pela primeira vez à história da Criação do Mundo (aquela que, em nossa idade, ainda era sem Big Bang e sem várias outras descrições científicas que viriam a assumir um lugar praticamente de senso comum). A professora, uma jovem que parecia efetivamente apaixonada por falar sobre aquele tema, chegou à sala de aula e, após os cumprimentos e apresentações habituais, desenhou no quadro, com traços dignos de um livro infantojuvenil amador, o cenário e os personagens da história que narraria. Logo depois, sacou um livro de capa de couro e zíper, abriu-o e se pôs a ler. Lá pelas tantas, como que para anunciar a virada na história, deu um longo suspiro dramático e leu algo como:[1]

> Eles ouviram os passos de Javé Deus, que caminhava pelo jardim à brisa da manhã, e o homem e a mulher se esconderam diante de Javé Deus no meio das árvores. Javé Deus chamou pelo homem: "Onde estás tu?", perguntou. "Ouvi seus passos no jardim", respondeu o homem; "tive medo porque estava nu e me escondi." Ele respondeu: "E quem lhe mostrou que estavas nu? Então tu comestes da árvore de que te proibi de comer!" O homem respondeu: "Foi a mulher que tu puseste ao meu lado que me deu de comer da árvore e eu comi!" Javé Deus disse à mulher: "O que tu fizeste?", e a mulher respondeu: "Foi a serpente que me tentou e eu comi." (Gênesis, 3, 8-13)

O desenrolar do episódio é bastante conhecido (mas seria ainda assim narrado pela professora, já que éramos infantes): pela desobediência, Deus expulsará Adão (o homem) e Eva (a mulher) do Paraíso e punirá o primeiro com a exigência do suor do trabalho para conseguir alimento, e a segunda com as dores do parto e... a submissão ao homem. À serpente, imporá inimizade com a mulher e o castigo de passar a rastejar sobre o próprio ventre (antes, conta-se, o réptil tinha pernas). O conteúdo pedagógico do mito, narrado a crianças, era bem claro: era preciso obedecer a Deus, sob pena de... bem, era preciso obedecer. Ao final da leitura, a professora comentaria o trecho bíblico, explicando por que não víamos maçã nenhuma ali e outros detalhes enciclopédicos, e sobretudo o tratando por seu título mais consagrado, como história do "pecado original".[2]

Mas eis que, diante do nome, um colega, como o ar extremamente espirituoso que o marcaria por todo o tempo em que convivemos, dispararia:

— Ra, ra, ra, depois do pecado original, o Adão inventou a desculpa esfarrapada original.

É claro que todo mundo riu. A professora inclusive. Mas não eu. Não, no entanto, porque achasse aquilo uma heresia — papel que já era paradoxalmente ocupado pela própria mestra, que, entre gargalhadas, dizia a meu amigo que ele não deveria "fazer chacota da Bíblia". Pelo contrário, por mais que eu tivesse — como tenho até hoje — uma atração irresistível pela boa anedota, o que me prendeu à história não foi a dimensão humorística da presença de espírito de meu colega — que seguiria como meu melhor amigo por mais alguns anos, até que uma fatalidade nos separasse. E, mesmo que naquele momento já fosse tão descrente em relação à transcendência e à religiosidade quanto sou atualmente, não foi o caráter desconstrutivo e iconoclasta o que me interessou. O que me chamou a atenção naquele caso, hoje enxergo — afinal, o episódio ficou decalcado em minha memória —, foi... concordar com a sugestão, *levá-la a sério*: sim, de fato o que acontecia naquela historinha era que o "primeiro homem", ao praticar a "primeira falta", oferecia àquele que ia a ele pedir satisfações a primeira tentativa de deslocar a mira da acusação para outro lado. E o que atiçou a curiosidade — primeiro a de meu camarada e muito depois, graças a ele, a minha — era que, com esse deslocamento, Adão não buscava provar sua inocência — ou seja, não buscava provar que a ação ou não foi praticada por ele ou não estava em desacordo com a regra imposta. Em vez disso, tentava simplesmente provar que não tinha responsabilidade por ela, que não pudera agir de outra forma. Adão diz: eu fiz, não há como negar, mas não fui eu o culpado; a culpada foi a mulher que o senhor me deu, que me fez fazer o que não devia (o que faz pensar que ele está jogando a culpa mesmo é no próprio Javé Deus). A demanda da criatura que desobedecera ao Criador era para que fosse desarticulada sua responsabilidade por uma ação que ele indiscutivelmente praticou.[3]

Momento curioso: ele ao mesmo tempo se assume "culpado" e reivindica "inocência". Aspas porque obviamente estou jogando com os sentidos do termo no universo jurídico. Adão se reconhece como merecedor de uma punição, mas pede para não recebê-la ainda assim. Soava como uma contradição. E era, em termos. Mas, se a ideia dessa presunção de "inocência" me produzia dúvidas, imagine a dor de cabeça que por isso eu daria a professoras, a catequistas, à minha mãe: o homem e a mulher não tinham livre-arbítrio, posto que não sabiam o que era bom e o que era mau. E não o sabiam justamente porque nunca haviam comido da tal Árvore do Conhecimento do Bem e do Mal, exatamente aquela que lhes havia sido interditada por Deus. Não tinham como saber, por si mesmos, então, se era bom ou não comer da árvore — salvo por uma determinação de regra, a obediência estrita à ordem divina. Ao comer do fruto, no entanto, tudo muda. Adão e Eva passam a *conhecer* o que é bom e o que é mau.[4]

Diante da admoestação do Criador, então, o primeiro homem se vê ameaçado. De quê? A resposta está em uma regra ditada anteriormente: "Tu podes comer de todas as árvores do jardim. Mas da árvore do conhecimento do bem e do mal tu não comerás, pois no dia em que tu dela comeres tornar-te-ás passível de morte" (Gênesis, 2, 16-17). A pena é capital, então. Entretanto, a ameaça é de uma faculdade, não de uma ação pontual: trata-se da *mortalidade* e não de *execução*. Se comesse da árvore, o homem não seria morto por um carrasco ou coisa que o valesse. Em vez disso, simplesmente passaria a ser mortal. Mas complementemos essa "letra da lei" com a pena aplicada: ao final da história, o homem ganha os traços dessa mortalidade traduzidos pela imposição de uma relação conflituosa com a terra, o solo, traduzida ao mesmo tempo na necessidade de trabalhar para do chão extrair o sustento e no ter a vida nele encerrada — "porque da terra viestes e à terra retornarás" (Gênesis, 3, 19). E logo depois ele é expulso do Jardim, um paraíso no qual a relação com a terra era outra, a de tudo dispor. No entanto, a expulsão representa sobretudo uma punição relacional: o homem perde... a familiaridade com Deus. O Paraíso era um lugar em que eles conversavam face a face, interagiam cotidianamente. Dali em diante, falar com Deus se tornaria uma ação muito mais complicada, que teria de ser intermediada, fosse por um ato ritual, a contrição oracional, fosse por uma sistematização hierárquica da relação com o sacerdote. O homem e a mulher mantinham com Deus, então, algo que podemos chamar de uma relação, ou seja, o reconhecimento mútuo da permissão para interações não temporárias, para um contato permanente. O Criador não era desconhecido do homem, e vice-versa. O que Adão tenta fazer, então, quando diz que não tinha sido ele o responsável por algo que ele fez e sabia que era errado? Ele tenta mostrar a Deus que não merece ser punido, que não merece... perder a relação com ele. Pelo menos não por ter transgredido aquela regra específica, naquelas circunstâncias específicas.

No final das contas, a despeito dessa suposta inocência, Adão joga a culpa em Eva. E esta joga a culpa na serpente. Nenhum dos dois humanos assume a responsabilidade pelo que fez. Meu colega estava certo: eles dois deram, ali, desculpas.

Eis, então, a questão: dar uma desculpa. Que ação é essa que, de tão presente em nossas vidas, adquiriu força simbólica suficiente para se tornar metáfora-emblema do nascimento da moralidade? Que tipo de movimentação social é essa que faz o ator, diante de, digamos, um olhar reprovador de outrem, em vez de exibir a contrição de um pedido de perdão, admitindo que errou e que tentará não mais errar, dizer que o erro teve, afinal de contas, um motivo outro, e que foi impossível naquele momento obedecer à regra moral em questão? Que objeto é esse que cabe nas bocas de Adão e de Eva, mas também nas de criminosos, estudantes, maridos, esposas, pais, mães, filhos, políticos, jovens, velhos, de qualquer pessoa diante de um mal-estar produzido por um ato seu em contato com outras pessoas?

Este livro é o resultado de um trabalho de cinco anos de pesquisa e reflexão a esse respeito e é baseado em minha tese de doutorado, apresentada ao Programa de Pós-Graduação em Sociologia e Antropologia (PPGSA), do Instituto de Filosofia e Ciências Sociais da Universidade Federal do Rio de Janeiro (UFRJ), e desenvolvida sob orientação do professor Michel Misse. É também baseado em alguns desenvolvimentos posteriores à defesa da tese — no âmbito de meu pós-doutorado, no mesmo Núcleo de Estudos da Cidadania, Conflito e Violência Urbana (Necvu) da UFRJ em que passei o doutoramento. Apresento três pesquisas de campo realizadas para a tese e uma pesquisa adicional, levada a cabo nos meses seguintes a sua conclusão, mas em total diálogo com ela. Todo o esforço aqui apresentado é uma tentativa de depreender e compreender o papel que o ato de dar uma desculpa ocupa na manutenção das relações sociais, observando Adão se repetir em pessoas reais, em situações práticas da vida social, diante de diferentes demandas oriundas das interações temporárias e das relações permanentes em que estejam envolvidas.

Uma empreitada como essa — como em geral são aquelas em disciplinas que discorrem sobre o homem, em especial nas que convencionamos chamar de ciências humanas, que dependem de contato (direto ou indireto) com gente — não se realiza sozinho. Ela é sempre o resultado de inúmeros encontros, da criação de múltiplas parcerias e do estabelecimento de relacionamentos que não podem não ser longos. Raramente são interações passageiras aquelas produzidas em um conjunto de pesquisas como este. Este trabalho, então, de certa maneira, também pertence a todos esses parceiros. É de cada autor de manual de desculpa, cada envolvido no chamado Escândalo do Mensalão, cada integrante de casal, cada jovem e cada idoso, cada pessoa cujos "atos e palavras, pensamentos e omissões" foram aqui analisados. Mas como, ao fim e ao cabo, por força da autoria (sem que ela configure qualquer autoridade), é uma voz própria, outra, a que aqui fala, uma voz que ouso chamar de minha, devo a eles meus agradecimentos. Devo a eles muito mais, é verdade, mas agradecer é preciso. Por mais impreciso que seja.

Devo a muitos outros mais, obviamente. Se não, vejamos: ao Conselho Nacional de Desenvolvimento Científico e Tecnológico (CNPq), à Coordenação de Aperfeiçoamento de Pessoal de Nível Superior (Capes) e à Fundação Carlos Chagas Filho de Amparo à Pesquisa do Estado do Rio de Janeiro (Faperj), entidades que, em diferentes momentos, me concederam bolsas que me permitiram dar conta das várias pesquisas aqui apresentadas. À Faperj, por três vezes, já que me concedeu uma bolsa especial (Nota 10) para o último ano do doutorado, concedeu-me minha bolsa de pós-doutorado e, mais recentemente, na fase de preparação do livro, ainda me concedeu um auxílio para instalação no cargo de professor (e ter uma mesa e um computador no trabalho faz toda a diferença quando se está escrevendo um livro). E à Capes ainda uma vez mais, não apenas pela concessão da bolsa sanduíche que possibilitou meu estágio doutoral longe de casa, mas em especial pela honra e o orgulho que me deram com o reconhecimento distintivo conferido a minha tese pela menção honrosa no Prêmio Capes de Tese 2010.

Ao Programa de Pós-Graduação em Sociologia e Antropologia (PPGSA), em especial aos professores Glaucia Villas Bôas, Maria Ligia

Barbosa, Elisa Reis e Michel Misse, pelos cursos de excelência que frequentei e que colaboraram, cada um a sua maneira, para várias das discussões aqui contidas. E aos professores Luis Roberto Cardoso de Oliveira (Universidade de Brasília, UnB), Daniel Cefaï (École des Hautes Études en Sciences Sociales, EHESS), Paulo Vaz (UFRJ) e Elisa Reis (UFRJ), integrantes da banca que avaliou a tese, além dos professores Pedro Paulo de Oliveira (UFRJ) e Thamy Pogrebinschi (na época, Instituto Universitário de Pesquisas do Rio de Janeiro, Iuperj, atualmente Instituto de Estudos Sociais e Políticos, Iesp, da Universidade do Estado do Rio de Janeiro, Uerj), que generosamente aceitaram ser suplentes da banca. Além disso, a todo o PPGSA, em especial nas figuras de suas coordenadoras à época, professoras Elina Peçanha e Glaucia Villas Bôas, e dos professores Karina Kushnir, Maria Helena Castro e Jean-François Véran, então integrantes da comissão de publicações do programa, que selecionaram a tese para indicação ao prêmio Capes e concederam o prêmio que tornou esta publicação possível. Foi uma honra ter sido por eles selecionado. Gostaria, no entanto, de agradecer mais veementemente à professora Karina, por seu empenho no processo de preparação do livro.

À então Université de Paris X, hoje Université de Paris Ouest — Nanterre/La Defense, e à EHESS, que em 2006-7 me receberam para um período de um ano de estágio doutoral, abrindo portas de bibliotecas e espaços de convivência acadêmica, além de a todo um universo intelectual francês. Também ao Núcleo Fluminense de Estudos e Pesquisas (Nufep) da Universidade Federal Fluminense (UFF), em especial aos professores Roberto Kant de Lima e Marco Antonio da Silva Mello, por seu empenho no processo de efetivação desse estágio, por meio do acordo Capes-Cofecub entre Nufep, Necvu e as instituições parisienses. Em Paris, travei muitos encontros intelectualmente produtivos e que fizeram uma enorme diferença nas reflexões contidas no livro — isso, além de fazer grandes amigos. Aos professores Luc Boltanski e Laurent Thévenot, do Groupe de Sociologie Politique et Morale (GSPM) da EHESS, pela acolhida em seus seminários e pela gentileza de me receberem para várias conversas que por motivos óbvios são centrais para este livro e para meu trabalho em geral. Aos amigos Carole Gayet-Viaud, Delphine Moreau,

Camille Aubret, Élia Paiva e José Resende, e ao pessoal do seminário Avoir, Pouvoir, Donner, Recevoir, em especial a Luca Pattaroni, Joan Stavo-Debauge e Marc Breviglieri, cujas excelentes questões em minha apresentação foram absolutamente determinantes para minhas reflexões. Às grandes amigas Isabela Monteiro de Castro e Eliza Ramos, por olhos e ouvidos. E a Silvana Clastres, pelas sessões. E a Caroline Menezes, pela luz no fim do (euro)túnel. E, evidentemente, a minha família parisiense, Fabinho, Letícia, Gabriel, Lucia e as crianças. E a Daniel Cefaï, nosso orientador, hoje algo mais como um primo mais velho, mas simplesmente, não me canso de dizer, uma das melhores pessoas do mundo.

A minha editora na Civilização Brasileira, Andreia Amaral, por seu apoio ao projeto de conversão de minha tese em livro e pela enorme paciência no processo de reescrita. Os que puderam acompanhar de perto a gestação desta versão bem sabem (mas é fácil para qualquer um que não tenha acompanhado imaginar) as dores de cabeça que dei a ela; e a Marina Vargas, também editora, a quem também sou grato.

Várias pessoas acabaram por se tornar facilitadoras da fase de pesquisas, com colaborações profissionais específicas. Agradeço em especial ao professor Sérgio Pachá, à época lexicógrafo-chefe da Academia Brasileira de Letras (ABL), por sua imensa colaboração para as escavações na origem da palavra "desculpa" na língua portuguesa. E ao pessoal dos setores de documentação da Câmara e do Senado, pela primordial colaboração para obtenção das notas taquigráficas das comissões parlamentares de inquérito do caso Mensalão — um trabalho que teria sido imenso não fosse essa ajuda.

Alguns amigos colaboraram ainda mais proximamente com o texto. O capítulo de apresentação do pragmatismo francês, escrito especialmente para o livro e não contemplado na tese, foi lido (juntamente aos outros trechos iniciais, de definições) pelos amigos Luiz Antonio Machado da Silva, Jussara Freire, Gabriel Feltran, Cesar Pinheiro Teixeira, Daniel Hirata, Thais Sena Schettino, Cristina Buarque, Leonardo Sá e Breno Rabello. As observações e sugestões de todos foram — em maior ou menor grau — de grande ajuda e tornaram esse trecho muito mais rico, didático e informativo.

A Howie Becker, pela leitura e pelas observações sobre as versões em artigo dos capítulos que relatam as pesquisas empíricas do livro, e também pelas excelentes trocas de mensagens a respeito, diálogos que sempre acabam em música, e pela leitura e comentários sobre o original, experiência enormemente rica, ainda mais por essa leitura ter gerado as gentis palavras do prefácio.

No momento em que este livro é publicado, estou há dois anos no Departamento de Sociologia da UFRJ como professor. Nesse período, vivi a experiência de me tornar colega de antigos professores — entre eles meu próprio orientador —, fiz novos amigos e começo a desenvolver algumas parcerias. Quero agradecer a todos os colegas de departamento pelas boas-vindas e pelas portas já abertas, e também a meus alunos, cujas dúvidas (e certezas, das quais somos tão cheios quando começamos) foram se incorporando como questões a meu trabalho, em especial à turma do de todo experimental curso Sociologia da Moral, ministrado no atribulado primeiro semestre de 2012, e cuja experiência em sala de aula se transformou em laboratório para a escrita de vários trechos do livro.

Ao Necvu, minha casa de pensamento desde 2005 e a todos os seus integrantes, em especial a Heloisa Duarte, por seu apoio e empenho inigualáveis (e sua capacidade infinita de se orientar na selva das *burocracices* acadêmicas), e aos colegas Cesar Pinheiro Teixeira, Carolina Christoph Grillo e Daniel Hirata, cujos comentários, em diferentes momentos de desenvolvimento deste projeto, da tese até agora, foram determinantes, ajudando inclusive a sofisticar alguns conceitos centrais do trabalho. Mas também a todo o pessoal com quem travei contato mais próximo no núcleo, os colegas pesquisadores Andrea Ana do Nascimento, Antônio Carlos Luz Costa, Arthur Coelho Bezerra, Brígida Renoldi, Bruno Cardoso (hoje também colega de departamento, o que muito me orgulha), Cristiane Marques, Danielle Rodrigues de Oliveira (com quem a experiência de orientação, minha primeira, em parceria com Michel Misse, só pode ser descrita como primordial), David Maciel de Mello Neto, Klarissa Almeida Silva, Maíra Acioli, Marcella Carvalho de Araújo Silva, Natasha Néri, Rodrigo Marques e Vivian Paes (hoje também colega, não de departamento, mas de projeto). E aos professores Joana Domingues Vargas, Marcos Bretas, Ricardo Gaspar Müller e José Figueira. E, evidentemente, ao inventor e organizador dessa coisa toda, Michel Misse, que desde 1999 mantém a fé em uma empreitada tão desafiadora (e por isso mesmo tão recompensadora) como é o núcleo.

Tenho, entretanto, que agradecer a alguns amigos em especial, amigos com os quais a conversa foi se tornando mais próxima e gerando uma comunidade, que envolve falar a mesma língua nesta verdadeira babel que é a academia, mas envolve sempre a disposição para se entender, à revelia da partilha de gramáticas — assunto de que, aliás, trataremos aqui. Falo de Jussara Freire, que dirige pesquisas bem melhor do que dirige automóveis e com quem a conversa pragmatista é sempre tão estimulante; de Gabriel Feltran, meu mano de (agora) São Carlos, com quem a troca de ideias é sempre redefinidora, tanto do conceito de "ideias" quanto do de "troca"; de Leonardo Sá, cearense massa, camarada de tantas viagens na questão da linguagem; de Rachel Almeida, amiga de fora da academia, mas com quem a conversa é sempre esclarecedora sobre qualquer coisa e cujos ouvidos estão entre os mais generosos que já conheci; de Luis Roberto Cardoso de Oliveira, com quem o projeto do Grupo de Trabalho Sociologia e Antropologia da Moral, no encontro anual da Associação Nacional de Pós-Graduação em Ciências Sociais (Anpocs), ajudou a consolidar esta tal *sociologia da moral* de que tanto falo e que neste livro se incorpora de forma física; e, muito especialmente, de Mirian Goldenberg, professora do PPGSA, amiga desde os tempos em que a ouvia como repórter, em minha antiga carreira de jornalista, mas com quem a troca de ideias sempre foi um desafio sem igual, ao mesmo tempo que um prazer. E pelo imenso apoio que sempre me deu e segue me dando. E por vários projetos conjuntos — e que espero que gerem mais conjuntos. E, em especial no caso deste livro, pela "encomenda" de um texto para o seminário Corpo, Envelhecimento e Felicidade, que, feita na forma de desafio, gerou a quarta pesquisa de campo que aqui se soma às da tese.

Mas tenho que encerrar esta lista com alguns agradecimentos especiais. Primeiramente, a dona Zenilde e seu Oswaldo, meus pais, cuja luta sempre me inspirou a me tornar o que sou, um eterno e irrequieto insatisfeito. E a Leka, minha irmã, cujo apoio é sempre incondicional. E a Serginho, o irmão que a vida me trouxe, e a Larinha, a sobrinha que ele e Verônica me deram.

A Paulo Vaz, orientador dos tempos de graduação que tem me acompanhado desde aqueles já distantes primeiros momentos na Escola de Comunicação (ECO) da UFRJ. As primeiras lições que com ele tive ficarão para sempre comigo, desde o começo de nossa primeira conversa, que espero que não termine nunca. Se hoje estou na profissão de pensar, isso só começou a fazer sentido em minha cabeça com as respostas dele. Paulo se tornou mais do que um amigo; hoje, considero-o algo como um irmão mais velho (inclusive por ele ter sido como um para mim, por mais de uma vez).

A Luiz Antonio Machado da Silva, por uma amizade quase improvável entre duas pessoas de gerações tão distintas, mas que se confirma a cada momento em que retomamos a conversa que nos une já desde 2002, e também pela impressão de que, no fundo, muitos concordarão, ele é bem mais jovem do que eu. Desde então, já partilhamos mesas, pesquisas, grupos de trabalho e bancas (seja com ele na condição de meu avaliador, sejamos nós dois na condição de avaliador de um terceiro), e só tenho a agradecer pelo apoio e pelas trocas de ideias.

A Thais Sena, melhor amiga de todas as horas desde 1997. Só posso agradecer a ela, simplesmente, *por tudo*.

A Michel Misse, valoroso orientador e fraternal camarada, por uma parceria e uma amizade já de uma década, por tudo que um orientador deve fazer (todos os livros indicados, as conversas produtivas, os comentários reorientadores) e por não orientar demais, como só os grandes orientadores sabem. E por tanta coisa que já fizemos juntos desde então, por nossa *Dilemas*, por nossos *Conflitos de interesse* e por tantos projetos. Especificamente também pela leitura das primeiras versões dos originais deste livro e por seus sempre inestimáveis comentários que não cansam de me colocar na linha. E pelas carinhosas palavras da apresentação deste livro. Mas sobretudo por ter se tornado um segundo pai, um tio, alguém que inegavelmente passou a fazer parte de minha família, a quem devo imensamente e sem cujo apoio eu não seria quem sou hoje.

E, finalmente, a Ana Beatriz Duarte, minha paz, minha guerra, por todo amor, apoio e companheirismo e pela familiaridade muito além da formação de uma família.

* * *

Pois bem. O que se verá aqui, então, é como o primeiro homem e sua situação-emblema aparecem reproduzidos, repetidos em inúmeras situações da vida social. Eles surgem principalmente na forma de, como disse, quatro manifestações, todas isolando diferentes dimensões do fenômeno da desculpa, todas assumindo o lugar de um tipo social, o *desculpando*: em um momento, descrevo uma coleção que fiz ao longo de dois anos, em livrarias e bibliotecas, reais e virtuais, de um gênero literário cuja existência ajudou a dar cores de procedimento formal a uma prática cotidiana: *manuais de desculpa*, livros que mostram, seja de forma séria, seja de forma irônica e crítica ao próprio procedimento, como dar uma boa desculpa, colaborando para entender a desculpa como um ritual social ou, pelo menos, como uma prática. No momento seguinte, descrevo uma pesquisa na documentação produzida pela Comissão Parlamentar Mista de Inquérito dos Correios, de 2006, encarregada de investigar o caso conhecido como Escândalo do Mensalão, e também em jornais que acompanharam o caso, pesquisa que permitiu pensar a relação entre as exigências de prestação de contas da vida pública e as circunstâncias que podem surgir em depoimentos à Justiça. Em um terceiro momento, veremos o resultado de conversas com integrantes de trinta casais, em busca da maneira como desculpas são dadas na vida privada, em que uma ideia de *familiaridade* é a pauta das competências morais. E, em um último relato de pesquisa, descrevo as visitas que fiz a dois supermercados do Rio de Janeiro, observando a maneira como idosos, ao se envolverem em situações em que são acusados de falta de cortesia, mobilizam a sua condição de velho como desculpa para suas ações, o que me permite discutir como um traço indenitário, uma suposta *disposição*, pode ser operado como um *dispositivo*, dispositivo moral, tornando um caráter substantivo um operativo circunstancializado, demonstrando uma forma de atuar sobre o tempo muito cara à manutenção das relações duradouras e das interações eventuais.

Mas este não será um trabalho sobre livros, sobre integrantes da classe política, sobre casais ou sobre idosos. É um trabalho *a partir* deles. A questão aqui é a desculpa, uma ação definida e discreta. E, quando digo que se trata de verificar o papel desempenhado por meu objeto "na manutenção das relações sociais", a escolha do termo *manutenção* é central. A palavra vem de *manutentio*, latim medieval, e significa "ato de segurar com a mão". É o termo para o tomar conta, para "a ação de manter", de fazer permanecer no mundo como o mesmo. Na prática, ele colhe dois sentidos primordiais em minha pesquisa. Primeiramente, o significado mais simples, o sentido de preservar, de fazer uma coisa continuar existindo. Ao mesmo tempo, ele chama a atenção para a dimensão cotidiana de uma relação, para o fato de que ela depende de "manutenção", de pequenos consertos, de pequenos ajustes, como uma máquina, como algo que faz alguma coisa. E é justamente o caso.

Antes desses relatos de pesquisa, no entanto, faço duas apresentações de pressupostos: em primeiro lugar, desse objeto, que de cara merece uma reabilitação... moral: a desculpa tem sido pensada como uma espécie de má ação, como um pequeno desvio, que a leva costumeiramente a ser associada à mentira. Mas um dos esforços deste livro é mostrar a importância da desculpa, sua relevância como dispositivo moral capaz de manter a vida em movimento, em um mundo atravessado por uma complexidade social impensável sem fenômenos como ela. Procedo, então, à construção da desculpa como categoria sociológica. Logo depois, apresento o modelo teórico que serve de referência para esta discussão, a chamada *sociologia pragmatista*.

A questão, no entanto, é ainda mais intrincada: não se trata tanto do que explica a desculpa, mas muito mais de *o que a desculpa ajuda a explicar*. Daí o ensaio que encerra este livro: a aposta aqui é que a desculpa diz da vida social mais do que apenas sua especificidade permite enxergar. Ela chama a atenção para o papel central das circunstâncias em uma vida social cuja base lógica é a perene ascensão na direção do abstrato, cuja operação mais básica (desempenhada por cada um e todos nós) é a construção de um mundo idealizado, habitado por categorias ideais, na quais alocamos os entes particulares que enxergamos. E a desculpa é justamente a mobilização de circunstâncias — ou seja, daquilo que acontece "só daquela vez", "apenas ali", sem possibilidade de previsão ou de controle — para dar conta das diferenças incômodas. Quando fazemos isso, quando colocamos essas especificidades em sacos que os juntam e os tornam as mesmas farinhas, inevitavelmente tratamos uma embalagem melhor que outras, inevitavelmente lhes atribuímos sinais e dizemos "este é bom" ou "este é mau". Como somos abstracionistas, somos morais — e, porque acreditamos veementemente que nossa maneira de marcar os sacos seja perfeita, apesar de ela ser apenas uma entre várias, somos moralistas. E, como somos morais, aproximamo-nos do mundo como se ele fosse formado apenas por sacos, apenas por abstrações. Em uma situação prática, no entanto, a desculpa nos brinda com uma âncora, com uma escadaria que nos leva de volta ao chão, lembrando-nos de que, no final das contas, somos todos grãos, somos todos feitos de momentos, estamos em um incessante reencontro com o mundo, como se ele estivesse sendo criado e, ali, fôssemos todos o primeiro homem a ter de aprender a lidar com ele.

Rio de Janeiro, setembro de 2012

O invento de Adão

A convivência entre os atores sociais constantemente produz possibilidades de conflito. De fato, é quase impossível pensar o viver junto sem o risco de entrar em conflito com alguém e, mais que isso, é até possível pensar que o que se costuma chamar de *conflitualidade* seja um dos pressupostos dessa convivência. Essa é uma questão tão antiga quanto a própria sociologia — é, aliás, até anterior a ela. E é assim porque, para muitos sociólogos, essas são constatações tão antigas quanto a própria vida social. O conflito tem sido visto como um constituinte essencial da vida comum para pensadores de visões tão distintas (e tão inaugurais) quanto Karl Marx, Émile Durkheim, Gabriel Tarde, Max Weber ou Georg Simmel, os grandes "fundadores" da disciplina. O ensaio deste último sobre o tema, aliás, tornou-se seu verdadeiro cartão de visitas e uma referência indiscutível para uma enormidade de pensadores posteriores que se dedicaram ao assunto. Além disso, esse assunto se tornou central para uma gigantesca produção sociológica posterior que passaria pelos estudos alocados sob o verdadeiro guarda-chuva chamado *sociologia do desvio*,[1] pela criação, nos anos 1950, de uma *sociologia do conflito*,[2] e por uma intensa agenda de pesquisas que nos acompanha até hoje (Misse e Werneck, 2012).

Mas, não importa sob que lupa esteja, o conflito sempre será centralmente uma questão da moral: ele se dá quando determinada regra reconhecida como obrigatória por pelo menos um dos envolvidos for burlada em determinada situação por pelo menos um dos outros. Isso põe esses personagens nos dois polos de um ringue moral: de um lado, alguém ofendido pela ação do outro, e que pode ter essa condição de ofendido manifestada de inúmeras maneiras, consciente ou inconscientemente. Esse alguém emerge dessa situação investido da regra moral em questão: é como se ele se tornasse a própria regra, como se a regra se transformasse em uma pessoa para, com suas forças, ingressar em uma luta em favor de sua posição, pela precedência decisória em uma situação. Do outro lado está alguém cuja ação ofendeu a outrem e que tem ameaçada sua condição de participante da interação. Adiante falarei das possibilidades de desenrolar para essa situação. Por ora, quero me deter em uma delas: diante dessa ameaça de *des-interação* ou, mais radicalmente, talvez mesmo de *des-relação*, o ator, parado diante da regra moral apresentada pelo outro, manifesta-se — em geral na forma de uma fala, mas não necessariamente[3] —, sugerindo que nem sempre a regra moral precisa ser totalmente obedecida.

Acabo, no entanto, de promover uma distinção e, antes de avançar, é importante esclarecê-la: distingui *interação* de *relação*. Tradicionalmente, essa distinção tem sido feita de várias maneiras, em especial na modalidade de uma qualificação: uma relação seria uma tipificação das interações sociais, do ponto de vista de diferentes princípios e de diferentes formas de desigualdade estabelecidos entre os integrantes. Muitos autores, clássicos ou não, operam nessa chave, e não me dedicarei a uma exploração dessa abordagem. A maneira como distinguirei esses dois objetos será por uma qualificação parte-todo ou, em outra dimensão, momento-continuum. Neste texto, caracterizo a *interação* social como a situação básica da sociação, como a unidade básica na qual se dão as ações sociais — sempre no plano de uma *inter-ação* de dois seres que agem — e como esquema elementar de caracterização de cada um dos *inter-actantes* (aqueles que, então, *inter-atuam*, *inter-agem*, que possuem agência, actância, capacidade de agir, em relação ao outro). E, a partir disso, utilizo o conceito de *relação* para caracterizar uma configuração específica entre dois ou mais seres sociais que mantêm interações pautadas por uma mesma lógica ao longo do tempo. Assim, uma negociação, um bom-dia, um pisão no pé, um encontro são situações exemplares de interações sociais; e um emprego, um casamento, um pertencimento pátrio e mesmo uma guerra são exemplos de relações. Essa distinção é importante porque ela coloca sobre a mesa a diferença entre as interações com estranhos e as com pessoas conhecidas, ou seja, interações que têm lugar no plano de contatos temporários, provisórios, e nas quais se ingressa com pouca ou nenhuma informação sobre o outro — que não seja oriunda de generalizações de experiência ou tecnicamente constituídas —, e interações ocorridas no plano de configurações duradouras; interações, então, iniciadas no ato contínuo de uma série de outras e para as quais se chega com uma série de elementos preestabelecidos. Essa diferença obviamente estabelece uma série de protocolos distintos e será determinante para o que estou discutindo aqui: minha questão é como *manter* algo que está constantemente pressionado pela possibilidade de ruptura e mesmo de ocaso, de encerramento. E como, no processo de promover essa *manutenção*, um tipo muito peculiar de *dispositivo* desempenha um importante papel. Esse dispositivo é o ato de dar uma desculpa, ou, neste livro, simplesmente, *desculpa*.

Pois uma situação bastante recorrente diante da qual me vi desde que assumi esse objeto é uma confusão, inscrita na própria língua portuguesa. Uma das coisas que mais me ocorreram diante da curiosidade dos outros sobre minha pesquisa era a de receber, em resposta à descrição de que estudava "a desculpa", alusões a *pedidos de desculpa*. De fato, essa indistinção se somava a outra, mais geral entre cientistas sociais em seu diálogo com o senso comum, aquela entre nós próprios e nossos objetos. Por algum motivo, as pessoas acreditam haver ou ter de haver uma ligação biográfica ou identitária entre nós e aquilo que pesquisamos. Daí, das duas, uma: ou bem eu ouvia frases irônicas como "Você vá me *desculpar*, mas seu objeto...", "Já que você está falando disso, vou *pedir desculpas* e mudar de assunto" ou bem tinha que escutar sugestões como "Já que você é especialista, me dá aí uma desculpa boa para..." ou "Que desculpa eu dou se eu fiz...?". "Desculpa" seria um procedimento para anulação da culpa de alguém que cometeu um erro — "É como o próprio nome diz, desculpar é *des-culpar*, é tirar a culpa", dizem-me, em uma etimologia informal. Mas é preciso sublinhar antes de tudo: este livro se debruça sobre a *desculpa dada*, não sobre a *desculpa pedida*. Embora as duas, digamos, tenham o mesmo nome, são fenômenos morais e sociais enormemente distintos que inclusive caracterizarei distintivamente.

Dito isso, retomemos à cena do conflito para pensar em uma questão de ordem lógica: se o ator ofendido traz nas mãos uma regra abstrata, um princípio universal ideal, o ofensor que dá uma desculpa oferece uma razão "pé no chão", localizada, para ser utilizada apenas naquele momento, naquelas circunstâncias. Isso divide o mundo em dois planos de generalidade, habitados por dois tipos de personagens: um plano estritamente abstrato, utópico, metafísico, no qual o cumprimento das regras morais é absoluto, e que é habitado por seres totalmente investidos de fidelidade à regra; e um plano pragmático, no qual a regra moral é aplicada caso a caso, habitado por atores que precisam lidar com a pressão das circunstâncias sobre suas máquinas cognitivas.[4]

Adão, no entanto, parece ser uma criatura mista, que se vê na fronteira entre esses dois espaços. Nascido no Éden, sob um regime de total perfeição, ele é marcado pelo pragmatismo que lhe é transmitido (por meio de Eva) pela serpente, "o mais astuto de todos os animais do jardim que Javé Deus tinha criado", que nega que eles morrerão se provarem do fruto: "Deus sabe que no dia em que vós dela [da árvore] comerdes, vossos olhos se abrirão e vós sereis como deuses, que conhecem o bem e o mal." Esse símbolo também é sugestivo: o réptil diz à mulher que a regra moral de Deus cabe em um plano em que ela própria é contraditória, uma vez que exige uma faculdade de avaliação que é negada por ela mesma. O mandamento de Deus, então, em seu argumento, soa como uma espécie de armadilha tautológica: é para ser obedecido porque seu principal mote é a obediência. É como a placa em que está escrito "É proibido ler" da tirinha de humor americana *Cyanide and Happiness* (e cuja leitura por um passante desavisado o leva a ser espancado por policiais que vigiam o cumprimento da regra expressada no letreiro): o pecado de comer da árvore do conhecimento do bem e do mal não pode senão ter como principal consequência produzir justamente o conhecimento de que comer dessa própria árvore é um pecado. Ou, invertendo-se a sentença: é só depois de provar da árvore que Adão terá de fato consciência do que fez.

Ao mesmo tempo, parece igualmente sugestivo que a serpente seja chamada de animal "astuto". Esse termo costuma ser associado à corrupção, mas da mesma forma se refere a uma esperteza, uma habilidade especial, uma *competência*. Diferentemente de Adão, o réptil possui a capacidade de articular bem e mal e, mais que isso, de resolver a tensão entre abstração e circunstância. E, afinal, é o réptil quem municia Adão (ao municiar Eva) com sua "desculpa esfarrapada original".

A desculpa, então, parece ser a operadora de uma permeabilidade, de um diálogo mesmo, entre esses dois mundos. De fato, se há uma operação de que ela parece dar conta é a da migração, da descida, de qualquer situação de possível conflito moral estabelecida quando uma regra moral é descumprida; uma descida rumo a uma condição menos abstrata e mais circunstancialista. Naturalmente, um certo grau de recurso à circunstância é exercitado em toda observância prática de uma regra moral, oriundo da própria tensão entre a regra e a dimensão pragmática, originada esta, por sua vez, do fato de que a regra não é capaz de prever todos os detalhes da situação prática e que, por isso mesmo, contempla em si a previsão dessa imprevisibilidade. Essa faculdade é responsável por uma série bastante longa de permissões, licenças, dadas cotidianamente pelos atores a si mesmos e aos outros para flexibilizações nas regras, o que pode variar do mais básico exemplo-emblema de dilema moral — aquele da pergunta sobre se alguém faminto pode roubar para comer ou a questão dos atenuantes legais para crimes — até os casos mais sutis — como a criação de faixas de tolerância de horário para atrasos. Mas estou tratando aqui de um segundo tipo de caso, aquele em que as ações, quando em desacordo com a regra moral, causam um mal-estar capaz de interromper o fluxo interacional em uma relação — o que demonstra apego à regra —, e em que a circunstancialização surge posteriormente a esse mal-estar, a fim de aplacá-lo, arrefecê-lo, permitindo a continuidade da interação sem que o mal-estar a afete. A diferença central entre essas duas formas de circunstancialização é que, no primeiro caso, estamos diante da *rotina*, daquele quadro em que operamos no piloto automático, no qual *está tudo bem*, com a circunstancialização operada de forma invisível e incorporada, sem sequer ser notada. Na desculpa, diferentemente, a circunstância surge como um *recurso*, um *dispositivo*, responsável, este sim, por um descenso, um descenso imprevisto e que se insere em um quadro de ruptura da rotina, e no interior de uma *questão relacional*, um momento da própria relação em que está em jogo sua manutenção, ou seja, em um momento em que *algo não está bem*.

O sociólogo francês Sebastian McEvoy (1995) fez um belíssimo trabalho sobre a desculpa, no qual estuda o objeto em vários campos, em particular em textos de Shakespeare e no direito, simetrizando os mundos real e ficcional, que adquirem o mesmo estatuto analítico. Em seu livro, ele chama a desculpa de "invenção defensiva", apontando para o caráter generalizado do que chama de "defensividade", ou seja, para o fato de que um caráter defensivo da linguagem se tornou uma tecnologia reconhecível universalmente, um "estereótipo" (p. 11) de uso generalizado. Pois, se meu amigo de colégio foi capaz de dizer que Adão "inventou" a desculpa esfarrapada original, não é porque o "primeiro homem" tenha, seguindo a imagem de senso comum, dito "uma coisa qualquer", inventado uma história, para escamotear sua responsabilidade. Vem, antes disso, de um duplo estatuto: o primeiro, claro, diz respeito ao papel inaugural atribuído mitologicamente ao "pioneiro de nossa espécie": trata-se de um invento, algo que não existiria antes dele e que, a partir dali, fica disponível para todos nós para aquele primeiro uso. Mas, para além do ineditismo, a ideia de invento aqui chama a atenção para o fato de que se trata de um dispositivo tecnológico, formado por peças, mecanismos, e que *faz alguma coisa*. O *invento de Adão*, então, é uma *forma formal*, uma consolidação como *prática* de uma situação cujos elementos são reprodutíveis em diversas situações práticas: se foi inventado algo para dar conta dessa situação, é porque ela é recorrente.

De modo que, se para Adão a mulher surge como álibi inicial, na outra ponta da corda está a serpente. O animal, ali, desempenha o papel por excelência de um "satanás"[5] "tentador da humanidade". Nesse sentido, ele se torna o "verdadeiro responsável" pelas ações do homem e da mulher. Trata-se da versão bíblica da mais antiga discussão da sociologia, aquela que tenta explicar por que agimos como agimos· motivação interessada interna *versus* motivação determinante externa. Pois, no momento em que o homem é admoestado por Javé Deus por ter desobedecido sua ordem, no momento em que ele comete o pecado original, Satã surge como o elemento externo que, pelo menos nas falas de Adão, determina as ações dos homens dotados de livre-arbítrio. Responsabilidade deles? Não toda. Satã tem sua parcela de culpa. E eles, de desculpa: a serpente se torna uma espécie de desculpa genérica, uma circunstância particularizadora — e, por isso, atenuante — de qualquer regra moral que possa ser invocada. E serve como metáfora: uma vez inventado, o deslocamento para a serpente se torna um aparato recorrentemente utilizável para o mesmo fim por qualquer Adão que sejamos.

Em uma famosa tirinha da clássica série *Peanuts*, de Charles M. Schulz, a menina Lucy redige um documento e sai por aí pedindo que os coleguinhas o assinem, sem sequer lê-lo ("Assine... Isso... Obrigada", diz ela). O conteúdo do papel, revelado ao final da sequência de quadrinhos, diz: "Não importa o que ocorra, em que momento do tempo, em que lugar do mundo, este documento me absolve de qualquer culpa." Os americanos Paul Slansky e Arleen Sorkin, que escreveram um livro sobre a explosão do número de pedidos públicos de desculpas (*apologies*) nos Estados Unidos, citam essa tirinha como um emblema do fenômeno que (criticamente) descrevem: se qualquer coisa pode ser feita, bastando que, para minorar consequências negativas dela oriundas, se promova uma manifestação pública de arrependimento, então potencialmente... qualquer coisa pode ser feita, "não importa em que momento do tempo, em que lugar do mundo". Pois a despeito do caráter instrumental — e, para os autores, cínico — do uso dos pedidos de desculpa, a desculpa dada, como procedimento formal, adquire estatuto semelhante, o de um aparato para qualquer circunstância e sempre à disposição dos atores — o que retoma a metáfora da serpente e permitirá falar aqui em uma *capacidade* cognitiva: o réptil se torna o símbolo de uma faculdade operacionalizável pela maquinaria lógica de cada um de nós: ao completar o eixo Adão-Eva-serpente, o primeiro homem está inventando justamente... a serpente, está inventando um recurso cognitivo que nos acompanhará para sempre.

E, em minha opinião, como demonstrarei nas próximas páginas, não se trata apenas de um recurso contido na "defensividade" da linguagem. Trata-se de algo muito além isso, que muito tem a dizer sobre o próprio estatuto da inserção dos atores sociais nas interações e nas relações. Porque tem a ver com o fato de que essa inserção será sempre moral: ao dizer que a culpa é de Eva e não dele, Adão faz mais do que apenas se defender; ele, antes disso, demonstra reconhecer a regra ditada por Deus. Ele não a renega, não discorda do princípio de limitação de suas ações. Ao mesmo tempo, diz que não teve controle sobre os próprios atos e que há uma circunstância específica na qual a regra que previa a punição caso fosse descumprida a proibição seja *des-generalizada*: a circunstância é *esta*, em que ele foi tentado por Eva; e a mulher, pela serpente. O mito, portanto, estabelece um jogo moral importante: se por um lado a determinação generalizada de desafios da humanidade fica demarcada pela culpa, por outro, a forma de driblar essa culpa também se estabelece de forma generalizada. Satã, a serpente, é uma forma genérica, concentrada, o tipo ideal, desse procedimento.

Mil desculpas

A certa altura de *Memórias póstumas de Brás Cubas*, de Machado de Assis, vemos o encontro do protagonista com "um antigo companheiro de colégio" (1881, p. 572), Quincas Borba. O enredo do livro é mais do que notório: falecido, Brás Cubas narra, depois da morte, sua vida. Trata-se de um homem cínico, de grande fortuna e profunda ironia em relação a seus semelhantes e do qual vamos acompanhando as inúmeras peripécias e conhecendo várias facetas. Já abastado, vive um momento de ouro, cogitando se será ou não apontado ministro de Estado. Ele encontra Quincas por acaso na rua dos Barbonos (atual Evaristo da Veiga), no Centro do Rio de Janeiro. Outrora um menino "tão inteligente e tão agastado" (p. 573), Joaquim agora é "um homem de 38 a 40 anos, alto, magro e pálido. As roupas, salvo o feitio, pareciam ter escapado ao cativeiro de Babilônia". Amigo rico, amigo pobre. Praticamente um mendigo, Quincas Borba pede dinheiro ao antigo colega, que lhe dá uma pequena soma e lhe promete um emprego. Tempos depois, vai visitar Brás Cubas, após escrever-lhe uma carta. Mas, após o reconhecimento, o que vem de mais importante é a apresentação que "o Borba" quer fazer: pretende apresentar ao amigo sua filosofia de vida, o "humanitismo". "Quis expor-me finalmente a filosofia; pedi-lhe que não. — Estou muito preocupado hoje e não poderia atendê-lo; venha depois; estou sempre em casa. Quincas sorriu de modo malicioso; talvez soubesse de minha aventura, mas não acrescentou nada" (p. 611). Em algumas outras ocasiões, Quincas tentará contar ao amigo do que se trata, sem muito sucesso. Brás Cubas o evitará com um "agora não posso" ou um "passe no escritório durante a semana, que falaremos sobre um emprego".

Outro amigo que não quer encontrar um colega de infância e diz algo para evita-lo é Jerry, protagonista da série de TV humorística *Seinfeld*.[6] Em um episódio, ele chega a seu apartamento acompanhado do amigo George. Lá, Kramer, o vizinho, está sentado ao sofá e fala ao telefone, de maneira expansiva e estridente. Kramer lhe passa o aparelho (David e Seinfeld, 1990, p. 3):

> JERRY: (*para Kramer*) Quem é?
> KRAMER: Tome.
> JERRY: Quem é?
> KRAMER: É pra você.
> JERRY: (*ao telefone*) Alô? Oh, oi, Joel. [*Jerry bate em Kramer com uma revista.*] Não. Eu estava fora da cidade. Acabo de retornar... Kramer não sabe de nada... Ele é apenas meu vizinho de porta. Hum... Nada demais... Terça-feira? Oh, terça-feira, não. Eu tenho que encontrar... alguém... Hum, quarta-feira? Quarta-feira, OK... Tudo bem. Hum, estou um pouco ocupado agora. Podemos nos falar quarta pela manhã? OK... Sim... Certo... Obrigado... Tchau [*desliga, então se dirige a Kramer*]. Por que você me pôs no telefone com ele? Odeio ser obrigado a falar com alguém no telefone!
> KRAMER: Bem, é o seu telefone. Ele queria falar com você.

> JERRY: Talvez eu não quisesse falar com ele.
> KRAMER: Por que não?
> JERRY: Ele me incomoda. Eu nem atendo mais o telefone por causa dele. Ele me transformou em um equipamento de vigilância. Agora terei que me encontrar com ele na quarta-feira.

O que se segue é uma série de situações em que Jerry tenta evitar um encontro com Joel. Trata-se, como disse, de um amigo de infância, de quem era colega apenas porque o outro possuía uma mesa de pingue-pongue — "Eu tinha 10 anos. Eu seria amigo de Stálin se ele tivesse uma mesa de pingue-pongue", diz —. O ponto de partida do episódio é a ideia de que dois homens não podem encerrar um relacionamento, como um homem e uma mulher fariam — "O que eu vou fazer? Romper com ele?". George sugere que ele trate a situação "como se ele [Joel, cujo sobrenome é Horneck] fosse uma mulher...".

Jerry tenta seguir o conselho de George. Diz ao amigo que a relação deles "não está mais dando certo" e que eles não devem mais se ver, que "essa amizade não está funcionando" (p. 6). Ao que recebe como resposta uma sessão de choro. A cena transcorre espelhando o conflito entre os dois homens e o rompimento de um casal. "O que eu fiz de errado?", pergunta Horneck, aos prantos. E Jerry, tenso ao ver o homem desmoronar como uma menina indefesa que toma um fora do namorado: "Vamos esquecer isso, OK? Ainda somos amigos, certo? Amigos... Ainda amigos."

Mais tarde, o humorista chega à conclusão, em nova conversa com George, de que o melhor a fazer é simplesmente evitar o antigo camarada. No dia em que combinara sair com ele, telefona-lhe (p. 11):

> JERRY: ...Escuta, não vou conseguir ir ao jogo esta noite. É que eu tenho que... estudar com meu sobrinho. É, ele tem uma prova amanhã... Geometria... É, você sabe: trapezoides, losangos... (...) Eu lamento muito... Divirta-se. A gente se fala semana que vem. OK... [tentando desligar] Sim... Não... Certo... Certo... Tchau [e desliga].
> GEORGE: Trapezoide?

JERRY: É, eu sei. Eu estou ficando sem desculpas para esse cara. Estou precisando de um *rolodex* [pequeno fichário rotatório para escritório] de desculpas.

A história segue e Elaine, amiga e ex-namorada de Jerry, entra em cena. Ela está na casa dele, eles vão sair e ela vai dar um telefonema. No caminho, a moça vê uma prancheta sobre a mesa de centro com uma folha. Lê:

ELAINE: "Pegar alguém no aeroporto"; "Participar de um júri"; "Esperar pelo técnico da TV a cabo"...
JERRY: OK, deixa isso aí, por favor.
ELAINE: Ah, mas o que é isso?
JERRY: É uma lista de desculpas. Eu fiz por causa do Horneck (...) Fiz essa lista para o caso de ele ligar. Aí eu consulto a lista e não preciso me encontrar com ele. [Elaine ri] Eu preciso disso! [Elaine começa a escrever na lista] O que você está fazendo?
ELAINE: Tenho umas para você.
JERRY: Não preciso de mais.
ELAINE: Na-na-na-na-não, estas são das boas. Olha, olha: "Você ficou sem cuecas e está preso em casa."
JERRY: [sarcástico] Muito engraçado.
ELAINE: E que tal: "Você recebeu diagnóstico de portador de dupla personalidade e você não é mais você. Você agora é Dan."
JERRY: Eu sou o Dan. Pode me devolver minha lista, por favor?
ELAINE: [devolvendo a lista a Jerry] Toma, toma. Jerry Seinfeld, não consigo acreditar que você está fazendo isso. É absolutamente infantil.
JERRY: E o que eu posso fazer?
ELAINE: Lide com isso. Seja homem!
JERRY: Ah, não. É impossível. Prefiro mentir para ele pelo resto da minha vida a passar por aquilo de novo. Ele chorou. Lágrimas. Seguidas de muco!

No final do episódio, Joel chega à casa de Jerry, depois do jogo, ao qual ele acabou indo com Kramer. Conhece, então, Elaine, interessa-se por ela e começa a jogar charme:

JOEL: Então, obrigado mais uma vez pelos ingressos. Mas, na próxima semana, eu é que convido você. Que tal terça-feira à noite? [e para Elaine] E por que você não vem junto?
ELAINE: Ah, não, não. Terça não é bom porque nós temos... ensaio do coral.
JERRY: Isso! Tinha me esquecido do coral!
ELAINE: E será a Noite dos Hinos Nacionais do Leste Europeu.
JERRY: Certo! Você sabe, esse negócio de o muro caindo e tudo mais.
JOEL: [para Jerry] E que tal a noite de quinta-feira? Eles [O New York Knicks, time de basquete da cidade] vão pegar os Sonics [Jerry balança a cabeça].
ELAINE: Hum... Quinta também não é legal... porque temos que ir ao hospital... verificar se estamos qualificados para ser doadores de órgãos.

Brás Cubas e Jerry Seinfeld mostram uma contradição importante na vida social: os personagens aqui querem evitar interações, mas, ao mesmo tempo, desejam manter suas relações. Assim, se Brás e Jerry preferem não ter contato prático com seus amigos de infância, eles ao mesmo tempo preferem manter a relação a passar pela sequência dolorosa que a encerraria. Ora, o que eles evitam, no final das contas, é o mal-estar relacional provocado pelas diferenças manifestadas nas interações. Uma ruptura é, afinal, uma forma interacional. É que, nesses casos extremos, Brás e Quincas, Jerry e Horneck são diferentes demais. Mas essas diferenças se manifestam em qualquer relação, em qualquer convivência continuada. Como dizia Simmel, um dos principais motivos para se atribuir importância ao conflito — para ele, inegavelmente integrante da vida social — está no fato de que essa forma afirma a relevância que temos uns para os outros: o conflito é a negação da indiferença; esta, sim, a ausência da sociabilidade. E, como veremos adiante, essas diferenças, ao se manifestarem, não fazem desmoronar uma relação; em vez disso, acabam por sublinhá-la. Brás e Jerry são Adão no que ele tem de mais básico, seu desejo de permanecer no Éden, de não se afastar de sua origem, de *manter* as coisas como eram antes.

Não se trata, no entanto, apenas da confirmação de um imperativo de paz e de manutenção da relação. Há diferenças por demais gritantes, e a manutenção da relação pode ser um tanto mais custosa e a operação em questão envolver deslocamentos maiores. Na história do filme *Monsieur Verdoux* (Chaplin, 1947), idealizada por Orson Welles e escrita por Charles Chaplin,[7] vemos Henri Verdoux diante do tribunal. Estamos em 1937, na França. É um homem franzino e de feições picarescas, ostentando cabelos claros e, ao mesmo tempo, um bigodinho escuro que lhe parece ter sido traçado na face a carvão de pintura (como o de Carlitos, o vagabundo-assinatura de Chaplin). Usa roupas justas, bem cortadas, marca de quem entende de elegância, embora nem sempre tenha tido acesso a ela. Na sala, rodeia o réu um grupo de quatro soldados que parecem esculpidos como réplicas do general De Gaulle.[8] Em torno deles, uma banca de juízes e jurados. De pé, o promotor, que, togado, discursa:

> Nunca, nunca, na história da jurisprudência, feitos como esses foram trazidos à luz. Cavalheiros, vocês têm diante de si um monstro cínico e cruel. Olhem para ele. [Verdoux ironicamente se vira como todos para ver de quem o procurador estava falando.] Observem-no, cavalheiros: este homem, que tem *o* cérebro, e que se tivesse *a* decência para tal, poderia ter tido uma vida honesta. Mas, em vez disso, ele preferiu roubar e assassinar mulheres inocentes. De fato, ele transformou isso em um negócio. Não estou aqui apenas pedindo por vingança, mas pela proteção da sociedade. Para esse assassino em massa, eu solicito a punição máxima, que ele seja mandado à morte na guilhotina.

Verdoux mata.[9] Mulheres. Mulheres "inocentes". Trata-se de um homem que, tendo sido demitido do banco em que trabalhara por décadas e tendo uma esposa paraplégica e um filho pequeno, encontra uma via alternativa para conseguir dinheiro: identificando-se por nomes falsos, ele conquista viúvas, casa-se com elas, convence-as a lhe dar acesso a suas fortunas e as mata. O personagem foi inspirado no assassino francês Henri Désiré Landru, o Barba Azul, que entre 1914 e 1918 matou dez mulheres e um de seus filhos. A alcunha é oriunda do conto infantil de Charles Perrault, no qual uma esposa descobre que o marido executara suas ex-mulheres. Nas mãos de Chaplin, a história assume contornos "compreensivos" (no sentido weberiano, como veremos): subtitulado "Uma comédia de assassinatos", o filme, escrito, produzido, dirigido, protagonizado e musicado por ele (como de hábito), mostra uma história de suspense e brutais assassinatos com atmosfera de humor negro, sem abrir mão das *gags* físicas que caracterizam o artista. Falado, como o anterior, *O grande ditador*, *Verdoux* é uma avalanche de momentos de adoçamento da personalidade de um assassino frio. Ele é capaz de matar mulheres de modo impiedoso, mas ainda ser vegetariano, por não querer o sofrimento dos animais. Ao mesmo tempo, dá-se ao trabalho de produzir um veneno que permita matar "sem absolutamente nenhum sofrimento da vítima".

Após uma série de mortes e peripécias, Verdoux é então reconhecido pela família de uma de suas vítimas, é preso, levado ao tribunal... e condenado. Ao ouvir o veredicto de culpado, a ele é oferecida a oportunidade de uma declaração final que resolve fazer:

> Por mais pouco gentil que o promotor tenha sido comigo, ele pelo menos admitiu que eu tenho cérebro. Obrigado, *monsieur*, eu tenho. E por 35 anos eu o usei honestamente. Depois disso, ninguém mais o quis. Então, fui forçado a fazer negócios eu mesmo. No que diz respeito a ser um assassino em massa, o mundo não encoraja isso? Não tem a construção de armas de destruição o propósito único de assassinato em massa e não têm elas explodido mulheres de bem e criancinhas em pedacinhos... e feito isso de maneira bastante científica? Como assassino em massa, sou um amador em comparação com isso. Entretanto, não quero perder a cabeça, porque dentro em pouco perderei o pescoço. Ainda assim, antes de deixar esta lufada de existência terrena, tenho isto a dizer: eu verei todos vocês... muito em breve... muito em breve.

Um detalhe chama a atenção: o começo de seu discurso é estranhamente... premonitório. Mas, por ironia, às avessas: aquela cena ali parece ser o negativo de um caso real que se passaria algum tempo depois: o julgamento de Adolf Eichmann, ocorrido em 1961 (Arendt, 1999 [1963]). Como se sabe, Eichmann foi um oficial da burocracia nazista de 1934 até o final da guerra, tendo sido o responsável pela política de deportação de judeus que se converteria na "solução final". Após ser preso pelas tropas americanas, fugiu em 1946 e em 1950 se refugiou na Argentina com um nome falso. Em 1960, foi sequestrado por comandos do Mossad, serviço secreto israelense, e levado para Jerusalém, onde passou por um polêmico julgamento, transmitido pela TV mundialmente e que resultou na única sentença de morte na história do Estado de Israel. Na corte, Eichmann tentaria se justificar, dizendo estar "cumprindo ordens" e afirmando estar em acordo com as determinações do *Führer.* Diante disso, Hannah Arendt constata que seu objeto, que agiu por obediência estrita aos superiores, "não é um imbecil". Ele apenas apresenta uma "curiosa e autêntica incompetência para pensar" (1996, p. 26). A filósofa fica impressionada pela colocação de uma irreflexividade tão radical de um personagem que se propunha a uma experiência de pensamento — no julgamento, ele afirma ter vivido de acordo com o preceito moral kantiano: "Quis dizer que o princípio de minha vontade deve ser sempre tal que possa se transformar no princípio de leis gerais" (Arendt, 1999[1963], p. 153), mas isso representa, como a própria pensadora analisa, uma contradição com o próprio Kant, uma vez que sua filosofia moral está ligada à faculdade do juízo, eliminando a obediência cega. Isso a leva a constatar que a operação de irreflexividade de seu objeto está relacionada com o fato de que "ele funcionou em seu papel de grande criminoso de guerra tão bem quanto funcionara no papel de integrante do regime nazista" (1999[1963], p. 26). Eichmann dizia que matou milhares porque cumpria ordens. Mais que isso, ele sempre estará de acordo com a "moral vigente". Cumprirá as ordens do tribunal como cumprira as de Hitler, sem discuti-las. Para Hannah Arendt, isso mostra que o nazismo distorceu o mandamento ético de Kant para algo como "Aja como se o princípio de suas ações fosse o mesmo do legislador ou da legislação local. (...) O imperativo categórico do Terceiro Reich: aja de modo que o *Führer*, se souber da sua ação, a aprove" (Arendt, 2003, p. 153).

A fala de Verdoux, entretanto, parece se antecipar, pelo inverso, à da filósofa. Se em Eichmann há uma tentativa de justificação, mostrando que suas ações estão de acordo com um princípio universal, em Verdoux há uma oferta de desculpa, sugerindo que, se suas ações são erradas, alguém cometeu uma série tão errada quanto, e que, por conseguinte, ele *não é de fato tão culpado assim*. E se Eichmann não pensa, não tem atitude reflexiva e, nesse sentido, não possui total consciência de (e, em consequência, responsabilidade por) seus atos, Verdoux "tem, sim, um cérebro", assume total entendimento do que fez e fala não para se justificar, mas para mostrar que é possível dar conta de sua ação por meio das ações dos outros. Que outros? Todos. O cineasta Claude Chabrol chamaria a declaração de Verdoux de "uma das frases mais terríveis já pronunciadas contra uma sociedade" (Eisenschitz, 2003), sobretudo por conta da cena posterior, em que ele conversa com um jornalista, como em um arremedo de "genealogia da moral". "O que é toda essa conversa sobre bem e mal?", pergunta o repórter. "Forças arbitrárias, meu amigo. Excesso de qualquer uma delas nos destruirá a todos. Um assassinato faz um assassino; milhões, um herói... Números santificam." Segundo ele, seus assassinatos são tão ações de racionalidade econômica quanto economicamente racionais são as ações militares de governos dos países naquele momento.[10]

Arranjo peculiar da realidade:[11] não é culpa de Verdoux, não era culpa de Adão. No caso do assassino, estamos diante de oponentes grandes demais para que se observe a norma consagrada: a Grande Depressão e o exemplo dos governos. Essas duas situações demonstram outra característica marcante da desculpa: ao se circunstancializar a situação, desloca-se o lugar de agência do praticante da ação para uma virtual passividade. A circunstância é sempre forte demais, grande demais, inelutável demais. Mas há outra característica apresentada nessa história e que de certa forma promove um "desenvolvimento tecnológico" no invento de Adão: Verdoux atira na cara de seus acusadores uma lembrança de cujo esquecimento depende o próprio estatuto da acusação, a de uma terrível e incontornável *igualdade* entre eles. Não apenas errar é humano, mas, se um erro for desumano, desumanos todos somos, no fundo, ou pelo menos somos capazes de ser (seja por ação ou por omissão). Ainda que Henri Verdoux seja, afinal, executado, seu ar vitorioso é maior que o da sociedade que o pune. A afirmação de que se encontrará com eles "muito em breve" é definidora: será no inferno, porque ambos são dignos de punição. Mas isso chama a atenção ainda para um ponto fulcral: em sua versão radical de afirmação da igualdade entre *serial killer* e sociedade, ele chama a atenção para o fato de que, afinal, estamos diante não (simplisticamente) de um personagem imoral e uma moral que o acusa; está-se, antes disso, diante de uma dicotomia entre duas moralidades concorrentes. De modo que, embora reafirme o compromisso com a moral do acusador, toda desculpa chama a atenção para o fato de que toda moral é arbitrária, convencional e artificial.

"Todas as famílias felizes são iguais", escreveu Liev Tolstói (2005[1873-1877]). A singularidade que ele aponta nas infelizes, entretanto, é a grande sentença: cada uma o é a sua maneira. Encontramos formas singulares de ser infeliz por toda a ficção. Stiepan Arcáditch é o paradigma dessa história. Quando *Anna Kariênina* começa, somos informados de que "tudo era confusão na casa dos Oblónski. A esposa ficara sabendo que o marido mantinha um caso com a ex-governanta francesa". O conflito instalado mina as bases do casamento do personagem, irmão da protagonista do grande romance sobre o adultério. O momento da descoberta pela esposa do *affaire* do marido é digno de nota (pp. 18-19):

> Aconteceu com ele, nesse momento, o mesmo que ocorre com pessoas surpreendidas em uma circunstância demasiado vergonhosa. Não soube preparar suas feições para a situação em que se viu, diante da esposa, após a revelação de sua culpa. Em lugar de ofender-se, negar, justificar-se, pedir perdão ou até ficar indiferente — tudo teria sido melhor do que o que fez! —, seu rosto, de modo completamente involuntário ("reflexos cerebrais", pensou Stiepan, que gostava de fisiologia), de modo completamente involuntário, abriu de repente seu sorriso costumeiro, bondoso e, por isso mesmo, tolo.

De imediato, Tolstói nos brinda com uma tipologia sequencial de reações que não será muito diferente da que apresentarei mais à frente, baseada em pesquisa empírica: negação indignada, negação simples, justificação, perdão, indiferença... sorriso. O significado deste último gesto faz pensar: o que Oblónski comunica com ele? Vejamos o que o próprio nos oferece como conta do que fez (p. 19):

> Era um homem sincero consigo mesmo. Não conseguia enganar-se e persuadir-se de que estava arrependido da sua conduta. Não conseguia, agora, arrepender-se por ele, um homem de trinta e quatro anos, bonito e namorador, não estar enamorado da esposa, mãe de cinco crianças vivas e duas já mortas, e apenas um ano mais jovem do que ele. Arrependia-se apenas de não ter sabido dissimular melhor diante da esposa. Mas sentia toda a gravidade da sua situação e se compadecia da esposa, dos filhos e de si mesmo. Talvez soubesse dissimular melhor seus pecados, diante da esposa, se previsse que a notícia afetaria a ela desse modo. Está claro que nunca pensara sobre a questão, mas lhe parecia, vagamente, que a esposa já adivinhara, desde muito tempo, que ele não era fiel e fazia vista grossa. Parecia-lhe até que ela, uma mulher esgotada, envelhecida, feia, sem nada de admirável, simples, apenas uma boa mãe de família, deveria, por um sentimento de justiça, mostrar-se indulgente.

O gesto, então, traz contido nele o raciocínio desta fala: não é óbvio que um homem naquelas condições, casado com uma mulher naquelas condições, terá um relacionamento extraconjugal? Pelo menos para ele. Sua melhor desculpa, então, é traduzida em um gesto simbólico. O sorriso poderia querer dizer — como habitualmente quer dizer com familiares, conforme mostrarei mais à frente — "eu sou assim", mas, no caso de Oblónski, diz: "é assim [que as coisas são]."

O que esse caso apresenta é uma situação em que um cônjuge descobre que o outro, aquele de quem não se esperava nenhum segredo, age de maneira, digamos, surpreendente. Diane Vaughan (1986) abre seu estudo sobre divórcios dizendo que "uma separação começa com um segredo". O caso da esposa de Oblónski é ainda mais radical: ele se torna para ela um total estranho. E, supremo desencontro, esse estranhamento é surpreendente para o marido.

O caso de Bruno e Sonia, os protagonistas de *A criança*, filme dos irmãos belgas Jean-Pierre e Luc Dardenne (2005), mostra uma infelicidade de família ainda mais peculiar. Encontramos a jovem chegando em casa, vinda do hospital, onde deu à luz Jimmy, filho dos dois. Ao tentar abrir a porta, percebe-a com uma tranca e bate. Alguém ocupa seu apartamento e lhe conta que Bruno, seu namorado, o havia alugado para eles. Ela segue para a rua, em busca do companheiro. Encontra-o em frente a uma loja, vigiando um homem, que pretende roubar. Depois de recebê-la de maneira um tanto indiferente, como se não estivesse há dias sem vê-la e como se ela não tivesse acabado de dar à luz seu rebento, eles começam a conversar e ela pergunta sobre sua morada:

> SONIA: E para dormir?
> BRUNO: No abrigo?
> SONIA: E eu e Jimmy?
> BRUNO: No andar das mulheres.
> SONIA: Você tem algum dinheiro?
> BRUNO: Não.
> SONIA: Gastou tudo?
> BRUNO: Sim.
> SONIA: Foi meu apartamento que você alugou. Poderia ter guardado algum para mim...
> BRUNO: Eu arrumo dinheiro sempre. Não precisava guardar [Mostra-lhe a jaqueta, nova, e o chapéu]. E então...? Legal, não é?
> SONIA: É roubada ou foi comprada com minha grana?
> BRUNO: Era impossível de roubar... Venha.

Logo depois, tem lugar uma sequência um tanto infantil, em que ela põe o pé para ele cair, ele se precipita ao chão e ela, rindo, chuta-lhe pedras. Ele se levanta e ela retoma a conversa, de maneira menos tensa:

> SONIA: Venha para perto de mim... Venha [Ele se aproxima, mas parece evitar contato com a criança. Ela se cola a ele]. Quero dormir com você.
> BRUNO: Só teremos o apartamento de volta depois de amanhã.
> SONIA: Esperei por você. Pensei que você ia lá [ao hospital] me ver. Te liguei todos os dias.
> BRUNO: Tive que mudar o chip do meu telefone.

Vemos aqui um pequeno núcleo familiar recém-formado, mas que vive conflitos importantes: sem dinheiro e sem trabalho, Bruno realiza pequenos delitos para sobreviver. Ao mesmo tempo, jovens, o casal enfrenta a chegada do primeiro filho com certa inconsequência da parte dele: o rapaz não apenas deixou a namorada sem casa como ficou com o dinheiro ganho com o aluguel do apartamento dela, e ainda o gastou de maneira fútil. Ao mesmo tempo, ele demonstra pouco cuidado e dá uma desculpa para não a ter visitado no hospital. Mais à frente, a assistente social do governo que vai visitá-los em casa fala de um emprego para o rapaz. O salário é de mil euros por mês. "Não estou a fim", ele responde a Sonia. Ela insiste e ele diz: "Não quero trabalhar. É coisa de babaca." E, logo depois, usa o único dinheiro que tinha ganhado com a venda do produto de um roubo para comprar para ela uma versão feminina da jaqueta que havia comprado antes.

Mas o centro da trama vem logo em seguida. Após se separar do namorado e do filho por algum tempo, quando estes vão passear, Sonia reencontra o rapaz em um lugar na beira do rio, que eles chamam de "o esconderijo". Ele está sozinho e ela lhe pergunta por Jimmy, a criança:

> BRUNO: Eu o vendi.
> SONIA: O quê? Como assim, vendeu?
> BRUNO: Sim, eu o vendi.
> SONIA: Onde ele está?
> BRUNO: Com pessoas que vão lhe encontrar uma família. Ele ficará bem, será adotado.
> SONIA: Mas... Onde ele está?
> BRUNO: Eu te disse: eu o vendi [Silêncio]. Em uma hora, vou ao Jardim Botânico com o carrinho e digo à polícia que alguém o roubou. [E lhe oferece o cigarro que fuma. Ela está paralisada.] A gente faz outro. [Ela segue muda.] Veja... dinheiro... [e mostra um maço volumoso de notas — 5 mil euros. Ela desmaia].

Ele a leva a um hospital. E passará a dizer que a namorada fantasiou a venda do filho. Ele o havia feito por sugestão de uma receptadora de mercadoria roubada, que lhe havia garantido que o bebê seria adotado por uma família de posses. Mas, diante da reação "inesperada" de Sonia — que, ele fica repetindo para a comparsa, "havia concordado com a venda, mas mudou de ideia" —, Bruno resolve devolver o dinheiro e retomar Jimmy. Mas a quadrilha, ao entregar a criança, exige que o rapaz pague o dobro do valor que recebera. De volta ao hospital, ele se depara com a polícia, que ouviu da mãe a história da venda. Ele nega. Sua resposta aos homens da lei: ela inventou tudo; o filho na verdade não é dele; ela quer que ele seja preso "para que possa trepar à vontade".

Bruno fica na rua e, após tomar uma surra dos traficantes de bebês e ter seus últimos vinténs e seu celular tomados, vai atrás da namorada, que o ignora. Como se nada tivesse acontecido, ele lhe pergunta: "Me empresta seu GSM? [o telefone celular] Roubaram o meu... Você me dá?" E diante do silêncio dela pede explicações: "O que eu te fiz? Achei que podíamos ter outro, só isso." Ela o expulsa violentamente, ameaçando-o com uma faca — o que faz com que os dois cheguem a se enfrentar fisicamente. Ordena que ele vá embora, leve embora o carrinho de bebê que comprara e nunca mais volte. Ele voltará a procurá-la ainda mais uma vez:

> BRUNO: Eu te peço perdão. Espere... Me perdoe!
> SONIA: Cale a boca e pare de me seguir.
> BRUNO [agarrando-se às pernas dela]: Preciso de você, Sonia. Não queria te magoar... Não queria! Não me deixe, não me deixe.
> SONIA: Saia! Me deixa!
> BRUNO: Espere... Eu mudei, te juro... Espere. Não feche a porta, não vou tentar entrar. Eu te amo, Sonia.
> SONIA: Você está mentindo. Você mente tanto quanto respira [e fecha a porta na cara dele].
> [Silêncio. E quando esperamos uma fala redentora:]
> BRUNO: Sonia, eu só queria um dinheirinho. Tenho fome. Juro, tenho fome. Se não quiser abrir, passe por baixo da porta. Eu te devolverei. Ouviu? Sonia?

O que se segue é a tentativa derradeira do rapaz de conseguir o dinheiro para pagar a dívida (que a quadrilha aceitará receber "à prestação"). Planeja um roubo acompanhado de seu habitual cúmplice, um menino de 12 anos. O resultado é um fracasso e, após algumas peripécias, o garoto termina preso e Bruno, com a lambreta dele. Ele vai mais uma vez à casa de Sonia, mas não a encontra. De lá, vai à delegacia e se entrega, liberando o menino.

Preso, recebe a visita de Sonia. "Você quer um café?", ela oferece. "Sim." Ela está chorosa. "E o Jimmy?", ele pergunta. "Vai bem." Ele segura o copo de plástico, toma o café... e chora. Copiosamente. Como uma criança. Segura as mãos dela, que retribui e começa a também chorar. Encostam a cabeça um no outro. Olham-se. Ela perdoa o namorado: não havia mais desculpa possível.

Essa história também apresenta a ordem de um profundo estranhamento de um outro que se julgava conhecer. Quando Sonia sabe que teve seu filho vendido pelo próprio namorado, pelo próprio pai da criança, ela desmaia: o choque é grande demais. Mas, assim como na primeira história, temos aqui algo que chama a atenção: a coragem, a falta de censura dos personagens para apresentar razões, digamos, "egoístas", para o que fizeram. E, se é verdade que Sonia rompe com Bruno, é também um fato que antes da venda do bebê ela aceita tudo o que ele fizera: o aluguel do apartamento, o uso de seu dinheiro, a ausência do hospital, o tratamento distante, a recusa em ter um emprego, tudo vai sendo tratado como parte da convivência de ambos, e o que dá conta dessa galeria é simplesmente a necessidade dele. Comprou a jaqueta com o dinheiro dela porque "era impossível roubar". Mas a posse dela, não; era necessária, incontornável para ele. No caso de Oblónski, ele imaginava que a esposa já soubesse de seu comportamento adúltero e que fizesse vista grossa. Em ambos os casos, a desculpa é operada segundo altos graus de demonstração do bem de si próprio como algo independente do bem do outro.

E o fato de que os dois casos são concluídos com pedidos de perdão — objetivo no caso de Stiepan Arcáditch, subjetivo no de Bruno — só corrobora esta tese: o perdão, ou seja, o esquecimento total do passado, com vistas a um futuro melhor, só vem porque não há mais possibilidades de articular exclusivamente o bem de si, não nos extremos de inaceitabilidade em que os dois representam para as outras partes. A desculpa, parece então, participa de uma economia de tensão entre o bem de si e o bem do outro, com ênfase na ideia de demonstração do bem de si como necessidade inelutável.

Enquanto isso, no céu:

> JOÃO GRILO
>
> E o senhor vai dar uma satisfação a esse sujeito [o Encourado, encarnação do demônio, que o acusa] me desgraçando para o resto da vida? Valha-me Nossa Senhora, mãe de Deus de Nazaré, já fui menino, já fui homem...
>
> A COMPADECIDA
>
> *Sorrindo*
>
> Só lhe falta ser mulher, João, já sei. Vou ver o que posso fazer. [A Manuel] Lembre-se de que João estava se preparando para morrer quando o padre o interrompeu.
>
> ENCOURADO
>
> É, e apesar de todo aperreio, ele ainda chamou o padre de cachorro bento.
>
> A COMPADECIDA
>
> João foi um pobre como nós, meu filho. Teve de suportar as maiores dificuldades, numa terra seca e pobre como a nossa. Não o condene, deixe João ir para o purgatório.
>
> JOÃO GRILO
>
> Para o purgatório? Não, não faça assim não. [Chamando a Compadecida à parte.] Não repare eu dizer isso, mas é que o diabo é muito negociante e com esse povo a gente pede mais, para impressionar. A senhora pede o céu, porque aí o acordo fica mais fácil a respeito do purgatório.

Na peça *Auto da Compadecida*, de Ariano Suassuna (2005 [1957]), vemos João Grilo, um trambiqueiro, sendo julgado depois da morte. O tribunal divino é constituído como um espelho de tribunais reais, com personagens esquematicamente ocupando papéis típicos de um julgamento terreno: Grilo é o réu; Encourado é o advogado de acusação; Manuel, ou Jesus (que no trecho citado não aparece, mas que tem falas a ele direcionadas), é o juiz; e A Compadecida aparece como advogada de defesa. Mas o que chama mesmo a atenção é o tipo de reivindicação feito pela defensora. O réu teria cometido vários crimes (no caso, pecados) e está provado que ele praticou as ações de que é acusado. Ainda assim, ela propõe que as regras racionais da corte, até então obedecidas, sejam flexibilizadas, desobedecidas circunstancialmente, e que o acusado não seja punido ou o seja com menor intensidade.

Não se trata, entretanto, de um pedido de clemência, do uso de uma espécie de poder moderador — o que até poderia ser esperado de um juiz que ocupa também o lugar de Filho de Deus. Ela não solicita o simples perdão do réu. A Compadecida, em vez disso, articula uma espécie de argumentação para dar sustento à proposta de que o réu não seja punido. E seus argumentos são concebidos a partir das peculiaridades das situações nas quais foram praticados os crimes de seu "cliente", peculiaridades que, aliás, incluem o histórico dele. Sua reivindicação se baseia em uma suposta atenuante, a de que "João foi um pobre (...), teve de suportar as maiores dificuldades, numa terra seca". E ela não apela apenas para a piedade do juiz — personagem do qual, então, seria esperada uma avaliação racional, de justiça. Ela atrela essa piedade a uma associação pessoal — e, dirão alguns, de classe — entre o réu e Manuel, além de a ela mesma. A Compadecida lembra que o personagem não apenas foi um homem simples, mas foi simples da mesma maneira como ela e Jesus foram quando viveram na Terra. Os três teriam passado pelo mesmo tipo de sofrimento, o que permitiria ao meritíssimo entender os motivos que teriam levado o réu, agora morto, a praticar seus pecados em vida.

Além de João Grilo, estão no tribunal outros moradores de uma cidadezinha nordestina, todos executados por um cangaceiro e seu capanga (ambos também em julgamento, depois de terem sido mortos por Grilo e por seu amigo Chicó, o único a permanecer vivo na história, não participando do evento celestial). Cada personagem está diante do tribunal segundo seus pecados, cada um se dizendo inocente a sua maneira. João é um malandro, concebido nos moldes da figura folclórica ibérica de Pedro Malasartes, espertalhão que vence os poderosos com sua lábia. Nosso herói promove trambiques e, pouco antes da morte, traçara um plano para tirar vantagem do padeiro e de sua esposa, seus patrões. Ele e Chicó se sentem injustiçados por anos de maus-tratos na padaria e concluem que chegou a hora de finalmente tirar algum proveito. No primeiro ato, Grilo tenta ganhar dinheiro dos dois, oferecendo-lhes um enterro em latim para o cachorro morto do casal. Depois, vende-lhes um gato que, segundo o vigarista, "descome" (ou seja, defeca) dinheiro.

Pois, como todos reconhecem que o que o acusado fez é errado, reconhecem também a validade das regras morais/legais em questão e a validade de um projeto de punição. Ainda assim, A Compadecida propõe: se forem levadas em conta determinadas circunstâncias segundo as quais seu cliente teria sido "obrigado" a adotar determinado comportamento, esses erros podem até ser cometidos, mesmo que se concorde que não devam sê-lo. "Não o condene, deixe João ir para o purgatório", diz ela, propondo ao juiz, inclusive, uma "pena alternativa", atenuada.

Grilo é uma espécie de síntese de todos esses personagens ficcionais e da própria desculpa, uma espécie de tipo ideal daquilo que aqui estou chamando de *desculpando*.[12] É uma espécie de Adão revisitado: ele incorpora todas as características da situação na qual a desculpa se manifesta. Como se trata de uma situação de tribunal e o personagem é inegavelmente ambíguo, já que é, de vários pontos de vista, um anti-herói, ele permite visualizar os vários elementos de uma cena típico-ideal, de uma situação formal. Temos ali personagens que se repetem em todas as situações: alguém que acusa, alguém que se defende (com a peculiaridade, nesse caso, de que outro faz a defesa pelo acusado, o que não é tão raro assim em situações de desculpa), alguém julga. E aquele (no caso, aquela) que defende relativiza a situação de descumprimento da regra moral. Ora, Adão também é admoestado e se vê obrigado a dar uma desculpa; Brás e Jerry se veem enredados pelo compromisso social e pelo medo do constrangimento que igualmente os obriga a oferecer alguma fala que os isente de culpa; Verdoux é formalmente acusado em um tribunal e recebe dos acusadores o direito de resposta, do qual faz uso para, mesmo condenado, requalificar suas ações; Oblónski e Bruno se veem acusados por suas esposas de traições para elas inimagináveis, para eles perfeitamente compreensíveis, e sobre cuja aceitabilidade eles se veem obrigados a apresentar reivindicaçõs. Grilo, finalmente, recorre à Compadecida para, da posição de intercessora que lhe é tradicional, que ela mostre que tudo que ele fez em desacordo com a Justiça se deve ao fato de ele ser na verdade um injustiçado. Ao fim e ao cabo, todos os personagens se encontram, então, de alguma maneira, diante de situações de acusação.

Uma desculpa: John L. Austin e além

A primeira descrição formal a levar a sério a desculpa foi feita pelo filósofo da linguagem britânico John L. Austin, nos anos 1950. Nascido em 1911 (em Lancaster, pequena cidade que é um dos mais antigos centros de comércio e ensino da Inglaterra) e morto muito prematuramente aos 49 anos de câncer de pulmão, Austin foi (juntamente a Ludwig Wittgenstein) um dos principais pensadores a enfrentar a questão da linguagem no século XX. Mas, diferentemente do pensador vienense, consagrado (ao lado do alemão Martin Heidegger) como o grande nome da filosofia de seu tempo, ele não se tornou tão, digamos, popular. E, de modo ainda mais diferente do austríaco, Austin dedicou seu pensamento a uma forte reabilitação do discurso de senso comum e das falas cotidianas não apenas como fonte, mas como farol da filosofia, a estabelecer mesmo suas rotas. Ele manteve uma especial obsessão por aquilo que um sociólogo poderia se autorizar a chamar — não sem certa dose de irresponsabilidade filosófica e terminológica — de *agência das palavras*, ou seja, a capacidade de elas fazerem coisas por si próprias, de determinarem as "consequências de seus atos". Seu clássico *How to Do Things with Words* (1962) apresenta o conceito de "performativo", palavra que, em vez de apenas descrever, realiza uma ação — por exemplo: "Eu *prometo* que..." ou "*Declaro* aberta esta reunião". E o modelo que desenvolveria a partir dali determinaria desenrolares determinantes não apenas para uma filosofia da linguagem,[13] mas para várias outras disciplinas, como a linguística, a sociolinguística e as ciências sociais — como veremos aqui. Pois, na manhã de 29 de outubro de 1956, na Universidade de Londres, no encontro bianual da Aristotelian Society, entidade fundada em 1880 para tornar a filosofia "amplamente disponível para o grande público", ele apresentaria um *paper* que não poderia de forma alguma passar despercebido. Em "A Plea for Excuses", que seria em seguida publicado nos *Proceedings* da sociedade de 1956-57, Austin faz uma defesa da desculpa como objeto da filosofia, em especial de uma filosofia moral, mas sobretudo porque ela seria um elemento privilegiado para se começar a responder "o que, e o que não, se entende por, e o que pode, e o que não, ser considerado sob a expressão 'praticar uma ação' ou 'fazer algo'" (1979 [1956-1957], p. 178). Segundo ele,

> [Uma] vaga e reconfortante ideia de fundo diz que, afinal, praticar uma ação se reduz à realização de movimentos físicos com partes do corpo; mas isso é quase tão verdadeiro quanto a ideia de que dizer algo deve, em última análise, ser reduzido a fazer movimentos com a língua. (...) O início da compreensão, para não falar da sabedoria, vem da percepção de que "praticar uma ação", como utilizado em filosofia, é uma expressão extremamente abstrata — é um substituto, usado no lugar de qualquer (ou quase todo?) verbo pessoal, da mesma forma que "coisa" é um substituto para qualquer (ou, quando nos lembramos, quase todo) substantivo; e "qualidade", um substituto para o adjetivo.

Ele sublinha, assim, a importância suprema da desculpa para uma filosofia preocupada com a ação: como uma forma de compreender um objeto pelo seu avesso (p. 180): "Analisar desculpas é analisar casos em que tenha havido alguma anormalidade ou falha: e, como tantas vezes acontece, o anormal lançará luz sobre o normal, nos ajudará a penetrar o ofuscante véu da facilidade e obviedade que oculta os mecanismos do ato natural bem-sucedido."

A desculpa, então, coloca em cima da mesa as características de uma situação na qual uma ação decorreu sem que todos os envolvidos estejam satisfeitos, configurando, então, uma ação de, digamos, *consequências indesejadas*. Claro, não estou adotando aqui o termo "indesejado" em sentido estrito — afinal, há toda uma gama de fatores psicanalíticos a tornar uma relação com ser "desejado" ou não algo por demais melindroso. "Indesejado", neste caso, quer dizer, produtor de consequências que desagradem a algum dos envolvidos na situação sem que esse desagrado seja um objetivo central para o outro envolvido — conclusão advinda do fato de que, afinal, ele apresenta uma desculpa.

O que é, então, uma desculpa? Segundo Austin (1979 [1956-1957], p. 176),

> Em geral, a situação é aquela em que alguém é acusado de ter feito algo ou (...) em que *é dito* que alguém fez algo ruim, errado, inepto, indesejável, ou em alguma outra de inúmeras maneiras possíveis, desagradável. Então, ele, ou alguém em seu nome, tentará defender sua conduta ou o livrar dessa.

O que chama a atenção nessa definição é que, assim como constatado nos casos mitológicos ou ficcionais que apresentei, a desculpa aparece como uma resposta. A saber, uma resposta dada quando se é "acusado de ter feito algo (...) de mal, errado, inepto, indesejado". A desculpa, segundo ele, é uma resposta a uma "acusação". O que isso quer dizer?

Uma acusação é uma ação tão específica quanto a própria desculpa. Ela opera um movimento moral de estabelecimento de papéis: de um lado, alguém que se investe do direito (e do dever, por que não?) de apontar o outro como a "causa" de uma negatividade. A etimologia ajuda a ter uma imagem clara de suas capacidades: vem do latim *accusare*, formado por *ad*, contra, e *causari*, apontar como causa. Mas, para além da origem da palavra, o sentido de acusar é facilmente perceptível em áreas em que o termo é central, como o direito ou a disciplina moral: ela, para funcionar, é dependente de um dispositivo cognitivo específico, a *culpa*. Sobre ela, Austin (p. 181) diz que

> Pelo menos duas coisas parecem se confundir nesse termo. Por vezes, quando se culpa X por fazer A, digamos por quebrar um vaso, é uma questão simplesmente ou principalmente de minha desaprovação a A, quebrar o vaso, o que, sem dúvida, X fez: mas o que por vezes ocorre, em vez disso, é simples e principalmente meu profundo sentimento de que X é responsável por A, o que inquestionavelmente foi ruim.

Para ele, então, há duas dimensões na culpa: a *indiscutibilidade* e a *intensidade*. Quando se atribui culpa a alguém, está-se afirmando que algo *grave* foi *inegavelmente* feito por ele. A acusação, então, é estruturada em torno de um operador que torna a causalidade uma operação moral simplificadora da complexidade das situações: só há duas possibilidades em uma situação de acusação: *culpa* ou *não culpa*. De maneira que ela é centrada na *punibilidade*, ou seja, na operação de simplificação das possibilidades de interação com aquele que praticou a ação. Porque a culpa afirma a *agência* dos atores, chama a atenção para seu *controle* sobre a situação e para sua *opção* por fazer algo errado. De maneira que não resta alternativa senão puni-lo, já que é indiscutível que ele praticou uma ação negativa. Como diz McEvoy (1995, p. 17), "o que é uma acusação senão um meio de defender o mau tratamento do acusado?"

Ocorre que, inspirados em Austin, os sociólogos Marvin B. Scott, na época professor da San Francisco State College, e Stanford M. Lyman, da universidade estadual de Sonoma, propuseram, em 1968, uma definição formal de desculpa, para eles a situação "em que alguém admite que o ato em questão seja ruim, errado ou inapropriado, mas nega ter plena responsabilidade sobre ele"[14] (2008 [1968], p. 141). Diferentemente do filósofo, entretanto, o operador para o qual eles chamam a atenção é, outro: a *responsabilidade*. E esse operador está ligado a outra prática, distinta da acusação. Trata-se da *crítica*.

A crítica representa um momento especial na vida social, um momento de descontinuidade em uma rotina de não questionamento das ações no entorno. Trata-se de um momento no tempo no qual, segundo Boltanski e Thévenot (1999, p. 359), "pessoas, envolvidas em relações cotidianas, que estejam fazendo coisas juntas — digamos na política, no trabalho, no sindicato — e que têm de coordenar suas ações, chegam à conclusão de que algo está errado; de que eles não podem manter-se daquela forma por mais tempo; de que algo deve mudar". Nesse caso,

> a pessoa que se dá conta de que algo não está funcionando raramente permanece em silêncio. Ela não guarda seus sentimentos para si. O momento em que se dá conta de que algo não está funcionando é, na maioria das vezes, aquele em que percebe não poder mais suportar esse estado de coisas. A pessoa deve, por essa razão, expressar descontentamento em relação às outras com quem estivera desempenhando, até então, uma ação conjunta.

Trata-se, então, assim como a acusação, de uma forma de apontar o dedo para o outro e denunciar a relação entre ele e o ocorrido, negativizando-o moralmente. Mas aqui estamos diante de uma *cena* na qual tem lugar uma manifestação de discordância forte, chamando-se atenção para a *diferença de posições*.

Do ponto de vista operacional, a responsabilidade diz respeito à associação direta entre agente e ação, apontando-se o caráter problemático do feito, de modo que a questão aberta em uma responsabilização recai sobre o sentido da ação. A responsabilidade — e, portanto, a crítica — pergunta ao agente que sentido ele dá para uma ação a princípio sem sentido.

C. Wright Mills foi um dos primeiros a dar uma dimensão linguageira a essa problemática, ao retomar a discussão a respeito do conceito de "motivo" de Max Weber, segundo ele "um complexo de significado subjetivo que parece ao próprio ator ou ao observador uma sustentação adequada à conduta em questão". Como está bastante bem documentado, Weber (2001 [1904]) constrói a "objetividade" analítica da sociologia *por meio* de um deslocamento lógico: a partir da constatação de que todo analista possui valores e que o uso desses valores para se aproximar explicativamente do mundo aniquilaria a possibilidade dessa análise, qualquer valor que possa estar em jogo é substituído do ponto de vista do pensamento por um metavalor adotado como ponto fixo de observação: a *compreensão* de qualquer valor usado para determinar as ações analisadas — o que leva sua abordagem a ser chamada de *compreensiva*. Constrói-se, assim, uma sociologia centrada justamente na maneira como os atores mobilizam seus valores para dar sustentação a suas ações. E essa sustentação (*Grund*), ou seja, uma base observada *a posteriori*, é lida como motivo (*Motiv*), como explicação, como se fosse *a priori* (Weber, 1994 [1922]). Para Wright Mills, isso induz à pergunta sobre o caráter expressivo desses motivos — afinal, as pessoas precisam ter acesso a eles para saber como agir em relação a essas sustentações/motivações — e, por conseguinte, o fez conceber, unindo o pai fundador ao pragmatismo filosófico que acompanhava sua obra desde o princípio, uma sociologia dos "vocabulários de motivos", ou seja, um tratamento segundo o qual se possam pensar diferentes, digamos, línguas, nas quais os motivos possam ser alocados. Essa possibilidade estava já inscrita em Weber — como o americano sublinha em seu artigo seminal "Situated Actions and Vocabularies of Motive", de 1940 —, uma vez que um de seus traços mais característicos é uma tipologia de orientações de sentido para as ações que pode ser facilmente pensada como um conjunto de formas de falar a ação para que elas possam acontecer, ou seja, possam ser consideradas legítimas.

A perspectiva compreensiva permite pensar que uma crítica é um procedimento segundo o qual se aponta a falta de sentido de uma ação. Essa falta de sentido se baseia na aposta de que, na determinada situação, o ator que fará a crítica imaginava que produzir sentido corresponderia a estar de acordo com determinado vocabulário de motivos, ou, em outras palavras, corresponderia a estar de acordo com uma moral.

A crítica, então, aponta para o criticado a *responsabilidade* de *dar sentido* à situação, ou seja, para uma obrigação de dar uma resposta. A etimologia do termo é indicativa aqui também: "responsável" vem do francês *responsable*, derivado do verbo latino *respondère*, "afirmar, assegurar, responder". Ela é, assim, estruturalmente, um jogo aberto, uma abertura à negociação: se a ação parece inócua, ela o é porque não foi falada (ou seja, agida) na língua de sustentação que se esperava que se usasse em determinado caso. Mas o primordial aqui é que a crítica parte do pressuposto de que os envolvidos reconhecem a existência e a validade de uma *pluralidade* desses vocabulários e uma possibilidade comum de mobilização de alguns deles em uma mesma situação, de modo que a questão é a expectativa em torno das apresentações de sustentações cabíveis para o que se fez. Se ela se inicia com uma espécie de ameaça quimérica, "decifra-te ou te devoro", tem continuidade potencial com um "veja, decifro-me; não há por que me devorares". Veremos adiante como essa cena pode se desenrolar de forma muito mais complexa. Por ora, fiquemos com essa definição, que chama a atenção o fato de que o horizonte potencial da crítica é a paz, já que ela convida à negociação. A crítica é um dispositivo de administração da *conflitualidade* tipicamente *moderno*, uma gestão das diferenças entre os homens por meio de um espaço de disputas regradas em torno dos sentidos das ações. A responsabilização é um recurso do dever, que lança sobre o criticado a lembrança de um compromisso: caso se queira pertencer a esse meio, a vida social, é preciso se explicar, *dar conta* do que se faz. A aposta da crítica, então, é que todos nós, diante de uma crítica, somos lembrados de nossa responsabilidade com o mundo ao sermos apontados como responsáveis pela falta de sentido do que aconteceu e pelo próprio acontecimento em si: fomos nós que o causamos, logo somos nós que devemos dar-lhe sentido.

Pois bem, essa responsabilização pode também ser (e talvez na maioria das vezes seja) operacionalizada segundo um procedimento particular: uma crítica pode ser mobilizada adotando-se como ponto de partida uma pretensão de universalidade do princípio moral — ou seja, do vocabulário de motivo — usado como base da responsabilidade. De modo que se trata de uma operação na qual o pluralismo de gramáticas morais é reduzido a uma unidade lógica pela *reificação* de uma das gramáticas.

Pois é justamente essa a operação mobilizada na acusação, o que mostra que acusação é, na verdade, um caso particular, uma forma radicalizada, da crítica; caso em que se trata de construir um tom *acusatorial* para a admoestação: ali, pressupõe-se que tanto o criticado (acusado) quanto aqueles no entorno reconhecem como legítimo e indiscutível o princípio moral considerado pelo crítico (acusador) como desrespeitado. É por conta disso, por sua pretensão à indiscutibilidade, que ela será operacionalizad(ora/a) da/pela culpa, ou seja, a demanda pelo estabelecimento de um nexo entre a ação e sua necessária punição (e não apenas sua causa, como na responsabilidade). Evidentemente, o exemplo-limite é a acusação de crime: a lei tem justamente essa pretensão de universalidade. Dessa maneira, a crítica feita a alguém que praticou um ato criminalizado está no horizonte dessa indiscutibilidade da negatividade moral do ato. E, diferentemente do caso geral da crítica, aqui não estamos diante de um pedido de explicações. A acusação, em vez disso, procede uma declaração de *necessária punição*. O centro da situação de acusação não é a disputa em torno dos elementos de um acordo. É, em vez disso, a legitimidade — a necessidade mesmo — da punição. A situação que resulta em uma desculpa, então, segundo a definição clássica de Austin, parte dessa pretensão acusatorial de que se investe o ator "ofendido", ou seja, parte de um procedimento de *reificação*: aquela que busca ocultar o caráter negociável das disputas morais.[15]

Pois a desculpa parece ser justamente uma reação a essa reificação. Por conta disso, é preciso pensar, em um primeiro passo, esse processo de trânsito entre esses dois planos. O debate entre responsabilidade e culpa é enormemente intenso. O próprio Austin dedica a ele suas linhas. Mas vários autores se debruçaram sobre essa dicotomia. Apenas para dar exemplos mais recentes (e contornar discussões como a do utilitarismo ou da filosofia kantiana), Chateauraynaud (1991) trabalha com ela a partir da noção de erro profissional, atribuindo-lhe o duplo estatuto de ligação ao mesmo tempo com um compromisso com a coletividade (uma responsabilidade investida, por exemplo, pela prática profissional) e uma noção de culpabilidade (atribuída pelas falhas). Já a definição de McDowell (2000) diz que a responsabilidade é "o resultado de um silogismo no qual a principal premissa é o dever e a menor é a falha" (p. 8). Por sua vez, Honoré (1999), no plano de uma filosofia do direito, trata da relação entre responsabilidade, culpa e "causação": responsabilidade é, assim, a associação entre causa e efeito, com uma noção de dever ligada dicotomicamente a esses efeitos: algo é responsável por um resultado de algum processo, de um lado porque "deve" garantir a realização de algo e, por outro, porque "não pode" permitir a realização de algo.

Em todas essas definições, como vimos, uma economia da consciência é central: responsabilidade e culpa passam por uma noção de controle sobre as ações determinantes para a efetivação de um processo. O que está em jogo, então, é uma aposta em um controle das ações por parte do outro agente: responsabilizar ou culpar é dizer que o outro era o senhor do que fazia, que ele poderia/deveria ter previsto o desenrolar do que fez, já que sabia exatamente o que estava fazendo.

A desculpa, por outro lado, chama a atenção para a impotência, para a impossibilidade de controlar os elementos da situação.

Mas se o duo crítica/acusação favorece a compreensão da desculpa por chamar a atenção para sua fenomenologia da ruptura da rotina, ele ainda assim apresenta algumas limitações descritivas: primeiramente, ambos partem também de uma operação de reificação, a do componente expressivo da "capacidade crítica" (Boltanski e Thévenot, 1999) dos atores sociais. Nenhum dos dois se coloca o problema da, digamos, "passagem ao ato", ou seja, o problema do caráter introspectivo da ação e da possibilidade de ela produzir consequências sem a exigência de movimentos formais de apresentação expressiva. Naturalmente, uso aqui "passagem ao ato" em sentido lato, analógico, e não em seu sentido estrito mais consagrado, o psicanalítico. A questão para a qual quero chamar atenção é de toda uma fenomenologia actancial introspectivamente processada e que corresponde à decisão (consciente ou não) de converter uma potência tipicamente observável (obviamente a partir de ações posteriormente realizadas) em ação tipicamente observável. Esse processo, por mais infinitesimalmente comprimido que seja, é relevante (e descritível) em seu resultado: são muitas vezes perceptíveis, mesmo que a ação potencial não se concretize, uma série de elementos que poderiam a ela conduzir, de modo que a reação do outro pode ser modulada como se ela tivesse ocorrido, já que se percebe a "intenção" de praticá-la.[16] Por outro lado, os dois também reificam o caráter analítico da avaliação moral. A observação das situações de desculpa mostra uma fenomenologia em duas dimensões: em uma última instância, uma gramática do desacordo em relação a vocabulários morais; em outra instância (evitemos chamá-la de "primeira"), um fenômeno percebido nas interações primitivamente como *desagrado*, como *mal-estar*. A cena de polêmica moral, então, antes de ser moral, é percebida como emocional; trata-se de uma cena em que tem lugar uma demonstração e/ou uma percepção de um mal-estar no percurso de uma interação/relação ou, em resumo, em que se vê uma *manifestação de mal-estar interacional/relacional*.

Sublinhar essa recaracterização é importante porque lidaremos o tempo todo com esse jogo de tradução do emocional em moral e do moral em emocional. É como os atores operacionalizarão os dois trânsitos aqui relevantes — o da crítica para a acusação e o da generalidade para a circunstância —, e é como eles em geral desenham as próprias situações de conflito: as disputas por posições, invariavelmente disputas em torno da possibilidade de ir adiante com um bem para alguém, costumam ser lidas como uma economia emocional, na qual são negociados satisfação e sofrimento.

De volta a Austin, embora ele faça um esforço para apresentar a desculpa no interior de uma filosofia da ação, sua descrição, ao se centrar na dimensão gramatical da desculpa, acaba por ofuscar algumas de suas dimensões. Porque seu encaminhamento, antes de gramatizar a ação, permitindo analisá-la por meio das formas formais segundo as quais ela se organiza, adota outra partida gramatical. Chama a atenção para a dimensão adverbial da desculpa, ou seja, para a forma como ela opera a *modificação* de um verbo, reduzindo a desculpa a modificador de uma ação. Mas, bem, "modificar" é um verbo, *é uma ação*. E é nesse ponto que acredito ser necessário um investimento mais aprofundado na questão. Se Austin sugere uma observação atenta dos conteúdos das desculpas, e chega mesmo a demonstrar um forte interesse pela análise etimológica dos termos usados para tal, seu caminho serve para constituir um mapeamento do funcionamento desse dispositivo em um contexto especificamente linguageiro. Meu interesse aqui é o de abstrair uma forma geral que permita descrever a desculpa como uma ação social em si, por meio da maneira como é operada pelos atores sociais que a mobilizam nas situações. Ela é, sim, um modificador, mas é antes de tudo uma ação social cuja operacionalização permite constituí-la como prática e, em consequência disso, como um dispositivo, algo que se usa para fazer algo. Não se trata de um dispositivo qualquer, obviamente. O que é mais digno de nota é que se trata de um *dispositivo moral*, um aparato envolvido na forma como administramos o bem. E é por isso que a desculpa continua sendo um objeto tão instigante.

Por outro lado, o filósofo britânico, mesmo com sua descrição da dimensão estritamente gramatical do objeto, permanece inspirador por outro motivo ainda. É que ele sugere três "apoios sistemáticos" para o estudo das desculpas, três "livros-fonte": o dicionário, o direito e a psicologia. É ao analisar ocorrências da desculpa nesses três mundos que ele promove seu mapeamento. A escolha dessas três fontes, no texto, é apresentada de forma um tanto taxonômica: "parece haver pelo menos três", é tudo que eles nos diz sobre a opção, criando uma tipologia cujos limites não são tão esclarecidos quanto poderiam.

Olhemos de perto essa escolha, pois é possível percorrer um caminho sociologicamente orientado e tornar a descrição mais elaborada: embora ele esteja na verdade estudando textos, tem nas mãos três objetos de geometrias um tanto distintas — embora dois deles sejam aproximados. Vejamos: o dicionário é um livro de fato. O direito, obviamente, possui, mobiliza e produz uma infinidade de livros, mas não é um. O mesmo com a psicologia. Estas últimas duas fontes são *atividades*, não *objetos* (embora sejam legítimos *objetos de análise*, obviamente), como a primeira. Mas são atividades distintas: o direito, uma atividade de prescrição e correção; a psicologia, uma atividade de descrição e explicação. Mas ambas as atividades lidam com um mesmo tipo de objeto, o comportamento humano: no direito, prescreve-se e se atua sobre a forma de agir dos homens a partir de como *ela deve ser* (pelo menos do ponto de vista das regras escritas, a lei); na psicologia, descreve-se e se explica esse agir *como ele é* (pelo menos do ponto de vista das regras da natureza, cientificamente sumariadas). Os dois, então, lidam com o universal, porque ambos lidam com leis (um, convencionais; a outra, naturais), mas, se algo (formal) os diferencia, é a maneira de se aproximar desse universal: o direito o acessa por meio da universalização, ou seja, por intermédio da aplicação de princípios universais a casos particulares, isto é, lançando mão de um *método dedutivo* de construção da realidade; já a psicologia se aproxima do universal pela via da dedução dos modelos universais por meio da observação prática de casos particulares, ou seja, por intermédio de um *método indutivo* de construção da realidade. De modo que essas duas atividades se colocam nos dois polos de uma tipologia: a desculpa, manifestada em cada uma delas, diz respeito a dois diferentes sentidos desse acesso ao universal. São ações relacionadas a esse acesso que elas modificam, que elas tornam casos especiais.

Mas, se são atividades, direito e psicologia são também *linguagens*, formas de falar, cada uma com sua gramática própria. O que nos leva ao terceiro objeto-fonte de Austin, o dicionário. Não é, como disse, atividade; é objeto. A saber, trata-se de uma compilação de definições. E, como tal, relaciona-se com os dois outros objetos por conter em si os elementos daqueles, ou seja, seus dispositivos linguísticos. De modo que, se os outros dois são linguagens, este é uma metalinguagem, um guia de como se leem aqueles dois (ou quaisquer outros dois, dadas suas pretensões enciclopédicas), uma forma de relacionar os casos particulares com as categorias universais formalmente orientadas, consolidada por uma capacidade (reivindicada pelo enciclopedismo) de sintetizar o mundo em definições discretas não apenas de substantivos (coisas), como também de verbos (ações), advérbios (alterações de verbos) e outras categorias.

Às desculpas, por meio de desculpandos

Os exemplos de Austin são inspiradores porque acabam por construir uma tipologia que recobre múltiplas dimensões da desculpa. A pergunta que cabe ser feita é se essas são *as* dimensões da desculpa, ou seja, se esses dois extremos e o movimento entre eles são *os* centrais na mecânica da desculpa. Para respondê-la, precisamos nos perguntar antes: que mecânica é essa?

Dar uma desculpa, mostrou Austin e mostraram nossos casos ficcionais, é uma ótima... desculpa para se falar da moral por seu lado inverso, aquele que se afasta de maneira segura dos graus mais ideais de generalidade contidos nas normas, nas regras. Se dá uma desculpa o desculpando nem por isso perde contato com a regra moral. Muito diferentemente disso, aliás, a reafirma. Mas o faz afastando-se, sim, de alguém. A saber, do "ser metafísico" contido nessa regra. Como havia dito antes, a regra, por ser abstrata e ter pretensão de universalidade, é baseada em um rebatimento do mundo em uma imagem idealizada, habitada por versões de nós que praticam uma observância estrita de todas as regras que consagramos como corretas. Essa idealização é possível por conta da memória: ela se baseia no registro de que em alguns momentos a regra foi obedecida, o que lhe confere estatuto de factibilidade e respeitabilidade.

Por conta disso, uma pergunta a ser feita é: como o ato de dar uma desculpa se relaciona com diferentes graus de generalidade da regra moral, ou seja, com diferentes graus de comprometimento observados nas manifestações de mal-estar? Em outras palavras: como uma desculpa se relaciona com críticas/acusações feitas a partir de regras morais mais ou menos generalizadas e universalizadas?

É onde Austin é mais inspirador. A tipologia oriunda das fontes que elegeu espelha, como vimos, justamente esses graus: e se, em uma pesquisa sociológica desse objeto, não há cabimento em, na investigação, fazer as desculpas variarem segundo tipos de atores de acordo com grupos sociais que os poderiam determinar (já que essa variação seria estritamente de conteúdo e estou em busca de uma forma), é preciso, sim, fazê-lo segundo graus de generalidade. O que eu tinha que observar, então, eram minhas fontes próprias, exemplares dos dois extremos de tipos de desculpandos que se relacionassem com dois tipos diferentes de distância em relação à abstração, ou seja, linguagens dessa relação. E, além disso, observar uma metalinguagem.

A solução foi investigar as desculpas em dois diferentes tipos de situações e em uma forma metassituacional. E a forma de acessar essa dicotomia entre universalização e particularização, entre dedução e indução, encontra em uma partida sociológica um enorme facilitador. Ora, a própria vida social se posiciona de modo a dicotomizar planos com essa mesma partição, a saber, os planos da vida pública e da vida privada, que permitem acessar de forma direta as interações passageiras de um lado e as relações duradouras de outro.[17] A intenção final, no entanto, é simetrizar esses espaços, buscando uma teoria mais geral para ambos e que dê conta dessa prática social em todos os casos.

Essa oposição pretende construir uma definição estritamente pragmática: permito-me definir essa distinção segundo o grau de formalidade da apresentação do que chamei — ainda de modo informal — de *dar conta* das ações: se elas são apresentadas publicamente, ou seja, se sua oferta puder determinar *diretamente* as vidas de muitas pessoas, chamarei esse espaço de uma *esfera pública de prestação de contas*. Se, por outro lado, essa apresentação determinar *diretamente* uma relação (ou algumas poucas relações, como as relações entre vários familiares ou entre grupos de amigos) discreta, chamarei esse espaço de uma *esfera privada de prestação de contas*. Obviamente, um espaço poderá ter influência sobre o outro — o que acontece na vida privada de um presidente poderá ter influência no que ele diz na vida pública e, ao mesmo tempo, o que ele diz na vida pública pode influenciar a briga de um casal —, mas quero chamar a atenção aqui para o grifo: trata-se de uma determinação *direta* a que está aqui em questão.

Essa inferência conduziu a uma primeira conclusão metodológica: seria necessário articular vários *corpus* diferentes, fazer dialogar mundos sociais um tanto diversos. A construção de um modelo analítico para e a partir da desculpa obrigava ao diálogo entre diferentes "teorias substantivas" (Glaser e Strauss, 1967), produzidas em cada um desses diferentes conjuntos de desculpandos, para poder produzir uma teoria formal, "*grounded*"[18] (idem), sobre a desculpa.

Primeiramente, a fim de dar conta de interações passadas em meio ao maior grau de generalidade possível, observei como os participantes da classe política no Brasil respondem a acusações de corrupção. Como não se tratava de um estudo exaustivo de todas as desculpas produzidas em uma relação pública, optei por estudar as desculpas dadas em um mesmo caso. Escolhi, então, o caso que ficou conhecido como "Escândalo do Mensalão" — iniciado em 2005 e que prosseguiu até o final da pesquisa, tendo continuidade até o momento em que este livro é publicado. Foi feita, então, a observação do caso — na documentação das CPMIs criadas para investigá-lo e em jornais — ao longo de seu primeiro ano até 2006, quando seus desenrolares — fase que podemos chamar de acusatorial — arrefeceram, mergulhando em uma etapa de debates políticos internos e técnicos que a fizeram ter menor repercussão pública até voltar à tona, no julgamento, em 2012.

Depois, o movimento foi o de dar conta de interações passadas diante de um plano de menor grau de generalidade, ou seja, de um grau de consagração menor das normas morais em termos quantitativos. Mais à frente, demonstrarei como essa minoridade é entendida internamente como uma "generalidade localizada", ou seja, como um sistema em que se produz universalidade em uma esfera autocentrada e restrita, limitada a poucos participantes. Por ora, a solução objetiva (objetal): as relações de casal se mostram um excelente espaço para observar as desculpas onde as reivindicações pudessem ser universalizáveis em uma esfera restrita, em que as exigências fossem específicas à relação.

Além disso, como disse na seção anterior, duas outras pesquisas compõem este livro: a primeira diz respeito à dimensão metalinguística, ao dicionário. É que comecei a me deparar com um tipo de objeto riquíssimo, tanto como *corpus* quanto, devo dizer, como fonte de elaboração teórica: trata-se de um tipo de literatura que acabei por identificar como "manuais de desculpa", livros que ensinam como produzir desculpas eficientes. Essa pesquisa me permitiu acessar um grau de instrumentalidade que saturava todos os elementos constituintes do objeto. Com isso, por meio do que chamei de *manualização*, pude estudar uma ação social quando esta é tomada como uma prática tão formalizada que pode ser ensinada com/como metodologia. Esse grau de sofisticação do uso instrumental de um dispositivo moral permitiu não apenas enxergar elementos ritualizados dessa prática como produzir a leitura mais complexa dos dois outros campos necessária à construção da categoria transversal que me fez entender a desculpa como objeto sociológico.

A última pesquisa que apresento faz mais um movimento, este distinto dos outros três, com uma forma concentrada da tensão universal/particular, relativizando uma categoria "identitária" como disposição determinadora das ações e lendo-a como dispositivo mobilizável pelos atores sociais conforme a necessidade de conferir legitimidade a ações. Para tanto, descrevo as incursões que realizei em dois supermercados, nos quais observo situações de mal-estar interacional em que o acusado/criticado é um idoso. Os velhos, em muitas dessas situações, lançam mão justamente de sua condição etária — e, portanto, de algo lido rotineiramente como perene e, assim, como constituinte da própria rotina — como desculpa, ou seja, como circunstância.

Cientistas sociais nem sempre têm o problema — e, por vezes, ao mesmo tempo, a inestimável oportunidade — de estudar algo em que eles próprios estejam tão imersos e com o qual estejam tão envolvidos. Em geral, sobretudo quando se trata de estudos de natureza qualitativa, que dependem de etnografias e outras formas aproximativas de observação, tomamos algo que nos é "estranho", um grupo ao qual não pertencemos, e lá vamos observar — a ponto de quase pertencer a esse novo mundo —, até podermos dizer algo dele que não se sabia. Para todos os efeitos, a distância em relação ao "grupo" analisado contribui para resolver o problema de olhá-lo como categoria analítica. Neste caso, o ponto de partida era mais intrincado, pois, até onde se pode enxergar, todo mundo dá desculpas:[19] Adão incluído, eu incluído, os leitores deste livro incluídos. O sociólogo, assim, estuda efetivamente aquilo que faz todos os dias — e para o que terá um pouco mais de dificuldade de usar o argumento de que "eu observei isso mais de perto do que os outros, logo posso fazer afirmações mais precisas" (Glaser e Strauss, 1967). Isso torna o estudo ao mesmo tempo um desafio estimulante e uma armadilha. De dois lados. Porque acaba que, por conta disso, seria muito fácil chegar ao campo com pontos de vista preconcebidos. Seja para o sociólogo, seja para não sociólogos. E, também graças a isso, será fácil encontrar, no campo e fora dele, uma tonelada de teorias, nativas, analíticas e, digamos, pseudoanalíticas, a respeito das desculpas — como demonstraram as pesquisas que aqui reporto. A seguir, sem mais delongas, vamos a elas.[20]

De uma sociologia pragmatista da crítica a uma sociologia pragmatista da moral

Tratar a desculpa sociologicamente é, dessa maneira, um projeto que faz pensar sobre como coisas que dizemos são, em grande medida, coisas que fazemos. E, igualmente, sobre como coisas que fazemos operam como coisas ditas, ou seja, funcionam como discursos, línguas, gramáticas. O pleito de Austin em favor das desculpas (considerada por ele uma porta de entrada privilegiada para uma filosofia da ação) mostrou como estamos envolvidos com a possibilidade de alterar o curso de uma situação em que algo é feito. Porém, mais que isso, quando falamos (ele e eu) em "acusação" e "crítica", fica demarcada uma importante característica do objeto que partilhamos, seu caráter *reativo*: a desculpa é um procedimento de resposta, um retorno, a alguma coisa praticada. Ora, se é uma resposta é porque houve uma pergunta. Ou, antes, uma questão, um questionamento. E eis o ponto em que nos deparamos com uma problemática sociológica em sentido amplo: estamos falando de uma situação-tipo, típica: de um lado, alguém questiona a ação do outro; de outro, alguém se vê questionado. Todo o debate que apresentei anteriormente no eixo Weber-Wright Mills se inscreve nessa problemática. Pois, no plano mais geral, essa é uma forma que algumas abordagens encontraram para dar conta de uma das questões mais centrais da sociologia — se não a mais central: a da explicação das ações sociais. Foi essa questão que gerou a dicotomia mais tradicional da disciplina, aquela entre "agente" e "estrutura", ou entre "indivíduo" e "sociedade" — e tantos outros pares que lhe dão forma. Vários modelos se propuseram a passar ao largo dessa dicotomia, por meio do deslocamento da pergunta da origem para os elementos das ações, ou seja, do "porquê" de alguém agir em relação aos outros para o "como" isso se dá. Entre esses modelos, o interacionismo — que trilha seu caminho do tratamento de Georg Simmel para a vida social metropolitana na modernidade aos desenrolares do pragmatismo social americano, notadamente no trabalho de George Herbert Mead e seus herdeiros — se tornou a mais célebre dessas propostas de ultrapassagem. Mas o fato é que uma mesma discussão de fundo atravessa todos esses modelos, questão essa que, curiosamente, nos faz retornar ao Paraíso e a nossa metáfora inicial com Adão e seu diálogo com o Criador: nós, cada um de nós, temos ou não livre-arbítrio quando agimos?

Uma resposta de enorme impacto[1] para essa pergunta foi dada por Harold Garfinkel no começo da década de 1960. Pupilo de Talcott Parsons que se rebelou contra a posição funcionalista estrutural de seu antigo orientador, ele adotou como um dos pressupostos de sua invenção, a etnometodologia, uma frase que se tornou célebre: "Não somos dopados culturais" (Garfinkel, 1963). Com ela, ele dá conta de uma inquietação com o pressuposto de que os atores sociais possam ter suas ações determinadas estruturalmente e de forma dificilmente discutível. A abordagem etnometodológica propunha que os atores sociais podem ser entendidos como "agentes competentes", ou seja, como seres dotados de capacidade de julgamento das ações. As deles e as dos outros.

A questão à qual Garfinkel se reportava passava pelo problema da racionalidade, que para Parsons era um determinante da ordem do mundo — assim como havia sido para os positivistas e para Émile Durkheim, que o haviam inspirado. Na verdade, o problema era a própria definição de racionalidade de seu antigo orientador, que, para ele, reificava *uma* determinada dimensão do racional e dava a ela o status de *o* conceito formal de racionalidade. Inspirado pela abordagem fenomenológica do austríaco radicado nos Estados Unidos, Alfred Schütz — que, por sua vez, partia da fenomenologia de Edmund Husserl e dos trabalhos de pensadores do pragmatismo filosófico, como William James (mas sem com isso se render ao pragmatismo social de George Herbert Mead) —, Garfinkel defendia a ideia de que a racionalidade deveria ser tratada não como "um princípio metodológico para interpretar as atividades" e sim "como matéria empiricamente problemática", assumindo "o status meramente de dados aos quais se deve referir da mesma maneira que propriedades mais familiares da conduta" (Garfinkel, 1967, p. 282). Ele apresenta essas afirmações no último texto de sua obra mais célebre, *Studies in Ethnometodology*, intitulado "The Rational Properties of Scientific and Common Sense Activities". Seu interesse particular, então, recaía sobre a ideia de que não se deve falar em uma racionalidade-pressuposto e sim em uma racionalidade-objeto. Mais que isso, estritamente em diálogo com Schütz (1943), ele questiona uma ideia que parecia indiscutível na sociologia hegemônica da época: a distinção entre a racionalidade científica como operação cognitiva privilegiada e o pensamento de senso comum.

Em Garfinkel, a afirmação dizia respeito ao fato de que

> membros de um arranjo organizado estão constantemente engajados em ter que decidir, reconhecer, persuadir ou tornar evidente o caráter racional, isto é, coerente, ou consistente, ou escolhido, ou planejado, ou efetivo, ou metódico, ou informado de atividades de seus questionamentos (1967, pp. 32-33).

Essas constatações abriam a análise sociológica para uma série de atividades da vida cotidiana e se centrava na ideia de que, agentes competentes, os atores sociais "cobram" racionalidade das ações uns dos outros. Diferentemente, então, das teorias segundo as quais os atores sociais têm suas ações moldadas por determinantes da estrutura social, a etnometodologia considera os atores como agentes dotados de competência, ou seja, indivíduos capazes de observar as ações uns dos outros e as avaliar, criando uma vida social mútua e constantemente em questão. O pressuposto mais básico da etnometodologia é que, em nossa inserção nas situações sociais, colocamos em ação uma constante e perene operação de categorização, ou seja, de observação e generalização de entes particulares em categorias abstratas. Em outras palavras, aquilo que as pessoas comuns fazem não é muito diferente do que é feito pelos cientistas. De modo que a sociologia mais rica consistiria em investigar a maneira como os atores produzem seus modelos de viver a vida social, o que, do ponto de vista dessa sociologia, são já modelos explicativos dessa mesma vida.

Há, obviamente, uma ligação com a forma como Weber havia modelizado a vida social — em torno de orientações de sentido para as ações, constituindo motivos a legitimá-las para os atores. Mas Garfinkel, como Schütz, estava interessado no fato de que, afinal, as pessoas comuns, e seus discursos, promovem uma dupla relação com a ideia de racionalidade: de um lado, essas pessoas comuns não são cognitivamente diferentes dos cientistas, já que elas, tal como os operadores do método científico, mobilizam processos de abstração e categorização, desenhando um mundo de "indexação" de entes e casos particulares a categorias e contextos mentalmente desenhados e acessados. Por outro lado, se são capazes disso tudo, justamente por isso são capazes também de não aceitar as categorizações uns dos outros. Isso desenha uma vida social marcada por aquela exigência de racionalidade e, mais que isso, por uma perene operação de "cobrança" e "prestação de contas" uns aos outros. Daí uma das categorias centrais do modelo ser o *account*, justamente a "fala de racionalidade" a que ele já havia se referido. Os *accounts* trilhavam um caminho importante na sociologia americana desde Wright Mills, mas, passando por Austin, a partir de Garfinkel, se tornariam uma variável analítica das mais relevantes. Austin esboça uma discussão sobre eles, mas Marvin B. Scott e Stanford M. Lyman, no mesmo artigo de 1968 em que definiram a desculpa, propõem uma consolidação de um modelo descritivo a respeito dessa categoria. Intitulado justamente "Accounts", o texto foi publicado na *American Sociological Review*, redundando depois em um injustamente pouco lembrado livro, *The Sociology of the Absurd*, de 1970 (com uma edição revista e ampliada em 1989). A partir da tipologia de John L. Austin (1956), que distingue justificações e desculpas, e do modelo de "teoria da delinquência" de Gresham M. Sykes, de Princeton, e David Matza, da Temple University, que descreveram o que chamaram de "técnicas de neutralização" (Sykes e Matza, 1957), usado por Scott e Lyman como base da descrição das justificações,[2] eles definem *account* como um "dispositivo linguístico empregado sempre que se sujeita uma ação a uma indagação valorativa" ou como "afirmação feita por um ator social para explicar um comportamento imprevisto ou impróprio — seja este comportamento seu ou de outra pessoa, quer o motivo imediato para a afirmação parta do próprio ator ou de alguém mais" (Scott e Lyman, 2008 [1968], p. 140).

A sociologia pragmatista francesa

Ao longo dos anos 1980, foi proposta na França uma nova forma para responder a essa pergunta. Sua consolidação se daria com a publicação, em 1987, de um discreto volume em uma edição das Presses Univeristaires de France, como abertura de uma série dos "cahiers du Centre d'Études de l'Emploi". *Les économies de la grandeur* trazia um título curioso e a junção de dois talentos relativamente improváveis: de um lado, Laurent Thévenot, economista de inclinações sociológicas nascido em 1949 e que vinha de um grande trabalho ao lado do irmão, Alain Desrosières, estatístico, sobre a definição de categorias socioprofissionais de acordo com a classificação do Institut National de la Statistique et des Études Économiques (Insee), órgão oficial de estatísticas da França (Thévenot e Desrosières, 1988). Do outro lado, Luc Boltanski, sociólogo cristão de família judaica de origem polonesa nascido em 1940 e que vinha da linha de frente das hostes de ninguém menos que Pierre Bourdieu. Boltanski era considerado, nos anos 1970, o mais sério candidato ao lugar de grande continuador da *sociologia crítica* de seu "*patron*".[3] De fato, como contou a François Dosse (2003), que fez a história dessa corrente, eles haviam se proposto a "escrever juntos um grande livro sobre 1968, a revolução, as estruturas sociais" (p. 62). Além disso, o artigo conjunto "La production de l'idéologie dominante" (Bourdieu e Boltanski, 1976), além de soar como um manifesto da postura crítica da corrente de Bourdieu, sublinhava a integração entre o velho mestre e o jovem pupilo.

Mais que isso, o trabalho *Les cadres: La formation d'un groupe social*, publicado por Boltanski em 1982, foi considerado uma das mais importantes contribuições à sociologia bourdieusiana, sobretudo ao conceito de grupo social.[4] Mas seria justamente esse trabalho que ele levaria para o diálogo com o novo colega, a quem foi apresentado em 1981, na École des Hautes Études en Sciences Sociales (EHESS), da qual os dois se tornariam anos depois *directeurs d'études*. A base do diálogo era a insatisfação com a abordagem hegemônica do *patron* a respeito da (falta de) agência dos atores sociais em situações de definições de si próprios e dos outros nas interações. Ora, para todos os efeitos, naquele momento, a sociologia crítica bourdieusiana se tornava hegemônica na França. A *Actes de La Recherche en Sciences Sociales*, revista criada pelo grupo de Pierre Bourdieu, que então contava com o apoio da EHESS e do College de France, se tornara um dos mais importantes veículos de divulgação científica do país (e do mundo) e uma verdadeira taxonomia de categorias, gravitando em torno dos conceitos de "*habitus*", "campo", "violência simbólica", "dominação", mobilizava uma parcela considerável da sociologia francesa — e mundial, inclusive por oferecer uma alternativa de sociologia crítica não marxista. Por meio desse quadro, o modelo bourdieusiano afirmava que as ações sociais na modernidade são determinadas por *disposições* prévias moduladas pela *dominação*. E não se tratava apenas de Bourdieu, mas de todo um quadro qualificado habitualmente como *sociologias críticas*. Por conta desse enquadramento analítico, havia certo consenso em torno da posição do sociólogo como agente libertador dos atores sociais.

A intermediação do encontro dos dois jovens seria feita por Desrosières. Thévenot, por meio do irmão, se aproximava do grupo de Bourdieu, aquele que, segundo ele próprio contou a Dosse (2003, p. 67), "ia mais longe no problema das categorias [*de classificação social*]". A questão nascia de uma série de pesquisas que cada um fazia por seu lado e que conduziam a uma mesma *pulga atrás da orelha*: "Não poderíamos ser totalmente cegos à tensão entre as exigências de classificação e as resistências da matéria a ser classificada que era composta, qualquer que fosse o tratamento ao qual a submetêssemos, de enunciados enunciados diante de pessoas" (Boltanski e Thévenot, 1991, p. 12). A crítica de ambos se assemelhava àquela de Garfinkel em relação a seu também mentor: a perspectiva hegemônica ignorava uma parcela importante da vida social por subestimar a "racionalidade", a "reflexividade", manifestada pelos atores ao questionar os enunciados uns dos outros. E eles também estavam diante de um problema de tensão entre categorizações mobilizadas pelos atores na vida social e as categorias formais, ou, como eles próprios afirmam,

> as operações de qualificação podem ser levadas a cabo como atos elementares da atividade científica, que supõe uma colocação em equivalência de objetos sobre os quais dirá respeito a explicação. Mas elas constituem também as operações cognitivas fundamentais das atividades sociais cuja coordenação exige um trabalho contínuo de aproximação, designação comum, identificação (id., ibid., p. 12).

Após aqueles primeiros encontros no grupo de Bourdieu, eles empreenderiam uma pesquisa que se propunha entender como os atores sociais se portavam diante de situações de classificação social — tanto quando postos na condição de classificados quanto na de classificadores. Essa pesquisa, que consistiu na construção de um dispositivo analítico bastante peculiar — um jogo, um bocado à semelhança de pesquisas clássicas de psicologia social —, seria publicada na forma de artigo, em inglês, em 1983, na revista franco-britânica *Social Science Information*. Nesse trabalho, eles começam a observar uma série de características da situação de alocação de entes particulares em categorias abstratas, o que poria em xeque o pressuposto de incapacidade dos atores para criticar, como apresentariam posteriormente (Boltanski e Thévenot, 1991, p. 12):

> Em numerosos casos, [*as*] pessoas se opunham ao empreendimento taxonômico das qualificações imprevistas, e por isso indestrutíveis, ou mesmo se erguiam, quando a oportunidade lhes era oferecida, contra as pretensões de

especialistas e pesquisadores de querer qualificá-los de modo a aproximá-los de outras pessoas na promiscuidade de uma mesma categoria.

Em consequência dessa observação, eles chamavam a atenção para a necessidade de se deixar de lado — pelo menos temporariamente[5] — os interesses normativamente orientados de uma "sociologia crítica" e dedicar atenção a uma "sociologia *da* crítica". Se, como afirma Boltanski (1990a, p. 128),

> podemos demonstrar que um grande número de teorias sociais produzidas por especialistas podem ser tratadas como modelos de competência dos atores, no sentido de que eles, almejando a explicitação e a coerência, reelaboram de forma sistemática as construções que dão sustentação aos argumentos que os atores põem em operação quando têm que dar conta das situações nas quais se encontram, explicar os motivos de suas ações ou das de outros.

Ficava claro, então, que toda uma tradição de pensamento poderia ser retomada para levar em conta uma fenomenologia que estava sendo observada na pesquisa sobre qualificações, segundo a qual a vida social é enxergada como uma arena de situações de mútua qualificação e que essa qualificação sempre corresponde a uma diferenciação, definindo, digamos, *posições relativas* entre as pessoas.

No entanto — como mostravam os participantes do jogo-laboratório e os integrantes de categorias socioprofissionais previamente estudadas tanto por Boltanski quanto por Thévenot —, não se tratava de uma hierarquização estruturada, determinada por disposições, marcadas originalmente na "essência" ou na "constituição" dos atores. Nas primeiras linhas do livro *De la justification*, de que falaremos adiante, eles sublinham uma distinção em relação à sociologia francesa vigente:

> Os leitores desta obra podem sentir algum desconforto ao não encontrarem nas páginas que se seguem os seres que lhes são familiares: nada de grupos, classes sociais, trabalhadores, burocratas, jovens, mulheres, eleitores etc., com os quais nos habituamos tanto nas ciências sociais

> quanto nos numerosos dados codificados que atualmente circulam na sociedade; nada também desses homens sem qualidades que a economia chama de indivíduos e que são usados para dar suporte a conhecimentos e a preferências. E nada ainda desses personagens em escala natural que a maioria das formas mais literárias de sociologia, história ou antropologia política transportam para o espaço do conhecimento científico, por meio de testemunhos muitas vezes muito semelhantes aos recolhidos por jornalistas ou postos em cena pelos romancistas. Pobre em grupos, indivíduos ou personagens, esta obra abunda, em contrapartida, em uma multidão de seres que, por vezes humanos, por vezes coisas, nunca aparecem sem que ao mesmo tempo seja qualificado o estado em que intervêm. O tema deste livro é a relação entre esses estados-pessoa e esses estados-coisa, constitutiva daquilo que (...) chamaremos de uma *situação*.

Muito diferentemente, então, aquilo que as pesquisas indicavam é que, em vez das tais disposições, tratava-se de "estados", posições ocupadas *situacionalmente* (e, sim, a princípio temporariamente) pelos agentes. Estabelecia-se com esse movimento uma torção na direção de uma abordagem pragmática de pensamento: ali, os autores franceses se direcionavam, a exemplo de dois outros eixos do pensamento francês naquele momento — o trabalho de Bruno Latour com os atores-rede e a antropologia da ciência e a sociologia das questões públicas de Isaac Joseph —, para o *situacionismo metodológico* que havia marcado o pragmatismo social americano no começo do século XX, inspirado pela revolução filosófica promovida no final do século anterior por Charles Sanders Peirce e William James.[6]

Esses "estados" ou "grandezas" eram, então, descritos por eles como novas variáveis da equação sociológica, ou seja, como aquilo que efetivamente é o objeto da sociologia. Mas não como unidades em si, e sim como elementos da verdadeira unidade analítica, um quadro povoado justamente pelos tais estados-pessoa e estados-coisa, configurando posições ocupadas por pessoas e coisas que passavam a ser apresentados no modelo não mais como tais, e sim como *actantes*, a partir de uma inspiração na narratologia greimasiana.[7] E como esses estados eram relativos, e ao mesmo tempo avaliativos, observados a partir de fora, foram modelizados pelos autores como "grandezas" e não como "tamanhos", categoria que poderia surgir se o caráter relativo fosse demarcado a partir de características intrínsecas dos atores.

O movimento na direção da situação como unidade analítica sublinhava, assim, o parentesco com o pensamento pragmático e diferenciava a abordagem inclusive do próprio interacionismo americano, de quem seria fácil chamá-la de parente. Se o chamado "interacionismo simbólico" pressupõe que "os seres humanos praticam ações em relação a coisas a partir dos significados que essas coisas adquirem para eles" (Blumer, 1969, p. 2) — naturalmente, considerando que pessoas são coisas — e se sua questão relevante são os processos de interpretação interagentes que determinam "imagens" de uns determinantes nas ações dos outros, conferindo ao fenômeno cognitivo da percepção do outro um papel determinante, na abordagem pragmatista o dado cognitivo (e, nesse sentido, a parcela antropológica da análise) é apenas o ponto de partida basal e, como tal, uma linha de base de igual caráter em todos os actantes, de modo que acaba por se anular como questão. De maneira que a unidade analítica não são as interações interpretáveis (que são coisas que acontecem, ocorrências), é a *situação* (que é, em vez disso, uma configuração de elementos, uma disposição de peças em um plano). E nela, do ponto de vista analítico, o actante (e mesmo as interações enquanto tais que ocorrem entre eles) *é apenas um detalhe.*

A pesquisa com as qualificações, assim, indicava que essas grandezas não eram consideradas dados indiscutíveis do mundo pelos outros atores. Em vez disso, elas se tornavam justamente o elemento central de discussão das interações cotidianas das pessoas, que, em determinados momentos, poderiam discordar de grandezas manifestadas diante deles e as criticar, estabelecendo/vivendo o que os autores chamaram de "momento crítico" (Boltanski e Thévenot, 1999, p. 359).

Mas, se a afirmação de uma capacidade crítica coloca sobre a mesa uma teoria claramente posicionada de um dos lados do jogo agência/estrutura, um desenvolvimento ulterior promoveria uma ultrapassagem dessa dicotomia, ao deslocar a *questão relevante* da vida social da *origem* (seja em primeira ou em última instância) das ações sociais para uma outra, que é o que resulta das interações sociais: o quadro empírico demonstrava uma raridade maior dos momentos críticos que do momento de não questionamento e uma consistente conclusão desses momentos críticos de forma pacífica, com os envolvidos em concórdia em relação às grandezas relativas em questão. Isso levou os sociólogos franceses a afirmar um traço para eles basal na vida moderna: a "disposição para o acordo". E, nesse ponto, eles se distinguem de forma digna de nota como modelo sociológico e sobretudo em relação à grande tradição dicotômica que apresentamos anteriormente, deslocando a oposição analítico-epistemológica agência/estrutura na direção de outra oposição, esta analítico-ontológica, entre consenso (controvérsia) e conflito (opiniões irredutíveis). Não se trata mais de questionar se a ordem é apenas uma "média ponderada" dos interesses individuais (modelos individualistas metodológicos) ou se ela é o ponto de partida das próprias relações e ações (modelos "holistas" ou "estruturais"). Trata-se de um modelo que, então, a partir da afirmação do *caráter negociado* das relações sociais, a partir do fato de que a vida social *depende* de como as pessoas se entendem, apresenta como *questão relevante* da vida social a maneira *como se dá esse entendimento.*[8]

E, se é verdade que as pessoas dispõem de uma capacidade crítica, é também verdade que, como capacidade, ela pode ser mobilizada ou não, e que, segundo esse modelo, as situações críticas mais comuns em uma sociedade moderna — em especial uma como a francesa, a partir da qual o modelo é extrapolado — tendem à paz. Essa paz só poderia ser explicada por acordos localizados entre os atores em torno daquelas diferenças entre eles.

Mas como se dão esses acordos? A resposta deles passa pelo elemento que, antes de qualquer outro, gera a própria discordância. E era observado também na discussão sobre processos de qualificação: os atores, diante das caracterizações de si e de outros, empreendiam a busca por uma generalidade abstrata que convertesse a diferença de grandeza em uma simulação de igualdade, a "equivalência". Essa equivalência busca, então, um "princípio superior comum", ou seja, um denominador comum aos envolvidos na querela estabelecida e um momento crítico, de modo que a disposição para o acordo leve cada um a abrir mão de parte de seus interesses/exigências/demandas na situação em favor da paz no acordo.

Essa forma de acordo, no entanto, não é aberta para quaisquer conteúdos. O próximo passo do modelo adveio da percepção de que os atores nos laboratórios sobre qualificações mobilizavam tipos especiais de princípios abstratos comuns: como se tratava de situações ligadas ao mundo do trabalho, eles lançavam mão ora de uma generalidade baseada na produtividade e na eficiência, ora em uma baseada na estima e na reputação. À primeira, eles dão o nome de generalidade "industrial"; à outra, de generalidade "doméstica". Essas formas de generalidade, no entanto, chamam a atenção para mais uma dimensão modelar da vida social moderna para os autores: a busca por princípios de generalidade que correspondem a formas de equivalência correspondia a um imperativo de "bem comum" como instância resolutiva dos questionamentos em torno das diferenças de grandeza.

Não se trata, no entanto, de um desenho gentil das interações sociais. Falar no "bem comum" como princípio resolutivo das diferenças não significa que todos queiramos o bem de todos, que sejamos estruturalmente generosos. De fato, não há como saber o que há no interior das pessoas nem se coloca sociologicamente uma pergunta sobre uma "real" generosidade delas. O que pode ser observado e modelizado em termos sociológicos é que as pessoas, quando inseridas nas situações de interação, ao se deparar com grandezas que elas julguem erradas, consideram-nas erradas — e esse é o momento em que a crítica e sua resolução se... equivalem —, justamente porque sentem falta de bem comum no que veem. Ou, dito de outra maneira, pode-se afirmar que as pessoas questionam por que o bem (a grandeza) do outro não as inclui (ou que, pelo menos, só inclui o outro).

Trata-se, então, de uma cena semelhante à descrita no modelo dos *accounts* e na etnometodologia: como "agentes competentes", dotados de "capacidade crítica", cobramos uns dos outros o sentido de nossas ações, a fim de lhes conferir legitimidade:[9]

> Para explicar como e por que os atores são dominados sem o saberem, a teoria deve atribuir grande importância às *ilusões* que os cegam e apelar para a noção de inconsciente. Uma primeira consequência é que os atores se veem frequentemente como seres objeto de abusos ou ainda como se se tratassem de "*cultural dopes*", para retomar uma expressão de Harold Garfinkel. Suas capacidades críticas, em particular, são subestimadas ou ignoradas (Boltanski, 2009, p. 42).

E a legitimidade almejada, no caso do modelo, é produzida pela qualificação da ação por uma demonstração de que ela produz bem comum.

A situação de "avaliação valorativa" (Scott e Lyman, 2008[1968]), para Boltanski e Thévenot, é mais ou menos parecida com um julgamento: alguém acredita que a situação dispõe as grandezas de forma desequilibrada, desigual, *injusta*.

Justiça. Esse termo é central. A busca por bem comum operada pelos atores nas situações críticas é um questionamento por provas de que a situação seja *justa*. E a forma de prestação de conta desse modelo é a *justificação*:

> Uma primeira característica dessas situações é que as pessoas nelas envolvidas estão sujeitas a um imperativo de justificação. Aquele que critica outras pessoas tem que produzir justificações para sustentar suas críticas, assim como alguém que seja alvo de críticas tem que justificar suas ações para defender sua causa (Boltanski e Thévenot, 1999, p. 360).

De la justification surgiu em 1991. Tratava-se da versão de ampla divulgação, "revista e ampliada", do livro de 1987, e ganhou como subtítulo o título daquele, "Les économies de la grandeur". O livro assumiu o lugar de pedra fundamental da recém-nascida "sociologia pragmatista" (que, na verdade, demoraria um pouco a ser tratada por esse nome mesmo por seus próprios empreendedores), já potencializada pela fundação, na EHESS, em 1984, por Luc Boltanski, Laurent Thévenot e Michael Polak (que morreria em 1992), do Groupe de Sociologie Politique et Morale (GSPM), que, ocupando um imóvel clássico no coração da cidade em uma via que liga o Jardin de Luxembourg ao efervescente *cartier* de Odeon, a Rue du Monsieur Le Prince, espaço que fora no século XIX habitado por Auguste Comte e que sediava o museu do fundador da sociologia, tornar-se-ia o quartel-general da corrente, congregando pesquisadores com discussões tão distintas quanto os fundadores e Nathalie Heinich (que, por meio de uma sociologia da arte, introduziria a problemática da singularidade e da valoriação como eixo alternativo do modelo de universalidade e de bem proposto por Boltanski e Thévenot); Nicolas Dodier (com uma discussão sobre saúde, doenças, sofrimento); Cyril Lemieux (que construiu uma larga discussão sobre a tensão entre vida pública e vida privada, em especial a partir de uma sociologia do jornalismo); a esposa de Boltanski, Elisabeth Clavérie (que guinou de uma pesquisa sobre aparições da Virgem Maria na antiga Iugoslávia para outra sobre os tribunais de genocídio no pós-guerra da região, e que idealizou, junto com o marido, uma das figuras centrais do modelo, a "forma caso", "*forme affaire*", figura situacional segundo a qual se dão disputas em torno da possibilidade de generalização de reivindicações); Bruno Karsenti (com uma ponte entre sociologia e filosofia política, em especial a partir de um trabalho de campo sobre os legisladores na França); ou Francis Chateauraynaud (voltado no começo da carreira a uma discussão sobre responsabilidade profissional, publicando uma das obras mais interessantes da corrente, *La faute professionnelle: Une sociologie des conflits de responsabilité*, de 1991, mas que se dedicaria posteriormente a uma discussão sobre risco e a construção de ordens pragmaticamente orientadas pela relação dos atores sociais com o futuro e da questão das grandes controvérsias, cunhando o conceito de "balística sociológica"), que deixaria o grupo para fundar seu próprio núcleo da EHESS, o Groupe de Sociologie Pragmatiste et Reflexive (GSPR).

A partir daquele momento, a justificação ficava consagrada modelarmente como processo central de *produção de legitimidade* na vida moderna: quando a capacidade crítica entra em ação, ela ativa a máquina de legitimidade operada por provas de bem comum.

Provas que se baseiam em um princípio operatório. Cada um dos dois autores nomeia o termo de forma diferente em trabalhos isolados, a partir de orientações distintas que se manifestariam em seus trabalhos posteriores e que se tornaria a diferença determinante em duas leituras da abordagem. Particularmente tocado pela forma como Latour tratava a agência dos actantes e interessado sobretudo na questão da crítica (e, portanto, em certa dimensão política do acordo e da forma como os atores denunciam as diferenças de grandeza), Boltanski (1990b) a chama de "competência", atentando para a dimensão da operacionalização da crítica como método de demonstração de adequação ao quadro de referência gramatical em jogo. Por sua vez, interessado em especial pela questão da coordenação, pela explicação do "viver junto" (apesar das diferenças de grandeza), Thévenot (1990), de "conveniência", apontando para a dimensão de adequação a um quadro claramente centrado no acordo, com o "convir", o vir junto, o encontro. O trabalho conjunto dos dois, no entanto, consagraria o primeiro nome.

Eles haviam encontrado inspiração, então, em uma fonte aparentemente improvável, a gramática generativa, modelo proposto pelo linguista americano Noam Chomsky — e na releitura deste pela antropologia da ciência do francês Bruno Latour (1979; 1985; 1997 [1987]). Por "competência" entende-se uma faculdade apresentada pelos atores para a desenvoltura em uma determinada lógica de ação; ou, como querem Boltanski e Thévenot (1991, p. 183), "uma capacidade de reconhecer a natureza de uma situação e de pôr em ação o princípio (...) que a ela corresponde". Ou, em uma definição mais *actancial*, podemos considerar uma competência não apenas como um traço reconhecido como princípio cognitivo nas pessoas, mas como um traço demonstrado nas próprias ações localizadas, apontando para sua alocação em determinada *gramática actancial moral*, com desenvoltura em regras que verificam critérios de concretização da ação, o critério nela procurado quando se verifica se ela pode ou não ser admitida.

Por conseguinte, então, as ações críticas precisam obedecer a um protocolo, à busca de uma forma de generalidade que situe os actantes, sejam eles críticos ou criticados, fora de seus interesses pessoais, em prol do princípio superior comum (Boltanski e Thévenot, 1999, p. 360):

> Essas justificações precisam seguir regras de aceitabilidade. Não podemos dizer, por exemplo: "Não concordo com você porque não vou com a sua cara". E não há razões para achar que essas regras de aceitabilidade seriam diferentes para aquele que critica e para aquele que tem que responder às críticas. Assim, um quadro de análise da atividade de disputa deve ser capaz de operar com as mesmas ferramentas as críticas de qualquer ordem situacional ou social assim como a justificação dada em vigor.

As competências chamam a atenção para um dos principais elementos do modelo: o pluralismo gramatical. É que, ao vislumbrar um quadro no qual as pessoas operam julgamentos que podem ser chamados de morais por meio de formas de construção de generalidades, se torna fácil perceber a moral como generalidade, de modo que a cena constituída no momento crítico se torna um evento de partição da vida social em duas dimensões: em uma, as ações praticadas; em outra, o quadro de referência que confere legitimidade a essas ações. Assim, tornamo-nos seres que o tempo todo precisam viajar na direção de um plano idealizado, utópico, um espaço de observância estrita do bem comum. E é em referência a esse quadro que fazemos as verificações de competência que nos permitem criticar as ações dos outros e justificar as nossas quando somos criticados.

Assim, a inspiração em Chomsky chama a atenção ainda para a relação bem-sucedida, desenvolta, entre uma expressão (no caso sociológico, uma ação) e um quadro de referência regrado em termos operacionais, ou seja, uma *gramática*. A metáfora é perfeitamente operacional aqui: a competência aponta para uma gramática da ação, ou seja, para um regramento de formas e não de conteúdos, a colocar sobre a mesa o sistema de avaliação de conveniência de determinado ato.

Mas, ora, o ponto fulcral da metáfora é que se se fala em linguagem e gramática, pode-se falar em *língua*, e, já que se fala em língua, pode-se falar — pelo menos a lenda da Torre de Babel nos autorizaria — em *línguas*: se os homens buscam diferentes formas de generalidade — como a "industrial" ou uma "doméstica", também mobilizada no experimento do jogo —, é porque eles mobilizam diferentes formas de bem comum e, por conseguinte, diferentes moralidades de justiça. E isso aponta para um reforço desse mesmo caráter relativista e contextual: se as pessoas falam línguas diferentes e desconhecem a gramática (e mesmo a semântica) da língua do outro, não se entendem. Se as pessoas operacionalizam diferentes formas de generalidade e partem para uma interação com base nelas, viverão um conflito de gramáticas morais e verão suas competências em conflito. Essa conclusão leva a questão moral para o plano de contextualismo: falar de moral — nesse contexto — é menos falar de um grande quadro de referência normativo e mais de uma galeria de distintos quadros de referência do bem comum, tantos quantos se possam observar.

A questão é que, de acordo com os autores, não são tantos assim. Segundo eles, um conjunto de dados sócio-históricos deve ser levado em conta: é que a maneira específica como a sociedade moderna se organizou limitou as moralidades do bem comum a umas poucas, amplamente difundidas e mais ou menos universalizadas. Quais? Para compreender esse passo, é preciso entender como Boltanski e Thévenot concebem a forma como se constituem as generalidades de bem comum.

Em *L'amour et la justice comme compétences*, de 1990, Boltanski apresenta, em "três ensaios de sociologia da ação", um modelo que representa seu desenvolvimento em relação àquele proposto com Thévenot. O colega faria o mesmo no mesmo ano, em um artigo, mas cujo desenvolvimento final seria apresentado apenas em 2006, no livro *L'action au pluriel: Sociologie des régimes d'engagement*. O modelo proposto por Boltanski, assim como o de Thévenot, na verdade, representava um quadro de pressupostos, um quadro mais abstrato do que aquele contido em *De la justification*.

A ideia ali contida é que as ações podem ser mobilizadas segundo diferentes gramáticas formais, chamadas por Boltanski de "regimes de ação", e que os actantes se movem (ou, mais literalmente, se comutam, promovem um *basculement*) entre dois tipos de regimes: regimes de disputa (nos quais os princípios são disputados) e regimes de paz (nos quais não se disputam princípios), cada um deles baseado em uma diferente gramática da ação. Segundo ele, há dois regimes de paz: a) *justesse* (a rotina): a paz é estabelecida pelas ações padronizadas dos seres humanos, a partir de pressupostos previamente incorporados por eles, ou seja, são ações que não abrem espaço para disputa de princípios (como o hábito de entrar em uma fila sem discutir se seu lugar no final é justo ou não); e b) amor (*ágape*): a paz é estabelecida a partir da noção de ágape, o amor desinteressado, em que ações são concebidas em torno de uma impressão de fraternidade, sem uma reflexividade da ideia de bem, como, por exemplo, quando alguém perdoa a pessoa amada. E há dois regimes de disputa: c) violência: as diferenças na vida social (e, em consequência, as ações) são estabelecidas a partir de uma hierarquia de força, e a disputa conduz para um conflito cuja solução dependerá da desproporcionalidade da força; e d) justiça: as ações são justificadas, ou seja, dá-se conta delas por meio de princípios superiores comuns aos atores envolvidos, por meio de disputas de provas de justificação (o que mostrava o modelo descrito com o colega como caso particular deste).

Mas, para articular esses regimes, Boltanski precisa primeiramente discutir o conceito de "utopia". Ele diz que é preciso distinguir o sentido de utopia de algo fantasioso e impossível de realizar (Boltanski, 1990b, pp. 150-151):

> [As] velhas construções utópicas, visando um ideal inacessível, não têm nada a ver com as pessoas de nosso mundo que, não tendo em sua maioria nunca aberto um livro de Hobbes, de Saint-Simon ou Rousseau, nada têm a ver com eles. São termos como "utopia" ou "ideal", apresentados de forma oposta à "realidade", que servem de pivô à crítica. Eles não podem ser mobilizados sem exame porque a utopia existe. É possível construir mundos imaginários apresentando pelo menos certo grau de sistematicidade e coerência. (...) Devemos então ser capazes de diferenciar não apenas entre utopias impossíveis e utopias realizáveis, mas também entre utopias realizáveis e utopias realizadas.

A inspiração é aristotélica: uma utopia realizada é exemplificada pela pólis, a cidade grega, inspirada na *philia*, constituindo-se como um lugar em que a questão da paz é resolvida aplacando-se todas as diferenças entre os homens. Em uma digressão filosófico-antropológica sobre a construção de um modelo utópico baseado no amor desinteressado (*ágape*) e outro de justiça, ele constrói, com Thévenot, um modelo segundo o qual foram mapeadas as utopias realizadas consideradas chave na vida moderna, chamadas por eles, então, de *cités*,[10] segundo uma definição que estabelece um eixo entre abstração e dimensão concreta da vida social: "Uma utopia é realizada, e merece o nome de *cité*, quando existir na sociedade um mundo de objetos que permita agenciar as provas cuja avaliação supõe o recurso ao princípio de equivalência dos quais essa utopia implemente sua possibilidade lógica" (1990, p. 151).

Para tanto, eles buscam inspiração em clássicos da filosofia política, ou seja, utopias formalmente construídas, e que servem de sínteses, paradigmas, para a construção dessas utopias, que ocupam o lugar de *metafísicas morais*, ou seja, abstrações idealizadas dos conteúdos morais usados como referência pelos atores. A aposta é que seis *cités* dão conta das principais formas de construção de bem comum nas sociedades modernas.

O quadro abaixo, parte elaborado pelos próprios, resume as *cités* modelizadas por Boltanski e Thévenot:

	Cité					
	Inspirada	**Doméstica**	**Cívica**	**Da opinião**	**Mercantil**	**Industrial**
Obra inspiradora	*A cidade de Deus*, de Santo Agostinho	*A política tirada da sagrada escritura*, de Boussuet	*O contrato social*, de Rousseau	*Leviatã*, de Hobbes	*A riqueza das nações*, de Adam Smith	A obra de Saint-Simon
Modo de avaliação (grandeza)	Graça, não conformidade, criatividade	Estima, reputação	Interesse coletivo	Renome	Preço	Produtividade, eficiência
Formato da informação relevante	Emocional	Oral, exemplar, anedótica	Formal, oficial	Semiótica	Monetária	Mensurável: critérios, estatística
Relação elementar	Paixão	Confiança	Solidariedade	Reconhecimento	Trocas	Ligações funcionais
Qualificação humana	Criatividade, ingenuidade	Autoridade	Igualdade	Celebridade	Desejo, poder de compra	Competência profissional, expertise

Fonte: Boltanski e Thévenot (1999).

Obviamente, os autores não estão sugerindo que fomos todos educados lendo esses livros, que nossa socialização tenha sido baseada no aprendizado formalizado de seus princípios. A aposta é no caráter não apenas inaugural, mas sobretudo analítico-descritivo dessas obras: eles teriam a capacidade de resumir as principais formas de justificação sócio-historicamente constituídas na vida moderna. E também parece fácil enxergar que a proposta não é encerrar em seis ordens morais toda a vida moral cabível nas interações sociais modernas. Eles imaginam, sim, ser possível imaginar outras *cités* — e eles próprios sugerem, a propósito, pensar, por exemplo, em uma *cité* comunicacional ou uma *cité* verde, ambas em formação na época em que escreviam. Mais tarde, Boltanski, com a economista Ève Chiapello, desenvolveriam a chamada *cité por projeto*, em seu livro *O novo espírito do capitalismo*, publicado originalmente em 1999.

O fato mais relevante é o dado de que as formas de justificação não estão limitadas a uma única (o que reduziria o modelo aos constrangimentos estruturais), mas também não são levadas ao infinito (o que o transportaria para um relativismo incapaz de produzir consenso ou mesmo discordância — já que haveria tantas morais quantas fossem as pessoas).

A ideia de *cité*, então, é a construção de uma ordem de relações cujo horizonte é o bem comum, uma ordem de paz e disputas regradas (ou seja, conflitos resolvidos sem se chegar ao recurso à força, à violência). Mas, para isso ser cabível, são necessários alguns pressupostos. O primeiro deles é o reconhecimento da "humanidade comum" dos participantes da ordem. Esse elemento basal garante que os atores sociais se verão impelidos ao acordo. O segundo pressuposto é aquele que os autores chamam de "dessemelhança": trata-se da ideia segundo a qual se torna cabível a diferença de estados/grandezas entre os integrantes, ou seja, que uma desigualdade possa ser considerada legítima, desde que justificada. Isso leva ao terceiro princípio, ou axioma, o da "dignidade comum", ou seja, a ideia de que todos os integrantes possuem uma mesma potência de acesso a todos os estados possíveis (e que o que os diferencia são as condições específicas em situação). O quarto axioma estabelece que os diferentes estados são ordenados, ou seja, que há uma "escala de valores" entre as condições de "bem" associadas a cada estado.

Esses quatro traços axiomáticos estabelecem uma tensão clara: a mesma ordem se baseia no fato de que os homens são iguais em sua humanidade comum e desiguais em seus estados situacionalmente estabelecidos. Para resolverem essa contradição, as *cités* dependem de dois outros axiomas: o primeiro — a partir da discussão de Laurent Thévenot (1986) sobre "investimentos de forma" — diz respeito à necessidade de se construírem "fórmulas de investimento" associando a positividade dos estados superiores ao custo para alcançá-los, o que confere sentido à diferença entre os homens situados e a comum humanidade idealizada.

Do último axioma já falamos: é o fato de que o pressuposto central de uma ordem moral é o bem comum. É ele que confere sentido final aos outros.

Fica desenhada, então, a forma de descrever a vida social proposta por essa forma de abordagem pragmatista: ela é composta por um conjunto de situações de disputa em torno da legitimidade de estados temporários (chamados *grandezas*) ocupados por pessoas e/ou coisas, situações de disputa iniciadas quando a capacidade crítica de alguém dialoga conceitualmente com uma utopia, uma metafísica moral, uma *cité*, e observa na ação de alguém uma "não competência" para ser operada naquela linguagem, segundo aquela gramática, uma impossibilidade de operar "convenientemente" nessa língua moral. E, por sua vez, atores criticados também recorrerão a essas cités — e/ou a outras — para dar conta de suas posições relativas.

Até esse ponto, explica-se a mobilização em termos abstratos, a, digamos, *competência moralista* dos actantes. Mas o modelo ainda depende de uma complexificação ulterior: como são operadas as *cités*? Boltanski e Thévenot descem da abstração de metafísicas morais na direção de "mundos comuns", ou seja, ordens, da mesma maneira que as *cités* conceitual e gramaticalmente coordenadas — e da mesma forma inspiradas em livros, mas não tratarei deles aqui —, com a diferença essencial de que estes são habitados por actantes os mais variados (pessoas, coisas, discursos etc.) e compõem planos de dispositivos mobilizados pelas pessoas para constituir *provas* de competência. Os mundos estão no mundo, representam a dimensão concreta da forma de construção de uma ordem como modelizada pelas *cités*. Enquanto as *cités* são abstrações metafísicas, os mundos são planos de disposições efetivas de seres e coisas.[11]

A abordagem, então, será constituída por meio da observação desses mundos e da mobilização de objetos neles contidos, compondo "dispositivos de comprovação que possam ser mobilizados para testar a realidade das pretensões invocadas" (Boltanski, 2002, p. 284), ou seja, para a justificação de ações questionadas (isto é, criticadas).

Vejamos um exemplo proposto por Boltanski e Thévenot (1999, p. 361), que oferece uma situação prática da questão dos critérios universalizantes necessários para a justificação:

> Consideremos (...) uma disputa entre dois motoristas depois de uma colisão. A indignação furiosa do primeiro pode advir de uma série de situações opressivas sofridas por ele ao longo do dia: sua esposa está doente; seu filho tirou notas muito ruins na escola; seu chefe o humilhou; ele está tenso por causa de uma dor de garganta (talvez um câncer) e, além disso tudo, vem um cara estúpido e bate em seu carro novinho e lindo. Assim é demais! Mas o segundo motorista pode também trazer uma série de motivos pessoais para reclamar do mundo cruel: sua mãe morreu no dia anterior; seus impostos aumentaram; seu último livro foi recusado pelo editor e, mais ainda, vem ainda um idiota, no meio da rua [e bate em seu carro]. Assim é demais! Mas, se eles querem escapar da violência, devem ser capazes de eliminar a maior parte desses motivos de descontentamento, levando em consideração que eles são problemas "privados", e convergir para uma definição comum de situações e objetos relevantes — tais como códigos de trânsito, estado dos pneus etc. Mas, a fim de convergirem no sentido de estabelecer o que é relevante e o que é irrelevante, eles precisam partilhar uma capacidade comum de ver o que se adéqua à situação e sob que relação. Logo, eles precisam de uma definição comum da forma de generalidade que permite interligar a situação a outra, identificada por eles como similar.

O modelo, centrado, então, a partir disso, nos mundos comuns, faz pensar na dimensão mais pragmática dos acordos, na forma eventualmente circunstancial como são mobilizados os dispositivos para a produção de provas. Por outro lado, como dizem os próprios autores, as disputas podem prosseguir indefinidamente. Essa constatação e a de que afinal, apesar disso, há acordos fazem com que Boltanski e Thévenot vislumbrem um outro desenvolvimento ulterior do modelo, o da formação de "compromissos" (Boltanski e Thévenot, 1991, pp. 337-421) entre distintos mundos, produzindo "soluções" sem passar pela alocação estrita do acordo em uma gramática moral única: "No compromisso, nos posicionamos na direção de um acordo para uma composição, ou seja, para suspender a diferença, sem que se seja regrado por uma prova em um mundo único" (idem, ibidem, p. 338). Nesse caso,

> [A] equivalência é tratada como evidente sem ser explicitada. (...) Os participantes renunciam a esclarecer o princípio de seu acordo, atrelando-se somente à manutenção de uma disposição intencional para o bem comum. Esse objetivo é realizado pela busca do interesse geral, ou seja, não apenas o interesse das partes envolvidas mais também o interesse daqueles que não são diretamente tocados pelo acordo. O imperativo de justificação não é satisfeito, mas, não obstante, não está totalmente fora do horizonte (idem, 1999, p. 374).

A solução de compromisso daria, assim, conta das contradições nas quais o mundo insere as pessoas ao criar situações em que se impõe a presença de objetos estranhos a um mundo no horizonte do regramento abstrato de sua *cité*. O pressuposto é uma espécie de *interdito*: as pessoas não discutirão quais os princípios sobre os quais os acordos são assentados. Mas, para isso, um pressuposto ainda mais básico se apresenta: isso é feito com o *bem comum* no horizonte. De modo que se abra mão do próprio jogo de críticas e defesas de grandezas. Do ponto de vista da sociologia pragmatista da crítica, muito mais importante do que a justificação, mecanismo que serve de seu cavalo de batalha, está sua base integradora social, o *bem de todos*.

Algumas palavras de moral

O compositor e humorista Guca Domenico (2003, p. 11) escreveu que, "através dos tempos, a desculpa tem sido uma ferramenta muito utilizada pelo homem, e não se tem notícia de coisa tão útil, depois da invenção da roda". Veja você, invenção mais útil desde a roda! Essa *dispositividade*, então, não é apenas uma inferência analítica, como ficou claro tanto na leitura de senso comum de meu coleguinha de escola quanto nas aproximações de diversos analistas, em especial nas de Austin e McEvoy. Trata-se, como a fala anterior ajuda a mostrar, de uma percepção dos próprios atores. Pois, ao dar o título de "O invento de Adão" ao capítulo de definições deste livro, dando vazão à discussão sobre esse caráter de aparato, dotado de uma mecânica, quis apontar para a necessidade de se compreenderem as engrenagens, as peças e as articulações do dispositivo. Daí ser importante tratar de início da substância mais prevalente em sua construção: como apontam Scott e Lyman (2008 [1968], p. 140), como *account*, a desculpa não é um dispositivo qualquer, mas um "dispositivo linguístico". Antes disso, aliás, é um dispositivo *linguageiro*, da prática da linguagem, mais que de sua dimensão analítica. E nessa prática, então, é de peças de expressão (regrada) que se compõe o aparato em questão.

Mas a percepção dessa dispositividade pelos próprios atores sociais, no uso, confere à desculpa uma dimensão ainda mais curiosa: a aposta na representação de que dispositivos de linguagem são mais flexíveis, manipuláveis, que outros. Por serem abstratos, de materialidade mais, digamos, volátil, ou pelo menos maleável, esse tipo de aparato estaria nas mãos dos atores como o barro nas mãos do Criador — que, afinal, molda pela fala, já que diz "Faça-se..." e as reticências se fazem. As pessoas em geral promovem uma distinção operacional — e moral — entre palavras e coisas, entre falar e agir. Falar ofereceria maior liberdade "criativa", já que a linguagem seria essa substância absolutamente livre e, por isso mesmo, todo-poderosa.[12] Isso faz da desculpa objeto de duas fenomenologias dignas de nota que precisamos levar em consideração.

A primeira delas diz respeito à própria identificação da desculpa. Seu caráter útil é recorrentemente tratado como "utilitarista": para muitos, desculpa é necessariamente "desculpa esfarrapada".[13] Do ponto de vista prático, é quando os atores mais reconhecem uma desculpa: quando ela soa como "apenas uma desculpa". Essa apreensão "moralista" do fenômeno faz da desculpa irmã gêmea do pretexto e prima-irmã da mentira.

A outra diz respeito à multissemia e à sinonímia. Como disse antes, enfrentei inúmeras vezes o fato de que as pessoas tratam quase indistintamente as várias interpretações cabíveis da palavra. Se não, vejamos: de maneira geral, atribui-se à palavra "desculpa" os seguintes sentidos:

1) Como um fenômeno geral de apaziguamento de conflitos/reconciliação a partir de uma demonstração de arrependimento (*desculpa* no sentido de *perdão*): um primeiro sentido é aquele que engloba uma vasta gama de operações visando a impedir o rompimento/promover a retomada de uma relação social em risco por conta de uma ação que feriu moralmente uma das partes. É o sentido contido na expressão "pedir desculpas" ou "pedir perdão". Etimologicamente, o termo vem de uma variação do latim e do português arcaico *desaculpar*, o ato de retirar a culpa. Goffman (1971) explora esse tipo, a *apology*, como uma forma de "operação remediadora", aquela que permite "alterar o sentido que poderia de outra maneira ser dado a um ato, transformando o que poderia ser visto como ofensivo em algo que possa ser visto como aceitável" (1971, p. 109). Ele diferencia duas formas de intercâmbios: o "de suporte" e este, que "remedia" problemas. Os principais desses "remediadores" são os "*accounts*" (entre os quais seriam incluídas as desculpas como escusa, as *excuses*), as "desculpas", nesse primeiro sentido (*apologies*), e as "solicitações".

A abordagem de Goffman é considerada seminal e lança luz sobre a participação desse tipo de ação no que estou chamando de manutenção das relações. Segundo ele, o pedido de desculpas é marcado por uma "divisão do indivíduo em duas partes (...), a parte culpada e a parte que se dissocia do delito e afirma a crença na regra ofendida" (1971, p. 109). Ora, isso também ocorre na desculpa dada. O que é efetivamente peculiar na abordagem dele a esse respeito é que essa divisão em dois remete o indivíduo para a autopunição: em um pedido de desculpas, admite-se o merecimento da própria punição de forma expressiva, a ponto de o próprio ato representar uma oferta de punição — como que a dizer "não me puna; já o estou fazendo por você":

> A disposição do ofensor para iniciar e desempenhar sua própria punição apresenta determinados valores não aparentes. Fossem os outros a fazer a ele o que ele está disposto a fazer a si mesmo, ele poderia se ver obrigado a se sentir afrontado e a adotar ações retaliadoras para sustentar seu valor moral e sua autonomia. E ele pode exagerar ou superestimar o caso contra si próprio, dando assim aos outros a tarefa de abreviar sua autoderrogação — esta última, por sua vez, sendo uma função mais segura de se deixar ao ofendido, uma vez que ele não é suscetível de abusar dela, enquanto ele próprio, o infrator, poderia fazê-lo (Goffman, 1971, p. 109).

A partir de Goffman, uma vasta literatura tem se dedicado a essa forma de desculpa, que prefiro chamar de perdão. Tavuchis (1993) e Lazare (2004) são bons exemplos de trabalhos dedicados a uma descrição abrangente dessa ação. Já Benoit (1994) retoma a verve goffmaniana e propõe os estudos de "estratégias de restauração de imagem" (incluindo, em sua tipologia, tanto pedidos quanto ofertas de desculpas), no que é seguido por vários, como Miller (2002). Mas a área em que as *apologies* talvez tenham se tornado uma questão mais fértil é na análise de ações de Estados nacionais. Vários autores têm se voltado para os pedidos de desculpa de países, internas e externas, como dispositivo político. Trabalhos como os de Celermajer (2004, 2009), Bovens (2006), Nobles (2008), Gibney (2009) ou Lind (2010) vêm apontando o importante papel dos pedidos de perdão na manutenção da paz na política, consolidando processos de reconciliação que seriam ainda mais dolorosos — e mesmo impossíveis — se não incluíssem a contrição dos responsáveis.

2) Como fenômeno específico de apaziguamento de conflitos/reconciliação (*desculpa* no sentido de *escusa*): ao mesmo tempo que pode ser entendido como um fenômeno geral que engloba essas ações, o termo *desculpa* costuma ser compreendido também como uma forma de, diga-

mos, "não pedir desculpas". Essa ação envolve a oferta de uma explicação peculiar, circunstancialista, que chamo em todo este livro de *desculpa*.

3) Como argumento (*uma desculpa*): o termo "desculpa" também designa, habitualmente, o argumento usado para produzir desculpa. É o "Ele é pobre" da defesa da *Compadecida*; ou o "Era impossível roubar" da fala de Bruno; ou o "O mundo nos obriga a ser assassinos em massa" de Verdoux. Ou também o "Tive que ir ao banco", que podemos dizer quando chegamos atrasados. Ou é o "O computador deu pau, a impressora ficou sem tinta, o disquete não abriu, um vírus apagou tudo. Você sabe que o computador é um bicho imprevisível, né, fessor? Temperamental feito ele só!", que o jornalista Léo Cunha (2004), um tanto anedoticamente, usa como exemplo de desculpas dadas por alunos para atrasos em trabalhos escolares.

4) Como ação demandante (*desculpar-se*): em uma de suas formas de ação, a desculpa é o verbo desculpar-se. Curiosamente, embora haja uma forma verbal para o ato de pedir desculpas, não há um para o ato de oferecer uma explicação circunstancialista para uma ação que incomodou a outrem. Ele acaba por depender dessa locução, "dar uma desculpa".[14]

5) Como ação concedente (*desculpar*): o ato de aceitar a desculpa, o desculpar, é também contemplado nesse horizonte semiológico. Mas não me deterei sobre esse elemento aqui.

Apesar desse quadro de ambiguidade, dessa sinonímia dominante nos discursos, todas as pessoas com quem falei demonstraram ter plena compreensão, diferenciar claramente e serem capazes de administrar competentemente as categorias dessa galeria.

O objeto que estou aqui analisando é, afinal, um discurso, um enunciado. Como vimos na tipologia acima, como lemos em Austin e como experimentamos no cotidiano, no entanto, quando se dá uma desculpa, não se está apenas dizendo algo, apresentando uma declaração que possa ser verdadeira ou falsa, não se está apenas descrevendo,[15] reproduzindo algo que esteja na mente. Mais que isso, embora possa parecer à primeira vista, em uma desculpa não se está simplesmente "contando uma historinha". Está-se, antes, fazendo algo. A questão aqui é: o quê?

Uma das regularidades que pude observar, sobretudo em minhas entrevistas com casais, é que a insatisfação é uma forma de interação e que é constituinte importante da relação. "Se eu brigo com minha mulher e, sei lá, vou dormir na sala, não significa que eu deixei de ser marido dela e que a minha ausência na cama não continua se relacionando com ela", me diz Antônio, marido de Vitória, três anos de casamento, cinco de relacionamento; "A gente discute muito. Se a gente fosse contar isso como ponto fora da curva, simplesmente não haveria curva", diz Mariana, namorada de Gilberto há um ano e meio (na época da entrevista). Assim, se a definição de Scott e Lyman parece apontar para uma raridade, para uma descontinuidade social, na apresentação de *accounts*[16] e se Boltanski e Thévenot (1999) apontam o "momento crítico" como momento para em grande parte chamar a atenção para sua raridade, a rotina, a continuidade da vida social, não representa uma descontinuidade lógica em relação a esses momentos. Pois a definição de desculpa de Scott e Lyman, que já apresentamos, é feita por eles situada em uma tipologia de dois elementos (1970, p. 114): "Justificações são *accounts* nos quais alguém aceita ser responsabilizado pelo ato em questão, mas renega a qualificação pejorativa a ele associado. (...) Desculpas são *accounts* nos quais a pessoa admite que o ato em questão é ruim, errado ou inapropriado, mas nega ter responsabilidade total sobre ele." Há, contida nessa tipologia, a tensão central que discuto aqui, a tensão entre universal e circunstancial. Uma justificação surge como uma recusa de descompasso entre princípio moral (universal) e ação (localizada); uma desculpa surge como uma constatação de descompasso entre esse princípio moral e essa ação. Mas não um descompasso qualquer, e sim um descompasso contaminado, como demonstrarei abaixo em uma tipologia de diferentes reações a ações que causam mal-estar.

Se vale, então, a constatação de que a desculpa é um performativo, uma fala que pratica uma ação, e a pergunta sobre a qualificação dessa mesma ação, é preciso pensar nos componentes dessa performance. Mas, se é fala e atua, ainda assim, Austin informa, ela não tem esse poder sozinha (1962, p. 8):

> A verbalização de palavras é normalmente um, ou até mesmo *o principal*, incidente no desempenhar de um ato (...), a ação que também é o objeto do enunciado. Mas está longe de normalmente ser considerado (...) a *única* coisa necessária para que o ato seja tido como executado. Em termos gerais, sempre é necessário que as circunstâncias nas quais as palavras são proferidas sejam, de alguma maneira, ou maneiras, *apropriadas*, e é muito comumente necessário que ou o próprio falante ou as outras pessoas envolvidas também tenham que executar certas outras ações, sejam elas "físicas", sejam "mentais", ou até mesmo o ato de verbalizar mais palavras.

Segundo Austin (1962, p. 94), essa situação é composta por três tipos possíveis de atos expressivos: a) locução, ou ato locutório: um enunciado que apresenta sentenças dotadas de sentido e referência; b) ilocução ou ato ilocutório: enunciado que "pratica uma ação *ao* dizer algo em vez de praticar a ação *de* dizer algo"; e perlocução ou ato perlocutório: o que se consegue provocar, ou justamente o efeito que se consegue produzir no interlocutor ao dizermos alguma coisa. Mas qual é o sentido sociológico de um "ato ilocutório"? Em seu modelo dos "atos de fala", Searle (1969) mostra que um performativo pode praticar cinco tipos de "*speech acts*", na forma de cinco tipos de enunciados: a) representativos: aqueles que comprometem o falante com a verdade da proposição expressa (afirmar, declarar etc.); b) diretivos: aqueles que são tentativas, por parte do falante, de forçar o ouvinte a fazer algo (pedir, questionar, exigir); comissivos: aqueles que comprometem o falante com a realização de uma ação futura (prometer, ameaçar); expressivos: aqueles que expressam um estado psicológico do falante (agradecer, perdoar); declarativos: aqueles cujo efeito causa mudanças imediatas no estado de coisas e que tendem a apoiar-se em instituições extralinguísticas (um presidente ao declarar guerra, um padre ao batizar, um patrão ao demitir alguém).

Aparentemente, dar uma desculpa poderia ser interpretado como um enunciado "expressivo", que declararia a disposição do falante para se defender. Mas, e se ele for pensado como enunciado "diretivo", ou seja, como enunciado que pede que o outro pratique uma ação? O sentido sociológico disso é que dar uma desculpa aparece como dispositivo para tentar fazer o outro fazer algo. E esse algo não é apenas a adesão a uma explicação que, conforme veremos — e estamos habituados a constatar —, nem sempre terá compromisso com a verdade ou mesmo com a lógica.

O que trabalho para demonstrar aqui é que essa ação é justamente a de descendência de uma esfera comprometida com a abstração da regra universal para uma disposta a aceitar a dimensão pragmática de uma ação circunstancialista.

Em todos os casos ficcionais que vimos anteriormente, por exemplo, tem-se: a) um ator é admoestado por alguém — Deus no caso de Adão; Quincas, no caso de Brás Cubas; Horneck, no de Jerry; a Justiça, para Henri Verdoux; Sonia (principalmente), diante de Bruno; a esposa, para Oblónski; O Encourado no *Auto da Compadecida* — incomodado com o descumprimento de uma regra moral/legal que considera relevante; b) esse ator procura apaziguar o mal-estar gerado pela admoestação; c) esse mesmo ator oferece para isso um argumento que não procura recusar a incorreção da ação; ao contrário, admite-a (ainda que sub-repticiamente em alguns casos); d) esse argumento é deslocado em relação aos princípios morais baseados nos quais as acusações foram estabelecidas e ligado a circunstâncias peculiares da situação e/ou do praticante; e) esse deslocamento se referencia em um interesse (manifestado) diferente daquele sobre o qual a crítica é construída, ou seja, o interesse (manifestado) do "acusador" ou "crítico".

A ação praticada no ato de fala chamado desculpa, então, se relaciona intimamente com a economia da acusação/crítica. Se essa fala atua, é porque uma expressão (que chamei de manifestação) atuou sobre ela, ou seja, a motivou. Não é, então, simplesmente uma expressão, mas uma ação efetiva. E o ponto de partida dela é o outro lado, justamente a operação crítica, ou, como vimos anteriormente, sua forma reificada na acusação. Pois uma vasta literatura sobre sociologia dos conflitos e dos chamados comportamentos desviantes tem articulado uma discussão a partir da noção de acusação como processo socialmente construído, interessado e espelhado em uma série de outros determinantes — entre as quais destaco, claro, os emblemáticos trabalhos sobre a "rotulação", de

Becker (2008[1963]),[17] a "estigmatização", de Goffman (1988[1963]) e, mais recentemente, no Brasil, a discussão sobre a "sujeição criminal", de Misse (1999). Em todos esses trabalhos, o movimento de acusação é lido como ponto de partida para uma complexa fenomenologia que envolve a maneira como se atuará em relação ao ator acusado, tornando-se o verdadeiro ponto de partida dos conflitos. Em um modelo como o da sociologia pragmatista da crítica, esse mesmo movimento é relido analiticamente a partir da desmontagem daquele mecanismo de reificação da culpabilização de que já falamos: se, em várias de suas manifestações práticas, a acusação pode ser entendida como um procedimento, constituído por uma série de passos mais ou menos formalizados — caso da acusação policial ou judicial, por exemplo —, a "crítica" (Boltanski e Thévenot, 1999, p. 359) surge como uma forma abstraída:

> [Na crítica, a] pessoa deve (...) expressar descontentamento em relação às outras com quem estivesse desempenhando, até então, uma ação conjunta. A demonstração desse descontentamento pode terminar em um "escândalo". O escândalo propriamente dito assume diferentes formas. Pode facilmente se converter em violência. Contudo, não investigaremos essa possibilidade. Mais frequentemente, o escândalo se torna uma discussão na qual críticas, acusações e queixas são trocadas. Desdobra-se assim em uma controvérsia. A palavra "escândalo" sugere querelas domésticas, e a palavra "controvérsia", litígio judicial. O primeiro é visto como informal, enquanto a segunda é conduzida pelo sistema jurídico. No entanto, há uma profusão de casos intermediários, como por exemplo as discussões em lojas ou repartições, entre clientes e funcionários, ou os desentendimentos na rua, entre motoristas.

A pesquisa evidenciou um traço importante e que reivindica um grau ainda mais abstrato na definição. A insatisfação de que falam Boltanski e Thévenot pode ser demonstrada por um urro, por um suspiro, por um silêncio, por um movimento corporal. Essa insatisfação, aliás, pode nem mesmo ser demonstrada, mas apenas percebida, ou seja, pode ser notada pelo lado ofensor sem que o lado ofendido tenha feito um movimento consciente e/ou discreto para isso.[18] Justamente por conta disso, como mostrei, opero com uma forma ainda mais geral de fenômeno, que envolve as várias formas de expressão, a demonstração/percepção, ou seja, a *manifestação de mal-estar interacional/relacional.* Diferencio mal-estar simplesmente de "mal-estar interacional/relacional para indicar que se trata de um desconforto de um dos participantes de uma interação/relação e que pode fazer diferença para o estatuto dela. Mas o passo efetivamente ulterior aqui é que interações e relações passam a ser entendidas como nomes extensivos para conjuntos de *situações.* Uma partida situacionista metodológica tentará dar conta, então, das situações de disputa, que se torna um objeto discreto. De maneira que podemos passar a falar em uma categoria formalizada em definitivo: *manifestação de mal-estar situacional.*

A ação desculpa pode ser, então, apresentada na seguinte sequência:

1) uma ação social de um ator A causa mal-estar situacional em outro ator, B, constituindo, assim, justamente, uma *situação*;

2) esse mal-estar é demonstrado por A/percebido por B, ou seja, o mal-estar se manifesta;

3) A dá uma desculpa e/ou pede desculpas;

4) B o desculpa (ou não) e o mal-estar situacional é "congelado" (ou não), encerrando a situação.[19]

Obviamente, até o passo 2, estamos diante de uma situação avaliadora típica de qualquer *account*, de modo que ela pode se desenvolver na direção de uma justificação, como já vimos Boltanski e Thévenot descreverem no exemplo esquemático do acidente de automóvel e dos dois motoristas em disputa. No exemplo, relembremos, eles chamam atenção para o fato de que os envolvidos em um conflito precisam deixar de lado seus "problemas 'privados' e convergir para uma definição comum" (Boltanski e Thévenot, 1999, p. 361).

Mas podemos imaginar uma torção nessa situação. Um dos motoristas poderá dizer ao outro justamente: "Puxa, eu estava com a cabeça nas nuvens, pensando na crise mundial"; ou: "Cara, acabei de comprar esse carro, não estou acostumado com ele ainda." Cada um desses dados "privados", por mais absurdos que soem como justificativa, pode, dependendo da situação, servir não como potencializador do descontrole, da entrada em um regime de violência, e sim, justamente, como atenuador: pode funcionar como condutor para dar conta e fazer aceitar uma ação precipitada no trânsito que tenha provocado o acidente. Isso demonstra uma operação diferente da constituída na justificação. A crítica não produziria uma busca por uma forma de generalidade, mas por uma forma de especificidade capaz de emular a própria disputa.

E, o que será mais central: diferentemente do que acontece na justificação, a desculpa não dependerá de uma *prova*. No lugar dela, operará uma mecânica dupla, por um lado, emocional; por outro lado, lógica, mas não de uma lógica qualquer, como veremos.

Uma impressão de senso comum sobre a desculpa é a de que ela recusaria a utopia "conservacionista" da justificação, ou, de modo mais específico, recusaria o princípio moral. Mas a desculpa dada opera justamente segundo uma lógica dupla. A começar porque ela parte de uma aceitação do princípio moral. Não é uma operação de imposição de fronteiras entre uma regra utópica "impossível" e práticas reais "possíveis"; é uma tentativa de situar uma disputa no plano da especificidade e de retomar o presente.

De um lado, então, está uma ação nitidamente produzida segundo um regime de justiça, a crítica; do outro, outra ação que movimenta os actantes para esse outro regime de circunstâncias, a resposta na forma de uma desculpa. Essa afirmação indica uma forma de precedência: o que está em jogo no momento crítico é a tensão entre a moral do crítico e a do criticado, mas é a princípio a moral do crítico que guiará o conflito. É ele quem resolve, em última instância, se ficará tudo bem depois de tudo. O peso desse poder decisório é o que torna a reificação acusatorial cabível. De modo que a questão da acusação precisa ser enfrentada.

O tratamento de Howard S. Becker (2008 [1963]) para a "rotulação" é bastante útil aqui, já que ele dá conta do processo de construção social das acusações. De certa maneira, aquilo que está em seu horizonte é mesmo a construção social da reificação a que me referi anteriormente. Segundo ele, a atribuição de "rótulos" sociais a atores e/ou grupos rotulados como "desviantes" é operada por um processo de empreendedorismo: os "empreendedores morais" promovem campanhas a fim de negativizar comportamentos e consolidar essa negativização na norma, se possível na lei. Evidentemente, um modelo que chama a atenção para a necessidade de esforço para rotular põe em questão o caráter indiscutível, evidente, desse rótulo. No caso de Becker, isso é reforçado pela categoria "*outsider*" como substituto complexificado para o termo "desviante": trata-se daquele que é apontado (no caso de sua pesquisa clássica, representado por usuários de maconha) ou se aponta (em sua pesquisa, representado pelos músicos de jazz) como diferente do comportamento tido como moralmente hegemônico. Porém, o mais relevante analiticamente acaba sendo o fato de que essa própria hegemonia fica questionada, já que se torna um discurso resultante de um *processo*.

O que conduz para a ideia — que aporfundarei mais à frente, mas que parece importante citar no âmbito de uma definição — de que é preciso levar em consideração que há diferentes morais concorrentes em ação nas relações. Uma delas, mais difundida, consagrada, é capaz de produzir mobilização em sua defesa, ou seja, gera "impositores de regras" (Becker, 2008 [1963], pp. 160-168), agentes formais para vigiar o cumprimento das normas estabelecidas. Outras, menos difundidas, mais segmentadas, concorrem pela consagração ou permanecem como "cultura *outsider*" (idem, ibidem).

O tratamento de Michel Misse, por sua vez, propõe uma versão radical desse processo de construção social da negatividade moral, ainda mais formalizada na forma do crime. Segundo ele (1999), a "sujeição criminal" é um processo segundo o qual se constroem tipos incrimináveis por uma redução das representações sociais à condição de determinante na esfera do sujeito observado (e acusado). Misse mostra que "a principal demarcação se apoia na expectativa de um certo tipo de experiência social esperada dos agentes acusáveis, de sua subjetividade e posição social" (p. 43). A sujeição criminal põe diante de nós uma dimensão da acusação na qual, a fim de reificar a culpa, se recorre a uma perspectiva identitária em que se sobrepõem a tipificação afirmada e a própria personalidade, a interioridade mesma, do outro. De maneira que se constitui um quadro no qual a ação criminal é resultande de um processo em que a expectativa de ação criminal é geradora da própria ação criminal — já que a pressão social sobre os atores assujeitados afirmando sua criminalidade "natural" é tão forte que acaba por se realizar.

Um modelo como esse, então, antes de essencializar a acusação (já que lança luz sobre o processo de subjetivação/sujeição), mostra que a essencialização é uma estratégia social difundida para solidificar críticas na forma de acusações, tornando plenamente legítima para a ideia de punição e conferindo forte actância à construção social. Nesse enquadramento — que associa uma dimensão interacional do fenômeno a uma dimensão estrutural, digamos, interacionalmente constituída —, no entanto, essa legitimidade se torna também objeto a ser desreificado analiticamente, já que foi reificado socialmente.

Diante de quadros como esses, a desculpa, nesse sentido operaria então como "agente duplo". Ela pode ser o primeiro passo de uma mudança rumo a uma nova moral consagrada (uma vez que revela sua fragilidade e seus poros). Mas será também uma forma de manter a moral consagrada atual, uma vez que, ao oferecer-lhe uma válvula de escape momentânea, uma margem de manobra, permitirá sua manutenção, sem que se inicie um conflito mais amplo que poderia ameaçá-la pela discussão de sua factibilidade.

* * *

Pois bem, tomando-se o modelo que apresentei anteriormente, manifestação de mal-estar-resposta-ruptura/arrefecimento, como resultado da situação de mal-estar situacional, o acusado pode apresentar uma das seguintes reações:

1) Mostrar-se indiferente (não dar nenhuma resposta, não prestar nenhuma conta). É a *indiferença.*

2) Negar que tenha praticado a ação (uma resposta do tipo: "Eu não comi da árvore, Javé Deus" ou "Eu não matei nenhuma mulher, imagine!", ou: "Não fizemos trambique nenhum em vida"). É a *negação.*

3) Afirmar desconhecimento da regra moral (uma resposta do tipo: "O Senhor havia falado da árvore do conhecimento do bem e do mal? Eu não sabia!", ou: "Eu não podia alugar seu apartamento?", ou ainda: "Ué, mas não podia fazer enterro de cachorro em latim?"). É a *declaração de inocência.*

4) Admitir que praticou a ação e apresentar um *account*. Isso inserirá o actante em uma economia de disputa em torno da justiça proposta pela manifestação de mal-estar e o fará dar conta de sua ação segundo uma de quatro possíveis formas:

a) Renegar o princípio moral/legal que produziu o mal-estar (uma resposta do tipo: "Eu não ligo se ele tinha direito a um julgamento justo!"). Chamemo-la de *desengajamento*.[20]

b) Admitir que praticou a ação, mas recusar que ela esteja em desacordo com o princípio moral/legal que gerou o mal-estar, apontando uma justificativa para a prática da ação atrelada a uma ideia de bem comum (uma resposta do tipo: "Matei, mas sou policial e estava no exercício do meu dever" ou: "Será melhor para todos se ele for executado"). Trata-se do elemento operacional do modelo de Boltanski e Thévenot, "*justificação*".

c) Admitir que praticou a ação e admitir o desacordo com o princípio moral/legal em questão, mas mesmo assim solicitar simplesmente o não mau tratamento. Essa paralisação da justiça se baseia na criação de um puro efeito anulador (uma resposta típica entre casais: "Cheguei atrasado e não poderia chegar, mas não vá embora, eu te amo"). É o *perdão* (e/ou o *pedido de desculpas*).

d) Admitir que praticou a ação e admitir o desacordo com o princípio moral/legal em questão, mas solicitar uma permissão para o descumprimento da regra especificamente no caso em avaliação, em determinadas circunstâncias específicas. Essa permissão será baseada em uma particularização das condições de cumprimento da universalidade da própria regra (uma resposta do tipo: "Não posso ir ao jogo com você porque tenho que dar aula de geometria a meu sobrinho"[21]). É a *desculpa*.

Palavrinha complicada, essa. Como *account*, "desculpa" tem uso mais antigo no sentido de apresentação de circunstâncias do que no sentido de demanda de reconciliação. O *Vocabulario Portuguez e Latino*, de d. Raphael Bluteau (1713), define "desculpa" como: "Razão que fe allega de huma coufa feyta, ou que fe há de fazer, ou que se não quer fazer" (grafia da época). A etimologia do termo é igualmente conhecida: de acordo com o *Índice do vocabulário do português medieval*, a primeira ocorrência do termo é registrada em 1352, com esse sentido. O termo vem de uma variação do verbo latino e português arcaico *desaculpar*, o ato de retirar a culpa. No latim, são registrados usos já em Tito Lívio (59 a.C.-17 d.C.) e Tácito (55 d.C.-120 d.C.). O termo, e com o sentido de apresentar um "motivo" para uma ação, é antigo. Mais tarde, esse sentido foi deslocado da apresentação das desculpas para os pedidos de desculpa, ocupando o lugar antes ocupado pelo perdão, tornando-se dele sinônimo. A intrincada relação entre esses diferentes fenômenos, dar uma desculpa e pedir perdão, leva inclusive a encontrar desculpas dadas em meio a pedidos de desculpa. Mas o interesse aqui não está no que ocorre quando alguém diz: "Me desculpe", e sim naquilo que se faz quando se diz: "Me desculpe, mas..."

Esta, então, é uma sociologia do depois do "mas".

Moral em estado crítico

De volta à *sociologie pragmatique de la critique*, para além das várias linhas de pesquisa surgidas com a fundação do GSPM, dois grandes movimentos foram feitos pelos próprios Luc Boltanski e Laurent Thévenot a partir de seu trabalho conjunto: de 1990 em diante, cada um dos dois empreendeu um diferente desenrolar da problemática descrita em *De la justification*. Boltanski se voltou para a problemática das *operações críticas*, dedicando-se à parcela mais propriamente política da questão, a discussão sobre como e por que as pessoas criticam ou não e como suas críticas podem ou não se converter em mudanças — movimento do qual as pesquisas mais emblemáticas estão descritas em *L'amour et la justice comme compétences* (1990) e em *O novo espírito do capitalismo* (originalmente de 1999), coescrito com Éve Chiapello. Já Thévenot passou a se dedicar à problemática da *ação ao plural*, dedicando-se à dimensão propriamente interacional da questão, a discussão sobre como as pessoas vivem conjuntamente sem entrar em conflito — cuja descrição representativa aparece em *L'action au pluriel* (2006). Da paz para a disputa, da disputa para a paz, os dois movimentos, cada um a sua maneira, representam uma segunda articulação do questionamento inicial em relação à descrição da realidade antropológica apresentada pela sociologia crítica: a tensão conflito/consenso representa, como já dissemos, uma sofisticação considerável em relação à constatação da capacidade crítica (ou seja, a agência analítica e classificatória dos atores, seu livre-arbítrio para se manifestar em relação ao que os outros dizem e fazem). Isso porque a aposta em uma faculdade de criticar tomada como uma capacidade cognitiva, digamos, embarcada, uma vez que comprovada empiricamente, permite a percepção de outra capacidade cognitiva, oferecendo uma sustentação ainda mais básica ao mesmo modelo (Boltanski, 2009, p. 18):

> Os seres humanos, considerados a partir de uma abordagem [na qual é levada em conta sua capacidade reflexiva], não se contentam apenas em agir ou reagir às ações dos outros. Eles se voltam para suas próprias ações e para as dos outros ao lançar sobre elas julgamentos, geralmente indexados à questão do bem e do mal, ou seja, *julgamentos morais*.

Um modelo como esse, então, antes de ser da capacidade crítica, é um modelo da "capacidade moral" (Boltanski e Thévenot, 1991, p. 42), ou seja, da aposta em uma faculdade cognitiva segundo a qual é possível afirmar que, se os atores *podem* criticar, eles *precisam poder*, *antes disso*, distinguir entre o que é o bem e o que não é o bem (para eles): "Uma capacidade moral está no coração da construção de uma ordem (...) entre as pessoas, que devem se mostrar capazes de abstrair de suas particularidades para se entender a respeito de seus bens exteriores cuja lista e a definição são gerais." Isso chama a atenção para a necessidade de uma abordagem *compreensiva* da vida social, ou seja, trata-se de, uma vez lançadas as bases de uma sociologia *da* crítica, de prospectar uma sociologia *da* moral, tornando a análise enormemente mais complexa e interessante. O ponto é o trânsito de uma sociologia na qual os valores morais são elementos da observação — certamente um movimento necessário para a modernidade, mas não seu único, e sobretudo não aquele que torna justificável que não se dê atenção à outra faceta da relação análise-moralidade — para uma sociologia na qual os valores morais são *o objeto* da observação. Mais que valores, aliás, a questão é a gramaticidade moral, ou seja, a forma como as morais (individuais e/ou de grupo) dos atores são construídas, mobilizadas e postas em contraste com as morais de outros atores.

Pois a desculpa se oferece aqui como um importante elemento dessa história: o invento de Adão traz à tona, como veremos nas próximas páginas, toda uma série de situações em que a moral é observada em um plano *horizontalizado* pelos próprios atores, ou seja, na qual qualquer *verticalidade*, qualquer diferença de grandeza sugerida pela mera posição de crítico, é relativizada e mesmo recusada diante da possibilidade de se mobilizarem circunstâncias, como veremos nos casos descritos a seguir.

Cachorrinhos, impressoras e jabutis (manuais de desculpa)[1]

O livro traz uma capa de fundo fechado, totalmente preto, com apenas uma moldura de riscos amarelados. No alto, em letras de mesmo tom, estampa-se: *Beyond the Bible* (algo como *Para além da Bíblia*). Na base, na mesma cor, o subtítulo: "Inspirações para qualquer ocasião (e situação)".[2] Trata-se, provavelmente, de mais um exemplar de um gênero de grandes vendagens, o da autoajuda religiosa. É uma obra que sugere citações bíblicas para iluminar momentos de dificuldade.

Quando, entretanto, o produto chega às mãos e é manipulado, a discreta sobrecapa desliza e acaba por deixar a nu a fronte do volume interno. Na verdade, finda por revelar o outro lado da própria folha protetora: o material "inclui uma capa secreta reversível" e recomenda (em um vibrante balão estrelado na mesma área): "Carregue-o para reuniões ou para qualquer outro lugar." Vê-se, então, que a folha de rosto de tom religioso é, na verdade, uma escamoteação, uma forma de ocultar aquilo que o trabalho de fato é: capa e sobrecapa reais, idênticas, trazem um fundo vermelho, com, à esquerda, a estampa de um personagem de estética emulando o *design* publicitário americano do pós-guerra, pensativo, sob uma tarja com o verdadeiro título da publicação: *The Complete Excuses Handbook* [O guia completo das desculpas]. No subtítulo, os autores, Lou Harry e Julia Spalding, jornalistas, prometem que aquele é "o guia definitivo para evitar a culpa e escapar da responsabilidade por todas as suas infelizes falhas e erros gritantes". Ao mesmo tempo, ele não é de fato um livro de autoajuda: dá-se como um guia para de fato dar boas desculpas (e se livrar de críticas), mas principalmente faz a crítica a seu uso, por meio da ironia e do tratamento satírico (por exemplo, ao qualificar as falhas do leitor de "infelizes").

O notável, entretanto, é o que o livro se propõe a fazer: compilar desculpas padronizadas que sirvam para variáveis tipos de situações. E "desculpa", ali, assume um sentido bastante específico, até mesmo ganhando uma definição formal: "Explicação vazia para por que fazemos (ou não fazemos) aquilo que fazemos" (Harry e Spalding, 2007, p. 10).[3] Ou seja, trata-se reconhecidamente de uma forma de dar conta de uma ação, um *account*, mas chamada por eles de "vazia", não racional, talvez falsa.

O livro apresentará, ao longo de 224 páginas, uma série de falas, tanto de uso corrente quanto produzidas "artificialmente" pela técnica humorística dos autores, todas passíveis de ser classificadas, como já tratei aqui, como desculpas. Trata-se de uma obra curiosa, sem dúvida, para a qual o adjetivo "cínica" não deixaria de ser bem-aplicado: afinal, é um manual de pretextos, de "desculpas esfarrapadas", de falas utilitaristamente usadas para escamotear os "reais" motivos de uma ação que possa ter desagradado a alguém. Desfilarão por aquele pequeno volume escusas para atrasos, para omissões, para a não entrega de trabalhos escolares, para ausências em reuniões (sociais e de trabalho), para uma série de situações típicas nas quais as pessoas possam encontrar a necessidade de oferecer um *account* por algo potencialmente causador de mal-estar. Útil volume, poder-se-ia dizer.

Mas o que é ainda mais impressionante a respeito desse exemplo pitoresco de literatura, deste livrinho tão curioso, é o fato de ele... absolutamente não ser um caso isolado: ao final da investigação que resulta neste capítulo, reuni nada menos que 96 títulos do que chamo de *manuais de desculpa*.[4] São textos que ensinam procedimentos de uma espécie de *estratégia relacional*: como oferecer desculpas eficientes, independentemente de sua veracidade ou mesmo da racionalidade dos argumentos utilizados — afinal, não raro serão mobilizados como reais responsáveis das ações causadora de mal-estar situacional alienígenas e outros seres fantásticos, além de situações simplesmente irrealistas. São obras que cobrem um vasto espectro de formas e graus de mobilização do humorismo, trabalhos como *1001 Excuses: How to Get Out of and Away With Anything*, lançado nos Estados Unidos; *1500 excuses imparables en toutes circonstances*, publicado na França;[5] o curioso *Garfield's Big Book of Excellent Excuses*, dirigido ao público infantil americano e guiado pelo famoso gato preguiçoso dos quadrinhos que gosta de lasanha e odeia segundas-feiras,[6] ou o brasileiro *1001 desculpas esfarrapadas*, do compositor e humorista paulista Guca Domenico, fundador do grupo Língua de Trapo. Essa galeria — composta por uma investigação que procurou edições correntes (isto é, publicadas e à venda) em busca de regularidades nas maneiras de os autores observarem regularidades, a saber, aquelas que eles formalizam como categorias nos manuais — (em três línguas) ofereceu uma produção de desculpas não apenas vasta, mas sobretudo logicamente organizada, fundamentada em um processo que chamo de *manualização*.[7]

Manualização

A *manualização* é o processo segundo o qual determinada ação é descrita como uma forma formal por meio do estabelecimento de uma *metodologia*, que se consolida em um conjunto de regras manifestas (em geral, escritas). Isso significa que se cria em torno dessa ação uma versão ideal, formalizada, determinando que ela seja realizada segundo padrões de conduta mais ou menos rígidos (variando de acordo com o grau de exigência de cada objetivo) e de cada tipo de ação. Um manual é criado para garantir "que algo seja feito sempre da mesma maneira" (Thévenot, 2006-2007). Assim, o que temos diante de nós é uma ação que as pessoas praticam de vez em quando, sem qualquer preocupação com o saber fazer, e que as outras sabem que elas praticam por algum motivo, ganhando sentido nesse motivo, transformada em algo que as pessoas fazem e cujo fazer e a forma de fazer são objetos também de uma avaliação e que neles também ganham sentido. Trata-se, então, de afirmar a positivação moral da difusão dessas regras, de modo que se trata da geração de uma *gramática* (e, portanto, de uma série de regras de conduta) dessa ação. *Manualizar*, assim, é centrar a realização de um ato em um traço que possa ser lido como competência.

Evidentemente, não é qualquer ação que pode ser *manualizada*. É preciso que ela seja dotada de repetibilidade procedural observável na prática e de objetivo definido que lhe confira sentido. Assim, se o mercado editorial é capaz de produzir manuais de desculpa, é porque: 1) as desculpas estão tão arraigadas no cotidiano que são reconhecidas como uma prática formalizável, tão formalizável a ponto de ser regrada e mobilizada por meio de métodos; 2) as desculpas são compreendidas como ações que precisam demonstrar competência de suas formas de operação, alocando-as em regimes que as tornem aceitáveis e, nesse caso, reconhecidas como "convenientes", "competentes", *efetivas*, como mostrarei adiante, em relação às regras estabelecidas pelo método. Eficientes portanto.

Esse processo revela uma dimensão importante da conversão de ações em formas formais — ou seja, do reconhecimento do caráter discreto, categorial, de uma ação, caracterizando elementos repetidos e a possibilidade de ser mobilizada em situações diferentes, sendo reconhecida como o mesmo tipo de ação: suas diferentes formas de referência de sentido e de operação, o que caracteriza diferentes tipos de formalização.

Primeiramente, uma ação formalizada pode ser entendida como *procedimento*, ou seja, como ação praticada estritamente para a realização de um fim discreto e cuja concretização ganha sentido como conjunto de passos, ou movimentos, na direção desse fim (é portanto da chegada ao fim que advém esse sentido); por outro lado, ela pode ser pensada como "ritual" (Durkheim, 1996 [1912]), "rito de interação" (Goffman, 1967; 1971), ou seja, como ação praticada imersa na rotina, sem questionamento e cuja concretização é baseada justamente na repetição de elementos reconhecidos e sempre na direção e/ou por referência a uma forma de centralidade confirmadora da ordem;[8] e, por outro lado ainda, ela pode ser pensada como uma *prática*, uma ação realizada de forma aberta e, quando mobilizada, "submetida a uma avaliação valorativa" (Scott e Lyman, 2008 [1968]) cujo objeto é sua forma, ou seja, sua relação competente com uma gramática.

Nos três casos, a manualização é possível. Por exemplo, o manual de um equipamento e um guia de ações profissionais são manuais de procedimentos. Por sua vez, um missal e um livro de etiqueta são manuais de rituais. Já a grande variedade de ações de forma aberta, como as chamadas por Goffman (1971) de "interações restauradoras" — pedidos de desculpa,[9] demandas e prestações de contas —, se ganhasse livros de regras, não surgiria como práticas contidas na rotina e cuja operacionalização não é refletida pelos próprios praticantes ou pelos outros. Em vez disso, seu caráter operacional, que se propõe a *fazer alguma coisa*, constitui a terceira forma citada anteriormente e, portanto, outra forma de manualização. A primeira manualização se dá estritamente pela repetibilidade procedural que garante ela mesma a continuidade da ação; a segunda se dá pela associação *taken for granted* entre essa repetibilidade e a própria ordem social; e a terceira, pelo reconhecimento de uma competência que lhe garanta a conformação metodológica pela garantia de eficácia. De modo que, nos dois primeiros casos, estamos falando da relação com um tipo específico de regra, a regra *prescritiva*: o procedimento e o ritual dizem o que se deve fazer — o que significa que o leque de movimentos à disposição do ator social é fechado e relativamente pequeno (por exemplo, para se ligar uma TV, aperta-se um botão; na missa, é preciso dizer determinada frase em determinado momento específico; em um jantar, deve-se comer o peixe com determinado tipo de talher, cumprimentar os convidados de tal ou tal forma etc.). No terceiro caso, o tipo de regra é outro, ela é *restritiva*: os dispositivos são livres para a ação e há apenas algumas poucas regras que dizem o que não se pode fazer — o que significa que o leque de movimento à disposição do ator social é aberto e tende ao infinito — por exemplo, para pedir desculpas não há regras formais de ação, assim como em qualquer outra prática não procedural ou ritualizada, como, digamos, a paquera (que aliás é objeto de vários manuais); há, em vez disso, coisas que não se devem (embora se possam) fazer, como, por exemplo, falar da ex-namorada ao se fazer a corte da moça na paquera.[10] Pois enquanto os manuais de procedimentos ou de um ritual são livros de normas, o manual de práticas é um livro de estratégias. Se os primeiros prescrevem ações a serem seguidas à risca, o último *sugere* formas de agir mais eficientes que outras, igualmente cabíveis.[11]

Isso conduz a discussão para o reconhecimento de uma agência dos atores: *eles* decidem seguir estratégias ou não. Por isso mesmo, a manualização aponta ainda para outro traço, mais sutil, e talvez por isso mesmo mais revelador: a instrumentalidade com que as pessoas reconhecem a prática como forma formal. Buscar um manual para dar desculpas eficientes demonstra o interesse em operar esse dispositivo voltando-se estritamente para seu fim último, o arrefecimento do mal-estar situacional, independentemente da veracidade ou mesmo dos elementos da situação. Essa dimensão claramente reflexiva e mesmo "utilitarista" do uso da desculpa pode servir para justificar um olhar crítico/moralista em relação a ela.[12] Mas o que isso revela é que, se as pessoas são capazes de instrumentalizar a desculpa de tal maneira, é porque demonstram competência cognitiva para reconhecer seus mecanismos, suas regularidades.

Apesar, no entanto, desse caráter utilitário evidenciado pela criação de um gênero literário como esse — e portanto de um mercado de manuais disputando entre si —, esse mesmo dado ainda evidencia, no caso das práticas, o caráter propriamente social dessa agência: diferentemente do que ocorre com procedimentos e rituais, cujo sentido se resolve em seu caráter de indiscutibilidade, nas práticas a concretização da ação ratificada pelas regras de forma é subjacente, acessória, de outra ratificação, a dos conteúdos específicos da prática. De modo que cada prática aponta para um tipo de competência específica, especialmente instrumentalizável pelos atores graças a ela. Esse é justamente o caso da desculpa: ela é com efeito um dispositivo, uma ferramenta *que faz alguma coisa que outra ferramenta não faz*. A questão a que me dedico aqui é: que competência é essa operada na desculpa?

Mil e uma verdades, quantidade, qualidade

O livro *1001 desculpas esfarrapadas*, de Guca Domenico, é um manual de desculpas típico, trazendo justamente uma listagem de *accounts*, classificando-os segundo diferentes situações. O volume é, desde o começo, digno de nota, já por seu uso da metalinguagem: na introdução, dando uma desculpa, o autor explica que o livro não traz de fato 1001 delas, como o título promete: "Na verdade, a primeira versão dele foi perdida quando seguia para a editora, sobrando apenas essas poucas que aqui estão" (Domenico, 2003, p. 4). No livro, opera-se ironicamente com a tendência a dar desculpas para tudo de que parecem acusar o ser humano. Aliás, esse é um traço central desses manuais: os painéis de desculpas apresentados nos livros são sempre um misto de várias desculpas reais, de uso corrente, e outras tantas produzidas fantasiosamente.

O que se vê é o método hiperbólico de apresentação típico do humorismo. Por exemplo, para as pessoas que fazem regimes, mas desejam continuar comendo, Domenico recomenda dizer: "Eu sou do tipo perfeccionista: quando corto um pedaço de bolo, gosto de deixar bem reto. Enquanto não consigo acertar, não paro" (p. 44). É claro que *1001 desculpas esfarrapadas* não recomenda de fato que a pessoa se atribua um transtorno obsessivo compulsivo em relação à partilha de um doce e muito menos sugere que alguém acreditaria nisso. Esse exagero, no entanto, mais pinta com tintas fortes um padrão percebido do que cria um padrão de fantasia. Embora a obra invente as desculpas das quais se constitui como método para oferecer, demonstra uma percepção acurada de como as pessoas o fazem.

Esse movimento na direção da hipérbole, no entanto, é coordenado com outros. Salvo nos títulos dedicados a mundos específicos — como *The Greatest Sports Excuses, Alibis, and Explanations* ou *101 (Un) Believable Excuses for Breaking your Diet* —, as desculpas são categorizadas segundo os tipos de situações (e contextos) em que são usadas. O mote dos capítulos, em geral, é: "Desculpas para...", ou seja, trata-se sempre do tipo de mal-estar estabelecido.[13] No primeiro caso que citei, o *The Complete Excuses Handbook*, por exemplo, essa qualificação é construída da seguinte maneira (Harry e Spalding, 2007, pp. 4-5):

> Desculpas gerais; para ausências/faltas; para artistas e celebridades; para falhar com alguém; ser amante; comer porcarias; para paquera e namoro; para o jogo; para ações estúpidas em geral; para não ser tão generoso quanto você podia; para questões domésticas; desculpas icônicas; para crianças, para atrasos; para sair cedo; para questões legais; médicas; para cheirar mal; para comer demais/não praticar exercícios; para pais; para festejar demais; para relações íntimas; para políticos; educacionais; para o s-e-x-o; para compras e revendas; para esportes; tecnológicas; para contar segredos; para o local de trabalho; usadas pelos ricos e pelos sem-vergonha.

Uma galeria semelhante, embora mais compacta, é encontrada em *1001 Excuses* (Zgourides e Pickering, 2002, pp. 3-4): "para o trabalho; para casa; para o mercado; para o telefone; para paqueras e namoros; para editores". Nada muito diferente do que se pode encontrar no sumário (e nos capítulos) do *The Little Book of Big Excuses* (Johnson, 2007, pp. VI-VII): desculpas "para não comparecer; para a vida doméstica; para ocasiões sociais; para crimes e pequenos delitos; desculpas do tipo 'eu adoraria, mas...'; para tudo".

Esse contextualismo é o tom no gênero, em geral segundo uma mesma lógica: a de contextualizar a desculpa conforme diferentes tipos de relação e diferentes espaços sobre os quais essas relações desfilam. Para esses manuais, há um tipo de desculpa a ser dado em casa, um no trabalho e um em situações sociais intermediárias (como festas); em paralelo a essa oposição, um tipo de desculpa para relações públicas (como as com o professor) e outro para as privadas (como entre namorados). Mas, para além de apontar para o próprio processo de construção das regras, associado diretamente com esses contextos, essa organização permite dividir os manuais em duas grandes categorias:

1) Livros centrados na quantidade de desculpas apresentadas: nesse tipo, capas, índices, projetos gráficos e textos chamam a atenção para a dimensão enciclopédica, quase olímpica, do manual, para uma capacidade de acumulação de casos particulares de desculpas, de exemplos. Nos títulos, essa informação é usada recorrentemente como elemento de atração, desde o uso de números absolutos, como em *1001 desculpas*

esfarrapadas em *101 (Un)Believable Excuses for Breaking your Diet*, *100 Excuses for Kids* ou *365 Excuses for Being Late to Work*, até o recurso a adjetivos indicativos de procedimentos de totalização, como o *The Complete Excuses Handbook* ou *The Little Giant Encyclopedia of Outrageous Excuses.*

Dessa maneira, a ênfase desse modelo está na ideia de que uma desculpa específica, uma narrativa, não é tão importante por seu valor intrínseco, de modo que um manual centrado no número delas chama a atenção para a multiplicação de recursos disponíveis. Um manual com mais de mil desculpas chama a atenção não apenas para a infinidade de situações em que esse dispositivo pode ser mobilizado, mas também para a certa indistinção entre elas, o que, no final das contas, chama a atenção para um traço ainda mais central: é que se são tantas desculpas assim, hiperbolicamente, é porque não importa quantas situações diferentes tenham lugar, *sempre haverá um desculpa possível.* E que elas se sucedem com uma precedência da forma sobre o conteúdo.

Essa economia da quantidade acaba por ser a tônica no próprio conteúdo do manual. É que, se um livro promete trazer, digamos, 2 mil desculpas, se espera que ele traga 2 mil desculpas *diferentes.* Mas, como o fim último da maior parte dessa literatura é fazer humor, ela aponta mais para as idiossincrasias fantasiosas de argumentos pitorescos como: "Meu filho foi mordido por um jabuti raivoso e tive que levar o menino ao hospital" (Domenico, 2003, p. 20) (para cabular um compromisso); "Não queria te interromper, mas estou passando mal e vou vomitar nos seus sapatos" (Zgourides e Pickering, p. 55) (para interromper um participante chato de uma reunião de trabalho); "Fui destruído pelos paparazzi" (Harry e Spulding, 2007, p. 26) (para celebridades que praticaram infrações de trânsito). Pois esse movimento de peculiarização de cada desculpa, antes de singularizar, aponta o dedo para a série de mecanimos estéticos operados nela, de modo que, em vez de singularizar, planifica, diluindo as particularidades na multidão, na grande galeria, no fenômeno em si da reunião, no enciclopedismo. O riso que brota desses livros parece motivado pela "próxima piada", ou seja, por esse efeito quantitativo.

Nesse primeiro grupo, identifiquei 39 publicações. Entre elas, o título estampava um número em 27 casos. Todos eles trabalham com números desejosos de simbolismo: oito títulos apresentam o número de 100 ou 101 desculpas (com o segundo valor ocupando a posição simbólica de 100+1, ou seja, passando a ideia de que teve a criatividade de inventar "uma desculpa a mais"): *One Hundred One Excuses for Not Having Sex*, *101 (Un)Believable Excuses for Breaking Your Diet*, *101 Unbelievable Excuses for Not Doing Homework*, *101 Excuses for Not Doing Homework*, *100 Excuses for Kids*, *Mulligans 4 All: 101 Excuses, Alibis and Observations on the Game of Golf*, *101 Shooting Excuses*; *You Can Do It! But Why Bother?: 101 Excuses for Bad Behavior & Stalling Personal Growth*; *Excuses, Excuses! 100 Reasons Why Your Horse Lost the Race!* Quatro outros apresentam 1.000 ou 1.001 desculpas, em um jogo simbólico semelhante ao anterior: *Not Tonight Darling: 1001 Valid Reasons and Excuses*; *1,001 Excuses! How to Get Out Of...and Away With...Almost Anything*; *1001 desculpas esfarrapadas*; *The Dog Ate My Homework: And 1,001 Even Better Excuses to Get Out of School, Avoid the Dentist, and for Every Other Sticky Situation*; . Cinco outras operam com o número 500: *501 Excuses to Go Golfing*; *501 Excuses for a Bad Golf Shot*; *501 Excuses to Play Golf*; *Overeating? 500 Excuses and 500 Solutions*; *501 Excuses to be Late for Work*. Três outras apresentam 365 ou 366 (o mesmo mecanismo do "uma a mais"), usando como referência o número de dias do ano: *I'll Drink to That!: 366 Unusual Excuses for a Celebration*; *365 Excuses for Being Late to Work*; *366 Excuses for a Sherlockian Party*. E os outros textos trabalham com números mais ou menos simbólicos, basicamente com valores curiosos: *The Contractor's Book of Excuses: 198 Reasons Why the Job Will Not Get Done*; *1500 excuses imparables en toutes circonstances*; *104 Excuses for Work Avoidance*; *The Hooky Book: More than 200 Excuses for Rolling in Late, Skipping Out Early and Scamming a Whole Day Off*; *Forty Excuses to Get Together with the Girls*; *His 90 Lame Excuses To Escape Commitment: Know What He Really Means...*

Além dos títulos, chama a atenção a maneira como os números escritos ganham destaque no projeto gráfico da capa, por vezes com os algarismos em uma tipologia maior ou pelo menos mais destacada do que a própria palavra "desculpa". Não raro, aliás, esses sinais são o principal elemento de *design*, sendo acentuados por signos de explosão, brilho e/ou surpresa.

No miolo do livro, cada um desses volumes opera para chamar a atenção para a multiplicação de argumentos usáveis nas desculpas. Vários deles trazem, em fins de capítulos, listas de "desculpas adicionais", em que os autores aproveitam para construir *accounts* ainda mais absurdos, e por isso mesmo mais apropriados para o humor. Em *The Complete Excuses Handbook*, por exemplo, o primeiro capítulo, "Desculpas gerais" (Harry e Splading, 2007, p. 15), traz sugestões como: "Se eu não fizer isso, meu biógrafo não terá muito sobre o que escrever", ou: "Quando você é um espião internacional, não pode questionar sua missão. Você simplesmente a cumpre". Em outro capítulo, "Desculpas para celebridades", o tom satírico se aproveita de ideias como: "Eu sou Madonna. Posso fazer o que quiser" (id., p. 30). Em *1500 excuses imparables en toutes circonstances*, esses argumentos adicionais ganham ainda ilustrações, como no capítulo de "Desculpas sobre o senso cívico", em que uma mulher com jeito de carola pede doações e vê passar um milionário que, diante da pedinte, pergunta: "Diga-me: você aceita cartão?" (Frothingham, Evans e Robine, 1998, p. 39) ou na seção de "Desculpas sobre aparência física", duas mulheres conversam em um banco de praça e uma pergunta à outra: "Você engordou, né?", ao que a outra, nitidamente mais larguinha que a primeira, responde: "Cê tá louca! Seus óculos é que estão distorcendo o que você vê!" (id., p. 73). Já *501 Excuses for a Bad Golf Shot* interrompe a sequência numerada que percorre o livro todo para, em páginas inteiras com ilustrações, apresentar argumentos como o de número 50: "Eu jogo melhor contra golfistas realmente bons" (Exner, 2004, p. 14). Cada um desses destaques ajuda a compor uma economia da diluição da desbanalização de que falei anteriormente: a leitura de desculpas sob sequências numeradas ou em páginas em que aparecem rodeadas de tantos pares faz a variação entre uma desculpa e outra passar um tanto despercebida. No entanto, chama a atenção uma inflexão própria para cada situação: é a presença de Madonna e de seu posto de "rainha do pop" em vez de outro artista, é o fato de o golfe exigir habilidades individuais específicas, diferentemente, por exemplo, da sinuca, o que torna uma desculpa peculiar nesse modelo. Isso sugere outra questão importante: a apresentação e a aceitação de uma desculpa é operada em uma economia de demonstração de peculiaridade situacional ou pessoal, ou seja, não parece ser uma questão lógica, de aceitação reflexiva de argumentos, mas de adesão a um procedimento complexo que envolve uma peculiarização da situação ou dos envolvidos.

2) Livros centrados na *qualidade* das desculpas apresentadas: com um número (por vezes bem) menor de casos, como em *The Little Book of Big Excuses*, ou dos vários textos de desculpas em mundos sociais específicos, como *The Contractor's Book of Excuses: 198 Reasons Why the Job Will Not Get Done*, ou ainda *The Funniest Excuse Book Ever*, centrado mais na performance humorística do texto. A ênfase da publicação desse tipo está no método de construção do discurso a ser dado e para sua qualificação como boa desculpa. Nos 57 títulos que pude alocar nessa categoria, observei um interesse mais forte em colocar sobre a mesa alguns procedimentos gerais para se dar uma desculpa. A começar igualmente pela maneira como esses textos se mostram: a maior parte deles apresenta suas desculpas com adjetivos positivos (ou pelo menos eficientes para demonstrar a qualidade das desculpas apresentadas, mesmo que use alguma ironia e picardia para isso em alguns casos): Doe (1977) usa "livro de ouro"; Roberts (1979), "bom livro" e "boas desculpas"; Carroll (1983), "a melhor desculpa"; Chapouton (1987) e Frothingham e Evans (1995), "criativas", além de "para qualquer ocasião" e "inovadoras"; Gevertz, Oman e Goodwin (1989) afirmam apresentar "as melhores desculpas de golfe do mundo" e "todas as boas razões"; já Parietti (1990), detém "as melhores desculpas esportivas"; Blumenfeld (1991) diz oferecer "desculpas quase críveis"; disputam o título de "o melhor livro de desculpas de todos os tempos" Kushner e Hoffman (1991) e Scruton e Plaisted (1996); há "ótimas desculpas", em

Weaver (1995); adjetivos como "supremas", "novas", "excitantes", "cintilantes", "práticas" vêm de Thompson e Hunzeker (1995); "excelentes" é usado por Moore (1991), Pickering e Pickering (1996), Davis (2000) e Carroll, Lippman e Azar (2001), ainda dizem que as suas são "rápidas" e "funcionais". Croucher (1997) traria "as melhores histórias de trapaças e desculpas [em ambos os casos, escolares] de todo o mundo"; Kushner e Hoffman (1998) trariam "o mais engraçado dos livros de desculpas". As desculpas de De'Ath (2002) seriam "fantásticas" e "da vida real"; as de Davies (2003), "ótimas", "efetivas" e "verossímeis"; enquanto seriam "grandes" as apresentadas por Dewin (2004) e Johnson (2006); e "as melhores" as de Tardy (2006). Green (2004) venderia o "superlivro".

Esse autoelogio dos procedimentos chama a atenção para os seus resultados. Mas, se o ato de dar uma desculpa pode ser pensado justamente como operação a ser realizada situacionalmente a partir do domínio de suas regras (e não como a memória de uma galeria, como no modelo anterior), ele exige um grau de reflexividade e estratégia social bastante desenvolvido. De fato, um certo tom didático domina os textos desse braço, como no caso dos ensinamentos dados por Addie Johnson no *Little Book of Big Excuses* ou por Bill e William F. Howell em *Why???: A Practical Guide of Excuses for the Married Man or About to Be!!!* (2007). Em todos esses casos, uma abordagem claramente teatral — à Goffman — da vida social surge como escopo. Uma fala de Johnson (2006), no entanto, recoloca a discussão em um plano mais complexo: "Fazemos muita coisa sem pensar, mas há momentos em que precisamos pensar para fazer as coisas; por isso todos damos desculpas" (p. 5). Essa declaração reitera a posição da desculpa em uma geometria distinta da dos procedimentos e dos rituais (coisas que fazemos sem pensar). Mas esse "pensar para fazer as coisas" não diz respeito simplesmente a um caráter estratégico no sentido de uma consciência clara, mas sim ao uso de uma capacidade de mobilizar elementos disponíveis de forma estratégica e, portanto, competente — sem que isso precise ser consciente. Assim, quando o mesmo Johnson sugere que a primeira regra para uma boa desculpa é que "o diabo está nos detalhes" (id., p. 8), não deixa de ser tentador manter a metáfora de antes: o diabo, ou seja, o deslocamento de responsabilidade (mobilizado por Adão e Eva na forma da serpente), está nos detalhes. Ainda mais quando a autora demonstra que "detalhes" é um sinônimo para "elementos dramatúrgicos": "Uma vez que você criou uma história verossímil, ela deve ser preenchida com acepipes apetitosos para sustentá-la" (id., ibid.). Não é muito diferente do que recomendam outros autores. A ideia de que é necessário demonstrar criatividade literária para produzir uma boa desculpa e que ao mesmo tempo — e talvez apesar disso — ela tem que soar plausível (mesmo que soe fantasiosa) é recorrente em todos os manuais. Sua relação, então, é com a competência de dramaticidade e não com a competência para se demonstrar verdadeira.

Esse *imperativo de detalhismo*, entretanto, aponta ainda para outra dimensão: quando a mesma Abbie Johnson (id., p. 9) escreve: "Lembre-se de que o exagero é seu amigo", ou quando Luc Boltanski (2006-2007) diz: "O movimento de dar uma desculpa, quando iniciado, prossegue, oferecendo-se uma variedade delas, cada vez mais, como se não fosse parar", estão ambos apontando para uma aparente contradição: a desculpa tenta convencer o outro por meio de uma inflação de argumentos e em geral de caráter hiperbólico, por vezes nitidamente fantasioso. Não parece ser, então, no conteúdo mesmo de *uma* desculpa o seu elemento central — o que explica em grande medida sua associação de senso comum com a mentira, porque, ao fim e ao cabo, uma desculpa *não precisa ser* uma história verdadeira. Em vez disso, esse detalhismo parece indicar que é muito mais determinante uma *narratividade*, ou seja, uma capacidade de construir uma narração que dê início à verdadeira operação empreendida na desculpa. Essa narratividade, então, parece ser muito mais um elemento de *reconhecimento*: o conteúdo de uma desculpa — e sua forma eventualmente inusitada — parece servir como um ativador, como uma forma de conduzir a situação na direção de uma conclusão específica, como se fosse uma fechadura musical a depender de determinadas notas para ser aberta. Pois ser a Madonna, a carola não aceitar doações no cartão ou, como veremos, um personagem comer o trabalho de casa de um estudante, são exemplos dessas notas.

Desculpas esfarrapadas

Na crônica que abre o livro *Manual de desculpas esfarrapadas: Casos de humor*, o cronista mineiro Leo Cunha (2004) comenta sua experiência como educador de adolescentes, apresentando as desculpas inventadas por estudantes para atrasar ou cabular um "para-casa" (Cunha, 2004, p. 24):

> Eu, que dou aula há alguns anos, já ouvi as histórias mais cabeludas, contadas com a cara mais lavada do mundo. E, o que é pior, engoli a maioria. Outro dia resolvi fazer uma enquete com meus colegas professores para montar um manual com as desculpas mais esfarrapadas que já ouvimos. O leitor pode chiar e perguntar se nós, ilustríssimos professores universitários, não tínhamos nada mais útil para fazer, mas sinto muito, aqui vai a lista:
> 1. A culpa é de São Pedro. Essa é das desculpas mais tradicionais: A rua alagou e eu não consegui chegar à biblioteca. Ou eu esqueci a janela aberta e o trabalho ficou encharcado. Que pena, fessor, tava tão lindo!
> 2. A culpa é dos outros. Outra desculpa clássica: Foi o Joãozinho que tinha que ter comprado a cartolina e não comprou, fessor! Foi a Joana que não fez a parte dela a tempo.
> 3. A culpa é do computador. Quem nunca ouviu essa frase, vai ouvir logo: O computador deu pau, a impressora ficou sem tinta, o disquete não abriu, um vírus apagou tudo. Você sabe que o computador é um bicho imprevisível, né, fessor? Temperamental feito ele só!
> 4. A culpa é do excesso de trabalhos. Essa costuma irritar meus companheiros docentes: Não é por nada não, fessor, mas o senhor acha que a gente só tem a sua matéria? Tava assim de trabalho pra fazer, os outros eram mais urgentes.
> 5. Eu não sabia que era pra hoje: Uai, mas ninguém avisou que era pra hoje! Eu tava crente que era só pra semana que vem. Ô, fessor, você é tão legal, dá mais um prazinho pra eu poder terminar, o trabalho já tá bem adiantado, só falta digitar, só falta revisar, só falta grampear, só falta fazer a capa.
> 6. Eu não entendi direito o que era pra fazer. Essa é das mais descaradas e geralmente vem acompanhada de uns dois parágrafos ilegíveis: Tá vendo, fessor, eu até comecei a fazer, mas não entendi o que o senhor tava querendo. Será que dava para explicar de novo?
> 7. Minha avó morreu. Com todas as variantes possíveis. Afinal, avó são só duas, avô também. Pai, mãe e irmão é mais arriscado, porque

> fica fácil pro professor conferir se é verdade ou não. Se preciso, pode-se apelar para um tio distante (mas que morou com a gente muito tempo, fessor...) ou pro gatinho siamês que era quase da família (até dormia na minha cama, precisa ver que gracinha!).
> 8. O supercolírio. Desculpa a ser usada apenas em casos extremos, quando as outras realmente não colam mais: Sabe o que é, fessor? Eu fui ao oculista, pinguei um colírio daqueles brabos e fiquei seis dias com a vista embaçada. Não teve jeito mesmo de fazer o trabalho, eu bem que tentei, mas estava tão cego que acabei escrevendo em cima da receita do médico.
> A lista poderia continuar por muitas linhas, mas essas aí são as mais comuns. E, pra falar a verdade, de vez em quando a gente até se diverte vendo a aflição do aluno, admirando sua coragem, na hora de inventar as desculpas mais caraduras do mundo. Afinal de contas, sabemos que eles ainda estão aprendendo, não têm plena noção de suas responsabilidades, não são casos perdidos.

O caráter *esfarrapado* das desculpas apresentadas pelos alunos de Cunha é encarado por ele andedoticamente, mas nem por isso ele deixa de denunciá-las como as "mais caraduras do mundo" e de caracterizar sua apresentação como ato de coragem. E essa adjetivação não é elogiosa: nas entrelinhas de seu carinho pelos jovens que "não são casos perdidos" está a crítica à maneira como eles recorrem a histórias inusitadas para cabular uma responsabilidade.

Por sua vez, Guca Domenico diz que escreveu *1001 desculpas esfarrapadas: As melhores e mais eficazes maneiras de justificar o injustificável*, outro dos exemplares brasileiros de nossa galeria, por ser "moralista".[14] De fato, ao se observarem os dois volumes que ele publicou, o primeiro em 2003 e o segundo, *1001 desculpas esfarrapadas de políticos*, em 2005, fica claro que a posição assumida pelo narrador é de alguém mais crítico do que promotor de seu objeto. Domenico toma a manualização não como processo potencializador de uma competência, mas como ferramenta de denúncia: sua construção de manual é operadora de uma exposição dos mecanismos do que para ele é uma ação criticável, mais que isso, acusável. Seu "moralismo" confesso é a demarcação de uma tomada de posição inegociável: como para a maioria dos autores dos manuais, para Domenico as pessoas dão desculpas demais.[15] Seus dois manuais de desculpa listam *accounts* circunstancialistas, mas seu objetivo explícito é ironizar esse ato, demonstrando como ele se tornou um dispositivo facilitador de situações nas quais uma parte *tira vantagem* da outra por meio de circunstâncias cinicamente operadas.

De fato, os manuais de desculpa podem mesmo ser objetos de uma segunda categorização (já insinuada na abertura deste capítulo), entre *manuais de autoajuda*, aqueles desenhados conforme uma indicação positivada do uso das desculpas como estratégia relacional, uma compreensão instrumental do uso das desculpas como manobra social, e *antimanuais*, que se posicionam criticamente em relação a essa compreensão e esse uso instrumental. Alguns livros apresentarão posturas duplas, ambíguas, mas de maneira geral eles se dividem claramente entre essas duas atitudes. Domenico corrobora sua posição, dizendo que não escreveu seu livro para "ensinar a fazer fraude" e que não acredita "nessa onda de oba-oba". O estilo humorístico mobilizado por ele no texto, dessa maneira, é uma forma de operacionalizar o humorismo, que define como sua "arma" para "passar uma lição de moral, mas sem ditar regras".

Essa perspectiva moralista é percebida transparentemente em 44 dos manuais investigados e compartilhada por boa parte das análises acadêmicas feitas sobre o tema. Benoit (1995), no âmbito da análise da retórica de discursos políticos, fala de um "exagero retórico" no uso das "estratégias de restauração de imagem". McDowell (2000) fala em "crise ética contemporânea" para tratar do que ele considera uma produção exagerada de desculpas, inicialmente no âmbito profissional, depois generalizadamente (p. VII):

> Havia [no momento em que ele decidiu escrever seu livro] uma propensão quase universal a dar desculpas, independentemente de serem ou não plausíveis, quer funcionem propriamente ou não, sejam elas apresentadas para um trabalho atrasado, para aparecer despreparado para uma aula, oferecer uma resposta satisfatória a uma questão do professor ou se dar mal em uma prova. Relutava-se a assumir responsabilidade por seus erros ou pedir perdão por eles.

Os articulistas americanos Paul Slansky e Arleen Sorkin (2006), autores de *My Bad: 25 Years of Public Apologies and the Appaling Behaviour that Inspired Them* (2006), uma compilação de pedidos públicos de desculpas (*apologies*) que acaba por listar as desculpas (*excuses*) dadas por esses mesmos personagens na esfera pública, afirmam que "a crescente perda de vergonha define nossos discursos". De fato, o jornalista americano Patrick Goldstein, do *Los Angeles Times* (26/12/2006), ao classificar 2006 como "o ano dos pedidos de desculpa" — devido a uma "epidemia" de *apologies* por parte de várias celebridades nos Estados Unidos e no mundo[16] — chama a atenção para o fato de que nenhuma dessas demandas de perdão veio sem a apresentação de desculpas (de *accounts*), todas esfarrapadas, segundo ele. É a mesma sensação percebida em Domenico, que a usa como justificativa para seu livro: "Estamos acostumados a dizer sim quando queremos dizer não. Dizemos que vamos passar [na casa de um amigo], mas não vamos. E inventamos desculpas para explicar por que não vamos. E começam a vir umas que, pelo amor de Deus, não dá! É sempre alguém que morre!"

Diz isso para, logo depois, atribuir uma função para seu objeto: "As desculpas são um amortecedor social." A escolha do termo é sugestiva: relaciona as desculpas à redução de impacto. Ela funcionaria como sistema de molas alocado entre atores que poderiam entrar em conflito se houvesse total sinceridade. Ao mesmo tempo, então, uma crítica à desculpa e o reconhecimento de seu valor como dispositivo: como amortecedor, trata-se de um equipamento que não apenas *realiza um trabalho*, mas que o faz para *reduzir o trabalho de aplicação de uma força*. A crítica, então, não é à desculpa em si, mas a sua mobilização pelas pessoas, uso para ele excessivo. Ou, antes disso, a seu uso operado, como diz o autor, com "desrespeito à inteligência". A crítica ética, dessa maneira, é centrada (ou pelo menos iniciada) por uma crítica estética: não é tanto a mentira que ocupa o lugar de vilã, mas sim a mentira mal contada. E aqui não está em jogo apenas uma inverdade que soe inverossímil, mas o fato de as desculpas serem repetitivas, soarem como "mais do mesmo", serem "esfarrapadas". O oponente, assim, passa a ser o clichê, a banalização de um dispositivo a ser tratado como último recurso por meio de sua reprodução formalista e esteticamente preguiçosa, justamente aquilo para o que aponta ao repetir essa mesma operação inúmeras vezes, permitindo entrever sua fórmula. Assim, ele se posiciona como crítico em duas frentes: uma artística e uma ética. A dimensão estética, então, está a serviço da moral: "Fazendo isso por meio do humor, você desarma o inimigo."

Uma sociologia do absurdo: a dispensa da lógica na argumentação

A operação e a crítica estéticas operadas no díptico *1001 desculpas esfarrapadas* nasce do que seu autor chama de "desculpismo", termo que engloba os movimentos estabelecidos na operacionalização da desculpa esfarrapada como clichê. Se as desculpas são criticadas por serem banais, as dos livros *moralistas* seguem, de forma mais explícita que nos manuais em geral, uma lógica de hipérbole: desculpa a desculpa, um mesmo movimento se vê, o de criação de histórias absurdas, esfarrapadas, que soem claramente exageradas. Não surpreende, então, que Domenico proponha "álibis" como: "Meu filho foi mordido por um jabuti raivoso e tive que levar o menino ao hospital" (2003, p. 20); "Digitei todo o trabalho no computador, mas na hora de imprimir deu pau no disquete e não consegui reescrevê-lo" (id., p. 87); "O quê, seu guarda, 173 por hora? O senhor me desculpe, eu estava ouvindo o hino da polícia rodoviária, que, aliás, é lindo, me empolguei e fui acompanhar o ritmo com o pé direito, acelerei um pouquinho... 173? Puxa!" (id., p. 46). Em seu segundo livro, o mesmo tipo de construção é igualmente recorrente, como na seção "promessas de campanha", que sugere *accounts* para não as cumprir. Por exemplo, ele sugere ao presidente Luiz Inácio Lula da Silva, eleito em 2002 com a promessa de gerar 10 milhões de empregos até o final de seu governo, dizer (2005, p. 18): "Diga que a imprensa não vê o lado positivo das coisas. Meu governo gerou 1 milhão de empregos, mas cada cidadão empregado, orgulhoso de trabalhar pelo progresso da nação, sente-se valendo por dez. Dez vez um é dez..." Ou quando está sugerindo desculpas de governantes para filas em postos de saúde em cada estado brasileiro e apresenta a seguinte para o Rio de Janeiro (id., p. 60): "Isso é típico desse povo ordeiro, o carioca. Diferente do paulista, que adora furar a fila. É por causa de nossa organização que fazemos o maior carnaval do mundo, certo?"

Esse tom hiperbólico chama a atenção para uma desarticulação entre forma e conteúdo, com este último ocupando o lugar de prova a ser avaliada logicamente. Nesse sentido, o autor oferece uma declaração reveladora:

> A hipérbole é um reforço do moralismo: já que a pessoa vai ocupar meu tempo dando uma desculpa, que ela seja inventiva. E assim como quem ouve sabe que a história da avó que morreu é mentira, apenas uma desculpa, se eu digo que o jabuti mordeu o menino, também se sabe de cara. Mas pelo menos esta é nova. O importante do jogo é: eu não vou acreditar. Isso está combinado: quem ouve, não acredita. Mas também não vai dizer que não acredita.

O "*absurdo*", então, surge redefinido por um acordo tácito estabelecido, como componente central dessa prática: independentemente do conteúdo do que se diga, a desculpa manifesta um compromisso de reciprocidade, uma narratividade ligada a manifestar uma prestação de contas. Mas não sem abrir mão do recurso ao desvio em relação à moral do outro (e portanto à não reciprocidade em relação a ela). Esse recurso, entretanto, não vem sem mais um protocolo de compromisso com um objetivo estético, convertendo, em um movimento, conteúdo em forma, que se converte ainda em um novo conteúdo: "A verdade é que qualquer desculpa serve. Ninguém acredita mesmo. Até porque não se trata disso. Ela pode ser uma desculpa verdadeira. Mas, no final das contas, o que importa mesmo é que ela soe como desculpa." De maneira que a definição de desculpa se converte de forma operativa (do escamoteamento) em forma pura de potencialização da interação. "A desculpa é uma coisa que usamos para mostrar que as coisas aconteceram de um jeito muito peculiar. É uma inversão, o uso da circunstância como princípio em vez do princípio como princípio", diz ele.

Pois bem, ainda se baseando em Austin, Scott e Lyman (2008[1968]) propuseram uma tipificação para as desculpas. Segundo eles, *o que é dito* em uma desculpa pode ser classificado assim: a) apelo a acidentes; b) apelo à anulação;[17] c) apelo a determinações biológicas; e d) uso de bode expiatório. Cada um desses tipos aponta para uma modalidade de *conteúdo textual*, é centrado no que a pessoa diz. Entretanto, observando-se a tipologia clássica mais de perto — que encontra eco em várias tipologias propostas pelos próprios manuais —, vê-se que esses tipos discursivos podem ser vistos como dois tipos actanciais mais abstratos: (a) e (d) correspondem a um mesmo fenômeno, A; e (b) e (c) a um outro, B. Quais sejam...

O cachorrinho e a impressora devoram o dever: o modelo do "não era eu"

Passeando-se pelas capas dos manuais de desculpa, repara-se um detalhe bastante curioso: um personagem aparece recorrentemente em várias delas, seja na forma de ilustrações, seja na de citações textuais. Por exemplo, na capa de *Little Giant Enciclopedia of Outrageous Excuses*, lá está ele: um azulado cãozinho doméstico, feições ferozes, posicionado de perfil. Em suas patas frontais, à guisa de mãos, um pedaço de papel amarelo, que ele mastiga vorazmente. Neste, o texto informa: trata-se da "lição de casa" de alguém. De forma semelhante, nosso já conhecido *Complete Excuses Handbook* traz também o rosto de um cãozinho, este menos antropomórfico e mais discretamente posicionado, no canto superior direito da capa, ladeado por um texto que sugere que a promessa de eficiência do volume se dá denunciando um clichê: "Não jogue a culpa no cachorro nunca mais!" Mas ele chegará a ser o protagonista do próprio título em vários outros casos, como, por exemplo, em *The Dog Ate My Homework: And 1,001 Even Better Excuses to Get Out of School, Avoid the Dentist, and for Every Other Sticky Situation*,[18] que aparece escrito em uma folha de caderno, sobre a qual se apoiam as patas de um sorridente *Jack Russell terrier*. Essa recorrência chama a atenção para o caráter metonímico assumido pelo animalzinho, que toma o lugar de qualquer coisa que se possa dizer para não se entregar o trabalho de casa. Trata-se, então, de um argumento genérico, como se estivéssemos seguindo o exemplo de Eva, que joga na serpente a responsabilidade pelo que fez. Aqui, a *desculpa total*, que já foi uma serpente, agora toma a forma de... um inocente e aparentemente inofensivo cãozinho doméstico.[19] A desculpa curinga é: "O cachorro comeu minha lição de casa."

De fato, o cachorro aparece tanto nos títulos — em *The Dog Ate My Homework* e em, por exemplo, *The Dog Ate My Car Keys: And Other Great Excuses Not to Go to Work*; *Creative Excuses for Every Occasion: Old Standards, Innovative Evasions and Blaming the Dog*; *The Dog Ate My Scriptures: Excuses, Agency, and Responsibility* — quanto nas capas — a ilustração de *1500 Excuses*, por exemplo, mostra um canino que urina nos pés de uma senhora, revoltada diante do dono do animal, constrangido; a de *Scooby-Doo's Little Book of Big Excuses* traz, obviamente, a imagem do famoso personagem da Hanna-Barbera, um cão dinamarquês medroso e comilão; e uma igualmente espirituosa foto de um *airedale terrier* comendo uma folha de caderno estampa a capa de *Excuses! Survive and Succeed with David Mortimore Baxter*. Mas é sobretudo nos textos que o animalzinho demonstra manter uma dieta à base de responsabilidade alheia: ele é recorrente em quase todos os trabalhos investigados. É culpado pela não entrega de trabalhos escolares e por atrasos para reuniões, é verdade, mas o cão é o bode expiatório também para problemas conjugais (como para bilhetes comidos que provocam desencontros) e pequenos conflitos entre estranhos.

O que quer dizer essa recorrência? O "apelo ao bode expiratório", de Scott e Lyman, ganha aqui uma nova dimensão, mais abstrata, ou seja, deslocada de bodes, cães ou serpentes. E ela é ainda mais reforçada por uma transformação sofrida pelo animalzinho e sugerida por Leo Cunha (2004), a partir dos argumentos de seus alunos, aquela em que um aluno genérico afirma que "o computador deu pau, a impressora ficou sem tinta, o disquete não abriu, um vírus apagou tudo. Você sabe que o computador é um bicho imprevisível, né, fessor? Temperamental feito ele só!"

Assim, depois de uma vasta tradição de cães que comem trabalhos escolares, parece que vivemos na era em que eles são comidos pela impressora (ou são arrasados por vírus ou não chegam quando são enviados aos professores por e-mail). "Acho que meu computador fez sexo inseguro" (MacFarlane, p. 106), diz a *The Little Giant Encyclopedia of Outrageous Excuses* (que, como acabamos de ver, tem um cãozinho na capa). É uma impressão que poderá ser compartilhada por qualquer professor. E essa eleição tecnológica de uma nova serpente, de um novo cãozinho, é também recorrente nos manuais mais recentes. De fato, a tecnologia surge como um alvo da transferência de responsabilidade em vários dos livros pesquisados: como uma espécie de mistério lotado de defeitos e hermetismo, o computador solidariza inúmeras pessoas (o que não significa que também não seja fonte de conflitos, sobretudo quando está em disputa o grau de acesso a essa ciência oculta que são os detalhes do cotidiano informático, como nos mostrarão casos de discussão entre marido e mulher adiante).

Mas não são apenas cães (embora, por exemplo, cada página de *1500 excuses imparables en toutes circonstances* traga uma dica de como "jogar a culpa no cachorro"), serpentes ou aparelhos eletrônicos. É uma substituição tão recorrente que por vezes é confundida com a própria definição de desculpa — o que, aliás, é indicado na própria eleição do cãozinho como ícone dessa prática. Nas entrevistas com casais, percebi certa tendência a essa interpretação ("Dar uma desculpa? Não, eu não jogo a culpa nos outros pelo que eu faço", diz-me uma namorada, ano e meio de relacionamento com seu companheiro). É uma forma extremamente habitual. Se não, vejamos: "Bom dia, não chegarei para o trabalho hoje. Acordei com uma terrível dor nas costas e mal consigo me mexer. Se conseguir recobrar os movimentos amanhã, eu vou" (Tardy, p. 6) — para não ir ao trabalho; "Meus pais me mandaram a conta pelos custos de minha educação" (Macfarlane, p. 320) — para falta de dinheiro; "Acabamos de ganhar um filhotinho [de cachorro, naturalmente] e ele fica ganindo até morrer se a gente se afasta um centímetro que seja dele" (Frothingham, Evans e Robine, p. 12) — para não ir a uma reunião social; "Minha mãe disse que tinha te mandado!" (Zgourides e Pickering,

p. 111) — para ter cabulado o envio de um documento importante; e aquela que me parece paradigmática: "Não era realmente eu. Eu estava sob efeito de medicação" (Harry e Spalding, p. 61).

Quer seja um animal, quer seja uma máquina, quer seja uma pessoa, ou qualquer outro agente externo (como uma medicação) ao qual se transfira a culpa, aquilo que tenta evitar a saída do homem do Éden poderia ser entendido a princípio como uma forma estratégica de culpar um outro por algo que fizemos: a culpa não é minha *porque* a culpa é de outro. A ação pode ter sido praticada por mim, mas a responsabilidade por ela estaria em outro actante, humano ou não.

Há, entretanto, outra maneira de ler essa operação: é usar como referência o próprio desculpando. A partir dessa posição, conseguimos delimitar um primeiro tipo geral de desculpa: quando se está falando do cachorro ou de qualquer outro ser para o qual se desloque a responsabilidade, que "foi ele", está-se ao mesmo tempo dizendo: "*Não era eu.*"

Pois, em vez de significar apenas um simples lançamento da batata quente para a mão de outro, essa leitura permite enxergar a construção de uma complexa operação lógica, uma revisão de temporalidade que cria um tempo outro, por meio da criação de um ente outro: *aquele que praticou a ação que causou mal-estar situacional não era este que agora está falando. Este aqui é uma pessoa que concorda com a regra moral em questão e que não a descumpriria em condições normais.* Aquele que praticou a ação é um outro.

A torção contida nesse tipo de desculpa é a da construção de dois *estados* distendidos no tempo: um, atual, formado por um quadro de normalidade e de paz, centrado em uma observância regular das regras morais; o outro, de anormalidade, desviado do fluxo normal do tempo, e no qual uma ação em desacordo com uma daquelas regras morais teve lugar. Esses dois tempos são interligados por uma situação de conflito, provocada pela manifestação de mal-estar gerada pelo descumprimento da regra moral. E são ambos corporificados por dois entes que são, na verdade, *estados diferentes* de um mesmo: um deles, o atual, representa aquele respeito à regra moral, demonstrando uma conexão íntima com ela e se apresentando como imagem especular do ser metafísico que nela habita. A palavra-chave dessa conexão é a ideia de *regularidade*: esse tempo atual é centrado em um comportamento constante, inalterado. Se ele *se altera*, é porque *se alterou*, foi diferente no outro momento, passado; o outro ser, então, é aquele que surge no passado — por mais imediato que este seja, afinal, o lapso entre a ação praticada e que causa mal-estar (o passado) e o momento em que se produz a crítica/acusação e, em consequência disso, a desculpa (o presente) pode ser uma fração de segundo — e representa um momento de desvio, no qual a regra é descumprida, apenas por força das circunstâncias. Por isso mesmo, sua chave está na *irregularidade*, não apenas moral, mas, digamos, estatística: esse outro é necessariamente incoerente e distinto de si mesmo em outro estado, o atual. Entretanto, ao mesmo tempo que constrói esse mundo dual, distinguindo passado e futuro e distribuindo papéis distintos para eles, é no presente que se manifesta a situação conflituosa e, ao mesmo tempo, a desculpa. É, assim, em uma situação, em um recorte do espaço e do tempo, que passado e presente se encontram. E por meio desse encontro esse passado é revisitado, revisado e apresentado como compreensível.

A partir dos manuais de desculpa, a ideia de uma ação motivada pela manutenção de um quadro de paz — seja ele em uma relação duradoura, seja em uma interação passageira — é beneficiada pela construção desses dois tempos e desses dois entes: por esse modelo, a desculpa chama a atenção para a perenidade da paz, para o compromisso dos atores com essa condição. Afinal, o ator insiste em *seu* compromisso pessoal com a norma: aquele que praticou a ação criticada/acusada *não é você*. Aquele é *outro*, outra pessoa, na qual você se transformou temporariamente, circunstancialmente. Evidentemente, esse outro por vezes é de fato efetivamente outro, alguém que teve agência decisória sobre a ação. Mas o caso em questão é aquele em que o ator descreve o outro estado de si próprio. Nesse sentido, o cachorrinho (a impressora, o jabuti raivoso) representa não apenas um agente externo, mas uma forma de dar conta de demonstrar que você mudou em um momento, temporariamente. Porque dizer que o cãozinho comeu o dever não sugere — como sublinha Guca Domenico — um argumento racional a ser avaliado, porém mais um ativador a permitir o reconhecimento da desculpa, nesse caso com base na ideia de que um agente externo qualquer fez com que você agisse de outra forma não coerente com quem *você é de fato*. Essa aposta em uma partição temporal surge em argumentos como "Eu estava nervoso(a)", que qualquer marido (ou esposa) usará quando acabar acidentalmente sendo grosseiro com o cônjuge, que ele ama e com quem "nunca" seria grosseiro. Aquele que foi, portanto, só podia ser mesmo outro. Ou como "Eu tinha bebido", que uma mulher usa como circunstância para dar conta de uma situação em que contou para amigas uma particularidade do marido (após oito anos de relacionamento), o que o constrangeu profundamente — e que, veremos adiante, um marido mobiliza para dar conta de uma ação bem mais difícil de justificar que essa.

Esse tipo de desculpa centra sua operação, então, na demonstração de uma circunstância peculiar que tem lugar *no ator*. É ele (ou melhor, é sua desculpa, mesmo que apresentada por um terceiro) quem constitui uma denúncia de sua própria incoerência, de uma capacidade (embora apresentada como incompetência) de ser outra pessoa em determinado momento, uma *perda de controle*. É a defesa ao mesmo tempo de uma constituição identitária forte e em uma fraqueza dessa mesma constituição. O ator consegue, ao dar esse tipo de desculpa, afirmar que consegue ser sempre a mesma pessoa e, em alguns momentos, não conseguir sê-la sempre e, totalmente contra sua vontade, acabar sendo outro.

Mais real que o rei: o modelo do "é assim mesmo"

Em outro movimento, os manuais trazem desculpas como: "Não recebi amor suficiente quando era pequeno" (Harry e Spalding, p. 11); ou "Considerando que eu tenho 75 e provavelmente não viverei mais do que 48 meses mais, por que deveria perder um fim de semana?" (Howell e Howell, 2007, p. 12) — para não ir a um casamento em outra cidade e que tomaria o sábado e o domingo; ou "Eu tenho vermes. Dos compridos" (MacFarlane, p. 32) — para evitar várias situações, afirmando uma fraqueza; ou ainda o paradigmático "Não é assim que fazemos isso" (Zgourides e Pickering, p. 57).

Todos esses argumentos deslocam a responsabilidade não para um outro ator ou *estado* deste, como no modelo do "não era eu", mas para um outro *estado* da *situação*: cria-se não outro ente em outro tempo, como no outro modelo, mas outra lógica em uma espécie de realidade outra. Nessa outra realidade, um regramento alternativo se ergue como normalidade, digamos, estatística, ou seja, como característica típica, e intrínseca, da situação. E essa outra realidade é acessada como circunstância, que se manifesta para dar sustentação à ação questionada. De modo que, se a condição normal é a de observância estrita da regra moral — que na situação em questão foi desrespeitada —, ocorre que *naquelas circunstâncias específicas* (isto é, quando é possível mobilizar essa normalidade alternativa) é igualmente normal que ela não seja respeitada (porque outra será): a ação que causou mal-estar situacional transcorreu de tal forma porque algo "é assim mesmo" (ou "não é assim", o que é apenas uma inversão sintática do mesmo conceito), ainda que não seja para ser assim ou que não seja assim sempre ou, sobretudo, que esse "ser" não deva ser *explicitadamente* "assim".

Os casos de Stiepan Arcáditch Oblónski, o marido adúltero da abertura de *Anna Kariênina*, e de Bruno, o rapaz irresponsável e inconsequente de *A criança*, ambos apresentados anteriormente, são paradigmáticos neste sentido: os dois tentam desculpar suas ações, dando conta delas com uma inevitabilidade baseada em um traço que seria "mais real que o rei", ou seja, cuja normalidade possa ser momentaneamente apresentada como de exercício tão ou até mais típico do que o cumprimento da própria regra. Relembremos, por exemplo, Oblónski: "parecia-lhe, vagamente, que a esposa já adivinhara, desde muito tempo, que ele não era fiel, e fazia vista grossa. Parecia-lhe até que ela, uma mulher esgotada, envelhecida, feia, sem nada de admirável, simples, apenas uma boa mãe de família, deveria, por um sentimento de justiça, mostrar-se indulgente" (Tolstói, 2005 [1873-1877]). Como já vimos, a desculpa dele é que sua traição fazia todo o sentido, que um homem, nessas condições, obviamente trairia a mulher, que *é assim que as coisas são*.

Esse tipo de perspectiva sugere um olhar relativizador para a relação com a regra moral: se ela é consagrada, ao mesmo tempo não poderá operar em sua lógica de maneira totalmente restritiva: determinados traços de outras morais, de graus de consagração inferiores, podem se chocar com ela, estabelecendo tensões nas situações em que elas deparam uma com a outra. Essa consagração temporária, entretanto, só será funcional porque temporária: é como se ela tivesse que ficar ali, em segredo, sendo "normal" sem que ninguém fale nisso, até aparecer como normalidade quando (e apenas quando) se tornar necessária. As pessoas (na Rússia do século XIX) não ficarão falando correntemente que é a coisa mais normal do mundo o marido ter casos extraconjugais. Essa fala será cotidiana apenas onde ela for necessária como informação — nos exemplos mais simplistas de literatura, por exemplo, não em Tolstói, um dos maiores entre os maiores. Mas se Oblónski precisar desculpar seu caso — ainda que para si mesmo —, será justamente a essa normalidade que ele recorrerá.

"Ninguém para nesse sinal", dirá qualquer um (se questionado) ao acelerar o carro em um determinado semáforo no estado vermelho. "Não tem quem não pare aqui", não há quem não diga ao parar ou estacionar em uma vaga não permitida. "Todo mundo faz", todo mundo dirá ao fazer algo que sustenta que todo mundo faz, apesar de normalmente reprovado, como pular a roleta para não pagar passagem, abrir uma lata de refrigerante e beber no supermenrcado antes de pagar (e por vezes sem pagar!) ou baixar um filme ilegalmente na internet ou comprar uma cópia pirata na rua ou ainda fumar em um ambiente proibido. "Você sabe como eu sou", costumam dizer muito pessoas próximas entre si para responder a uma crítica por fazer sempre algo que o outro reprova.

Essa forma de deslocamento, então, aponta para a criação de uma transubstanciação moral: o conteúdo de uma moral precisa se apresentar como prioritário. Essa busca por prioridade sugere um caminho mais longo do que uma fala discreta parece demonstrar: não é uma transferência simples entre dois agentes (de Adão para Eva, de Eva para a serpente; do aluno para o cachorro ou para o computador), é uma transferência de um ator para uma situação, que tem que mudar diante dos olhos do empreendimento moral. Trata-se de relativizar de forma ostensiva a consagração da moral consagrada. Ela pode ser hegemônica "no papel", mas ali, na prática, "na hora do vamos ver", outras regras podem tomar as rédeas da situação.

Quando um idoso diz que não irá a uma festa de família, na qual sua presença seria moralmente obrigatória, e que não fará isso porque é velho e provavelmente não terá "48 semanas de vida a mais", ele está dizendo que determinada normalidade (a ideia de que não se pode desperdiçar o tempo quando não se dispõe de muito dele) é mais *efetiva* do que a regra de conduta que exigia sua presença. Por *mais efetiva* entendo uma ação que produz mais efeitos que outra, ou seja, uma ação que infere mais *sociação* — no sentido de Simmel —, intensifica as interações, seja em processos de sociabilidade, seja nas interações lotadas de formalidade. Se com o velho "é assim mesmo", sua velhice, naquele momento, é mais efetiva que a obrigação de prestigiar seu clã.

Nota de "fitness" situacional: a definição de uma moral flexível

Em *The Little Book of Big Excuses*, a autora, Addie Johnson, atriz e escritora responsável por algumas outras pérolas de, digamos, filosofia moral popular, como *A Little Book of Thank Yous*, faz uma afirmação que recoloca a desculpa em um plano distinto daquele de que estávamos tratando até aqui. Ela diz: "Temos um músculo moral e [como todo músculo] ele tem que passar por sessões de alongamento" (Johnson, 2007, p. 4). Donde ela sugere que a desculpa é um procedimento de "alongamento da verdade". Essa metáfora do alongamento sugere uma categoria operacionalmente muito útil: a desculpa operaria a criação de uma elasticidade, uma margem de manobra, moral, margem de manobra essa a ser usada cotidianamente (como um músculo, que cada vez mais trabalhado e alongado, desempenha melhor suas tarefas e se torna mais forte e disposto). Se a obrigação de dar uma desculpa reitera o compromisso entre as partes (de uma relação duradoura ou mesmo de uma interação passageira, caso em que o compromisso é o da manutenção da paz entre os estranhos), ao comprovar que o ator investe, se dá ao trabalho de prestar contas ao outro, ela serve para comprovar a capacidade de adaptação de um ator às exigências do outro. Ao mesmo tempo, a adaptação que passa pelo esforço de construir uma narração sustentadora da ação também realiza sua ginástica: com a narratividade nas pontas dos dedos, ela estende um pouco mais as possibilidades de constituir a *verdade da situação*. Se a crítica estabelecedora do questionamento se apresentar como acusação, sugerindo a inquestionabilidade do desrespeito a essa verdade, eis ali um aparelho de academia a levar esse limite de estiramento de sua musculatura um pouquinho mais para lá. E da próxima vez, quem sabe, talvez ela siga de outra maneira, sem tanta rigidez. Por outro lado, se não o fizer, poderemos ter em mãos uma verdade ainda mais flexível, ainda mais capaz de ser inclusiva.

Responsabilidade pública e circunstâncias (O Mensalão)[1]

Em 9 de outubro de 2012, o Supremo Tribunal Federal (STF) apresentou o principal resultado daquele que foi considerado por muitos o julgamento mais importante já feito pela Suprema Corte brasileira, o da *Ação Penal 470*, que era finalmente apreciada pela Justiça oito anos após a vinda à tona das primeiras denúncias que a originaram e seis depois do encerramento da Comissão Parlamentar Mista de Inquérito (CPMI) dos Correios, que lhe entregou grande parte de suas bases. A AP dizia respeito ao caso que ficou conhecido, desde 2005, quando veio a público, como "escândalo do Mensalão": segundo denúncias surgidas na imprensa, o Partido dos Trabalhadores (PT) teria pagado, ao longo dos primeiros meses do governo do presidente Luiz Inácio Lula da Silva, uma mesada a parlamentares de sua base aliada em troca de votos em apoio a projetos de interesse do governo. E isso, também segundo as acusações, usando dinheiro público.

Pois naquele dia, após uma jornada de trabalhos iniciada em 2 de agosto do mesmo ano, com as avaliações de acusações de vários crimes de vários réus, finalmente se julgou e se alcançou a maioria para condenar José Dirceu, ex-ministro-chefe da Casa Civil da Presidência da República (de 2003 a 2005), pelo crime de corrupção ativa. Momento histórico, era a primeira condenação criminal por *corrupção* de uma figura de um nível tão alto do poder político no país: para a maioria dos juízes-ministros do Supremo, ficou provado que Dirceu, homem-forte do governo do presidente Lula, figura histórica do Partido dos Trabalhadores (PT) e um dos principais artífices do projeto que levou o partido ao poder nacional nas eleições de 2002, chefiou o esquema. Dirceu seria ainda condenado por formação de quadrilha, sendo a ele atribuída a pena total de 10 anos e 10 meses de prisão.

Julgamento histórico também por conta de seus números: foi o maior já visto no STF, com nada menos que 38 réus, acusados, em diferentes atribuições e configurações, por sete crimes — corrupção ativa, corrupção passiva, formação de quadrilha, lavagem de dinheiro, peculato, evasão de divisas e gestão fraudulenta. A peça de acusação, apresentada pelo procurador-geral da República, Roberto Gurgel, tem mais de 50 mil páginas, resumindo a história que, segundo ele, investido de seu papel acusatorial, foi "o mais atrevido e escandaloso caso de corrupção e de desvio de dinheiro público feito no Brasil". Além disso, segundo a própria peça, o esquema movimentou ao todo, ao longo de dois anos, o total de R$ 141 milhões, oriundos de empréstimos fraudulentos e de movimentações de fachada na relação entre empresas e agentes financeiros governamentais.

O procurador-geral subdividiu os acusados em quatro núcleos:[2] o político, o operacional, o financeiro e, na falta de um quarto conceito que permitisse uma categorização, o bom e velho *outros*. O operacional, responsável pela construção do que seria uma estrutura para permitir o fluxo de recursos entre instituições financeiras, o PT e os partidos da base aliada, seria formado — e, do ponto de vista do esquema, liderado — pelo publicitário mineiro Marcos Valério Fernandes de Souza, sócio principal das agências DNA Propaganda e SMP&B Comunicação, detentoras de contas do governo federal. Entre elas, contas do Banco do Brasil, o que teria permitido que fossem desviados recursos de contratos com o BB para abastecer o eixo de pagamentos irregulares apelidado pela imprensa de "valerioduto", usando empréstimos fraudulentos dos bancos Rural e BMG e operações com corretoras para acobertar a origem dos recursos. Valério, que teria sido o mentor de todo o processo, foi acusado de corrupção ativa, peculato, formação de quadrilha, lavagem de dinheiro e evasão de divisas. E condenado.

Além dele, o mesmo núcleo traria o advogado Rogério Lanza Tolentino, sócio de Valério, também acusado por corrupção ativa, lavagem de dinheiro e formação de quadrilha. E igualmente condenado; por Cristiano de Mello Paz, outro sócio de Valério, com as mesmas acusações dele, e igualmente condenado; por Ramon Hollerbach Cardoso, o outro sócio ainda do grupo, mesmas acusações, mesmo resultado; pela diretora financeira da SMP&B na época do escândalo, Simone Reis Lobo de Vasconcelos, mesmas acusações de seu chefe maior, salvo o peculato, mas igualmente condenada; e pela gerente financeira da SMP&B na mesma época, Geiza Dias dos Santos, que acabou absolvida, com a alegação de sua defesa de que apenas cumpria ordens, desconhecendo os detalhes ilegais dos procedimentos, inclusive sendo caracterizada pelo próprio advogado como "funcionária mequetrefe, de terceiro ou quarto escalão" e como mera "'batedeira' de cheques".

O núcleo financeiro diria respeito ao controle das operações bancárias e de geração de recursos propriamente ditos. Dele fariam parte Kátia Rabello, presidente do Banco Rural na época dos fatos, acusada de lavagem de dinheiro, evasão de divisas, gestão fraudulenta e formação de quadrilha. Teria sido Kátia a negociadora dos empréstimos alimentadores do valerioduto, em troca de vantagens para o banco. Foi condenada por unanimidade pelos ministros. Também Ayanna Tenório Tôrres de Jesus, vice-presidente do Banco Rural de 2004 a 2006, acusada de lavagem de dinheiro, gestão fraudulenta e formação de quadrilha, já que teria sido responsável pela renovação de empréstimos do banco às empresas de Marcos Valério sem nenhuma garantia além de não notificar o Banco Central sobre as operações. No caso dela, condenada pelo relator por gestão fraudulenta, foi absolvida por todos os outros ministros, com a alegação de que se tornou responsável pelo processo que envolveria os empréstimos apenas em 2005, após o encerramento do esquema. Mais José Roberto Salgado, diretor do mesmo banco à época, acusado dos mesmos crimes de Kátia, condenado por unanimidade pelos ministros, por ter, dizem os autos, participado da negociação dos empréstimos e por ter sido responsável por pagamentos ilegais no exterior para o publicitário José Eduardo Cavalcanti de Mendonça, conhecido como Duda Mendonça — também réu de lavagem de dinheiro, evasão de divisas e gestão fraudulenta, responsável pela campanha eleitoral de Lula e que teria recebido por seus serviços R$ 11 milhões não declarados e enviados ao exterior. Mendonça seria absolvido. Fecharia ainda o núcleo Vinícius Samarane, diretor de controles internos do banco, acusado do mesmo pacote de crimes de Kátia e Salgado, e que seria também condenado, embora não por unanimidade.

Além desses dois núcleos e do político, foram então apontados por Gurgel em sua peça acusatorial também os nomes de Anderson Adauto Pereira, ministro dos Transportes de 2003 a 2004, por corrupção ativa e lavagem de dinheiro, e que teria sido o responsável por levar a proposta do esquema a uma de suas legendas centrais, o Partido Trabalhista Brasileiro (PTB), além de ter recebido ele próprio parte do dinheiro. Adauto seria absolvido, apesar de apontado como culpado de lavagem de dinheiro pelo relator Joaquim Barbosa. Além dele, seu chefe de gabinete no Ministério, José Luiz Alves, seria acusado de lavagem de dinheiro, como suposto recebedor de R$ 600 mil para o ministro, mas, como ele, seria absolvido. E Antônio de Pádua de Souza Lamas, assessor da liderança do antigo Partido Liberal (PL) na Câmara, acusado de lavagem de dinheiro e formação de quadrilha, pois teria feito um saque em nome do irmão, Jacinto de Souza Lamas, assessor do deputado federal Valdemar Costa Neto (PL-SP) — de quem falaremos adiante —, e que fora tesoureiro do partido, também acusado por formação de quadrilha e lavagem de dinheiro, além de corrupção passiva, apontado como responsável pelo saque de R$ 1 milhão para o partido. Antônio seria inocentado e Jacinto, condenado.

Somam-se a esses os empresários Enivaldo Quadrado e Breno Fischberg, sócios da corretora Bônus Banval, que teria sido usada para fazer o repasse de R$ 11 milhões do esquema para o Partido Progressista (PP): ambos condenados por lavagem de dinheiro (mas Quadrado, sócio-proprietário, foi condenado também por formação de quadrilha); Anita

Leocádia Pereira da Costa, chefe de gabinete do deputado Paulo Rocha (PT-SP), para quem teria sacado R$ 620 mil: acusada por lavagem ou ocultação de dinheiro, foi inocentada; Emerson Eloy Palmieri, diretor de Administração e Finanças da Embratur de 2003 a 2005, era ao mesmo tempo uma espécie de tesoureiro informal do PTB, posição negada por sua defesa. Teria sido um dos negociadores do elo financeiro entre o partido e o PT, e recebido R$ 4 milhões para seu partido: condenado por lavagem de dinheiro e corrupção passiva; João Cláudio de Carvalho Genu, assessor do deputado José Mohamed Janene, do Partido Progressista (PP), e que teria sacado R$ 1 milhão para seus superiores: condenado por corrupção passiva, lavagem de dinheiro e formação de quadrilha. Janene teria sido o captador de R$ 3 milhões para seu partido junto ao valerioduto, mas como morreu em 2010 não chegou ao julgamento como acusado. E, por fim, para este bloco, o diretor de marketing do Banco do Brasil, Henrique Pizzolato, teria autorizado um adiantamento irregular de R$ 73 milhões de um fundo, o Visanet, do qual o BB era detentor de 32%, para a DNA, de Marcos Valério, além de ter recebido ele próprio altos valores do valerioduto, motivos pelos quais foi acusado e condenado quase unanimemente por corrupção passiva, peculato e lavagem de dinheiro; e a publicitária Zilmar Fernandes Silveira, sócia de Duda Mendonça, que teria sacado o R$ 1,4 milhão pago pelo valerioduto ao sócio e remetido para o exterior ilegalmente, acusações de lavagem de dinheiro e evasão de divisas das quais seria inocentada.

Independentemente, entretanto, da subdivisão de Gurgel, poderíamos incluir um segundo núcleo político, o parlamentar, constituído por aqueles acusados de beneficiários e/ou articuladores do esquema no Congresso. Nele figuraria o grande nome do escândalo, o deputado federal Roberto Jefferson Monteiro Francisco, presidente do PTB à época da explosão do caso e grande responsável por ela, como veremos. Teria sido um dos principais negociadores do acordo que legaria, segundo as acusações, R$ 20 milhões do PT para o PTB e teria recebido ele próprio R$ 4,5 milhões, sendo condenado por corrupção passiva e lavagem de dinheiro.

Além dele, outra figura central do caso foi o deputado federal João Paulo Cunha, do PT, na época do escândalo presidente da Câmara. Ele teria recebido R$ 50 mil do valerioduto, em troca do favorecimento à SMP&B na contratação de serviços para a casa parlamentar que dirigia. Acusado de corrupção passiva, lavagem de dinheiro e peculato, terminaria o julgamento condenado.

Outro personagem de grande destaque: Carlos Alberto Rodrigues Pinto, o Bispo Rodrigues, deputado federal do antigo PL. Supostamente beneficiado com R$ 150 mil do Mensalão, ele renunciaria ao mandato para não ser cassado em 2005. Seria condenado por lavagem de dinheiro e corrupção passiva. E outro é o também deputado do PL Valdemar Costa Neto, condenado pelos mesmos dois crimes, mais formação de quadrilha. Importante liderança de seu partido, ele teria sido um dos principais negociadores com o PT e teria ele próprio recebido R$ 8,8 milhões do esquema.

José Rodrigues Borba: deputado federal (PMDB-PR), que teria recebido R$ 200 mil, acusado de corrupção passiva e lavagem de dinheiro, condenado; Pedro da Silva Corrêa de Oliveira Andrade Neto e Pedro Henry Neto, respectivamente, na época, presidente e líder do PP na Câmara, teriam participado das negociações que legariam R$ 3 milhões ao partido oriundos do esquema, ambos acusados de corrupção passiva, lavagem de dinheiro e formação de quadrilha, ambos condenados. Romeu Ferreira Queiroz, deputado do PTB, condenado por corrupção passiva e lavagem de dinheiro, por ter supostamente recebido R$ 102 mil da Usiminas, repassados pela empresa de Marcos Valério.

E, além desses, os integrantes do próprio PT: os deputados João Magno de Moura, de Minas Gerais, que teria recebido R$ 360 mil do valerioduto, acusado de lavagem de dinheiro; Luiz Carlos da Silva, o Professor Luizinho, de São Paulo, líder do governo na Câmara, com a mesma acusação, supostamente tendo recebido R$ 20 mil; e o outro líder do PT na casa, Paulo Roberto Galvão da Rocha, a quem teriam sido destinados R$ 820 mil, com a mesma acusação.

Dois réus alistados no processo não chegariam a fazer parte do julgamento. O primeiro foi secretário-geral do PT à época do escândalo,

Sílvio José Pereira, o Silvinho do PT, que fez em 2008 um acordo com a Procuradoria-Geral da República para cumprir 750 horas de serviços comunitários em troca de não ser processado; o outro foi o empresário Carlos Alberto Quaglia, acusado de lavagem de dinheiro e corrupção passiva, e que teria cedido sua corretora, a Natimar, para que por meio dela fossem repassados recursos ao Partido Progressista (PP). A defensoria pública, que o representava, conseguiu provar que ele foi vítima de cerceamento de defesa — já que seu advogado nunca foi intimado ao longo do processo do Mensalão —, de modo que ele deixou de ser réu na AP 470, retornando à instância mais baixa, a Justiça Federal de Santa Catarina.

Mas o interesse público no julgamento se depositava mesmo sobre a cúpula do governo Lula envolvida no escândalo. Vejamos, então: Luiz Gushiken, ministro-chefe da Secretaria de Comunicação da Presidência da República de 2003 a 2006, acusado de peculato, por ter supostamente sido o responsável pela autorização para a operação de transferência de recursos do fundo Visanet para a DNA Propaganda, de Marcos Valério, seria absolvido por todos os ministros, por falta de provas. Antes mesmo dos votos, aliás, o próprio procurador-geral já havia sugerido a absolvição.

E, no mesmo dia da condenação de José Dirceu de Oliveira e Silva, eram condenados pelos mesmos crimes os dois outros integrantes do chamado "núcleo político": Delúbio Soares de Castro, tesoureiro do PT na época das denúncias, havia sido responsável pelas finanças do partido na campanha presidencial de Lula, acusado de formação de quadrilha e corrupção ativa; e José Genoino Neto, presidente do partido também à época da explosão do escândalo, pelas mesmas acusações, sendo apontado pela Justiça como, na condição de dirigente principal, ter sido negociador entre os partidos e os bancos que alimentaram o esquema. Votaram pela condenação de Dirceu por corrupção ativa, além do relator, Joaquim Barbosa, que seria eleito presidente da corte ao longo do julgamento, os ministros Rosa Weber, Luiz Fux, Cármen Lúcia, Celso de Mello e Ayres Britto, presidente do STF ao longo da maior parte do julgamento. Contra, votaram apenas o revisor, Ricardo Lewandowski, e o ministro Dias Toffoli.[3] Pela condenação por formação de quadrilha votaram o relator, mais Luiz Fux, Gilmar Mendes, Marco Aurélio, Celso de Mello e Ayres Brito. Além da pena de prisão, o líder partidário teria que pagar uma multa de R$ 676 mil. Para a decisão sobre Delúbio Soares foi unânime a condenação para corrupção ativa e votaram pela condenação por formação de quadrilha os mesmos que optaram pela condenação de Dirceu. De modo que o tesoureiro do PT foi condenado a 8 anos e 11 meses de prisão (com multa de R$ 325 mil). E, para o caso de Genoino, apenas Lewandowski votou pela absolvição por corrupção ativa, e ele mais Rosa Weber, Dias Toffoli e Cármen Lúcia absolveram o réu por formação de quadrilha. A Genoino, assim, foi atribuída uma pena de 6 anos e 11 meses (com pagamento de multa R$ 468 mil).

Mas, de todos esses longos votos, o da ministra Cármen Lúcia em relação a Genoino, justamente o voto que formou a maioria, chama a atenção por uma declaração: "Não estamos julgando a história dele, mas sim fatos de que ele participou. (...) Histórias são feitas, às vezes, com desvios que seriam impraticáveis em outras circunstâncias."

Digno de nota: por um lado, como veremos adiante, uma afirmação de que a Justiça (e, por que não, a justiça) está voltada para os universais e, portanto, não está interessada em biografias, "histórias" de vida. Por outro, a justificativa de que aquilo que determina o desenrolar particular de uma vida — e, portanto, daquela longa cadeia de fatos de que alguém participa — são, no final das contas, as circunstâncias, ou seja, aquilo que acontece de uma forma particular em uma situação particular. Pois neste capítulo trataremos justamente de como esses dois lados, aparentemente incongruentes, podem encontrar um lugar para dialogar. E como isso pode ocorrer justamente em um lugar tão voltado para o universal, como o mundo da política.

* * *

Em uma espirituosa tirinha de jornal divulgada em setembro de 2005, o cartunista paranaense Benett constrói uma imagem que resume a cena política brasileira naquele momento. Inspirado no mural *A última ceia* (concluído entre 1495 e 1497), de Leonardo Da Vinci, uma das coleções de imaginárias mais célebres e emblemáticas já concebidas, o artista distribui, atrás de uma mesa, que ocupa a largura de todo o quadro, emulando exatamente as poses e posições da pintura original, 12 figuras, especularmente posicionadas como os apóstolos, seis de cada lado de uma outra, central, no posto de Jesus. E como o intuito do desenho é o humor, a representação religiosa não poderia estar mais deslocada: em torno do presidente Luiz Inácio Lula da Silva — que ocupa o tal lugar do Cristo —, outros políticos formam um séquito de acusados, formalmente, aliás, em vários casos. De corrupção. Acima de cada um, uma linha conduz a uma pequena legenda flutuante, indicando uma diferente acusação: "recebeu dinheiro do valerioduto"; "envolvido no esquema do dossiê Serra"; "caiu por envolvimento com o mensalão", "pego com 30 dinheiros na cueca"; "demitido por causa do mensalão"; "envolvido no esquema de caixa dois" (aplicada a dois "discípulos"); "comprava deputados"; "comprava dossiês"; "especialista em mensalão"; "recebia grana do valerioduto"; "tinha esquema de caixa dois". Cada um, então, traz uma história particular de participação em um escândalo de malversação em seus cargos públicos.

Sobre Lula, entretanto, não. Lula, segundo sua legenda, "não sabia de nada". Ele pode ficar ao centro, absorto, lendo um gibi do Pato Donald. Ele tem uma (boa?) desculpa.

Lula foi eleito com 52,7 milhões de votos em 2002, em sua terceira tentativa ao cargo. Convertido do aguerrido sindicalista barbudo que perdera para Fernando Collor de Melo (em 1989) e para Fernando Henrique Cardoso por duas vezes (em 1994 e 1998) no Lulinha Paz e Amor desenvolvido pelo marqueteiro Duda Mendonça, ostentando um tom mais conciliador e reformista (e menos "revolucionário"), ele teve boa parte de seu discurso de campanha centrado em uma plataforma de transformação social e de "ética na política". Seu slogan de campanha era "Bote fé e vote Lula", e seu jingle chamava a atenção para o poder decisório do eleitor: "É só você querer/Que o amanhã assim será." As duas expressões invertiam a lógica que sempre se voltara contra ele, a de que ele era menos qualificado que seus oponentes, o que o tornava simplesmente um candidato impraticável, inclusive porque ele seria, devido a sua baixa instrução, facilmente manipulável, ingênuo, inábil para lidar com os "tubarões" da politicagem. Daquela vez, entretanto, Lula obteve 61,3% dos votos do segundo turno contra o candidato do PSDB, José Serra, e disse, em seu discurso de posse: "A esperança venceu o medo." Essa imagem de "cavaleiro da esperança" seria o trunfo de Lula. Foi como ele obteve maioria no Congresso — garantindo a "governabilidade" — e uma popularidade elevada ao longo de quase todo o governo e chegou ao final de seu segundo mandato com índices de aprovação de 83,7%.

Pois bem, em junho de 2005 — ano, então, do aniversário de 25 anos do PT — foi exibida pela TV uma entrevista do presidente. O governante era então atacado por todos os lados por um questionamento: sabia ele ou não do tal mensalão? A conversa, gravada em Paris, em uma viagem oficial, e apresentada em horário nobre em um domingo de julho do mesmo ano, no programa *Fantástico*, da TV Globo, foi rechaçada por várias parcelas da imprensa. Era a primeira manifestação de Lula a respeito do escândalo de corrupção e havia sido dada a uma repórter desconhecida, que pouco o pressionou e que parecia mais a serviço da fala do presidente do que da apuração dos fatos (Monteiro, 22/7/2005).

E eis que, a certa altura da entrevista, Lula lança mão daquele argumento que se tornaria a versão "oficial" de todos os acusados para explicar as movimentações financeiras indicativas da existência do esquema de corrupção, inclusive em suas defesas diante do STF: o *caixa dois*, ou seja, os recursos de campanha não declarados à Justiça Eleitoral (Rodrigues, 29/7/2012)[4]. Assim, a desculpa idealizada para toda uma série de movimentações financeiras suspeitas foi a necessidade de gestão de uma situação econômica incontornável[5].

Naquele momento, então, o político praticamente naturaliza a tese do caixa dois, simplesmente desconversando sobre as acusações de compra de votos e uso de dinheiro público. Mais que isso, ele sustenta com tal força essa tese que se propõe a oferecer uma explicação para o "recurso":

> O que o PT fez, do ponto de vista eleitoral, é o que é feito no Brasil sistematicamente. Eu acho que as pessoas não pensaram direito no que estavam fazendo, porque o PT tem na ética uma das suas marcas mais extraordinárias. E não é por causa do erro de um dirigente ou de outro que você pode dizer que o PT está envolvido em corrupção.

Chama a atenção: o presidente da República, ator público ocupante do cargo mais importante de uma democracia, vai a público responder a um questionamento sobre o possível envolvimento de seu partido — e dele! — em um caso de corrupção, de um crime, delito considerado especialmente imoral em uma ordem como a brasileira que, de redemocratização recente, ainda consolida sua vida política; ainda mais se considerando aquele papel simbólico ocupado por Lula e pelo Partido dos Trabalhadores como ilhas de ética militante em um oceano de clientelismo e fisiologismo que teria dominado a política brasileira nas duas décadas entre a fundação do PT e sua chegada ao comando do país. Mas em vez de procurar rebater as acusações com falas que recoloquem as ações praticadas em um plano que reafirme os princípios da democracia dos quais é representante, ou seja, em vez de apresentar uma *justificação* (ou mesmo uma *negação*), ele oferece... uma *desculpa*.

Se não, vejamos: de imediato, chama a atenção um presidente fazer a afirmação que fez a respeito da ação de seu partido: o que o PT fez é o que é feito no Brasil sistematicamente. Ora, trata-se de um exemplar paradigmático do modelo do "é assim mesmo". Nele, sugere-se que o PT não teve responsabilidade total por seus atos, uma vez que a situação seria aquela na qual qualquer partido brasileiro faria (aliás, faz) a mesma coisa, apesar de ela ser ilegal. E isso não significaria dizer que todo partido brasileiro é corrupto, mas sim que se todo partido brasileiro o faz é porque há situações em que se torna inevitável, inelutável, fazê-lo. Essa necessidade, então, seria mais efetiva que a competência do PT de agir dentro dos preceitos da correção em relação à regra moral (e, no caso, da lei) em questão.

Por outro lado, o argumento complementar de Lula opera segundo a lógica do "não era eu" (no caso, "ele", o partido): "Eu acho que as pessoas não pensaram direito no que estavam fazendo, porque o PT tem na ética uma das suas marcas mais extraordinárias": o PT, em seu estado normal, sendo ele mesmo, não faria o que é feito sistematicamente no Brasil, mas na circunstância em que "as pessoas não pensaram direito", o fez, deixou de ser quem é, e foi outro. Apenas momentaneamente, claro. E não o faria por quê? Ora, "o PT tem na ética uma das suas marcas mais extraordinárias". Além disso, em outro momento da conversa, ele voltaria a caracterizar a identidade, a caracterização fixa, do partido, em oposição àquela caracterização circunstancial que o levou a errar, descrevendo-o por sua façanha histórica e por seu caráter especial: "Em 20 anos, nós chegamos à presidência da República. Coisa que, em outras partes do mundo, partidos demoraram 100 anos para chegar." Isso, para dar sustentação à separação temporal entre os dois entes demarcados no "não era eu": "Eu acho que o PT está sendo vítima de seu crescimento."

Em seguida, vem de Lula a sistematização da recusa de um rótulo que poderia anular o caráter circunstancial apontado por ele na falha: "E não é por causa do erro de um dirigente ou de outro que você pode dizer que o PT está envolvido em corrupção", ou seja, a reputação conquistada pelo PT ao longo de anos deveria ser mais efetiva que a fixação da imagem que se quer impor a ele com a acusação de corrupção. A articulação se coordena com a da frase anterior: não foi o PT quem agiu, mas "um ou outro dirigente". Trata-se, então, do bom e velho "argumento das maçãs podres", que Zimbardo (2007, p. 10) descreve assim:

> Comportamentos aberrantes, ilegais ou imorais da parte de indivíduos que trabalham como servidores (...) são geralmente atribuídos às más ações de algumas "poucas maçãs podres". Isto implica que eles são uma rara exceção e devem ser separados pela impermeável linha entre o bem e o mal, com a maioria das maçãs boas do outro lado.

"Porém", o mesmo autor pergunta, "quem faz esta distinção? Normalmente isso é realizado pelos guardiões do sistema, que querem isolar o problema a fim de despistar a atenção e afastar de quem estava no topo da hierarquia a responsabilidade (...). O modelo das maçãs podres ignora a fruteira e seu impacto situacional potencialmente corruptor" (id, ibid). A história do caixa dois e sua efetivação por meio das desculpas do "a política brasileira é assim mesmo" e do "não era o PT" encontrariam eco ainda em informações sobre nosso contexto político. Por exemplo, segundo Attuch (2006, p. 28), a campanha da primeira eleição de Lula, oficialmente, declarados à Justiça Eleitoral, "arrecadou R$ 33 milhões", enquanto o principal candidato oponente, José Serra, do PSDB, declarou arrecadação "de R$ 45 milhões". "No entanto, os recursos que o PT conseguiu arrecadar por fora, no caixa dois da campanha, alcançaram cifras muito mais expressivas. 'Foram R$ 200 milhões em recursos não contabilizados', garante o informante'" (id, p. 29). Mesmo valor (na verdade, um pouco maior) teria sido arrecadado pelo PSDB "por fora". "O que era dado para a campanha do Lula era dado para a campanha do [*candidato oponente, José*] Serra", conta o outro informante do jornalista, que completa: "Os financiadores eram os mesmos e (...) diziam tudo o que estavam fazendo com cada um dos candidatos." E números como esses seriam apresentados seguidas vezes por vários dos envolvidos para dar conta de um cenário no qual a circulação de recursos não contabilizados seria, apesar de ilegal, algo perfeitamente aceitável no *mundo da política* — dotado de exigências complexas que apenas quem o enfrentou de fato poderia compreender[6].

Ao mesmo tempo, a fala de Lula impressiona também pela insinuação de uma dualidade. De um lado, temos a demonstração de um personagem "isento", cuja idoneidade estaria garantida, inclusive no que diz respeito aos reflexos de qualquer problema do governo sobre sua imagem pessoal. Uma pesquisa realizada pelo instituto CNT/Census e publicada em julho daquele ano mostrava que 45,7% dos entrevistados achavam que "o presidente Lula não tinha conhecimento do esquema do pagamento de mesada a deputados da base aliada" (Silveira, 12/07/2005). Além disso, 47,8% das pessoas ouvidas achavam que Lula agiu "adequadamente em relação às denúncias"[7]. Entretanto, sem dúvida o dado que mais fortemente comprova a efetividade da reputação do presidente foi sua reeleição, em 2006, em segundo turno, com 58.295.042 votos, 60,83%, depois de registrar 48,61% na primeira rodada de votação. Por outro lado, o dado substantivo diante de Lula era a acusação feita a seu partido, acusação essa que se configurava como um *escândalo*.

O escândalo cívico e a pessoalidade

A noção de escândalo é central do ponto de vista de uma sociologia *da* moral, ainda mais em um horizonte pragmatista. Boltanski e Thévenot (1991, p. 311) atribuem a essa categoria um lugar central e o constroem como um momento de tensão forte entre "mundo cívico" e "mundo doméstico": "Um caso é escandaloso quando revela a público os vínculos que unem as pessoas, quando 'abre as cortinas', para a 'praça pública', da 'roupa suja' das famílias." Segundo eles, isso corresponde a falar de uma contaminação da primeira lógica moral pela outra: "No mundo cívico, a referência às relações domésticas é muito habitualmente crítica, o que não é nada surpreendente, uma vez que o vínculo cívico é definido precisamente como um franqueamento das relações das dependências pessoais" (id, p. 309). Relembremos: a lógica do mundo cívico é aquela na qual "não são as pessoas humanas que acedem aos estados de grandeza superiores, mas as pessoas coletivas que elas compõem com sua reunião" (id, p. 231). Nele, "seres humanos individuais podem ser vistos como relevantes e dotados de grandeza apenas na medida em que pertençam a um grupo ou sejam representativos [*ou representantes*] de uma pessoa coletiva. Nesse mundo, as pessoas importantes são, portanto, federações, comunidades públicas, representantes ou delegados. Suas qualidades devem ser oficiais ou estatutárias. Os objetos relevantes podem ser tanto imateriais, como, por exemplo, regras, códigos, procedimentos, quanto materiais, como estatutos ou urnas de votação" (id, p. 372). De modo que, em resumo, estamos diante de um par metafísica moral/dispositivos pragmáticos cujo modo de avaliação das grandezas é centrado no interesse coletivo; a informação relevante segue um modelo formal, oficial; a forma elementar de relação é a solidariedade[8]; e a qualificação humana é centrada na igualdade. No mundo doméstico, por sua vez, o modo de avaliação é centrado na reputação e na estima; a informação relevante adota o formato oral, exemplar e anedótico (ou seja, em nada generalizador ou generalizador por regras de experiência e não por regras formais); a forma elementar de relação é a confiança; e a qualificação humana é baseada na autoridade.

Essa separação, tipicamente moderna, "entre a *cité* doméstica e o Estado (...) é o que confere um caráter escandaloso ao desvelamento de vínculos particulares entre as pessoas que apenas o bem público deveria reunir e um caráter problemático, impróprio, indecente, à utilização de dispositivos cívicos para tratar dos conflitos domésticos" (Boltanski e Thévenot, 1991, p. 313). Ora, então o que não se esperaria (pelo menos em tese) de uma integrante da classe política — como um presidente da República, como Lula — é que este trate as relações palacianas como relações de família. E, mais radicalmente que isso, que qualquer homem público — ou seja, um indivíduo no lugar de exemplar ou de representante de um ator coletivo — se utilize da máquina pública para com ela dar conta de *interesses pessoais*. Como chamamos a atenção eu e Michel Misse (2012), os "conflitos de interesse" são o lugar da partição entre esses dois mundos: eles representam uma situação de flagrante incongruência contida em uma situação "guiada por interesses materiais e não por princípios", ou seja, por um mundo e não por outro. E, desses conflitos, um caso de corrupção pode ser interpretado como aquele em que o lugar cívico de um ator é convertido em janela doméstica por meio do *favorecimento*, ou seja, do uso desse lugar como forma de direcionar o bem produzível em uma situação para atores em suas condições particularizadas, *pessoais*.

O que torna o chamado escândalo do mensalão ainda mais curioso, pelo menos na ponta do suposto corruptor: o PT estaria "comprando deputados", ou seja, pagando parlamentares para votarem a favor do governo (para, digamos, concordar com ele). Isso significa que estaria se utilizando de seu lugar cívico de gestor do Poder Executivo, a fim de favorecer... sua visão cívica. Não, a acusação não é a de que o Partido dos Trabalhadores estivesse enriquecendo, engordando seus cofres, mas sim que ele estivesse usufruindo do Estado como se este fosse "sua casa", a fim de se manter no poder. E essa apoderação, dizia-se na época e o julgamento no STF tornaria *verdade jurídica*, passava ainda pelo uso de dinheiro público para sustentar esse "suborno" — por exemplo, o Supremo condenaria o ex-diretor de marketing do Banco do Brasil, Henrique Pizzolato, por corrupção passiva, peculato e lavagem de dinheiro, configurando como verdade aceita uma ligação entre os recursos mobilizados pelo mensalão e recursos do banco estatal.

O que está em jogo aqui, entretanto, não são tanto os fatos quanto suas versões e, mais do que isso, quanto as prestações de contas para eles. Esta não é uma pesquisa sobre corrupção ou sobre política. É uma pesquisa sobre como as circunstâncias podem atravessar as situações formalmente fundamentadas em uma gramática cívica. Para dar conta disso, este capítulo resume a leitura de dois tipos de documentações produzidas por e sobre o processo de investigação parlamentar sobre o caso: 1) as notas taquigráficas e o relatório final da CPMI dos Correios; e 2) material jornalístico sobre o caso. Em especial, ele se detém em uma fase que podemos chamar de *acusatorial*, aquela em que o caso se centrou na apresentação de suas situações e personagens-chave. Em todas as investigações foram procuradas ocorrências de admoestações morais e prestações de contas oferecidas em resposta a elas[9].

E, como vimos, o quadro em que essas admoestações se efetivam é aquele colocado a partir de uma perspectiva cívica: a acusação de corrupção é uma demonstração de mal-estar situacional publica e formalmente manifestada em uma relação definida por bases muito claras: é um mundo criado para potencializar os entes coletivos, em especial *um* ente coletivo, a sociedade — por meio da corporificação de seus interesses em outro ente coletivo, o Estado —, e, nele, a pessoa é sempre um personagem investido de delegação dessa coletividade. E, como é coletividade, a noção de justiça é universalizada na medida em que as regras sejam formalizadas e difundidas.

Essa centralização no mundo cívico estabelece, então, uma partição entre a figura de *agente público*, aquele cujas ações são pensadas como delegadas, e outra figura, a daquele ator como *pessoa*[10]. O primeiro, personificado nas críticas/acusações, é o habitante do mundo cívico, e é, em todas as situações do escândalo, alguém *de quem se espera* uma determinada linha de ação. O outro é o habitante de outros mundos, acessados em geral em associação — em "compromisso" (Boltanski e Thévenot, 1991, pp. 337-407) — com o mundo doméstico. É este último mundo, como vimos, que abre as portas para a acusação de corrupção, já que qualquer outro mundo mobilizado (por exemplo o mercantil, regido pela racionalidade econômica) o será nesse caso em proveito das relações pessoais.

Essa expectativa em torno do agente público tende, então, a anular — ou pelo menos congelar — algo que podemos chamar de *pessoalidade*, faculdade que conduziria à demonstração de uma competência do ator apontadora de sua peculiaridade, seu afastamento da generalidade, apartando-o de qualquer caráter delegado e lhe dando permissão para receber um tratamento especial, um tratamento "pessoal". Totalmente investido de uma coletividade que justifica a ocupação do papel público, esse actante teria essa sua dimensão pessoal invisibilizada. Pelo menos idealmente.

Mas os políticos, no final das contas, são gente. E essa humanização nos é constantemente lembrada pelo noticiário político dos jornais, ao apresentar cotidianamente as características pessoais e os defeitos desses atores. Afinal, errar é humano.

Políticos, rotulação e sujeição criminal "que não cola"

A tirinha de Benett de que falamos no começo do capítulo não dá conta apenas do cenário político do país em 2005. Ela também ajuda a sintetizar uma impressão geral a respeito dos políticos brasileiros digna de nota aqui: a de que se trata de um grupo no qual não se pode confiar, um grupo movido por interesses pessoais e disposto a colocá-los à frente dos interesses da coletividade. É uma impressão traduzida em números. Segundo o Índice de Credibilidade da Justiça Brasil (ICJBrasil), da Fundação Getulio Vargas, para o primeiro trimestre de 2012, as duas instituições de menor grau de confiabilidade no país são o Congresso Nacional (22%, em 11º) e os partidos políticos (5%, 12º), com o governo federal figurando na sétima posição (40%). E durante o longo processo de maturação da Ação Penal 470, números semelhantes corroboraram a mesma impressão. Por exemplo, pesquisa realizada em julho de 2008 pelo Instituto Vox Populi por encomenda da Associação dos Magistrados Brasileiros (AMB)[11] mostrou que 35% dos entrevistados "concordam totalmente" e 47% pelo menos "concordam" com a afirmativa de que "a maioria dos políticos brasileiros não cumpre as promessas que faz em campanha". Isso representa um grau de desconfiança de 82% (Gallucci, 12/8/2008). Pesquisa anterior realizada pela mesma AMB, em parceria com o Instituto de Pesquisas Sociais, Políticas e Econômicas (Ipespe)[12], mostrou que 72% da população brasileira não confiava nos partidos políticos; 68% desconfiavam da Câmara dos Deputados, 68% da Câmara dos Vereadores, 61% do Senado, 42% mostravam desconfiança no governo federal. Da mesma forma, pesquisa de 2006 (Ibope, abril/maio de 2006) mostrava uma série histórica de 1989 a 2005, na qual a confiança nos políticos chegava a um máximo de 31,5%, caindo ao mínimo, 8%, na última leitura, em agosto do último ano da série. E, ao mesmo tempo que *surveys* demonstram um baixo índice de confiança, uma gama de trabalhos de caráter jornalístico (Conti, 1999; Camarotti e De La Peña, 2005; Vaz, 2005; Cavalcanti, 2005; Attuch, 2006; Figueiredo, 2006; Patarra, 2006; Rodrigues, 2006; Barbeiro e Cantele, 2008) e nas ciências sociais (Teixeira, 1998; Bezerra, 1999; Kuschnir, 2000; Teixeira e Chaves, 2004; Palmeira e Barreira, 2006; Filgueiras e Avritzer, 2011) têm chamado a atenção para a imagem negativa da classe política brasileira.

Ou seja, pesa sobre os políticos brasileiros um *rótulo*, uma representação segundo a qual eles são entendidos como "desonestos". Esse termo engloba não apenas a ideia de corrupção definida claramente pela legislação (nas categorias jurídicas "corrupção ativa", "corrupção passiva", "peculato", "suborno", "propina" etc.), mas toda uma série de formas de corrompimento do papel de figura pública, ou seja, da operação em uma lógica cívica. A título de exemplo dessa percepção, o relatório de 2011 do Índice de Percepção de Corrupção (IPC), da Anistia Internacional, coloca o Brasil em 73º no ranking de 182 países, em ordem crescente de intensidade com a qual os habitantes veem seus agentes públicos como corruptos. O Brasil marca, em uma pontuação de 0 (muito corrupto) a 10 (nada corrupto), 3,8. Evidentemente, instituições como a polícia e a Justiça pesam sobre esses índices, mas certamente os políticos desempenham um papel central nessa percepção de corrupção nacional. Os políticos brasileiros são lidos como uma classe que ganha muito dinheiro e trabalha pouco, que emprega parentes, que atua mais em seu próprio favor do que aos interesses públicos, que "rouba" e nem sempre "faz", que não produz soluções eficientes para os problemas do povo etc.

Por outro lado, no entanto, apesar de todas essas impressões, de todas essas opiniões, a efetividade desse rótulo é consideravelmente baixa no Brasil. Pelo contrário, o processo de rotulação da classe política parece afetá-la de maneira apenas discreta e indireta. Se um rótulo constitui uma forma de estabelecer um nexo indicial entre um ator e/ou um grupo e um comportamento em relação a ele, a imagem negativa dos políticos brasileiros não atua de maneira consistente para anular sua agência. Tampouco a "sujeição criminal" chega a afetá-los, ou seja, se uma "expectativa de um certo tipo de experiência social esperada dos agentes acusáveis, de sua subjetividade e posição social" (Misse, 1999, p. 42) pode atuar sobre eles, o resultado segundo o qual eles, ao "vestirem a carapuça", assumiriam a posição que lhes é atribuída não se concretiza. Por exemplo, toda a lógica das alegações finais apresentadas pelo procurador-geral da República, Roberto Gurgel, ao STF é a de que o "esquema de corrupção" construído no caso era operado por uma "quadrilha" (o que seria aceito pela maioria do Supremo, já que o crime de formação de quadrilha condenaria todo o núcleo político e a grande maioria do financeiro). Diferentemente de tudo isso, considerado ao mesmo tempo "dentro da lei" e "corrupto" — na pesquisa Vox Populi que citei acima, 41% dos brasileiros não concordavam que "de modo geral, atualmente, os políticos eleitos são punidos quando cometem atos ilegais" e 36% discordavam que "de modo geral, as eleições no Brasil são feitas de maneira limpa, sem fraudes, e têm resultados confiáveis" —, o político brasileiro mantém sua participação na democracia nacional sem grandes perturbações, constituindo uma classe claramente profissionalizada (Rodrigues, 2006)[13].

O único evento a produzir descontinuidade nesse quadro é o "escândalo", o episódio em que se revela que o político específico agiu de maneira radicalmente imoral — e, em geral, ilegal — em uma situação específica e em que se demonstra a inaceitabilidade disso[14].

Cronologia da fase acusatorial (até o final da CPMI)

14 de maio de 2005: A revista *Veja* publica a reportagem "O homem-chave do PTB" (Júnior, 18/05/2005), na qual transcreve trechos de uma fita de 114 minutos, mostrando o chefe do departamento de contratação e administração de materiais dos Correios, Maurício Marinho, recebendo propina.

15 de maio: O PTB cobra apoio a Roberto Jefferson. Quer solidariedade do governo, comparável à dedicada ao "ministro José Dirceu (PT-SP), em fevereiro de 2004. Na época, uma outra fita de vídeo captou imagens e a conversa do assessor e braço direito de Dirceu, Waldomiro Diniz. Ele pedia propina a [o *bicheiro*] Carlinhos Cachoeira (...). Em troca, oferecia facilidades em negócios com o governo do Rio de Janeiro." (Patarra, 2006).

17 de maio: Oposição inicia movimento para instalação de uma Comissão Parlamentar de Inquérito para investigar denúncias de corrupção nos Correios.

19 de maio: Começa a ser noticiado o que os jornais chamariam de "operação abafa", a estratégia do governo para tentar barrar a CPI.

21 de maio: Reportagem "Mesada de R$ 400 mil para o PTB", da revista *Veja*, afirma que Lídio Duarte, o presidente do IRB (Instituto de Resseguros do Brasil), uma estatal federal, vinha sendo pressionado a entregar R$ 400 mil por mês ao PTB, por exigência do deputado carioca Roberto Jefferson, então presidente do PTB.

25 de maio: É criada no Congresso a Comissão Parlamentar Mista de Inquérito (CPMI) dos Correios.

3 de junho: Jornais noticiam que a "operação abafa" garantiria emendas orçamentárias para deputados fiéis que votassem contra a CPI.

6 de junho: Roberto Jefferson dá entrevista à *Folha de S.Paulo*, afirmando existir o Mensalão.

7 de junho: Governo muda de posição e toma as rédeas da criação de uma outra CPI, a do Mensalão.

8 de junho: Delúbio Soares concede entrevista coletiva.

9 de junho: Instala-se a CPI dos Correios. O deputado Sandro Mabel (PL-GO) nega ter proposto à deputada Raquel Teixeira (PSDB-GO) para que deixasse o partido de oposição e ingressasse na base aliada do governo, em troca de uma mesada de R$ 30 mil e um bônus de R$ 1 milhão, no final do ano. Dois parlamentares apontam Mabel como o autor do assédio à deputada.

12 de junho: Nova entrevista do deputado Roberto Jefferson (PTB-RJ) à *Folha de S. Paulo*: surge o empresário Marcos Valério Fernandes de Souza, a origem do dinheiro do mensalão.

14 de junho: Roberto Jefferson depõe no Conselho de Ética da Câmara dos Deputados.

16 de junho: O ministro da Casa Civil, José Dirceu (PT-SP), se demite, abalado pelas acusações de Jefferson de ser um dos mentores do mensalão.

25 de junho: A revista *Veja* publica entrevista com Marcos Valério. (Rodrigues, 29/06/2005.)

4 de julho: Cai Silvio Pereira, o secretário-geral do PT. Silvinho, como é conhecido, disfarça o afastamento do partido com um pedido de licença. Na verdade, foi obrigado a se desligar do PT, acusado de organizar a distribuição de cargos no governo Lula.

5 de julho: Cai Delúbio Soares, o tesoureiro do PT. O afastamento é disfarçado como pedido de licença.

6 de julho: Marcos Valério depõe na CPI dos Correios.

8 de julho: É preso, no aeroporto de Congonhas, em São Paulo, o assessor parlamentar José Adalberto Vieira, funcionário do deputado estadual José Nobre Guimarães (CE), irmão do presidente nacional do PT, José Genoino, com R$ 200 mil na mala e US$ 100 mil na cueca.

9 de julho: Caem José Genoino, o presidente nacional do PT, e Marcelo Sereno, o secretário de Comunicação do partido. Sereno é próximo a José Dirceu. Genoino, homem de Lula, manteve o PT sempre muito próximo do Palácio do Planalto.

12 de julho: Caem os ministros Luiz Gushiken e Romero Jucá (PMDB-RR), este, acusado de desviar dinheiro de um abatedouro de frangos. Gushiken, integrante do chamado "núcleo duro" de Lula, assegura um cargo na assessoria do presidente.

20 de julho: Instala-se a Comissão Parlamentar de Inquérito "para apurar as denúncias de pagamento de recursos a membros do Congresso com finalidade de aprovar matérias do interesse do Executivo", a chamada CPI do Mensalão.

1º de agosto: Simone Vasconcelos, diretora financeira de uma das empresas de Marcos Valério, depõe na Polícia Federal: fornece uma lista com 31 nomes, elaborada por Valério, os sacadores e beneficiários do Mensalão, todos autorizados pelo PT a fazer retiradas. Total que saiu das contas bancárias das empresas de Valério: R$ 55,8 milhões.

2 de agosto: José Dirceu (PT-SP) e Roberto Jefferson (PTB-RJ) se encontram em sessão do Conselho de Ética da Câmara dos Deputados e trocam acusações.

6 de agosto: O PT decide suspender Delúbio Soares por tempo indeterminado — solicitação do próprio ex-tesoureiro do partido.

11 de agosto: Zilmar Fernandes Silveira e Duda Mendonça, espontaneamente, depõem na CPMI dos Correios. Duda apareceu sem ser convocado. Marqueteiro de Lula, confessa que recebeu R$ 11,9 milhões em caixa dois de Marcos Valério. É dinheiro que pagou os serviços prestados na campanha de 2002, que elegeu Lula.

13 de agosto: A revista *Época* publica entrevista com Valdemar da Costa Neto (SP), o presidente do PL. Foi o primeiro deputado a renunciar por envolvimento no escândalo do mensalão. Aliado do Palácio do Planalto, Valdemar foi um dos artífices da aliança PT-PL em 2002 e um dos responsáveis pela escolha de José Alencar (PL-MG) para vice-presidente de Lula.

17 de agosto: Preso Rogério Buratti, o advogado e ex-secretário de Antonio Palocci (PT-SP) na Prefeitura de Ribeirão Preto (SP), denunciado pelo Ministério Público por lavagem de dinheiro e formação de quadrilha.

18 de agosto: Delúbio Soares presta depoimento à CPI do Mensalão.

19 de agosto: Em troca do benefício da delação premiada, Rogério Buratti presta depoimento na Delegacia Seccional da Polícia Civil de Ribeirão Preto (SP), na frente de seis promotores do Ministério Público que investigam fraudes em licitações e lavagem de dinheiro, implicando Palocci.

23 de agosto: O ex-deputado Valdemar Costa Neto (SP), presidente do PL, depõe na CPI no Mensalão. Recebeu R$ 6,5 milhões em recursos do caixa dois do PT, entre janeiro de 2003 e setembro de 2004. Pagou despesas com material de campanha do presidente Lula, ainda do segundo turno das eleições de 2002.

25 de agosto: Rogério Buratti depõe na CPI dos Bingos e afirma: o ministro Antonio Palocci (PT-SP) recebeu propina de R$ 50 mil mensais, durante dois anos, no período em que exerceu seu segundo mandato como prefeito de Ribeirão Preto (SP). O suborno teria sido pago pela Leão Leão, contratada para diversos serviços pela Prefeitura.

29 de agosto: Pedido no Congresso Nacional recomenda a cassação do deputado Roberto Jefferson (PTB-RJ): Jefferson teria se comportado de forma incompatível com a ética e o decoro parlamentar, ofendido parlamentares de forma leviana, recebido dinheiro de caixa dois na campanha de 2004, feito tráfico de influência em estatais e por não ter provado o Mensalão, "nos moldes descritos".

1º de setembro: Em sessão conjunta, as CPIs dos Correios e do Mensalão aprovam, por unanimidade, relatório denunciando 18 deputados federais por "um amplo conjunto de crimes políticos". O documento solicita a abertura de processos de cassação de mandatos contra todos os citados, por improbidade administrativa, corrupção ativa e passiva, prevaricação, infração à legislação eleitoral e sonegação fiscal. O relatório vai para o Conselho de Ética da Câmara.

2 de setembro: A revista *Veja* (Oltramari, 07/07/2005) denuncia um esquema segundo o qual o presidente da Câmara dos Deputados, Severino Cavalcanti (PP-PE), cobrou propina de R$ 10 mil mensais, de março a novembro de 2003, do empresário Sebastião Augusto Buani, concessionário do restaurante Fiorella, instalado no 10° andar do prédio da Câmara.

12 de setembro: O deputado Carlos "Bispo" Rodrigues (PL-RJ) renuncia ao mandato para evitar um processo de cassação e a eventual inelegibilidade. É acusado de ter recebido R$ 400 mil do valerioduto. Ele nega e diz ter sacado "apenas" R$ 250 mil para quitar dívidas referentes ao segundo turno da campanha que elegeu Lula em 2002.

13 de setembro: O Conselho de Ética da Câmara formaliza pedido de abertura de processo contra o deputado Severino Cavalcanti (PP-PE).

14 de setembro: A Câmara dos Deputados cassa Roberto Jefferson (PTB-RJ). A interrupção do mandato do deputado autor da denuncia do Mensalão é endossada por 313 parlamentares. Outros 156 votam contra. Há ainda 13 abstenções, cinco votos em branco e dois nulos. O petebista fica inelegível até 2015.

21 de setembro: O presidente da Câmara, Severino Cavalcanti, renuncia ao mandato, também evitando a cassação e a inelegibilidade até 2015.

25 de setembro: A *Folha de S. Paulo* publica entrevista com José Dirceu (PT-SP).

2 de outubro: A *Folha de S. Paulo* publica entrevista com o ex-secretário-geral do PT, Silvio Pereira, afastado do cargo depois de ganhar um jipe Land Rover da empresa GDK, uma contratada da Petrobras.

5 de outubro: A comissão de sindicância da Corregedoria da Câmara dos Deputados recomenda ao Conselho de Ética da Casa a abertura de processo de cassação contra 13 deputados acusados de envolvimento no Escândalo do Mensalão: João Paulo Cunha (PT-SP), Professor Luizinho (PT-SP), José Mentor (PT-SP), Paulo Rocha (PT-PA), João Magno (PT-MG), Josias Gomes (PT-BA), José Janene (PP-PR), Pedro Corrêa (PP-PE), Vadão Gomes (PP-SP), Pedro Henry (PP-MT), Wanderval Santos (PL-SP), José Borba (PMDB-PR) e Roberto Brant (PFL-MG).

11 de outubro: A Mesa da Câmara dos Deputados aprova a abertura de processos de cassação contra 13 deputados acusados de envolvimento no escândalo do Mensalão.

13 de outubro: Em entrevista a *O Estado de S. Paulo*, Ricardo Berzoini (PT-SP), o novo presidente do PT, afirma que "o caixa dois é do nosso folclore político".

19 de outubro: A *Folha de S. Paulo* reproduz o conteúdo da carta endereçada por Delúbio Soares ao PT, na qual o ex-tesoureiro faz a sua defesa dentro do partido.

22 de outubro: A direção do PT se reúne em São Paulo e expulsa Delúbio Soares do partido. Alega "gestão temerária". Em nota, os dirigentes petistas afirmam ter sido contida a ofensiva das forças conservadoras contra o governo Lula e o PT.

1º de novembro: O Conselho de Ética da Câmara aprova por unanimidade o arquivamento da acusação contra o líder do PL, deputado Sandro Mabel (GO). Não haveria provas do envolvimento de Mabel no Escândalo do Mensalão.

16 de novembro: Termina a CPI do Mensalão. "O relator da comissão, deputado Abi-Ackel (PP-MG), ex-ministro da Justiça do governo militar do presidente João Baptista Figueiredo e integrante da base aliada do governo Lula, nem sequer havia começado a elaborar o relatório final, 48 horas antes do prazo de encerramento. Pior. Ao ser questionado por jornalistas, mostrou-se surpreso, como se não soubesse da data-limite. 'Vai acabar? Agora que estamos em várias frentes de investigação?', ousou perguntar. 'O relatório está dentro de mim. É só eu ditar para alguém', afirmou, impassível." (Patarra, 2006.) A partir dali, a CPMI dos Correios assumiria o lugar de instância investigadora preferencial do caso.

30 de novembro: O mandato do deputado José Dirceu (PT-SP) é cassado, com ele sendo acusado de ser o mentor do esquema do Mensalão. Com a decisão do plenário da Câmara dos Deputados, por 293 votos a favor e 192 contra, o ex-ministro da Casa Civil, homem-forte do PT e do governo Lula, fica inelegível até 2015.

14 de dezembro: A Câmara dos Deputados absolve o primeiro mensaleiro, cuja cassação fora recomendada pelo Conselho de Ética. Trata-se do deputado Romeu Queiroz (PTB-MG), acusado de mandar um assessor sacar R$ 350 mil do esquema de Marcos Valério e de ter recebido outros R$ 102 mil não contabilizados da empresa siderúrgica Usiminas, por intermédio da SMP&B, uma das agências de publicidade de Valério.

21 de dezembro: A CPMI dos Correios divulga relatório preliminar. Documento pede os indiciamentos de, entre outros, Delúbio Soares e Marcos Valério. A dupla é apontada como operadora de um esquema "acima de leis, Estado e Justiça". Ambos são acusados por se "dedicarem a subtrair dos cofres públicos recursos que foram destinados a integrantes da base aliada" e cometer diversos crimes, entre os quais falsidade ideológica, lavagem de dinheiro, fraude em licitação, crime eleitoral e improbidade administrativa. Delúbio e Valério são citados por tráfico de influência, crime contra o sistema financeiro, crime contra a ordem tributária, fraude contábil e processual.

Segue-se uma série de absolvições: em 9 de março de 2006, Roberto Brant (PFL-MG) e Professor Luizinho (PT-SP); 15 de março: Pedro Henry (PP-SP); 22 de março: Wanderval Santos (PL-SP); 23 de março: João Magno (PT-MG); 5 de abril: João Paulo Cunha (PT-SP); 3 de maio: Josias Gomes (PT-BA); 24 de maio: Vadão Gomes (PP-SP); 6 de dezembro: José Janene (PP-PR).

5 de abril: Relatório final da CPMI dos Correios.

Com a palavra...

Em 6 de junho de 2005, a *Folha de S. Paulo* estampava em sua primeira página a chamada: "PT dava mesada de R$ 30 mil a parlamentares, diz Jefferson". A manchete apontava para uma entrevista do então deputado federal e presidente do Partido Trabalhista Brasileiro (PTB), Roberto Jefferson. No texto (Lo Prete, 06/06/2005), o político acusava o partido do presidente Luiz Inácio Lula da Silva de pagar o que chamava de "mensalão", uma mesada, a parlamentares da base aliada para que eles votassem a favor do governo no Congresso. Segundo o deputado, o termo já era comum nos bastidores da política entre os parlamentares para designar essa prática, ilegal. Começava ali o que ficou conhecido como escândalo do mensalão. A história, entretanto, começara anteriormente, ainda em 2004. Em 18 de setembro, a revista semanal *Veja* trazia, na capa de sua edição 1.872, a chamada: "O escândalo da compra do PTB pelo PT". Isso sobre o subtítulo de: "Saiu por 10 milhões de reais". Segundo a reportagem da revista, a aliança entre os dois partidos tinha sido fundada no pagamento de R$ 150 mil a cada deputado federal do PTB.

Em 24 de setembro do mesmo ano, o *Jornal do Brasil* trazia a manchete: "Planalto paga mesada a deputados". A matéria (LYRA, Marques [e] Pardellas, 24/09/2004) dizia que "o governo montou no Congresso um esquema de distribuição de verbas e cargos para premiar partidos da bancada governista fiéis ao Planalto", avaliava seu montante em R$ 10 milhões e já chamava a prática de "mensalão". A fonte para a informação seria o então ministro das Comunicações, Miro Teixeira, que teria confirmado ao jornal ter ouvido de parlamentares relatos sobre o suposto esquema de corrupção. Entretanto, pouco tempo depois, o mesmo ministro negaria ter sido a fonte da denúncia, e a história teve a repercussão abafada. Meses depois (Rodrigues, 07/06/2005), já quando o caso havia explodido, o mesmo ministro foi questionado nas páginas da *Folha de S. Paulo* sobre o ocultamento das denúncias na época, mas deu explicações que foram imediatamente aceitas e tratadas como justificação:

> MIRO: (...) Eu disse [*A Roberto Jefferson, quando este teria lhe falado da existência do Mensalão*]: "Vamos agora ao presidente da República." E ele se recusou.
> FOLHA: O sr. não poderia ter falado ao presidente?
> MIRO: Claro que não, porque a minha prova seria ele.
> FOLHA: Sim, mas era um caso grave e o sr. era ministro. Não deveria relatar reservadamente a seu superior, o presidente?
> MIRO: Eu seria irresponsável.
> FOLHA: Por quê?
> MIRO: Porque eu não teria como provar.

A história, entretanto, só se efetivaria de fato no ano seguinte à matéria do *JB*. O antecedente mais imediato é a reportagem publicada na revista *Veja* em 14 de maio de 2005, "O homem-chave do PTB" (Junior, Cabral [e] Oltramari, 14/05/2005), que denuncia um suposto esquema de corrupção na Empresa Brasileira de Correios e Telégrafos. Segundo a reportagem, feita a partir de gravações com câmera escondida, o diretor do Departamento de Contratação e Administração de Material dos Correios, Maurício Marinho, havia sido flagrado explicando o esquema de recebimento de propina para fraudar concorrências para prestação de serviços para a ECT. Segundo a matéria, o esquema teria como um dos cabeças o deputado Roberto Jefferson, então da base aliada do governo.

As imagens filmadas (exibidas pela TV e com repercussão bombástica em todo pais) mostravam o burocrata recebendo de empresários a quantia de R$ 3 mil como "adiantamento" de um pagamento maior posterior. Tem início, então, uma guerra entre governo e oposição: o primeiro tentando evitar que se criasse no Congresso uma Comissão Parlamentar de Inquérito, os oposicionistas lutando pela criação da CPI. Ao longo do mês de maio, o Governo vai vencendo a queda de braço com seus oponentes, até que em 3 de junho a *Folha de S. Paulo* publica a chamada de primeira página: "Operação abafa custa R$ 400 mi". A reportagem (Kennedy Alencar, 03/06/2005) sugeria que o Planalto estava liberando dinheiro na forma de emendas orçamentárias em favor de parlamentares que votassem contra a instalação da CPI. A repercussão fez com que a instalação se tornasse inevitável e mesmo parlamentares governistas se posicionaram a seu favor. Com o movimento, o governo cessou sua defesa de Jefferson e atuou para lhe atribuir toda a responsabilidade sobre o caso.

Abandonado, Jefferson, então, dá a entrevista que abriu de vez as portas do caso. Segundo o deputado, o Mensalão era operado por Delúbio Soares, tesoureiro do PT, por meio do empresário mineiro Marcos Valério de Souza, cujas agências publicitárias tinham contratos vultosos com órgãos públicos. A entrevista à *Folha* (Lo Prete, 06/06/2005, p. A4), entretanto, não se passa sem uma arguição ao próprio Jefferson:

> FOLHA: Na Tribuna da Câmara, o sr. disse ter sido procurado por pessoas que lhe pediam para resolver pendências nos Correios, que teria se recusado a traficar influência e que interesses contrariados estariam na origem da denúncia da revista *Veja*. Por que o sr. não denunciou essas pessoas?
> ROBERTO JEFFERSON: Não se faz isso. Se você for denunciar todo lobista que se aproxima de você, vai viver denunciando lobista.

Chama a atenção a resposta de Jefferson. Diante do personagem que incorpora o lugar de empreendedor moral, levando a ele um questionamento sobre a omissão que praticara, ele nem pensa em se justificar, nem pensa em desarticular a referência à regra moral. Prefere dizer: "Não se faz isso", ou seja, *é assim mesmo*. Mais à frente, outra desculpa:

> FOLHA: O senhor considera correta, legítima essa forma de partilha dos governos? [*referindo-se ao loteamento de cargos entre os partidos que acabava por produzir a corrupção*]
> ROBERTO JEFFERSON: Quem ganha, governa. Você entrega aos administradores dos partidos que compõem o governo a administração do governo. O PT tem participação muito maior que a dos outros partidos da base. Tem 20% da base parlamentar e 80% dos cargos. (...) Tudo isso foi construído lá atrás, pelo Silvio Pereira, o negociador do governo.

Mais uma vez, um *account* digno de nota: "Quem ganha, governa." A explicação para o quadro de loteamento de cargos parece ser a de que as coisas são como são, simplesmente. No argumento anterior, esse mesmo modelo geral parece guiar Jefferson: não se faz isso porque, afinal, as coisas são assim. Em outro ponto da entrevista (p. A6), ele nega ter participado de qualquer esquema de corrupção e afirma ter contado ao presidente Lula que a prática ocorria. O presidente, segundo o deputado, chorou ao saber da prática, ordenou investigações e que o Mensalão fosse cancelado. E teria sido a insatisfação com o fim da prática o pivô da crise entre PT e PTB.

Questionado sobre os motivos de vir a público finalmente fazer as denúncias, ele usa um *account* emocional, decepção com o tratamento recebido do partido do presidente:

> O PT não tem coração, só tem cabeça. Ele nos usa como uma amante e tem vergonha de aparecer conosco à luz do dia. Nós somos para o PT gente de segunda, eu sempre me senti assim. A relação sempre foi a pior possível. O [*José Carlos*] Martinez [*ex-presidente do PTB*] morreu [*em 2003*] dizendo que ele queria carinho do presidente Lula, que jamais o recebeu. A nossa relação com o PT não é boa, não é boa. Você não pode confiar... O que está fechado não está fechado. Tudo o que é dito não é cumprido. Toda palavra que é empenhada não é honrada.

Pivô da história do lado do PT, Delúbio Soares daria uma entrevista coletiva no dia seguinte, publicada nos jornais de 8 de junho. Na matéria (Christofoletti, Corsalette e Seabra, 08/06/2005), o tesoureiro do PT se diz "indignado" com a acusação que lhe foi imputada. Seus argumentos, entretanto, não se preocupam em provar sua inocência, e sim deslocar a direção da acusação. Primeiro, ele faz questão de dizer (assim como Lula em sua fala posterior) que "o governo tem feito um combate implacável à corrupção no país". Mais à frente, declara: "Até agora tenho sido caluniado e massacrado. Não me julguem pela ação de uma chantagem." Pois é esse o principal argumento em seu favor: Jefferson, aquele que o acusa, estaria fazendo uma chantagem — embora ele, tendo utilizado "pelo menos 15 vezes a palavra 'chantagem'", tenha se negado "a dar o nome de quem seria o chantagista." (Christofoletti, Corsalette e Seabra, 08/06/2005.) Logicamente, ele parece sugerir que não importa o que se está dizendo sobre ele, há algo pior em ação e seria isso que mereceria a verdadeira atenção.

Delúbio assumirá, como tesoureiro, ter praticado caixa dois e afirmará que os recursos que circularam vindos de empréstimos tomados a bancos por meio do empresário Marcos Valério teriam sido usados para saldar dívidas de candidatos petistas ou aliados que não venceram as eleições. Em outra reportagem, o ex-ministro dos Transportes de Lula, na época da entrevista prefeito de Uberaba, Minas Gerais, Anderson Adauto (PL), contou ter de fato recebido o dinheiro com esse escopo. "Pedi ajuda para o Delúbio Soares e ele me ajudou. Não sei precisar a quantia, mas foi entre R$ 100 mil e R$ 150 mil", disse (Francisco e Corrêa, 20/07/2005). Mas diante do questionamento do jornalista sobre como avaliava o procedimento de recebimento de recursos de maneira no mínimo pouco ortodoxa, e por meio de saques em espécie por terceiros, ele respondeu que não via irregularidade em isso ocorrer "para pagar dívidas de campanha". Esse condicional, o imperativo do pagamento das dívidas de campanha, é usado como desculpa recorrente por vários dos envolvidos.

Em seu depoimento à CPMI, Soares reitera a tese do pagamento de dívidas de campanha, preocupando-se em reafirmar que "O PT não orienta compra de voto de nenhum parlamentar para votar com as teses do Governo. Cada parlamentar eleito pelo povo brasileiro deve exercer seu mandato conforme a sua consciência", promovendo uma clara transferência de responsabilidade por meio de um emparceiramento. Basicamente, o argumento é de que, se há um corruptor, há também o corrupto e não se pode acusar apenas o corruptor. "Não era eu", nesse sentido, é "não era apenas eu". Mais à frente, ao explicar por que foi ao procurador-geral da República, ele se coloca no lugar de defensor da reputação alheia: "Eu, como fui responsável, quero explicar a todos vocês sobre isso e à nação brasileira, senti-me na obrigação, para não prejudicar pessoas que estão sendo acusadas indevidamente."

Ele, entretanto, mantém a versão que Lula apresentaria, a do "é assim mesmo": "Por que nós usamos esses recursos? Porque as dívidas, as campanhas eleitorais, todos nós aqui nesta sala sabemos como é feita a campanha eleitoral", convertendo essa normalidade em discurso de crítica:

> Nas campanhas no Brasil, os partidos brasileiros têm grandes dificuldades de sustentação. Sinto isso pelo PT. Estou na direção do PT, sou responsável pelas finanças do PT há cinco anos, e sinto isso no PT, entendo que outros Partidos também podem ter as mesmas dificuldades. O processo de financiamento das campanhas eleitorais no Brasil da forma como o é, ela tem muita dificuldade em todos os doadores se identificarem. Isso é fato, é publicado em vários jornais locais, vários jornais nacionais de

> campanhas diversas. Não quero aqui especificar campanha, não quero aqui trazer campanha da qual eu não participei. Eu quero trazer aqui campanhas de que eu participei. É isso que nós temos que colocar claro.

Mas, ao mesmo tempo que aponta para as peculiaridades do PT e de sua condição de administrador de recursos diante de uma condição inelutável — as reivindicações de sofrimento dos companheiros não eleitos —, ele, ao recusar listar quem recebeu recursos dos empréstimos, prefere o caminho da justiça: não quer ser "injusto": "Quem recebeu? As investigações darão conta dessa matéria. Se eu começo a citar nomes, se eu cito um nome e esqueço um outro..."

Questionado pelo relator da CPMI, deputado Osmar Serraglio (PMDB-PR), sobre se não achava estranho que os empréstimos até aquele momento ainda não tivessem sido pagos, ele retorna às circunstâncias: "É um contrato de confiança." Se é de confiança, pode ser procedido como foi, sem registro no partido, sem instituições oficiais (bancos), sem juros claros, sem vencimento.

Delúbio manteria o mesmo estilo às vésperas de ser exonerado definitivamente de seu cargo do PT. Em carta tornada pública em reportagem da *Folha de S. Paulo* (Bérgamo, 20/10/2005): acusado então internamente, ele se defende do que chama de "hipocrisia dos dirigentes". Diz, então, que "o uso de caixa dois visava 'resolver problemas criados pela direção do partido'": "É óbvio, para aqueles que não querem adotar a hipocrisia como razão de viver, que recursos destinados ao pagamento de despesas não contabilizadas não poderiam ser registrados na contabilidade do partido, independentemente da minha vontade." E, mais à frente, com ironia: "Respeito a ingenuidade. Não sei, no entanto, de onde imaginavam que o dinheiro viria — se do céu, num carro puxado por renas e conduzido por um senhor vestido de vermelho — e menos ainda me recordo de que alguma preocupação com a origem desses recursos tenha me sido transmitida."

Mais uma vez, o argumento é que, se ele fez algo errado, foi por delegação e pelo bem de uma coletividade que não reconhece seu sacrifício: "O caixa dois é prática antiga e habitual no partido, pela qual jamais se viu uma punição(...) O PT tem se transformado numa floresta de dedos em riste, duros como pedra, todos apontados contra mim." E encerra, garantindo sigilo: "Tranquilizem-se os que foram beneficiados pelo meu trabalho, pois seus nomes não brotarão de minha boca, ainda que o meu não saia das deles."

Movimento semelhante de se atribuir o papel de injustiçado se vê na entrevista de José Dirceu à mesma colunista que teve acesso à carta de Delúbio: a Mônica Bergamo (25/09/2005), ele responde, a respeito das responsabilidades sobre a irregularidade — a única que todo PT admite, o uso de caixa dois:

> Muita gente. Parece que eu fui presidente do PT sete anos sozinho, secretário-geral cinco anos sozinho, né? O PT não foi construído assim. Tem dezenas de dirigentes importantes que hoje são prefeitos, governadores, ministros, deputados e senadores que participaram da construção de toda essa estratégia comigo. (...) E o próprio presidente da República. É isso o que eu digo. A responsabilidade é de todos nós. Nós temos que debater isso, num congresso do partido, e fazer o balanço.

Mas mesmo assim ele recusa a responsabilização de Lula:

> FOLHA: E a responsabilidade política? As pessoas votam no Lula e ele não sabe de nada? É difícil acreditar que ele ignorava tudo.
> Dirceu: Não é isso. É que ele não tem responsabilidade. Eu não posso atribuir responsabilidade a ele no grau dele. O Lula tem responsabilidade política porque ele era líder do PT. Mas os graus são diferentes. Não posso atribuir a ele responsabilidade sobre o caixa dois. Aí eu não vou atribuir.
> FOLHA: Ele não tem responsabilidade como liderança?
> Dirceu: Isso é uma pergunta que tem de ser dirigida a ele. Eu não vou responder por ele.

Diante dos dois, não deixa de ser interessante observar a entrevista ao jornal *O Estado de S. Paulo* (Caetano e Rosa, 13/10/2005) do presidente do partido, Ricardo Berzoini, ex-ministro do Trabalho, que assumiu a vaga deixada com o fim da interinidade de Tarso Genro, substituto de

José Genoino. O político faz coro com Lula no "é assim mesmo", afirmando que "o caixa dois é do nosso folclore político":

> Tenho dito que não é um caso semelhante ao de corrupção. No caso de caixa dois, defendo a apuração das circunstâncias, da origem e do destino do dinheiro, e que se faça uma avaliação do que fere a ética partidária. Não devemos ser hipócritas: caixa dois é algo muito comum na política brasileira.

A mesma reportagem trazia uma réplica do procurador-geral do Tribunal de Contas da União, Lucas Furtado, para quem "um dos piores crimes é o eleitoral, porque atenta contra a democracia", resposta que em um primeiro momento pode ser facilmente alocada na classificação de justificação cívica, construindo uma retórica de argumento centrado em uma ideia de bem comum: "Não se pode considerar como normal algo que a legislação considera crime. A rigor, o crime eleitoral parece que não tem vítima. Esses crimes têm normalmente baixa reprovação social, mas não quer dizer que eles não sejam um dos crimes mais danosos à democracia." Essa resposta é importante principalmente porque, embora seja, na verdade, uma crítica, traz em si justamente o conteúdo mecanístico da desculpa do tipo "é assim mesmo": como ela seria "normal", seu principal elemento é a suposição de que ela, afinal, "não faz mal a ninguém".

* * *

Quero chamar a atenção para dois outros importantes personagens: Silvio Pereira e Marcos Valério. Embora os flashes tenham estado por muito tempo sobre Roberto Jefferson, o secretário-geral do PT e o empresário mineiro são estrelas melhores no quesito apresentação de desculpas. As falas deles são emblemáticas no sentido de localizar os mecanismos da desculpa dada às críticas cívicas. Pereira foi sem duvida o personagem submetido a arguições mais minuciosas no depoimento à CPMI dos Correios. E as situações minuciosas são portas abertas para a desculpa, porque permitem uma ampliação da narratividade, criam mais possibilidades de enxergar circunstâncias que relativizem o universal da regra moral. Antes do depoimento, entretanto, ele chegou a dar uma entrevista, à *Folha de S. Paulo* (Souza, 02/10/2005). Questionado pelo repórter sobre o grau de sua responsabilidade nas ações de que vem sendo acusado, ele divide a culpa:

> Eu assumo a minha responsabilidade política. A minha responsabilidade não é diferente da de nenhum outro dos 21 membros da executiva nacional do PT. O nível de decisão que eu tinha não era diferente do de nenhum dos 21 membros da executiva nacional do PT. (...) Ninguém é hipócrita de achar que não sabia que existia caixa dois. Qual membro da direção do PT não sabia disso?

E ele acaba por corroborar a desculpa dada por seu colega, o tesoureiro:

> Os 27 Estados bateram à porta do Delúbio. Por que os Estados não assumem isso, pô? Todo mundo pegava no pé do Delúbio para arrumar recursos, todo mundo, todo mundo. Agora ele está lá, sozinho. As pessoas não perguntavam: "Bom, de onde vem esse dinheiro?"

Em seu depoimento à CPMI, ele passa aos detalhes. A principal acusação que ele sofre é de interferência, como dirigente do partido, nos assuntos do governo, porque cabia a Pereira a função de indicador de nomes para cargos na estrutura governamental. A pergunta do relator:

> Queremos saber: esta República tem grandes estatais, tem cargos que foram disputados por traduzirem poder. Era uma forma de partilha de poder, inclusive. E, estranhamente, essa briga sempre incidia sobre cargos — e essa também era uma pergunta que eu queria fazer a V. Sª: não se percebia, nesse núcleo do qual V. Sª participava, que era formado por aqueles que efetivamente davam o toque final na nomeação, que a escolha era muito estratégica, era sempre em cima de locais que viabilizavam — não quero dizer que fosse isso —, para quem tivesse a intenção de arrecadar dinheiro, é evidente a escolha dos cargos. Nunca li em algum lugar que algum técnico tivesse sido apresentado por ser um grande técnico e ocupar um cargo técnico onde não se mexesse com licitação, com compra, com dinheiro, enfim, que não servisse de fonte

> de recursos. (...) nunca estranharam, enquanto organização de poder, que, mais do que competência, o que se estava colocando eram pessoas estrategicamente localizadas na estrutura para aquilo que ficou tão claro? V. Sª deve ter ouvido o Roberto Jefferson falando, o deputado Roberto Jefferson, e dando de dedo nos líderes dos partidos: "Vocês não sabiam que nós estávamos indicando diretores porque eram diretores para captar recursos?" E deu o exemplo do IRB, onde havia uma determinada importância; deu, inclusive, dos Correios; e finalmente nós vimos, esses dias, o escândalo das Furnas. O que V. Sª tem a dizer sobre isso?

A resposta:

> O que estou dizendo ao senhor é que não tenho esse conhecimento nesse nível que se possa imaginar. (...) Eu não tinha esse nível de informação, esse nível de influência e esse nível de decisão. (...) Minha vinculação no PT, minha história no PT, ao longo desses anos, sempre foi uma relação com os Estados, todos os Estados. Quem me conhece no PT sabe exatamente disso.

Na mesma linha, dizia-se que Pereira tinha tanto poder no governo que despacharia diretamente do Planalto (o que seria ilegal):

> Quando alguém queria procurá-lo em Brasília, o que se diz é que isso se dava numa sala no quarto andar do Palácio do Planalto. Isso não é verdadeiro?
>
> Isso não é verdadeiro, sr. relator. Temos aqui, nesta sala, diversos parlamentares que se reuniram comigo em salas de reuniões dentro do Governo, em salas de reuniões de trabalho. Eu tinha o meu celular, a minha sala ficava aqui no escritório do PT, no prédio da Varig, onde eu ia muito pouco, e lá na sede do PT em São Paulo, onde eu permanecia. Em 2003, eu vim com bastante frequência a Brasília; em outubro, a partir do nascimento da minha filha, passei a reduzir bastante a minha presença aqui em Brasília. Nunca tive salinha, nunca tive estrutura, nunca tive secretária. Isso não existe, sr. Relator.
>
> É só uma curiosidade, porque nós, costumeiramente, atendemos nos nossos gabinetes, em escritórios. O que leva a se fazer tanta reunião em hotéis? Todas as pessoas que nós ouvimos faziam as reuniões em hotéis.

(...) Quando vinha para Brasília, eu ficava muito pouco tempo. Por exemplo, eu me hospedava no hotel; logo de manhã, tomava três cafés da manhã, às sete, sete e meia, oito horas, oito e meia, e ia tudo na sequência. Muitas vezes, nem sequer dava tempo de eu ir à dependência do Governo, nem mesmo ao escritório do PT. Então, às vezes, eu ficava ali no hotel. Os próprios líderes de partidos iam lá no hotel se reunir comigo, e não só líderes, eu me reunia também nos hotéis com jornalistas. Com os principais jornais, as principais revistas, com os principais jornais do país eu me reunia em hotel, recebia dirigentes partidários de todos os partidos da base aliada, também dirigentes sindicais, dirigentes da sociedade civil. Fiz várias reuniões importantes em hotéis, fazia-as à luz do dia, fazia-as ali no café da manhã, eu as fazia, sr. relator, onde fosse mais racional. Por exemplo, se eu fosse para Congonhas, eu as faria mais próximas de Congonhas; no retorno, se eu estava no retorno, eu fazia o mais próximo da minha casa ou na saída, ou na volta; enfim, eu procurava fazer com que rendesse o máximo o meu tempo e eu pudesse produzir.

Ou seja, não era para fugir da presença de assessores que pudessem ouvir as conversas estabelecidas. Não era essa a intenção.

De maneira nenhuma, sr. relator.

Em seguida, ele é questionado sobre quem tinha conhecimento sobre empréstimos feitos ao partido. Responde:

O PT funciona da seguinte maneira: as diretrizes, as orientações gerais, por exemplo, políticas de aliança, coligações, são decisões de natureza coletiva; a execução é de responsabilidade individual. Isso funciona com todas as 21 secretarias que o PT tem. É evidente que sabíamos das dificuldades do PT não só agora, como desde esses 25 anos do partido. O meu conhecimento parava em saber que o secretário de finanças estava tentando obter recurso junto à rede bancária. Mas em nenhum momento era apresentado com quem, de que forma, de que jeito. Disso eu não tinha conhecimento. (...) Eu realmente não acompanho a questão da parte financeira do PT. A minha pauta, a minha responsabilidade, sempre foi política eleitoral. Eu não trato de assuntos financeiros.

Em outro momento, ele é arguido pelo deputado federal Eduardo Paes (PSDB-RJ):

> O senhor é membro do PT há 25 anos, dedicou toda a sua vida profissional ao partido. V. Sª concorda com essa afirmação do presidente Lula de que houve um enfraquecimento da direção que levou o PT a cometer erros? Essa foi a expressão utilizada pelo presidente Lula. (...) Ele disse mais ou menos o seguinte: os bons quadros do PT assumiram prefeituras, governos estaduais; outros, quando ganhei a Presidência, vieram para o Governo Federal. Portanto, não temos quadros preparados para exercer essas funções.

> Eu tenho uma vida dedicada à militância do PT, como militante. Toda a minha história é vinculada a essa militância. Eu me orgulho dessa opção. Nunca quis ser parlamentar. Foi uma opção pessoal minha, sempre quis ser um quadro partidário. Nem quis estar em Parlamento... (...) Não me sinto atingido de maneira nenhuma, se foi isso o que o presidente colocou. Eu sou um quadro do jeito que eu sou.

O que se vê de recorrente na fala de Silvio Pereira é a tendência a uma circunstancialização com forte aposta em um conhecimento de causa: a normalidade que produz seu "é assim mesmo" — ele chega articular um "sou assim mesmo", a tentar justificar ser um quadro supostamente não formado para o cargo que ocupa — é perfeitamente dominada por ele. Professoral, Pereira atua tanto na entrevista quanto no depoimento quase a ensinar ao interlocutor como funciona o mundo — o do PT e, em parte, o da política brasileira. É, por exemplo, muito recorrente na fala de Pereira o uso do nome (ou do cargo) do interlocutor, reforçando ainda mais o tom explicativo, de uma fala diretamente dirigida ao outro para o esclarecimento.

Esse "iluminismo" do dirigente encontraria o contraponto não apenas na desinformação estratégica de Delúbio. Ele se depararia com a tendência quase literária do empresário Marcos Valério, que depôs em 06 de julho de 2005, dias depois de ter dado uma entrevista à revista *Veja* (23/07/2005), e pouco mais de um mês depois da retumbante entrevista de sua ex-secretária, Fernanda Karina Somaggio, à revista *IstoÉ Dinheiro* (Attuch, 14/06/2005), denunciando a rotina segundo a qual eram efetuados os saques que, acredita-se, iriam para os parlamentares *mensaleiros*.

A resposta mais importante de Valério ao jornalista é referente ao uso de dinheiro vivo nas transações. Sua resposta à *Veja* caiu como anedota nos jornais: "Lido com gado. Há fazendeiros que simplesmente não aceitam cheque." Mas ele chegaria a testar um argumento de "não era eu", atribuindo sua responsabilização à proximidade com Delúbio Soares: "Nunca escondi de ninguém que somos amigos. As pessoas me viam com ele, e isso gerou um folclore."

De volta à vaca fria, ou melhor, aos bois de piranha, no depoimento, ele diria que foi mal interpretado pela revista e daria a seguinte explicação, que não altera em nada o tipo de desculpa que oferece:

> Quando dei a entrevista à revista *Veja*, fui entrevistado por um jornalista chamado Edvar. E o Edvar, esse jornalista, me questionou os saques. Eu virei para ele — ele conversando em off — e falei: "Deixa eu te perguntar: o senhor é de onde?" Ele virou para mim — porque ele questionava que saque não era normal neste país, quero deixar claro, é esse o questionamento dele — e disse: "Eu sou de Brasília de Minas." "Ótimo, deixa eu te perguntar: eu sou de Belo Horizonte e vou à sua cidade, Brasília de Minas, comprar um gado lá, da pessoa do interior que nunca me viu, que tem lá três, quatro, cinco cabeças de gado. Você acha que ele vai aceitar um cheque meu?" O sr. Edvar, que é de Brasília de Minas, virou para mim e falou: "Não, não vai aceitar. Só em dinheiro." Esse foi o exemplo que dei para a revista *Veja*. Em momento algum, eu afirmo que eu sou pecuarista e dono de cabeças de gado.

De maneira um tanto irônica, entretanto, ele explica ao relator por que não estão ali falando sobre "suas empresas", A DNA e a SMP&B:

> Em 1998, e isso foi divulgado lá na imprensa de Minas Gerais, em Belo Horizonte, eu entro numa disputa com o meu ex-sócio, o Dr. Clésio Andrade Soares, e essa disputa foi muito acirrada. E para não ter problema para essas empresas, porque isso se tornou uma disputa quase pessoal,

eu transferi essas empresas para o nome da minha esposa. E a minha esposa ficou me representando dentro dessas empresas. Essa disputa acaba, onde nós fazemos um acordo nos autos, e, para falar a verdade, até por questão de família, eu não consegui mais transferir essas empresas depois para o meu nome, porque a questão é que minha esposa achou: "Ah, você vai transferir, e tal." Para falar a verdade, é o seguinte: ela achou que eu podia me separar dela. Então, ficou no nome dela. E eu, como não pretendo nunca [me separar], deixei no nome dela. Nada ilícito.

As circunstâncias do embate societal e da vida afetiva o levaram a recorrer a sua mulher como "testa de ferro". Mais à frente, sobre a forma como os saques vinham sendo realizados, de uma maneira pitoresca tal que conduziu ao evento como o de 8 de julho, quando os jornais estamparam nas primeiras páginas as fotografias de uma apreensão de dinheiro em espécie no aeroporto de Congonhas, em São Paulo: uma maleta com R$ 200 mil e de outros US$ 100 mil, carregados... dentro da cueca de José Adalberto Vieira da Silva, assessor do deputado José Nobre Guimarães (PT-CE), o líder do partido na Assembleia Legislativa do Ceará, integrante do diretório nacional do PT e irmão do presidente do partido, José Genoino:

Antes de V. Sª ter esses contratos com os Correios e com os órgãos públicos, a sua empresa tinha esse mesmo hábito de sacar em espécie?

O procedimento da minha empresa obedece a uma rotina.

Mas se há um episódio que chama a atenção no depoimento é a pergunta sobre a contratação do escritório de direito do ex-ministro João Pimenta da Veiga. O diálogo de Osmar Serraglio e Marcos Valério é particularmente interessante, por atrelar uma série de eventos a um conjunto de condições nada atreladas a uma gramática cívica:

Qual a causa que foi patrocinada pelo escritório de advocacia Pimenta da Veiga para a SMP&B?

Eu vou entrar em detalhes, até para justificar a honra de um homem sério.

Com certeza, é o que nós desejamos, até para o bem dele, para o esclarecimento público.

O sr. Pimenta da Veiga passou pelo mesmo infortúnio que passei. Na época, eu perdi um filho de seis anos de idade com câncer, e o Pimenta... Eu estava almoçando com um amigo nosso, em comum, em Belo Horizonte, e esse amigo em comum me contou a história do filho do Dr. Pimenta da Veiga, o Vinícius. Eu liguei para o sr. Pimenta da Veiga e pus-me à disposição para o que ele precisasse. Ele me contou que os gastos estavam muito elevados, do filho. Eu sugeri a ele que eu estava precisando de um consultor jurídico para acompanhar alguns contratos da iniciativa privada e alguns contratos da iniciativa pública. O Pimenta, que é um grande jurista, consultou os impedimentos dele — ele já não era mais ministro, ele estava começando a advogar — e aceitou a proposta. E foi isso que foi feito, sr. relator. Eu paguei ao ministro Pimenta da Veiga os R$ 150 mil — é verdade — pelos serviços jurídicos dele, e muitas vezes — vou deixar claro — foi com sentimento que ele e eu estivemos juntos. Só.

O depoimento segue, segundo um movimento pendular: em um momento, ele chama a atenção para uma microscopia das circunstâncias, uma série de fatores familiares, pequenos (embora apresentados como importantes em sua narrativa), circunstanciais, que lhe servem como sustentação para ações; no outro hemisfério, aponta para um conhecimento do relativismo das grandes regras em questão. Por exemplo, quando questionado por um parlamentar, Valério dá uma resposta que parece talhada para fazer estirar o "músculo moral" do empreendedorismo dos jornalistas que "o perseguem", como em um movimento de demonstração de que ninguém é perfeito, um "não julgues para não seres julgado":

V. Sª fez referência à contratação de funcionário que, na verdade, seria uma empresa. Isso não é uma forma de burlar o Fisco, na medida em que usa um funcionário como empresa?

Eles são prestadores de serviços e isso é praxe dentro do mercado. Apesar de ninguém admitir, é uma praxe dentro do mercado, como é uma praxe dentro do mercado de imprensa, também.

Errar é humano: "não era eu" porque "é assim mesmo" que eu sou

Mas o traço mais recorrente nos depoimentos dos envolvidos no caso à CPMI dos Correios é a opção por uma ênfase na biografia como elemento de suas falas. É bem verdade que eles recebem uma colaboração do presidente da comissão, Delcídio do Amaral (PT-MS), que, por praxe, convida a todos a iniciar suas falas com uma breve apresentação. "Rapidamente, a carreira profissional... Então, V. Sª pode começar o depoimento", diz Amaral a Delúbio Soares (20 de julho de 2005), por exemplo. Mas isso se manifesta ao longo de todo o depoimento, não figurando apenas no cabeçalho. E a deixa para apresentar um *curriculum vitae*, localizando-se civicamente como exemplar de profissional ou político, o depoente em geral prefere fazer uma biografia, quase sempre eloquentemente, como fez Soares:

> Tenho hoje 49 anos. Sou natural de uma cidade pequena, Buriti Alegre, no Estado de Goiás. Vivi lá, cursei o ginásio. Depois fui à Goiânia, onde estudei o científico, antigo segundo grau... o segundo grau. Na época, era a transição do científico para as escolas de treinamento que nós tínhamos em 1972. Todos aqui conhecem. Fiz o segundo grau. Ingressei na Universidade Católica de Goiás, fiz curso de licenciatura plena em matemática. Exerci a profissão de professor desde 1974, sendo registrado oficialmente em 1976 somente. Estou falando isso para que entendam a minha vida profissional.

E mais adiante:

> Sou fundador do PT. Estive em São Paulo, na primeira reunião, juntamente com vários outros companheiros do estado de Goiás e do Brasil inteiro, para fundar o PT. Participei ativamente das discussões

> que deram origem à fundação e à reconstrução do movimento sindical brasileiro. Participei do primeiro conclave que fizemos. A ideia era fazer uma central sindical única no Brasil, mas não conseguimos. Participei da fundação da CUT, e outros companheiros participaram da fundação de outras centrais sindicais que existem até hoje. Participei ativamente da construção da CUT, da qual fui diretor, desde 1983 — data de sua fundação — até 1994. Fui dirigente da Central Única dos Trabalhadores. Participei, nesse período, também, do Diretório Nacional do PT, de 1987 até 1990.

Ao mesmo tempo que articula um *reputacionismo* — "Exerci a profissão de professor"; "Sou fundador do PT"; "Participei da fundação da CUT" —, ele começa chamando a atenção é para o fato de que é "natural de uma cidade pequena". Na entrevista coletiva, ele havia já chamado a atenção para traços como esse que afirmam sua *humanidade*. De estrela do PT no peito e acompanhado pelo presidente do partido, deputado José Genoino não permitiu que os repórteres lhe devolvessem perguntas.

Marcos Valério de Souza, quando depôs à mesma CPMI, em 6 de julho, um dia antes de Delúbio, também havia iniciado sua fala fazendo uma biografia dotada de elementos enobrecedores:

> Senhores deputados, srs. senadores, eu evitei muito ir à mídia. Muito. Dei uma entrevista à Rede Globo, levado pela minha família; pela minha filha, pela minha esposa e pelo meu filho. Dei uma entrevista à *Veja*, e alguns fatos ali não coincidiram com o que eu declarei, por engano ou, então, por não me fazer entender. Fora isso, não falei com mais ninguém na imprensa. Fui massacrado, fui julgado por uma mídia que tem todo o direito dentro da liberdade democrática do nosso país. Mas devo esclarecer, como empresário que sou, que as empresas têm de vinte e cinco a vinte e dois anos. A SMP&B tem vinte e cinco anos de existência. Trabalhou para vários órgãos públicos, vários governos e várias empresas da iniciativa privada. É uma empresa que vem, aos poucos, aumentando o seu faturamento, dando empregos diretos para 150 pessoas e empregos indiretos para mais de 500 pessoas.

E depois:

> A DNA Propaganda é uma empresa que atende o Banco do Brasil desde 1994. É uma empresa que faturou no ano passado mais de R$ 200 milhões, dando emprego também a outras 150 pessoas. É uma empresa que tem 22 anos de existência. Tudo o que tenho está declarado no meu Imposto de Renda. Tudo o que essas empresas fizeram e faturaram está declarado na contabilidade delas e no imposto de renda delas. Tenho a mania de ser muito objetivo e, por isso, muitas vezes, sou mal interpretado, até porque não tenho vivência política e não sei falar em público. Sou empresário no ramo de publicidade. Tenho uma empresa de eventos. Tenho uma filha de 13 anos, um menino de quatro e uma família. Um brasileiro normal.

Silvio Pereira:

> Bom dia, sr. presidente. Bom dia, sr. relator. Bom dia, senhoras e senhores. Estou aqui para prestar esclarecimentos a esta CPI e a toda a opinião pública. Estou aqui para falar a verdade, a verdade que marcou toda a minha trajetória em 25 anos de militância no PT. Sr. relator, conforme afirmei aqui e é também, de certa maneira, de conhecimento de muitos parlamentares desta casa, a minha função era coordenar as indicações do PT e fiz isso com muita dedicação. Foi uma história de 25 anos para conquistarmos a presidência da República. Considero justo, legítimo que os partidos que compõem a base, os partidos que apoiaram o presidente, possam fazer indicações de quadros técnicos, de quadros políticos, com competência, ao governo. Foi exatamente nessa função, sr. relator, como representante do PT, que eu recebia, por parte de diversos parlamentares do PT.

Mas o que faz a apresentação mais longa e alentada é o ministro Luiz Gushiken, chefe da Secretaria de Comunicações da Presidência da República:

> Meu nome é Luiz Gushiken, RG 4860483-0, casado, pai de três filhos, ex-funcionário do Banespa. Trabalho desde os 14 anos de idade. Cursei Administração de Empresas na Fundação Getulio Vargas. Fui dirigente

> do Sindicato dos Bancários de 1978 a 1986, um período muito especial na minha vida, porque foi do respeito que pude angariar junto aos trabalhadores bancários que pude, posteriormente, ascender à condição de deputado federal, missão que cumpri, nesta casa, por três mandatos consecutivos e que muito honrou o meu currículo político, porque foi, neste espaço público, que pude travar memoráveis batalhas, entre as quais a memorável Assembleia Nacional Constituinte. O PT tem sido alvo central desse processo de denúncias. E, como filiado do PT, quero dizer que tenho absoluta convicção de que esse partido saberá superar suas dificuldades, porque esse partido é maior do que a sua direção, esse partido é maior do que eventuais irregularidades em crises eleitorais[15].

Todos eles chamam a atenção para uma imagem pregressa, para algo que parecia ter sido esquecido a fim de conduzi-los até ali. Benoit (1995) afirma que as prestações de conta linguageiras, os *accounts*, são formas de relembrar essa imagem. Não à toa, é de "restauração de imagem" que ele fala. Três elementos, então, se mostraram mais gritantes ao observarmos as desculpas dadas por políticos brasileiros quando em uma situação como um grande escândalo de corrupção como o Mensalão:

1) Diante da pressão crítica do mundo cívico, tem lugar uma articulação de uma espécie de civismo outro, articulado pelo *é assim mesmo*. Afinal, afirmar "é assim mesmo" é afirmar a existência de uma outra coletividade — aquela produzida quase estatisticamente, uma comunidade dos que reconhecem a realidade alternativa ali afirmada. E como é coletividade, quando afirma a desculpa, afirma-se a investidura de delegado do grupo.

2) Uma afirmação constante de algo que poderíamos chamar de uma reputação, uma imagem de si que possa servir de referência a partir da qual o "não era eu" e o "é assim mesmo" possam se estabelecer como diferença — se a desculpa chama a atenção para a circunstância, ela precisa ser uma circunstância *a partir de*, *por oposição a*, uma não circunstância, uma universalidade, uma normalidade superior e abstraída.

3) Uma operação de variação a partir de sua condição de ator do mundo cívico rumo a um estado outro, em que essa condição fica entre parênteses — o que se pôde constatar em quase todas as falas dos políticos. É sobre este terceiro ponto que tratarei mais pormenorizadamente agora.

Da pessoalidade

> [O] que está em jogo (...) não é apenas a acusação, seja ela qual for, de que eu teria sido o chefe do Mensalão ou que eu teria levantado recursos para pagamento a deputados e deputadas neste Parlamento. Na verdade, o que está-se julgando, por mais que isso possa parecer uma falta, da minha parte, de humildade e de modéstia, o que se está julgando é a minha história, é a minha participação na vida política do país e o projeto político que nós construímos, as esquerdas, os movimentos sociais e populares do Brasil. O que se está procurando julgar é o governo do presidente Lula e a possibilidade de se continuar no Brasil um projeto político como este, porque fica evidente que há um prejulgamento. Na verdade, eu fui submetido a um linchamento público. Do dia para a noite, virei chefe de quadrilha, virei bandido. (...) De nada vale a minha vida, os 40 anos que eu tenho de vida pública; de nada vale que eu, como deputado, durante 15 anos, nunca tenha respondido sequer a um processo, ou como servidor público, ou como cidadão, ou como ministro, que fui, de Estado, durante 30 meses, que não respondi, não tenho uma ação de improbidade, uma ação popular, uma representação aceita no Ministério Público, o que é raro no Brasil, porque mesmo homens probos, íntegros, honestos, geralmente, no calor, na paixão da disputa política, sofrem ações populares, ações de improbidade administrativa. As minhas contas e as da Presidência da República foram aprovadas com louvor pelo Tribunal de Contas da União. Nem a Comissão Alta, que é a Comissão de Ética Pública que existe no país, no Poder Executivo, ou a Controladoria-Geral da União fez qualquer representação contra o ministro-chefe da Casa Civil, enquanto ministro (...). Eu tenho pedido aos deputados e deputadas do Conselho de Ética, aos deputados e deputadas da Câmara dos Deputados justiça, a verdade e a justiça. Porque é verdade que esta é uma casa política e que o julgamento é político. Mas cassar um mandato de qualquer parlamentar (...) significa substituir o julgamento do povo, o julgamento do eleitor e da eleitora.

O trecho acima é do depoimento de José Dirceu ao Conselho de Ética e Decoro Parlamentar da Câmara dos Deputados, em 27 de setembro de 2005. O deputado federal e então já ex-ministro-chefe da Casa Civil se apresenta a seus pares para responder sobre o caso do qual ele era a figura de maior destaque — justamente por se tratar da figura de maior poder. Não era a sessão em que ele se encontraria com Roberto Jefferson, já ocorrida em 4 de agosto — e na qual o "oponente" diria que Dirceu despertava seus instintos mais primitivos, sugerindo que Dirceu estaria mentindo descaradamente —, mas essa sessão (tanto quanto o depoimento, mas com traços peculiares) permite acessar os elementos gerais da defesa do personagem. Mais que isso, ela é uma espécie de síntese do processo geral de operacionalização da desculpa cujo ponto de partida seja uma crítica operada no mundo cívico, saída essa que representa, então, como já vimos, a mudança de um plano universalizado para um plano circunstancial. Vemos, então, nessa fala, uma forte manifestação de um protocolo de *pessoalidade*: o biografismo mobilizado por Dirceu chama a atenção para como elementos singularizadores podem ser utilizados para alterar o estatuto das situações.

Se não, vejamos: "O que está-se julgando é a minha história, é a minha participação na vida política do país e o projeto político que nós construímos, as esquerdas, os movimentos sociais e populares do Brasil." Dirceu tenta *denunciar* o aparato crítico — acusatorial, tão acusatorial a ponto de, como já vimos, tentar lançar sobre ele um processo de sujeição criminal, chamando-o de "bandido" — de estar personificando, eles sim, a acusação — e de estar sendo tendencioso e operando um "prejulgamento". O discurso do político, na verdade, tem um ponto de partida paradigmaticamente cívico: ele se aponta como representante de um "projeto político", este sim o suposto perseguido em sua descrição. Sua fala, então, se inicia centrada em uma dimensão de corporificador de um ator coletivo. Mas, se é sua atuação cívica que o leva à acusação, é, antes, sua pessoa, como ator individual, que é acusada. Nesse sentido, o termo-chave é "participação", que se abre como uma janela entre as duas dimensões aqui em jogo: ele aponta ao mesmo tempo para um engajamento ao coletivo — e portanto anulador da dimensão de pessoa — e para toda uma apresentação de personalidade (e por isso mesmo de pessoalidade) —, já que quem participa se entrega, se dá, é engajado, pode até ser apontado como altruísta, generoso, desinteressado. Dessa maneira, "as esquerdas" e "o governo do presidente Lula" acabam por ficar a serviço da biografia, de uma vida totalmente singular e que é motivo de orgulho: 40 anos de vida pública, nunca foi acusado em 15 anos etc.

A reivindicação de Dirceu, então, em alguma medida, é de "consideração" (Cardoso de Oliveira, 2002); afinal, ele se choca com não serem levados em conta seu passado e seus serviços prestados à democracia e ao Brasil. Mas essa reivindicação só é cabível se ele deixa de ser exemplar de uma categoria para se tornar *alguém*. Não alguém mais ou menos importante, mas alguém dotado de características particulares, especiais. Ao mesmo tempo, no entanto, mesmo não sendo mais importante, sua reivindicação é de tratamento distintivo. É verdade que o cerne da defesa de Dirceu é a negação — ele passará todo o processo afirmando desconexão completa com qualquer dos crimes que nele surgiram (do caixa dois à compra de deputados, passando pelo desvio de dinheiro público, seja para um fim ou para outro) e chega mesmo em sua fala a solicitar a seus colegas "justiça" e "verdade". Mas, para poder chegar a essa negação, ele dependerá justamente de uma operação de circunstancialização. Porque, afinal, o julgamento ali é político e não jurídico e, portanto, segue regras distintas às de um tribunal — tendo para suas decisões um processo de justificação absolutamente distinto do de um júri ou um juiz —, e para reivindicar justiça formal é preciso lançar mão de circunstâncias que o tornem merecedor.

Caso estranho que torna os outros normais, exceção que confirma a regra, o biografismo de Dirceu ajuda a lançar luz sobre a maneira como os depoentes do caso Mensalão sustentam seus discursos com longas formas de demonstração de humanidade — sempre em paralelo a uma demonstração de honestidade. Com isso, todos eles dão início ao afastamento do ser metafísico, segundo o qual o actante público começa a reconquistar pessoalidade e se afastar do mundo cívico — e também de outros mundos, como o da opinião, o que poderia ser sugerido quando se opera com a biografia, já que se poderia estar operando ali por meio do renome. Mas não se trata de uma simples solução de compromisso entre dois mundos. Trata-se, antes disso, de um princípio de transformação e não de identidade. A pessoalidade opera a *pessoalização*; é um processo, não uma condição. Trata-se de uma forma sui-generis de *relativização*[16]: em vez disso, estamos diante de um movimento que, no final das contas, tem como grande resultado uma articulação na qual se torna possível o *não era eu*: ao reforçar tão fortemente a biografia, lançando mão de toda uma narratividade, uma dramaticidade, sublinha-se o caráter identitário fixo, e se torna *muito mais distante* o outro que o ator se torna na situação de mal-estar situacional — aqui, de *irregularidade.*

Errar é humano. Mas humano não é algo que se possa ser sem correr o risco de errar.

Discutindo a relação (desculpas de casal)[1]

Sophie.
Há muito tempo venho querendo lhe escrever e responder ao seu último e-mail. Ao mesmo tempo, me parecia melhor falar com você e dizer o que tenho a dizer de viva voz. Mas pelo menos será por escrito. Como você pode ver, não tenho andado bem ultimamente. É como se não me reconhecesse na minha própria existência. Uma espécie de terrível angústia, contra a qual não posso fazer grande coisa senão seguir adiante para tentar superá-la, como sempre fiz. Quando nos conhecemos, você impôs uma condição: não ser a "quarta". Eu mantive meu compromisso: há meses deixei de ver as "outras", não achando obviamente um meio de vê-las sem fazer de você uma delas.
Achei que isso bastasse, achei que amar você e o seu amor seriam suficientes para que a angústia, que me faz sempre querer buscar outros horizontes e me impede de ser tranquilo e, sem dúvida, de ser simplesmente feliz e "generoso", se aquietasse com o seu contato e na certeza de que o amor que você tem por mim foi o mais benéfico para mim, o mais benéfico que já tive, você sabe disso. Achei que a escrita seria um remédio, que meu "desassossego" se dissolveria nela para encontrar você. Mas não, estou pior ainda, não tenho condições sequer de lhe explicar o estado em que me encontro. Então, esta semana, comecei a procurar as "outras". E sei bem o que isso significa para mim e em que tipo de ciclo estou entrando.

Jamais menti para você e não é agora que vou começar.
Houve uma outra regra que você me impôs no início de nossa história: no dia em que deixássemos de ser amantes, seria inconcebível para você me ver novamente. Você sabe que essa imposição me parece desastrosa, injusta (já que você ainda vê B..., R...) e compreensível (obviamente); com isso, jamais poderia tornar-me seu amigo.
Mas, hoje, você pode avaliar a importância da minha decisão, uma vez que estou disposto a me curvar diante da sua vontade, pois deixar de ver você e de falar com você, de apreender o seu olhar sobre as coisas e os seres e a doçura com a qual você me trata são coisas das quais sentirei uma saudade infinita.
Aconteça o que acontecer, saiba que nunca deixarei de amar você da maneira que sempre amei, desde que nos conhecemos, e esse amor se estenderá em mim e, tenho certeza, jamais morrerá.
Mas, hoje, seria a pior das farsas manter uma situação que você sabe tão bem quanto eu ter se tornado irremediável, mesmo com todo o amor que sentimos um pelo outro. E é justamente esse amor que me obriga a ser honesto com você mais uma vez, como última prova do que houve entre nós e que permanecerá único.
Gostaria que as coisas tivessem tomado um rumo diferente.
Cuide-se.

X.

A mensagem acima foi enviada, na forma de e-mail, em 24 de abril de 2004, pelo escritor francês Grégoire Bouillier. O destinatário, como o cabeçalho apenas parcialmente indica, foi a artista plástica Sophie Calle, um dos nomes mais famosos e celebrados da arte conceitual francesa. Mas, apesar de ser claramente uma comunicação particular entre essas duas pessoas famosas, a missiva se tornou pública, e por uma via um tanto peculiar: serviu de ponto de partida para uma das obras mais conhecidas de Sophie, *Prenez soin de vous* (Calle, 2007), *Cuide-se*. Para fazê-la, a artista levou o texto da "carta" para várias mulheres e lhes pediu que a interpretassem, apresentando alguma tradução e/ou juízo a respeito do rompimento e a maneira como este foi feito.[2] Ao todo, 107 mulheres, escolhidas segundo seus papéis sociais (a grande maioria, conforme suas profissões), apresentam leituras da carta, analisando-a ou a processando de acordo com suas competências ocupacionais ou a reinventando conforme suas competências artísticas. Assim, por exemplo, 18 atrizes a interpretam de variadas maneiras, o mesmo sendo feito por nove cantoras (de variados gêneros); duas dançarinas a convertem em coreografia; uma analista de etiqueta avalia seu grau de cortesia; uma juíza lhe dá um parecer, considerando-a como um encerramento de contrato; uma terapeuta de casal promove um debate entre Sophie e... a carta; uma adolescente lança sobre ela um olhar próprio de sua idade; e várias outras mulheres apresentam suas contribuições.[3]

Entre elas, a filósofa moral francesa Sandra Laugier (2007). Como outras especialistas nas disciplinas de pensamento, ela emite uma interpretação analítica (diferentemente, portanto, das interpretações artísticas promovidas por outras e mesmo de outras leituras profissionais, mais operacionais, como a de Louise, agente da Inteligência Francesa, que converte a carta em um texto criptografado), e seu trabalho nesse caso é especialmente digno de nota por se tratar, bem, de uma especialista em moralidade. De imediato, ela sublinha o caráter intencionalmente *compreensivo* de sua avaliação: "Pretendo comentar esse e-mail apenas do ponto de vista da filosofia moral. E não, quero enfatizar, de um ponto de vista *moralista*. A questão aqui não é promover um julgamento das qualidades morais dos envolvidos, ou de suas ações ou opções de vida, ou decidir qual seria a 'escolha certa' para o autor do e-mail." Em sua leitura, em grande medida centrada na abordagem de John L. Austin e de Ludwig Wittgenstein[4] — o que acrescenta um interesse especial para nós —, a também especialista em linguagem procura observar as *justificações* apresentadas por Bouillier e sublinha:

> O tema dominante no texto é a regra, e o comprometimento com ela. (...) Essa dupla obsessão pelas regras e pelo comprometimento não é apenas uma forma de acobertamento para uma transgressão, e sim, em vez disso, a própria expressão daquelas duas categorias. Como se o fato de obedecer a regras estabelecidas e traídas no quadro de um relacio-

> namento autorizasse um rompimento unilateral dessa mesma relação. Tem lugar aqui uma espécie de erro categorial (ou torção calculada) que toma as regras específicas, internas, do relacionamento e as promove ao status de regras gerais, abstratas, válidas universalmente.

Segundo a pensadora, então, a operação central promovida pelo autor do e-mail é a de tomar regras que "deveriam" ser enxergadas como normatizações particularizadas e as tratar como se fossem regras universais. Para ela, o fato de Bouillier — cuja identidade, assim como ocorre com todas as outras mulheres participantes, ela desconhece, dadas as normas da obra de Sophie, que levava a elas apenas a identificação "X" para o autor da mensagem — estar em desacordo com certa lógica que excluiria mutuamente dois planos de abstração dos regramentos, sugere que ele incorre em um "erro". O escritor estaria distorcendo (intencional ou inconscientemente) a lógica de como se montam e mobilizam regras. Mas essa "denúncia" do caráter "paradoxal" da operação promovida no e-mail também chama a atenção para aquilo que pode ser entendido como uma peculiaridade do caso: estamos diante do rompimento de um relacionamento amoroso. Trata-se do final de um pequeno universo, dotado de uma história peculiar, aquela que todo casal guarda para si, vive juntamente, um dia talvez chegue a contar para os netos, envolvendo fatos, emoções, presentes, perfumes, expectativas, primeiros beijos, brigas, regras (por que não?) etc. E, se há uma história particular, nada nos diz que não haja também uma geografia (ou seja, uma lógica de construção de espaços, *settings* que se tornam *ambientes* para as situações e, portanto, em parte as determinam) e também uma linguística. Segundo Kaufmann (2007, p. 28), o início de uma vida a dois "é uma aventura". "Uma aventura mental, isto é claro, que desenraíza a antiga existência, mas uma aventura também cotidiana, que redefine profundamente as duas identidades." E qual é o caminho dessa redefinição? Ao longo da pesquisa que resulta neste capítulo, na qual entrevistei integrantes de trinta casais, ficou claro que esse processo passa pela *criação de um idioma comum*, uma forma de falar própria dos dois. E essa forma de falar corresponde, evidentemente, a uma língua literal, da fala — já que todo casal tem suas formas de se tratar, de descrever as coisas entre si, de trocar informações etc. —, mas também a uma *gramática actancial*, uma língua da maneira de agir ali, no casal, um com o outro. Daí, então, fazer todo o sentido pensar que um relacionamento afetivo crie uma moral própria, no sentido em que temos feito até aqui a correlação entre moral e gramática.

E o final de um relacionamento para ocorrer também precisa ser falado nessas línguas, a literal e a actancial, e naquelas específicas da relação. É, como disse, uma forma especial de conflito, de disputa em torno de como as regras peculiares de uma relação podem ser mobilizadas. Pois se Sandra tem razão ao sugerir que Bouillier se aproveita das condições ditadas por sua própria parceira para encerrar o relacionamento, usando as palavras dela própria, mobilizando, digamos, minúcias jurídicas, é também verdade que estamos ali diante de uma mobilização de elementos absolutamente específicos da relação dos dois: não é tanto um recurso do universal da parte dele quanto é dela, que estabeleceu as regras e, após o rompimento, fez um movimento forte de crítica ao fazer do final do romance uma obra-crítica. Afinal, aquilo que ele está fazendo é lançar mão de um bom e velho "é assim mesmo", na forma de um *eu sou assim*, uma condição na qual ele seria incapaz de não procurar "as outras" — "E sei bem o que isso significa para mim e em que tipo de ciclo estou entrando".

Mas é sobretudo uma desculpa de que só se pode lançar mão porque os dois têm os elementos para fala-la e entendê-la (ainda que não necessariamente para aceitá-la). É, se o encerramento de uma vida a dois por mensagem eletrônica pode parecer uma agressão, ele não é cabível senão em um âmbito em que os elementos que permitem agredir estão disponíveis por meio da intimidade, como mostra Simmel (1971[1908b]), pp. 91-92):

> Pessoas que têm muitas características em comum inúmeras vezes agem umas com as outras pior ou erram "mais errado" do que aquelas apenas estranhas. Por vezes fazem isso porque a larga área que lhes é comum se tornou uma questão e, em consequência, o que é temporariamente diferente, mais do que o que há em comum, determina suas posições

> mútuas. Entretanto, fazem isso sobretudo porque há muito pouco de diferente entre si; em decorrência, mesmo o mais diminuto antagonismo tem sua relação. (...) Quanto mais temos em comum com outro (...), mais facilmente nossa totalidade será envolvida em cada uma das relações com ele. Daí a violência absolutamente desproporcional para a qual pode ser deslocada uma pessoa que, em geral, é controlada em suas relações com quem a cerca. A felicidade completa e a profundidade da relação com alguém a quem, por assim dizer, nos sentimos idênticos, repousam no fato de que nem mesmo um contato, nem mesmo uma palavra, nem mesmo uma atividade ou sofrimento comuns permanecem isolados, mas sempre revestem toda a alma, que se dá por completo e é recebida por completo nesse processo. Assim, se uma discussão surge entre pessoas com esse grau de intimidade, em geral isto é passionalmente muito expansivo e sugere o esquema do fatal "esse não é você". Pessoas ligadas umas às outras dessa maneira estão muito acostumadas a investir cada aspecto de seus relacionamentos na totalidade de seu ser e sentir.

Conhecer bem o outro não é condição suficiente, mas é necessária, para a gestão "agressiva" dos conflitos afetivos. Antes disso, no entanto, esse conhecimento diz respeito não apenas à capacidade de prever as ações do outro nem a uma capacidade de "agir errado" com ele, mas sobretudo à capacidade de avaliar, de julgar — e criticar — o outro.

Dessa composição entre um tipo particular de conhecimento e uma capacidade de, por conta desse acesso específico ao outro, uma capacidade peculiar de crítica, é possível enxergar que todo casal constrói uma narrativa em torno de uma *questão moral fundamental.* E não precisa ser um casal que se separa. Estar junto parece produzir, no núcleo de qualquer relacionamento amoroso, uma problemática, um tema delicado *apesar do qual* a relação se mantém. Essa diferença será maior ou menor conforme o caso e poderá interferir mais ou menos no relacionamento. É possível observar, entre amados, histórias de pendularidade, de retorno e afastamento dessa questão fundamental, porém, mais cedo ou mais tarde, eles acabam por retornar a ela.

Por isso mesmo, um relacionamento amoroso se torna um espaço de mobilização da capacidade moral e da capacidade crítica. Trata-se de uma relação que amplia aquele acesso ao outro de que acabamos de falar, mas é também, e sobretudo, uma relação baseada em uma série de expectativas sobre como o outro deve se portar. Por isso mesmo, como veremos nas próximas páginas, é um universo no qual, de um lado, a universalidade se apresenta na forma das exigências de lado a lado, mas as particularidades, também veremos, se apresenta nas formas de dribá-las. As relações amorosas são, desse modo, um espaço pródigo para pensar esse trânsito entre dois polos, uma vez que são o lócus em que o amor é o princípio maior de manutenção. Em um caso de amor romântico, não temos um laço sanguíneo a unir os integrantes; tampouco temos um elo institucional que preceda a união. O que une um casal é o amor, por mais diferentes que sejam os interesses individuais de cada um de seus integrantes.

A hora marcada e o "desamor"

Conheci Laura[5] na porta de um teatro. No dia, esperava na escadaria, para assistir a um concerto. Àquela hora, entretanto, esperava não mais pelo início do programa, mas por Cláudia, amiga que iria comigo à apresentação e, "presa no jornal", onde participava do fechamento da edição daquela semana de sua editoria, me ligava de 15 em 15 minutos, oferecendo-me boletins atualizados sobre sua demora. Fardado de terno, conforme a certa pompa que a ocasião exigia, amargava já ter passado a hora marcada para o artista preliminar. De pé, eu olhava para a movimentação de pessoas retardatárias enquanto ouvia os brados do vendedor de balas, apregoando sua mercadoria. Até que, súbito, ficamos praticamente eu e ela nas escadas. Eu, sentado, já sem cerimônia, arregaçando a gravata; ela, de pé, celular ao ouvido. E de repente, não havia outro som no mundo: "Como assim está saindo agora, Gerson? Você é que queria vir ao show. Você é muito *relax*... Não acredito no que você está falando... Você não podia beber com seu pai em outra hora...? [silêncio e, depois, um tom abaixo] É, tá bem, não podia..." Desligou e notou que eu estava ali: "Atrasado... É preciso entender, né?"

Começamos a conversar. Um amigo meu costuma dizer que, se você concorda com tudo que um estranho lhe diz quando puxa assunto na rua, ele desiste do assédio e logo vai embora, ao passo que, se você discorda, significa que você deu corda, e o outro passa a agir como se fosse da família: não lhe deixará mais em paz. "Não sei se é preciso, não", respondi, discordando de propósito. Não queria encerrar a conversa naquele ponto.

Então namorados havia apenas três meses, os dois, se o desenrolar do relacionamento não viria a ser totalmente feliz, se mostravam naquele momento, e desde o primeiríssimo dia de namoro, ao mesmo tempo muito entrosados entre eles e extremamente engajados em suas posições individuais. Ela com 23 anos, ele 25, ele morador da Zona Sul do Rio de Janeiro, ela de Niterói, os dois tinham como centro de sua convivência o "sair juntos", para a "*night*" — ou seja, para eventos noturnos, em geral centrados em música e/ou dança.

Donde se manifesta a questão moral fundamental. No caso de Laura e Gerson, era o ciúme. Começou com o dele, mas depois mudou e as posições se inverteram, de modo que, no momento da entrevista, "parece que eu sou a louca psicótica", diz ela.

Começa na primeira noite, um 30 de dezembro, quando eles "ficam"[6] pela primeira vez, em uma boate, em uma festa de rock. É a primeira ida dela ao lugar, do qual ele é frequentador. Eles se conhecem na pista, ela o acha bonito ("Nossa, que menino alto", pensa), e a recíproca é verdadeira. Logo se estabelece um "clima" e eles começam a conversar, cada vez mais envolvidos. A certa altura, entretanto, Gerson "vem com um papinho":[7] "Vou ser muito sincero: estou muito a fim de você, mas... Eu tenho namorada." Ele passa a sugerir que os dois saiam da boate e vão para "outro lugar", "escondidos". Diante da recusa e das pressões por explicações por parte da moça, ele diz: "Na verdade, não é bem namorada. A gente já terminou, mas os amigos dela estão todos aqui... Sabe como é..." Ela se recusa mais uma vez: "Eu não vou me esconder." Ele então muda de postura e a beija no meio da pista, diante de todo mundo.

No momento da entrevista, a jovem justifica a ação do namorado como algo "nobre": "Ele só não queria machucar uma pessoa que de alguma maneira ainda gostava dele." Mas admite que, na hora, considerou algo inaceitável. Eles tinham acabado de se conhecer e ele não podia fazer exigências daquele tipo. E ela se preocupa em deixar isso claro para ele. Tanto que ele tem que, em um primeiro momento, "mandar" o "papinho", dizer que tem um relacionamento, o que desculparia a saída do lugar na forma de uma transgressão provocante. Entretanto, apesar da conclusão com um beijo, aquela situação marcaria o começo do namoro em torno de uma tensão com "outras pessoas", que logo se complicaria por assumir outra forma.

Eles ficaram juntos por 11 meses. Ao longo desse tempo, a questão do ciúme sofre uma torção, ao se deslocar das "outras pessoas" para as "outras coisas". Ela se concentra em uma economia da diversão: para Laura, é importante sair, frequentar boates, festas, ir para a "*night*". Para Gerson, esse movimento não fazia (mais) muito sentido em sua condição de comprometido. Os dois se identificaram inicialmente pelos mesmos gostos musicais (estávamos, afinal, indo os quatro assistir a uma mesma apresentação quando nos conhecemos), descrevem-se como "fãs fundamentalistas dos Beatles, diferentes dos que gostam de *Yesterday*", e, no momento em que se conheceram, uma canção desempenhou o papel de criar aquela magia que torna o outro diferente do restante das pessoas na pista: "A gente cantou junto uma música", contam. Apesar disso, ir a uma boate para ouvir rock o desagradava "um pouco": "O lugar é barulhento, chato", diz. Mas a principal questão é que a ida a esses ambientes, para ele, representa uma prática com outro sentido: "Sair, para um cara, serve para conhecer meninas. O único sentido é achar alguém. Quando estou namorando, não vejo sentido em ir para a *night*", diz ele, o mesmo argumento que usava para tentar convencê-la a fazer outra coisa ou simplesmente ficar em casa, "vendo um filme" — ele é consideravelmente cinéfilo. Chama a atenção, entretanto, a forma de articulação, a mobilização de um "é assim mesmo": sair tem determinada serventia "para um cara". Ele usa certa distinção de gênero como desculpa; porém, mais que isso, lança mão da criação de uma normalidade alternativa, que serviria como desculpa para se fazer algo, mas aqui justamente para dar conta da falta de motivo para fazer — ou, evidentemente, para servir de desculpa para não fazer algo.

A mensagem, entretanto, é de ciúme. Ele diz que não quer ir a boates. Mas o problema mesmo é: "Eu não acho isso certo, você ficar na festa sozinha, sem mim." A resposta dela, entretanto, é o outro lado da moeda da reivindicação: "Sinto muito. Seria muito melhor ir com você, mas, se você não quer ir, eu posso ir sozinha." Para mim, ela direciona o restante do argumento: "Eu, abrir mão daquilo, da minha diversão? Ele tem que abrir mão de algo também!" Articulação dupla: ao mesmo tempo que apela para uma reivindicação de igualdade — "Numa relação, os dois têm que abrir mão!" —, ela sustenta seu direito ao exercício de uma ação que é um bem apenas para ela.

Gerson e Laura ficaram juntos de janeiro a dezembro de 2008. Ele tomou a iniciativa de terminar. O motivo? Ciúme. Os dois haviam ido a uma boate e discutiram — "Uma discussão bêbada", desculpa-se Laura, dando conta de uma série de erros cometidos naquela noite, na qual nenhum dos dois estaria muito de posse de seus juízos perfeitos — e foram para a casa dele, onde "tiveram uma conversa". O argumento central para o fim do relacionamento, apresentado em "uma DR imensa, até 8h da manhã" (atravessada por longas sessões de choro de ambos): "Namorar não é legal porque prende, tem cobrança, expectativa, projeto." Curiosa mobilização de uma afirmação generalizadora para dar conta de uma situação específica. Obviamente, os dois demonstram plena consciência de que a questão não é o conceito de namoro — embora haja nos discursos de ambos uma defesa da condição solteira, na qual se pode "ficar" com pessoas sem compromisso —, e que em algum momento ele pode ser uma boa opção. Mas é aquele namoro ali que, circunstância específica, adquire a forma de generalidade. "Não é culpa de ninguém", explicam o final da relação, dizendo, na verdade, que não é culpa de nenhum dos dois. "A culpa é do tempo. Os nossos tempos não batem, estamos em momentos diferentes", dizem. É como se eles tivessem chegado atrasados na vida um do outro. "Atrasado[s]... É preciso entender."

Já Nina e Marcela moravam juntas havia três anos e meio quando as entrevistei. "Claro, isso será uma oportunidade rara de falar dela pelas costas", brinca Nina diante da namorada ao receber a proposta, no momento em que fui apresentado a elas por uma amiga comum, colega eventual de Marcela no trabalho, em um almoço. *Designer*, a moça é cheia de tiradas irônicas. Mas justamente nesse almoço em que nos conhecemos seria ela o alvo da ironia da companheira. O restaurante fica a cerca de meia hora de metrô de onde ela estava, o escritório de que é sócia, na Zona Sul do Rio.

Eu e minha amiga tomamos um café e jogamos conversa fora até que Marcela chegou, já informando, à guisa de justificação prévia: "Nina chega num instante. Ela disse que conseguiria fazer em vinte minutos. Tava no Flamengo. Vai pegar o metrô." Aceitamos esperar. Como eu tinha um compromisso naquele mesmo dia um pouco mais tarde, poderia tomar um pouquinho mais de tempo com o almoço — mas só um pouquinho, evidentemente. E a amiga que me apresentava às duas... bem, ela fazia o próprio horário.

Mas eis que, uma hora depois, estamos ainda "tomando café". Um certo ar constrangido começa a se formar em Marcela. Formada em psicologia, mas trabalhando em uma produtora, ela diz ser (o que fora confirmado por minha amiga, também da área de cinema) "cuidadosa com prazos". Nesse momento, ela pega o celular e liga. Com a moça de frente para mim em uma mesa pequena, pude ouvir a caixa postal de Nina, que escutaria mais duas vezes até a namorada de Marcela finalmente chegar, nada menos que uma hora depois da chegada desta, que prometera vinte minutos de espera, ou seja, cerca de hora e meia depois do começo da história. Era de esperar que estivéssemos enfurecidos. Eu, de minha parte, estava mesmo é entretido. Com a fúria da jovem diante de mim, 27 anos, maçãs do rosto proeminentes, cabelos louros compridos, um discreto *piercing* formado por uma pedrinha brilhante no nariz, celular enorme guardado em uma meia infantil com estampa de bichinho, tons sóbrios nas roupas. E olhos faiscando de raiva e pele corada como um camarão diante do sorriso "cara de pau" da namorada.

Nina chega como um furacão. Andando como se corressse, fala ofegante e ar desesperado. Mas, apesar das manifestações de sofrimento e da expressão que revela a total consciência contrita do erro que acaba de cometer, algo parece destoar em sua figura e ela própria se preocupa em se antecipar a nossa percepção: é como se não fosse necessário notarmos as duas bolsas de papel-cartão que se somam à sua de estilo carteiro *fashion*, de menina, colorida. Cabelo pintado de ruivo, óculos de armação quadrada, ela já se apresenta disparando: "Oi, oi, desculpa o atraso, gente! Eu tava correndo pra cá, mas quando saí do metrô não andei cinquenta metros, dei com uma bolsa linda! Não, vocês não tão entendendo, inacreditável de bonita! Eu *tive* [ela sublinha esse termo na voz] que parar! Foi mais forte que eu! E a menina ainda me mostrou esse sapato e aí foi..."

Marcela, que recebe o beijo da namorada com certa frieza, reclama com veemência, sem cerimônia, já desenvolta diante de mim: "Poxa, a gente esperou uma hora por você! Não podia ter avisado? Te liguei à beça." Eu, minimizando: "Ah, que é isso, a gente estava aqui se divertindo, não tem problema..." Mas Nina quis responder: "Ela é assim mesmo, querido, não liga... [e virada para a namorada] Não vi o celular, mô. Tava dentro da bolsa e não ouvi. Mas eu cheguei, né? Você tem que ver a bolsa! É linda." "Mas você sabe que eu não gosto de atraso!" "E você sabe como eu sou!"

"Vocês podiam dar entrevista para ele!"

Minha amiga interrompeu o que poderia se tornar uma discussão. E foi saudada com o olhar interrogativo de Nina: "Entrevista? Pra quê? Você é jornalista?"

Dou as explicações de praxe e seguimos adiante. O microconflito entre duas namoradas está ali a ser atravessado por uma desculpa que tenta dar conta da ação de uma pessoa que causa ruído em um tema especialmente sensível para a outra. Nina chega atrasada, o que ela sabe irritar a companheira, porque vê uma bolsa à qual não pode resistir. Fica clara uma das questões morais fundamentais do casal: "A gente briga pouco, mas tem muitas discussõezinhas, sabe", diz Marcela. "Mas também, né!" Também é o tempo, o problema aqui.

Pausa, porque Nina finalmente mostra a bolsa... Para mim: "Olha aqui. Não é linda? Você, mesmo sendo homem, não pararia para olhar... para dar para sua namorada?" Mas eu, ufa, nem precisei responder. Minha amiga e Marcela ocuparam o espaço: "Nossa!" (com o "o" bem prolongado). "Menina!" Sim, elas amam a bolsa. Fica claro que a desculpa de que "é assim mesmo", Nina é assim mesmo, e, um pouco, "mulher é assim mesmo", embora o argumento de Nina passe por uma normalização do gosto — o que é belo é obrigatório —, acaba por funcionar. O "você me paga" de Marcela se dilui no meio das interjeições de aprovação ao acessório.

Quando finalmente me dão entrevistas, em casa, a questão do tempo fica explícita. Primeiro ouvi Nina, depois Marcela, após chegar de um passeio de bicicleta, em um sábado pela manhã. Pois o primeiro sentido em que o tempo ocupa as discussões de ambas é justamente essa problemática do chegar na hora, dos atrasos, um "desvio" recorrente da parte da ruiva, como já havia constatado — assim como sua reação na parceira. O segundo diz respeito à *dedicação*, ao tempo dedicado de uma à outra. Marcela ouve da companheira constantemente uma reivindicação de mais dedicação às duas. A loura pode andar de bicicleta de manhã sozinha, mesmo que a namorada, nem tão afeita a exercícios físicos ("Eu gosto de dançar, queima gordura à beça"), não goste tanto (embora, prova de amor, haja duas *bikes* penduradas no porta-bicicletas da casa, ao lado da máquina de lavar). "Ela consegue ficar 18 horas na locação de um comercial, entrar em casa e me tratar como se tivesse ido ali, no mercado", reclama Nina. "É que eu sinto que é mesmo como se não tivéssemos nos separado, como se fosse só retomar a conversa", responde Marcela, ao lembrar que a outra sempre chama atenção para essa suposta desatenção dela.

As duas, entretanto, articulam o problema do tempo com outro nome: *desamor*. O uso do termo começa com Marcela, que chamando assim os atrasos de Nina — "A gente já perdeu sessão de filme do Festival [do Rio, evento de cinema que ocorre anualmente na cidade e que mobiliza os cinéfilos] por causa desse desamor dela. Sabe, a sessão do [e cita um filme oriental exibido no evento uma única vez e nunca mais reapresentado no Brasil]? Pois é, eu não vi". "Desamor" virou um termo geral para as ações que causam mal-estar (sempre ligadas ao tempo) de lado a lado.

E, seja no caso de uma, seja no da outra, o desamor é administrado por meio do recurso à circunstancialização. Diante da pergunta direta "Por que não desmentir o desamor simplesmente afirmando o amor?", as respostas indicam a exigência da observação de uma dimensão pragmática da vida a dois: "Isso não é necessário. Ela já sabe que eu a amo. E a gente já diz 'eu te amo' o bastante. O problema é que essa coisa de ela chegar sempre atrasada é um desamor prático; é uma coisa que exige amor prático." Prova de amor? "Não, nada nem tão sério nem tão cafona assim, mas pelo menos uma satisfação, né?"[8]

Essa demanda por "amor prático" encaminha a análise para mais uma partição entre abstrato e concreto: o amor-sentimento e o amor-ação. O primeiro é aquele de uma utopia de sentimento; o segundo, articulado a um exercício cotidiano de ações que demonstrem competência amorosa. A dimensão abstrata não está em questão no cotidiano dos apaixonados (salvo quando se manifesta uma crise grave), mas a concreta está em questão o tempo todo e poderá ameaçar a outra, caso provoque desgaste. Daí as satisfações, tentativas de desarticular o desamor com o descontrole, o desempoderamento, a impossibilidade de agir de outra maneira. Ao mesmo tempo, o amor prático é modulado por uma circunstancialidade que chama a atenção para a vida prática, para suas complicações.

Papel exercido — por definição — pela desculpa. Entre Nina e Marcela, o desamor é sempre desmentido pelo fato de o tempo ser uma entidade incontrolável. Nina é mais direta que Marcela. Oferece desculpas mais claramente centradas em um bem de si inevitável: a bolsa que *tinha* que ser comprada, a preocupação com a combinação das roupas, a *impossibilidade* de convivência com as pessoas com que as duas se encontrariam. Este último traço chegou a fazer com que a ruiva esperasse pela loura do lado de fora de uma casa de shows na Lapa. Acabaram por se encontrar apenas ao final da apresentação de um grupo de que Marcela gostava mais, mas sobretudo que a punha em contato com pessoas que a outra achava "impraticáveis". "Ah, você tava com a Vanir e o Amauri, não suporto aquele cara", disse. Já Marcela transfere claramente a responsabilidade para os entes dotados de algum poder sobre seu tempo: "Meu chefe é maluco"; "Você já fez uma cotação de cabeamento alguma vez?"; "Um comercial exige administrar muitas pessoas e é preciso dar atenção a elas". Em todas essas situações, o desamor é apontado como centro do conflito, e só se consegue dar conta dele com a abertura dessa janela de descontrole.

Mas não apenas por elas. Aquilo que nas bocas de Nina e Marcela é "desamor" ganha de Heloísa, mulher de Alex, o nome de "falta de atenção". De Sandro, marido de Ilda, "ela podia ser mais atenciosa". De Verônica e seu companheiro Rubens, os dois, de "quando uma coisa assim acontece, é como se ele/ela não me amasse". Essa percepção se espalha pelos entrevistados, permitindo consolidar esse *desamor* como categoria substantiva importante. Ela sugere uma pergunta essencial sobre o próprio estatuto do relacionamento: qual é o outro lado, o que é o amor quando o desamor não se manifesta?

O que faz pensar sobre a construção da própria categoria: por que não se pode admitir esse tipo de coisa da pessoa que amamos? A resposta é muito semelhante em Marcela e Nina: "Ué, porque ela é a pessoa que eu amo, é *a* pessoa a quem eu dou atenção, é *a* pessoa que me trata diferente das outras, para quem eu sou especial e que é especial pra mim", elabora Nina. Marcela: "Se eu não for bem-tratada por ela; se *ela*, logo *ela*, minha 'cara-metade' [os dedos sinalizando as aspas], não me tratar como especial, quem vai tratar?" As duas usam o termo "especial" e, mais especificamente, ambas lançam mão da *singularidade* do companheiro: o outro é aquele que me trata como mais ninguém me trata e lhe tenho amor em parte porque esse outro me trata assim e é aquele que, diferentemente de todos os outros no mundo, tem uma ligação singular comigo, porque é diferente de todos os outros no mundo. A partição estabelecida no desamor, então, pode ser entendida como aquela entre uma condição de singularidade absoluta do ente amado e momentos em que essa singularidade é desmentida ou, pelo menos, posta em questão. Assim, na ação *desamorosa* (ou *não competente amorosamente*), o outro se banaliza, deixa de ser especial, deixa de ser único — e pode até se ressingularizar nas antípodas, como objeto de ódio, no horizonte de um rompimento, como assinala Vaughan (1986). No momento em que se estabelece um mal-estar situacional em uma relação amorosa, a questão fundamental do relacionamento vem à tona, assumindo outra forma: ela é aquilo que desmente a singularidade do outro. É fundamental, aliás, justamente por isso: quando ela se manifesta, o outro como único no mundo a merecer o amor pode cair por terra.

A construção de um relacionamento: uma dinâmica peculiar para as conversações

Os casos de Laura e Gerson, Marcela e Nina estabelecem uma dinâmica. O fato de ambos serem articulados a partir de situações de problemática temporal contribui para torná-los exemplares. Afinal, o atraso (o tempo, em geral) é um problema recorrente entre casais, embora nem sempre possa ser apontado como *a* questão fundamental. No entanto, o mais relevante aqui é a observação dos três traços gerais que brotaram dessa problemática: o fato de que, na vida de casal, se manifestará uma *questão moral fundamental*; o recurso ao *desamor* como forma geral das críticas no âmbito da relação baseadas na questão fundamental; e, por outro lado, o recurso à *singularidade do amado* como conteúdo ao mesmo tempo da crítica (quando negada pelo desamor) e da sustentação da resposta. Esses três traços gerais chamam a atenção para a dimensão produtora de situações de uma relação: estamos diante da recorrência de momentos nos quais entra em jogo a manutenção do cotidiano da relação amorosa e vão para o centro do palco os argumentos usados para dele dar conta.

De modo que uma relação afetiva passa a poder ser vista como uma máquina de fazer outra coisa: em vez de ser apenas um *setting* de convivência entre duas pessoas unidas pelo amor, o relacionamento amoroso pode ser lido como uma *moral em si*, ou seja, como um dispositivo em que se coloca, de um lado, uma gramática abstrata de ideais, à qual os integrantes recorrem para avaliar as ações uns dos outros, e, de outro, uma série de dispositivos de prestação de contas, por meio dos quais os integrantes dão conta de suas ações uns para os outros. E, como acabamos de ver, a gramática dos ideais diz respeito à articulação entre a singularidade do outro e sua perene comprovação pela não manifestação do desamor — condição de rotina do relacionamento —, e a gramática dos dispositivos é operada, como em qualquer outro caso, por uma série de recursos de prestação de conta, ou seja, justificações e desculpas.

Isso indica uma ordem de elementos do relacionamento a operar como partes dessa moral em que ele se converte. E o primeiro deles é justamente aquela da singularidade do outro, que é o principal elemento de interesse no amado quando ele se torna amado, o que nos leva a perguntar: 1) Como se dão a formação e o reconhecimento de um relacionamento? Como mostra Kaufmann, tanto em seu estudo sobre a primeira manhã depois da primeira noite de um casal (2002) quanto em seu trabalho sobre a imagem que o homem tem para as mulheres solteiras (2004), esse processo é o principal revelador de como essa singularidade é construída, já que ele fica incorporado na decisão de primeiro "ficar" com o outro, na passagem do estágio de atração e primeiras interações (quando o outro pode ser nada singular[9]) ao processo em que se admite estar de fato "namorando" ou "junto", podendo-se chegar à construção de um compromisso de longo prazo. Trata-se da maneira como os atores dão conta da construção de uma imagem do outro como alguém especial, não banal como outros no mundo, com quem se possa estabelecer uma aliança, compartilhar uma relação. Destaca-se, assim, a maneira como os parceiros amorosos constroem o outro como uma representação e como essa representação é central para a vida a dois.

Esse processo permite ainda perguntar: qual é o papel dessa imagem fundamental de cada um dos atores na economia das desculpas dadas no cotidiano? Será que os traços que fizeram diferença na hora de escolher um parceiro e os que o fizeram se tornar um parceiro fixo fazem parte do corpo de elementos que vem à tona quando surge um empreendimento moral da parte de um desses parceiros e o outro se vê diante da possibilidade de dar uma desculpa para suas ações? Qual é a relação entre essa imagem primordial e a *questão moral fundamental*?

Gustavo, por exemplo, conheceu sua mulher, Eliane, quando dava aula para ela, em 1994, na universidade. Como ele tinha namorada na época em que lecionava, diz que a notava como uma menina bonita, mas que ela não havia chamado sua atenção. "Eu não enxergo muito essas coisas. Estava preocupado em dar aula!" Só começou a notá-la de fato quando a moça tomou uma iniciativa "estranha". "Eu dei em cima dele", diz ela. No final do período, Eliane resolveu se dirigir a ele, dizendo que ficou devendo um trabalho e queria que ele ainda o lesse. Pegou seu cartão para lhe enviar o arquivo via modem (a internet comercial ainda engatinhava no Brasil) e se despediu com uma insinuação que o deixou "com a pulga atrás da orelha". "Uns dois meses depois", ele já tendo terminado com a namorada, eles "se esbarraram" no Centro do Rio, já que trabalhavam, coincidentemente, na mesma rua. Surgiu a ideia de almoçarem juntos. Do almoço, veio um "vamos tomar um chope" e eles começaram a namorar nesse encontro, em um 13 de abril (conhecimento de data que os dois fazem questão de sublinhar). O casamento "no papel" viria apenas em 2007, depois de três anos morando juntos.

Mas por que a moça de cabelos escuros e "feições de Fanny Ardant" ("Dizem muito isso", ele conta. Ela cora e recusa a comparação) foi falar com o professor caladão e sisudo, que "chegava, dava aula e ia embora"?

> Eu vim do interior do Rio. Morava dividindo apartamento, em república. Tinha namorado algumas pessoas, mas todo mundo com quem eu convivia [ela estagiava em um banco de investimentos, o que a fazia ter contato com pessoas de classes mais altas] era "riquinho". Eram umas pessoas "meio bestas". Pois a primeira impressão que ele me passou foi uma pinta de "bom moço batalhador". Pensei: "Eu queria construir uma vida com alguém assim. Como eu". Procurei saber onde ele morava, e não era na Zona Sul. (...) No meio do período, o avô dele morreu e ele ficou muito emocionado. Ele não era muito de conversa. Nesse dia, eu não sabia se ele tinha morrido um dia antes ou se ele tinha vindo direto do enterro para a aula, mas a turma estava meio agitada, enrolando um pouco, e ele fez um discurso: sobre metas na vida, o que era importante, falou de si e o olho encheu d'água. Achei aquilo lindo! Percebi, então, que além de tudo ele era sensível. E, ora, era professor, inteligente, e eu sou bem CDF [estudiosa].

Da parte dele, ele reconheceu na moça "uma pessoa doce, inteligente e séria". Ele também estava interessado em alguém que pudesse "tocar um projeto de vida". Para ele, o que a marcava era o fato de que ela, apenas ela, conseguia fazer suas emoções aflorarem. Pouco falante, Gustavo demonstra grande dificuldade de falar de si. "Mas não com ela e não sobre ela". Tanto é que ele foi capaz de, em meio a lágrimas, fazer um longo discurso sobre a amada no casamento dos dois, diante de dezenas de pessoas, deixando-a emocionada.

Já Viviane e Túlio se conheceram pela internet. Em fevereiro de 2005, ela recebeu o e-mail de um estranho, que dizia estar se mudando de outro estado para o Rio. Ela tivera contato com ele em uma lista de discussão virtual sobre fotografia. Ele enviara a mensagem apenas para as meninas da lista, o que indicava certo comportamento desconfiável. Apesar disso, ela respondeu, dando boas-vindas. Foi a única. "Foi por educação", afirma. Viviane já havia tido três namorados que conheceu na rede. Mas só encontrou Túlio pessoalmente em agosto. Nesse meio-tempo, falava com ele por e-mail ou programas de bate-papo e, eventualmente, por telefone. Ele era separado e se dizia "traumatizado", de modo que ela evitou muito contato, "para não complicar".

Um dia, chateada, resolveu ligar para ele. Mas, antes que pudesse fazê-lo, recebeu um telefonema. Dele. Apesar das experiências com parceiros do mundo virtual, ela mantinha uma série de procedimentos de segurança — revisão de perfis do "candidato", amigos e parentes na rede social Orkut, observar ocorrências em buscadores à cata de comentários, blogs etc. Inquérito concluído, aceitou encontrá-lo. Marcaram um cinema de domingo. Encontrariam um ao outro no saguão. Ao chegar, ela o viu de longe, e pensou: "Até que dá pro gasto."

Ia cumprimentá-lo com um par amistoso de beijos no rosto, mas foi surpreendida pelo movimento do rapaz, que lhe deu um forte abraço. Ela pensou: "Que fofo!" Viram um filme e "ficaram". Marcaram, então, de se encontrar uma semana depois. Nesse dia, ela foi encontrá-lo para o almoço. Ao pegá-la, de carro, em um local público, ele novamente a surpreendeu: "Você se incomoda se a gente der uma parada no caminho? Eu... tenho que colocar a roupa para lavar." Ela aceitou, apesar de achar que soava como um estratagema. Não era. Ele de fato trazia um saco de roupas no banco de trás e as levou — a ela e a bolsa — para a lavanderia. "Me fez pensar. A gente conhece uns caras que são sempre malintencionados, e ele fez uma coisa diferente. Achei aquilo tão humano! Não parecia ser algo arquitetado, foi espontâneo. Achei bonito, gostei muito", relembra. Esse fato, diz ela, a fez tomar uma atitude: "Você quer namorar comigo?", perguntou a ele na praia do Joá, no transcurso do que chamou de "uma tarde perfeita". Ele aceitou e eles estavam juntos por três anos quando a entrevistei. Foram morar juntos em outubro de 2006 ("No dia 3", ela se lembra).

Marilda e Bernardo não tiveram muito problema para se conhecer. São primos. Ela se lembra de sempre tê-lo achado feio quando criança (ou pelo menos dizia isso em voz alta, naquele tipo de implicância recorrente entre os infantes da mesma família), mas que quando o viu, depois de uma viagem de férias, ele aos 22, ela aos 16, achou-o "um pão". Marilda tem 58 anos e eles estão casados há 39. Têm três filhos criados e seguindo suas vidas. Bernardo diz que namorou a mulher "desde que ela nasceu", que ela era "um neném lindo" e que soube que ia se casar com ela desde que a viu pela primeira vez. Na tal visita, quando passou na casa dos tios para deixar uma encomenda que trouxera de viagem, ele, ao revê-la, depois de quatro anos sem a encontrar, achou-a "a menina mais bonita que já tinha visto". Ficaram noivos meses depois. "Ele queria casar logo, mas a gente tinha que construir uma casa, né?" E, nesse processo, ela conheceu de fato o primo: "Me impressionava como ele era trabalhador. Ia para a fábrica todo dia e, depois, dormia na obra. A casa só não saiu antes porque a gente não tinha dinheiro." Da parte dele, a noiva se revelaria também alguém impressionante: "Para ela, a coisa mais importante era nosso sonho; então ela não fazia questão de nada, não queria luxo nenhum... Era tão compreensiva que eu não acreditava! Não chegava a ser a Amélia da música, mas, se fosse outra, iria achar que eu ia pra gandaia." E ia? "Ah, de vez em quando eu ia, né! Mas eu era jovem, sou homem... Mas nunca teve mulher, não, hein! Era só uma sinuquinha, um limãozinho..."

Essas histórias de início de relacionamentos chamam a atenção, então, para como as pessoas são distinguidas da grande multidão que atravessa a vida para se tornar alguém *único no mundo*. Conhecer alguém, interessar-se por ela, é, obviamente, reparar como ela é *diferente*. E o processo de ingresso no relacionamento parece depender do recalcamento de categorizações que padronizem o outro. Assim, se Eliane chama seu pretendido de "bom moço trabalhador" (o que, afinal, o integra a uma categoria), não é senão para distingui-lo de um grande manancial de "riquinhos", de "gente besta", que povoavam seu mundo. Igualmente, a distinção entre os homens comuns e o de ações "fofas" e não estratégicas, como se mostrou Túlio para Viviane, também demarca uma série de demonstrações de seu caráter radicalmente distinto, singular. E o mesmo acontece com dona Marilda, que, aos olhos de seu Bernardo, sempre foi a escolhida. A narrativa romântica do "sempre soube que era ela", desde quando ela era um bebê, faz as vezes de toda uma mitologia do "destino", da "metade da laranja", da história "escrita nas estrelas" e outras formas de atribuir a uma ordem superior de agência a motivação do relacionamento. Esse discurso atravessa sem exceção todos os entrevistados, mesmo os mais atrelados a leituras distanciadas e racionalistas do amor. Mesmo um homem como Pedro, que conheceu sua mulher, Débora, em um site de relacionamentos, atribui à companheira, escolhida para ele por um sistema eletrônico que associa perfis de pessoas por meio de afinidades, um caráter singular:

> Eu sabia exatamente o que queria de uma pessoa quando me inscrevi no site, mas o que a gente quer da pessoa quando entra nesses negócios é impossível, é algo que simplesmente não existe. A gente exagera, porque tem em mente a mulher dos nossos sonhos. Mas é melhor pecar pelo excesso e não por falta, né? De maneira que você pede assim mesmo, porque se vier, sei lá, 70% do que a gente pediu, é lucro. Mas não é que, contrariando isso tudo, *ela* [ele enfatiza o pronome] existe, *ela* é como eu queria. E, mais que isso, ela é um monte de coisas que eu nem sabia que queria e só descobri que sim por causa dela.

Mas, se uma singularização forte está no começo de um relacionamento amoroso como elemento fundante, ela é apenas uma condição iniciadora de um processo que se amplia ao longo da consolidação da relação: é a partir desse ponto que se inicia a construção da língua comum de que falei anteriormente. Ora, é preciso, para começar, que *as duas pessoas* saibam o que está acontecendo, ou seja, que partilhem as mesmas definições, desde as mais prosaicas do estabelecimento da relação — o que é atração, o que é beleza, o que é interessante, o que é divertido, o que é um beijo de amigo e o que é um beijo de amante etc. — até em torno de conceitos mais complexos —, o que é amor, o que-namoro, o que é casamento, o que é vida a dois, o que é bem, o que é mal, o que é bom, o que não é, o que dá prazer, o que não dá, o que causa desprazer. Entretanto, esse processo de estabelecimento de definições é paralelo ao andamento da própria relação. É um processo invisível, tácito. As pessoas não se sentam para debater e compartilhar definições previamente. O único momento em que isso ocorre é na DR, quando são feitos justamente partilhas e reajustes dessas definições. No processo de produção do relacionamento, isso é feito de maneira indireta, pela observação do que é efetivo e do que não é efetivo nas ações, do que funciona e do que não funciona. E, entre essas definições, uma em especial: o que é o outro.

Eis que temos, então, um conflito de fundo em todas as relações, aquele produzido pelo ruído nos interstícios das definições distintas que cada parte mantém da relação: independentemente do conteúdo das definições, o fato formal de que cada um detém a sua é um espectro a rondar a vida comum, ao mesmo tempo que é a mola dela própria — afinal, será um dos temas constantes da relação justamente o estabelecimento dessas definições, o "ir descobrindo como é a pessoa" de que vários falam. Mas justamente essa definição em particular, a do que o outro é para mim, será uma *questão moral fundamental universal*: todo relacionamento terá como um de seus valores centrais a manutenção de uma identidade de cada parte no interior das situações. E uma das exigências morais mais fortes da vida a dois será a de que o outro permaneça sendo aquele que se provou singular, único no mundo. Se não for, estará cometendo um ato de imoralidade.

Características complicadoras, mal-estares e desculpas para eles

Mas eis que, no mundo real — aquele que fica a léguas da utopia que sonhamos —, o outro muda. Não apenas isso, o outro é cambiante, variável. Daí o "limãozinho" de seu Bernardo ter se tornado a *questão moral fundamental* do relacionamento dele com dona Marilda. Depois que conseguiram construir a casa e finalmente se casaram e se mudaram para lá, a vizinhança já era muito mais conhecida dele do que dela — que só ia a Realengo, na Zona Oeste do Rio de Janeiro, para encontrá-lo, levar almoço na jornada de final de semana de obras etc. Já ele havia ficado conhecido como um animado companheiro de sinuca dos vários serventes de obra e novos donos que, como ele, construíam casas nos terrenos recém-loteados ali. Ele tinha até apelido na rua, um diminutivo gaiato de seu nome verdadeiro. Com a chegada da esposa ao local, ela teve que se acostumar com a transformação na imagem do primo, agora cônjuge. "Eu sou uma moça de família. Não gosto disso de você ficar por aí jogando baralho [sim, ele se dedicava a outros esportes] e sinuca com essa gente", disse-lhe, taxativa. Isso fez com que ele começasse a trazer as prestações de conta para o plano das circunstâncias. Primeiramente, por meio de certa noção de mérito: "Eu construí a nossa casa! Não tenho direito a uma sinuquinha?" "Não, se você ficar por aí bebendo, naquela vendinha imunda, e eu sendo falada por aí como mulher de bêbado! Você não pensa em mim?" "Mas que mal há em tomar um limãozinho e jogar uma sinuca, minha filha?" "Eu não saí da casa da minha mãe para virar mulher de cachaceiro!" "Não sou cachaceiro, só tomo um limão de vez em quando. Eu sou homem, tenho que me divertir!" "Homem que é homem mantém sua dignidade!" "Minha dignidade está no meu trabalho. Eu suo muito a semana na fábrica pra perder minha sinuca!"

A discussão durou anos. Desta, a primeira, ficou uma regra, negociada com a aceitação dela, um tanto tácita, para jogos e beberagens: "Se você me aparecer bêbado aqui, eu saio por aquela porta e não volto nunca mais."[9]

O "limãozinho", então, representa uma vasta gama de comportamentos que ela considerava "desqualificados": álcool, jogo e, por meio deles, o suposto envolvimento com pequenos delitos que nem eram considerados delitos na vizinhança de classe baixa em que começavam sua vida. "Isso não é nada, mulher, não faz mal a ninguém. É um carro apreendido e não tem dono!", diz ele, diante da acusação de que um negócio que ele fizera com um vizinho policial para vender a um ferro-velho um carro "abandonado", veículo que se dizia ter sido usado por traficantes, ou seja, toda uma série de desvios em relação à moral estabelecida no relacionamento. E ela é centrada justamente na imagem moral registrada em relação ao outro. "Aquilo foi a maior decepção da minha vida", diz ela. "Eu tive que carregar muita pedra para ela não me largar", diz ele. E boa parte dessa operação passou por fazê-la entender que a vida "é mais difícil do que parece e às vezes a gente tem que fazer mais do que pode". Vê-se, assim, que todo ator traz para uma relação uma forma de produção de contradições em relação ao padrão estabelecido na formação da imagem do outro. O amor informa que o ente amado é de uma maneira ideal(izada). O cotidiano põe essa imagem à prova. E a desculpa permite que esse cotidiano seja rearticulado em uma base estritamente localizada, permitindo que se possa manter a relação em curso sem rediscutir as bases fundadas na imagem do outro.

Uma situação como essa coloca os integrantes de casais diante de um questionamento essencial: que características suas e que características do outro são complicadoras no cotidiano do relacionamento?

A questão sobre os traços de si promove um convite à *mea culpa*: como cada um dos dois — entendido como uma identidade fixa, sempre reconhecível e coerente na continuidade de suas práticas — contribui para a construção da questão moral fundamental do relacionamento? Esse movimento é um pouco o de "se colocar no lugar" da crítica alheia e mesmo do empreendimento moral alheio. No meio do relacionamento, então, somam-se dois planos de conteúdo: o primeiro, o da memória, habitado por aquilo que o ator está habituado a ouvir do outro, daquilo que ele percebe como tendo causado mal-estar no outro; o outro, o da autocrítica, da análise do que o autor percebe em si como o que ele próprio pode considerar como fonte potencial de conflitos.

Essa forma de colocar as causas das tensões sobre a mesa, atrelando-as à questão fundamental, é importante para que os atores articulem uma tradução de suas diferenças nos termos de um conflito mais geral, mas, ao mesmo tempo, para que eles sejam capazes de pensar nos mal-estares incidentais, os não relacionados diretamente à questão moral fundamental. Esses potenciais de conflito isolados são igualmente relevantes como fonte de desculpas, mas contribuem sobretudo para o entendimento da articulação da imagem do outro, da construção de uma representação do ente amado. Pois os mal-estares fundamentais ganham muitas vezes o status de conflito que pode mudar o estatuto da relação, alterando uma imagem permanente de um dos atores, ao passo que os incidentais podem fazer parte de um jogo, quer de estabelecimento de outras reputações, quer de reajuste de um estado moral — das regras do que pode ou não ser aceito entre os participantes de uma relação.

A questão dos traços do outro, por sua vez, coloca os atores no outro polo, ou seja, na posição de crítico ou mesmo de "empreendedor moral", aquela pessoa que "exibe a iniciativa de produzir regras" (Becker, 2008[1963], p. 153). No momento em que se investe dessa posição, o ator se depara com o que considera um componente conflituoso do outro e aquilo que habitualmente critica no outro.[10]

Além dessas duas questões, a conversa com os casais coloca ainda sobre a mesa outras três perguntas fundamentais: o que os parceiros mais habitualmente dizem para dar conta dessas características complicadoras? O que os parceiros mais habitualmente ouvem o outro dizer para dar conta dessas características complicadoras? E que mal-estares são mais dignos de ser lembrados na história dos dois? Da maneira como estão apresentadas, parecem ser problemas estritamente metodológicos, mas essas questões adquirem um significado efetivamente analítico. Para começar, porque a diferença entre o que as pessoas dizem e ouvem não se esgota no que poderia ser um quadro de "desculpas mais recorrentes no plano do relacionamento". Igualmente, um questionamento sobre o que é digno de ser lembrado diz respeito à importância atribuída pelas pessoas ao que aconteceu. Pensar nisso, quando acontece, em geral no interior da DR, mas por vezes também em situações de raiva do outro, traz à tona uma articulação crítica urgente de maneira tal que leva qualquer um ao questionamento do estatuto da própria relação.

No caso de Leandro e Carolina, por exemplo, o núcleo do mal-estar é a "pocahontice". A história é digna de qualquer anedotário familiar: era uma Festa de São Nicolau (em 5 de dezembro, mas celebrada pela comunidade holandesa, da qual ele é originário, como prévia do Natal), a primeira que passaram com a família dele, em São Paulo, onde estavam de férias, já que moravam fora do Brasil. De família holandesa, ele possui dupla cidadania e ela conseguiu rapidamente se adaptar à vida acadêmica em um novo país, onde foi estudar — mestrado — e hoje leciona. Profissional de uma área muito competitiva da indústria do software, Leandro passou por um período de desemprego no exterior e chegou a trabalhar sem salário fixo para uma empresa até conseguir a colocação atual. Os dois se conheceram quando ainda estudantes, no interior de São Paulo, mas só começaram a namorar bastante tempo depois (ambos tinham namorados quando se conheceram). E, apesar da demora, foram morar juntos pouquíssimo tempo após o início do namoro, para logo depois irem para a Europa. Sobre o primeiro contato, aliás, ambos são muito enfáticos ao singularizar o outro: "A gente nem se tocava, havia um nervosismo. Era claro que havia alguma coisa ali, que era arriscado a gente encostar um no outro", lembra-se Leandro.

Pois bem, tradicionalmente a família mantém o hábito de realizar um "amigo secreto" de São Nicolau. No sorteio para ver a quem daria um presente, Carolina tirou a prima de seu marido, uma criança. Sua madrasta lhe sugeriu que desse uma fita de vídeo do desenho animado *Pocahontas*, que a menina amava e ela própria (a madrasta de Carolina) já havia comprado. Mas como não havia sido ela a compradora do presente que daria, Carolina fez questão de comprar algo novo. A ideia brilhante: dar à menina uma boneca da personagem-título do desenho, a brava indiazinha americana que se apaixona por um homem branco. Ora, é um personagem da Disney, "é óbvio que vendem boneca dela". "Vamos à Vinte e Cinco de Março!", disse ao marido, referindo-se ao *shopping* a céu aberto de comércio popular na capital paulista, formado por cerca de 3 mil diferentes pontos de venda. Obstinada, ela fez o companheiro subir oito andares de um prédio formado por lojas, indo de lojinha em lojinha, perguntando pela boneca. "E ele ia atrás de mim e não falava nada!" "E ela não parava, não parava por nada. Tinha que achar a boneca para dar à menina."

Essa obstinação de Carolina foi, então, batizada pelos dois de *pocahontice*. "É quando ela quer alguma coisa e coloca aquilo na cabeça e nada faz desistir. E passa por cima de todo mundo", diz ele, o tom entre resignado, anedótico e crítico — porém mais crítico, no final das contas. É, então, uma forma de tornar pitoresca a "característica complicadora" da parte dela. Funciona ao mesmo tempo para desculpar — "É o meu jeito. Eu tento, mas é muito difícil mudar", diz ela — e para congelar a ação. Quando ela começa a entrar em *pocahontice*, ele a informa disso e ela "cai na real". Mas, se traz à tona essa obstinação cega que pode se tornar um problema oferecido por ela à relação, ao mesmo tempo a *pocahontice* não existe sem uma contrapartida: "O Leandro guarda tudo. Não fala nada! E acho que esse é um dos fatores pelos quais a gente não briga. Mas, ao mesmo tempo, é o motivo pelo qual é bem sério quando a gente finalmente acaba brigando." "Não gosto de briga. Ela quer ir lá, atrás da Pocahontas? Vamos lá. Eu vou junto e apoio. Só não quero que a gente tenha que discutir por isso."

Essa falta de combatividade do marido é apontada por Carolina como uma fonte de problemas para os empreendimentos do casal — como a compra de um apartamento: quando decidiram que o fariam, ela queria começar no dia seguinte e marcar cinco visitas a possíveis *flats*. Já ele não via sentido em tanta pressa: "Quando a gente toma uma decisão dessas, não pode ser correndo, tem que fazer tudo com calma!" Para ele, o motivo para não correr é a falta de necessidade, mas ele se move empurrado por ela. O motivo: "Não sei dizer 'não'." Para ela, essa necessidade de se mover "como um trator" é... apenas o jeito dela.

Não, eles não encontraram a boneca.

* * *

Mas as situações mais marcantes entre as produtoras de mal-estar, aquelas que tornam o reconhecimento da singularidade do outro um desafio particular, são aquelas nas quais se interpreta que esse outro passa por cima, ignora, trata seu amado como se ele, justamente ele, não tivesse importância. Essa desimportância, essa invisibilidade, é um desamor em uma forma prática definida: trata-se de agir à revelia do outro ou em relação a ele sem pensar se o incomoda ou sem considerar o seu bem. Nesses casos, a acusação mais recorrente é a de "insensibilidade". Trata-se do "não pensar no outro", não considerar se ele sofre ou não, se ele pode sair ou não machucado do que fizermos, seja o gesto muito sério, seja o mais cotidiano.

Afonso, por exemplo, parece um tanto insensível aos olhos de Paula quando chega em casa e se estira no sofá. Chega, liga a TV e se deita, ocupando todo o móvel. Ela fica triste e se aproxima. Para ao lado, senta-se no braço, "mas ele não percebe". Quando conversam, ela finalmente diz a ele: "Eu queria poder sentar para ver TV com você, mas você não me dá espaço nenhum". Ele tem um motivo: "É minha coluna, você sabe!" Ao chegar em casa, ele mobiliza constantemente uma "hérnia" nunca diagnosticada por um médico — mas corporificada em uma dor crônica nas costas que ambos reconhecem ser forte e atrapalhar o cotidiano dos dois — para reivindicar um lugar para o descanso. Acontece que o casal não foi formado em bases que atribuam as tarefas domésticas a ela e outras a ele. Pelo contrário, eles sempre concordaram em "dividir tarefas". E, nos tempos de namoro e no começo de casamento, já de seis anos (somados aos três de namoro) quando os conheci, era assim. Mas "aos poucos ele foi se encostando naquele sofá e não levantou mais", diz Paula. Sua reivindicação, então, é de um certo "tratamento especial". Mas não é que ele tenha se tornado um inútil em casa. "Ele até que colabora, tenta, mas fica sempre pelo meio do caminho." A coluna de Afonso fez com que a diarista que frequentava a casa de 15 em 15 dias passasse a visitá-los semanalmente. Isso mais ou menos resolveu a divisão de tarefas da casa — apesar do aumento de gastos, o que, no começo, era um problema, mas depois, com o tempo, foi deixando de ser, com a melhoria das condições profissionais de ambos. O problema, para ela, se inicia quando deixa de ser uma questão de pequenas fugas de ações como arrumar a cama, recolher os pratos ou lavar a louça, e se torna uma desculpa genérica, para qualquer coisa. E, daí, eis que ele não quer ir ao cinema na noite de sexta-feira porque as costas doem, não quer sair para dançar porque as costas doem, não quer combinar uma viagem de fim de semana porque as costas doem, eventualmente não quer namorar porque as costas doem. "Ué, mulher não fica com dor de cabeça? E, no meu caso, eu fico mesmo com dor nas costas. Não é enrolação", justifica-se. "E não é o tempo todo, eu só tenho dor de vez em quando, não estou entrevado." Mas ela diz ter a impressão de que ele faz uso do recurso o tempo todo, e por isso o chama de insensível. A negociação não é fácil, pois esse é um exemplo típico de quando uma desculpa (ou seja, uma prestação de contas centrada nas circunstâncias) é acusada de ser "apenas" uma desculpa. Para Paula, pode ser até que ele tenha mesmo dor na coluna. Ela acredita no marido. Mas, ao mesmo tempo, ele a supervaloriza e se aproveita dela como desculpa, como pretexto. Funciona? "Funciona, né? Tem que aceitar, senão a gente vai brigar muito, vai brigar o tempo todo." "Vou te dizer: eu acho que ela é às vezes um pouco insensível, sabe, porque é incapaz de respeitar o sofrimento do próprio marido", diz ele.

Há, no entanto, situações em que a insensibilidade não tem desculpa. Pablo sentiu isso na pele quando fez "uma grande besteira": Norma, sua companheira de nove anos, viajou para Santa Catarina para ver a mãe, que faria uma cirurgia, e ele saiu para beber com os amigos. "Bebi demais e... já viu." "Ele me disse que tinha dormido com a Marcela, uma amiga... porque bebeu demais!" A desculpa não funcionou. A ação ficou localizada no plano do inaceitável. O que Pablo fez "foi longe demais". No caso dele, seu deslize, ainda que tenha sido "o primeiro e único" — ele sublinha —, o fez sair de casa, passar dias em um hotel, passar dois meses na casa de um amigo até ser aceito novamente ao lado da esposa. E em outras bases: "Eu sei que errei e que eu ter bebido não desculpa o que eu fiz. Mas não me deixa... eu te amo", ele chegou a dizer. Mais uma vez nos deparamos com o "perdão, porque não há mais desculpa". É uma articulação importante a ser feita a partir do duo de características complicadoras/mal-estar relacional: nela, o ato de dar uma desculpa pode ser descrito em um quadro de temporalidade: quando diz que não há desculpa para o que fez e que só quer o perdão, tributado ao amor que sente — o que configura um quadro de necessidade absoluta (amor = necessidade de ter o outro) —, ele está deslocando o quadro de mal-estar para um plano revisado, rumo ao futuro: como disse antes, o perdão demanda que simplesmente se anule a possibilidade de conflito (ou mesmo o conflito estabelecido), que se anule o mal-estar relacional, baseando essa solicitação em uma promessa de futuro. "Me perdoe porque eu te amo" significa "Me perdoe porque o futuro será diferente do presente em que hoje sofremos".

A desculpa, por sua vez, parte de uma relação diferente com o tempo: quando apresenta sua versão dos fatos intermediada pela apresentação de uma circunstância, a demanda para que se anule o mal-estar relacional passa por uma revisão do passado. Toda a operação é de reconstituição, de transporte rumo a um tempo outro, no qual a situação fica explicitamente definida: é nela que ou o ator praticante da ação deixa de ser ele mesmo, ou que a situação muda igualmente de estatuto, deixando de ser aquela que se desconfiava na regra moral.

Familiaridade

O quadro que apresentei até agora estabelece uma economia de tensões. Primeiramente, aquela entre *imagem singular do outro* e *questão moral fundamental*. Cotidianamente, uma pressiona a outra, a segunda à primeira, oferecendo constantes condições para o estabelecimento de mal-estares quando no exercício das situações próprias do relacionamento. É, como já disse, uma manifestação da outra tensão, aquela entre abstrato e concreto, imperiosa na relação dos atores com o mundo moral. Mas, atenção: embora a questão moral fundamental seja ela também uma abstração, ela o é porque é uma integração apenas formalmente abstraída de uma série de condicionamentos pragmáticos. A questão moral fundamental não é a moral, a dimensão mais elevada, metafísica.

Pelo contrário, ela é um desvio formalizado que por vezes aflora. Quem assume essa posição de valor moral central é a imagem singular do outro, é o ideal utópico sobre o qual se constrói a relação. A questão moral fundamental é uma integração da pressão que a dimensão pragmática, de práticas localizadas, exerce sobre o mundo dos seres metafísicos. Não estou negando que o outro, em uma relação amorosa, seja "diferente de todos os outros" (como me falaram textualmente muitos dos entrevistados, e acabaram me dizendo, com outras redações, todos os outros). Nem que não seja. Essa questão não se coloca aqui. É para a psicologia. O que aponto com esse enquadramento é que essa singularidade, em sua relação tensa com a questão fundamental — também a cada momento em que ela interage com as questões eventuais ocorridas na vida a dois (a três etc.) —, compõe uma representação do outro a partir da qual os atores tomam decisões (consciente ou inconscientemente) e praticam ações.

Essa representação, entretanto, para ser efetiva, depende de uma lógica subjacente que, no outro polo, a sustente. Ela depende da construção de uma competência, a *familiaridade*. O termo sugere uma partição entre dois mundos e dois tipos de pessoas, as que pertencem à nossa família e as que não pertencem. Ela parece ser a noção central articulada pelos atores para o estabelecimento e a manutenção de uma relação. A familiaridade é induzida por várias impressões contidas nas falas dos casais, falas como: "Ele é a minha família, não pode fazer isso comigo", "Com o tempo, a gente vai sentindo que ele entra na família" ou "Minha mãe trata o Leandro exatamente como me trata. É exatamente como se ele fosse filho dela. Dá as mesmas broncas".[11]

A familiaridade, no entanto, não é uma competência simples. Trata-se, na verdade, de uma síntese, um termo concentrador de uma complexidade, que opera conforme uma matriz de vários elementos de significação — como planos de significação que se coordenam e/ou subordinam.

Esse conceito se define a partir da própria construção da matriz: *familiaridade* é a noção de que uma relação está plenamente efetivada, ou seja, se constitui como unidade social, e portanto moral, capaz de produzir uma vasta gama de efeitos, efetivos para todos os atores nela envolvidos, e estabelecidos a partir de uma noção de singularidade do outro ator — o que aponta para a dimensão familiar e mesmo íntima das relações ou, a princípio, pelo menos para determinado tipo de relação, as mais privadas, mais íntimas: "Uma relação íntima é a menor organização que criamos" (Vaughan, 1986, p. 18). Mas essa definição é, à primeira vista, tautológica. Ela depende, para ser plenamente funcional, dos elementos que compõem a matriz. Esses elementos são, eles próprios, assim como a própria familiaridade, noções, representações (e portanto abstrações) em referência às quais os atores, no plano de suas interações cotidianas, atuam. Vamos a elas.

1) Previsibilidade: o outro nos é conhecido e agirá sempre de uma mesma maneira

Ao longo de todas as entrevistas, um mesmo padrão de constituição da linha de base dos relacionamentos moldou uma ideia de *reconhecimento*. A singularização do outro como alguém com quem se quer estar ao lado é o estabelecimento de uma memória: aquele ali com quem mantenho uma relação (aquele que amo) é aquele com quem quero interagir *sempre* porque a interação com ele não apenas me é boa, mas me é *sempre* boa — isto, obviamente, é uma utopia. "O que eu mais gosto nele? Ele está sempre dizendo e fazendo coisas novas, diferentes!", diz-me Bruna, advogada, casada há sete anos, desde os vinte, com Wilson, também advogado. Os dois estudaram juntos, entraram para a mesma faculdade, formaram-se juntos e hoje trabalham cada um em uma área de direito. A fala da moça de cabelos muito pretos e pele muito alva soa curiosa por conta da aparente contradição, mas é uma definição central: o marido muda, mas faz isso "sempre". Por mais que varie, ele se mantém a mesma pessoa. Assim, o começo de um relacionamento é, como sugere Kaufmann, uma "aventura" não porque seja um mergulho no desconhecido, mas porque se dirige para o conhecimento. "Aos poucos, a distância segura se estabelece", diz Gustavo, explicando como conviver com o "excesso de iniciativa" de Cinthia. "Rapidinho eu me acostumei com aquelas coisas dela de incenso, astrologia, esses trecos. Imagina! Eu, comunista!", conta Sérgio, marido de Berenice. Já havia citado uma situação entre os dois, relativa à não utilização de um apelido íntimo. Preciso concluir a história iniciada naquele momento, pois ela dá conta justamente de um caso de não reconhecimento do outro: ele não a chamava de "Filhinha" havia "duas semanas", segundo ela. Diante da acusação, ele primeiro tentou desqualificar a regra: "Eu? Mas eu tinha que chamar?" Berenice: "Tinha, sim, tinha. Você sempre me chama assim. O que está acontecendo?" Ele ficou em silêncio um tempo, mas depois revelou que havia algo errado de fato: "Sabe o que é, amor? Eu não consigo... Você, loura, eu não te reconheço. Não consigo te chamar de Filhinha com esse cabelo desse jeito." Pois então: ela havia tingido o cabelo. Habitualmente de cabelos castanho-escuros, ela os pintara de louro. Quando os conheci, ela estava de cabelo "normal" — o episódio do cabelo tomou um bom trecho do segundo ano de convivência dos dois, primeiro de casados, mas continuava na memória de ambos intensamente, mesmo com cinco anos de vida em comum.

Pois estamos diante de um constante processo de aprendizado daquilo que é uma regra entre os dois integrantes da relação. Um relacionamento não é uma relação com regras dadas e/ou preestabelecidas — embora haja algumas mais ou menos difundidas e quase universais na média dos casais, como pressupostos de fidelidade, coabitação etc. O que há de relevante aqui é que esse conjunto de regras, articulado com a imagem singularizada do outro, será o outro lado da questão fundamental. Será em referência a essas definições e a essa imagem singularizada do outro que se estabelecerão os mal-estares relacionais em cada relação.

E será justamente a partir desse mito de previsibilidade que se estabelecerá a *confiança*, elemento apontado como central por todos os entrevistados. De fato, aquilo que surge quando um cônjuge ou namorado age segundo uma forma com a qual o outro não está acostumado é uma desconfiança, uma perda de chão diante da impossibilidade cognitiva de reconhecer o outro. "Ah, mas eu acho que a gente sempre se surpreende com o marido, né?", diz Marilda. Para completar: "Mas não vou dizer que não dói quando isso acontece." Algo semelhante vem de Viviane, com uma racionalidade que aponta para o mesmo tipo de "é assim mesmo" — apenas apresentado em uma, digamos, ordem inversa: "A gente confia desconfiando, né? Deus me livre de acontecer alguma coisa, mas a gente tem que estar pronto para sofrer um baque. Só que a gente tem que confiar. Se não confiar, como é que vai ter um relacionamento?" Isso, vindo dela, que se encantou com o fato de o namorado demonstrar uma atitude não calculista, despojada de estratégias, ajuda a mostrar o grau da importância que os atores atribuem à previsibilidade: mesmo diante de uma consciência forte de que ela é um princípio ideal, e em parte uma representação mais do que um dado estatístico, ele é um mito a ser alimentado, sem o qual a relação seria impossível.

2) Inevitabilidade: a relação é inevitável, determinada por um princípio superior

O amor é o centro de um relacionamento amoroso. Afirmação óbvia e tautológica. Mas, diante de meus entrevistados, ela faz muito mais sentido do que apenas como expressão de coerência. É que o amor é um símbolo importante, e, no caso de uma relação afetiva, é o "princípio superior comum" que estabelece a lógica de uma ordem moral específica. Os entrevistados procuram justificar a aceitação de circunstâncias — as desculpas dadas pelos companheiros — e a aceitação das idiossincrasias do outro, com base no fato de que ele é o ente amado e, se assim é, ele é merecedor desse amor. Justamente pelas singularidades enxergadas no processo de construção da relação. É uma definição circular: é amado *porque* é singular e se torna singular *porque* é amado. A principal consequência disso é um princípio de *inevitabilidade*, operado em dois sentidos: primeiro, como instaurador, ou seja, como justificativa da própria relação; depois, como mantenedor, como justificativa para que a relação se mantenha. O primeiro é sustentado por ideias como "Tinha que ser ela", "Nascemos um para o outro" (que ouvi de alguns casais aqui e que é recorrente em qualquer relacionamento) ou "Quando a vi pela primeira vez, vi que ela era meu número" (Ricardo, marido de Soraya, casados há oito anos, com uma separação de dez meses no final do terceiro, tendo os dois se casado depois de um ano morando juntos, que se seguiu a um namoro de... três meses).

A segunda forma do princípio é o uso de uma versão total da desculpa do "é assim mesmo", uma maneira de dar conta da circunstancialidade proposta pelo outro. Em geral, entretanto, esse princípio serve para dar conta da continuidade de oposição em relação à questão moral primordial. Se não, vejamos: uma discussão aparentemente banal entre Olivia e Umberto levou a uma discussão sobre as bases de sua relação. Casados havia apenas seis meses (no momento da entrevista, eles estavam juntos havia três anos), ele usava o notebook dela, sentado no sofá da sala. Como o utilizasse com a bateria e o monitor estivesse "escuro", encaixou no aparelho o cabo de alimentação, que permitia fornecimento diretamente da rede elétrica. A companheira, ao ver o gesto, virou-se para ele com "o rosto vermelho" (a descrição é do marido): "Não pode colocar o cabo de energia com a bateria pela metade, estraga." "É só desta vez, eu tenho que entregar isso aqui amanhã sem falta, amor." "Mas retira a bateria, por favor." "Tá, assim que der, eu tiro". "Você não tem nenhuma consideração!", gritou ela, enfurecida. Ele se manteve trabalhando. Ela voltou minutos depois e gritou novamente: "Você não tem nenhuma consideração!" Ele ergueu a voz (segundo ela, "com frieza"; para ele, "calmamente"): "Eu não acredito que você tá brigando comigo por causa de uma bateria de computador." Ela ficou em silêncio e se pôs a chorar. Pouco depois: "Eu te amo! É só por isso que eu aturo tua indiferença. Você é um covarde!"

"Ah, a gente aceita essas coisas porque ama, né?", diz Cinthia. "Tem que aceitar as coisas, senão a gente não vai poder amar ninguém", completa ela mesma. Uma frase que acho providencialmente curiosa é a de Talita: "Não tem aquele negócio do filme, de 'amar é nunca ter que pedir perdão'? Pois é. Do perdão eu não sei, mas amar é ter que dar e ouvir muita desculpa esfarrapada. Porque se você ama, se ama mesmo, é condescendente. O seu marido pode nem estar errado de fato, mas você tem que ser condescendente com ele até quando ele está certo."

O que brota dessa fala, aparentemente paradoxal, é que a mulher quer informar que há um procedimento típico para a condescendência — que envolve desligar a máquina de avaliação de provas típicas da justificação e passar por cima desse imperativo — e que essa prática pode, deve, ser aplicada ao amado mesmo que não seja necessária uma alteração de lógica.

3) Intimidade: há pouca ou nenhuma limitação em relação ao outro

A intimidade é a forma mais externa, mais visível, da familiaridade. De fato, costuma-se tratar uma pela outra, e muitos estudos centrados em sociologia das relações afetivas — como Jamieson (1988), Jeudy (2007) ou Miller e Perlman (2008) — usam o grau de intimidade como variável-guia para analisar a efetividade de uma relação. Mas a intimidade se mostra um componente da familiaridade. Por intimidade entendo aqui uma noção de eliminação (ou redução, variável segundo o grau dessa intimidade) de limitações de interação em relação a outro(s) ator(es). Esse conceito é o que mais explicitamente divide as pessoas do mundo em dois tipos, as que são íntimas de nós (e que podem agir ou falar de maneira diferente das outras) e as que não o são. Essa divisão conduz para a tipologia de dois elementos:

a) Intimidade actancial: a noção de que não há limitações na gama de ações que se pode praticar em relação ao outro. Essa forma de intimidade é aquela correspondente a tudo que deixamos — e que se espera que deixemos — que o outro faça conosco e vice-versa. É um pressuposto das relações, como é demonstrado, por exemplo, por Scott e Lyman (2008[1968], p. 112): "Nós usualmente não perguntamos por que pessoas se engajam em relações sexuais." Na intimidade actancial, estabelece-se um acordo tácito de que podemos interagir com o outro de determinada maneira que outros não podem (abraçá-lo, beijá-lo, ter relações sexuais com ele, bater nele, vendê-lo, matá-lo,[12] dependerá do grau de intimidade, da permissão).

b) Intimidade informacional ou "*disclosing intimacy*" (Jamieson, 1988): a noção de que não há limitações na gama de informações que se pode ter do outro e que se pode apresentar ao outro. Essa forma de intimidade informa que, no âmbito de uma relação amorosa, há uma negociação em torno da possibilidade de dois tipos de fluxo de informação. O primeiro deles, o de fluxo privativo: a pessoa íntima é aquela que poderia saber de nossos segredos, que nos conheceria bem e que, por isso, mereceria ouvir de nós o que poucas outras pessoas teriam *o direito* de ouvir. O segundo tipo de fluxo é o de *perda de censura* ou de *manifestação de coragem*: a pessoa íntima é aquela a quem podemos falar determinadas coisas que *não teríamos coragem* de dizer a outros. "Você é muito mais cruel com quem você ama, porque com essa pessoa você perde totalmente a cerimônia, você é você mesmo", diz, um tanto simmelianamente, Paulo, um professor de filosofia que leciona em um colégio secundário, marido de Margarida, professora de história. E ela prova (assim como vários outros entrevistados, entre eles Carolina, que repete várias vezes que "se alguma coisa me incomoda, eu falo"). Conta que nunca teve cerimônia de dizer o que pensava do marido, mas se sentiu "até mal" no dia em que disse a ele que ele não passara em um concurso porque escrevia mal. "O que se espera é que você fique ali, dando apoio, falando um monte de eufemismos, mas chega uma hora em que a pessoa tem que saber da verdade", diz ela, mostrando uma normalidade alternativa ao papel esperado da esposa compreensiva. "Você vira noites trabalhando, estudando, não passa por causa sei lá de que motivo e se chateia com isso, claro. E, quando acha que vai encontrar um ombro amigo em casa, você escuta que tinha que fazer oficina de texto, que você escreve mal." A história desencadeou uma crise que quase separou o casal e despertou outras "crueldades": ele a acusou de ser uma mãe relapsa — da filha do primeiro casamento, que mora com os dois: "É por isso que ela vira a cara pra você quando você tenta mostrar sua autoridade." "Mas você não tem medo de perdê-la, dizendo coisas assim?", pergunto: "Não, de jeito nenhum, ela é minha mulher, meu amor, eu posso falar essas coisas pra ela."

Familiaridade e pessoalidade

Afirmar que a familiaridade é uma matriz significa desmembrar esse conceito em seus elementos. Mais fortemente, essa abordagem indica que esses três elementos se coordenam para compor a familiaridade. E isso em "quantidades" variáveis. Isso corresponde a dizer que nenhum dos três componentes "causa" ou "determina" o outro *a priori*, e sim que eles são mutuamente determinados. Assim, se a intimidade, ou seja, o impedimento para agir ou falar com o outro, pode ser justificada pela inevitabilidade, ao mesmo tempo esta é justificada pela própria intimidade, que provoca a impressão de que a relação com o outro é inevitável. Da mesma forma, a previsibilidade será componente provocado e provocador desses dois outros fatores, apresentando uma coordenação prática que determina o relacionamento.

O amor romântico é a utopia da familiaridade máxima. Máxima porque, digamos, *mentida*, magnanimamente mentida. Alguém com quem a relação não é obrigatória, não é previsível e não é íntima vive uma interação pontual. Do outro lado, alguém com quem esses três elementos se manifestam ao limite tudo interage — em tudo produz sociação, tudo efetiva — com o outro. Toda relação, no entanto, reconhecida como uma instância de interações habituais entre (pelo menos) dois atores possui certo grau de familiaridade. Essa é a principal decorrência de tratá-la como uma matriz em que os diferentes eixos de familiaridade deslizam em coordenação um com o outro — o traço definidor dessas gramáticas: pensada como um modelo mais geral, a familiaridade pode ser uma medida de sociação de qualquer relação, seja ela familiar(izada) ou não. Refiro-me a uma aplicação desse quadro aparentemente específico a relações de quaisquer ordens de generalidade, até mesmo aquelas de caráter público. O que é necessário para isso, no meu entender, é um pequeno salto lógico (mais uma vez para um grau superior de abstração): em vez de pensar em um processo de singularização do outro (o que certamente será determinante em uma relação amorosa ou de amizade), pensar em formas de *peculiarização* ou *equalização*: toda relação, para se constituir, parece depender de um processo de formação, no qual o outro é instituído simbolicamente, no qual é *tornado diferente dos outros ou igual aos outros*, e é estabelecido um critério de *reconhecimento*.

Assim, se um marido é estabelecido como digno do amor pela esposa por ter uma série de características segundo as quais ela o considera singular, um político pode ser estabelecido como digno de confiança, aceitação por seus eleitores ou pela "opinião pública", que corresponderia a uma ilusão de coletividade e concordância, significando, em vez disso, um painel do espaço crítico produzido publicamente (por exemplo, nos jornais, nas pesquisas de opinião). O que vem disso, então, é que podemos falar em uma *familiaridade para os não familiares*, de uma atuação generalizada dessa matriz sobre as relações sociais em geral. Isso porque a familiaridade será sempre a instância da linha de base sobre a qual se estabelecem os pilares de uma relação. É a negociação tácita sobre definições, que, dependendo do grau de generalidade da relação, nem precisa ser tácita, pode mesmo ser estabelecida por contrato. Porque parece ser essa a principal variável do eixo que vai dos casais aos políticos: o grau do *quão tácito* e do *quão expresso* é o quadro desses pilares. Em jogo nessa construção a partilha ou não de definições: e é porque precisam de definições expressas que eles recorrem à justificação, baseada na prova e nas generalidades.

Há, entretanto, a circunstância, há a *pessoalidade*. No quadro da pesquisa com os actantes públicos, essa faculdade parecia uma competência própria das relações formais, quando estas se afastam de suas generalidades definidoras. Uma ideia simplificadora é que relações "íntimas" já teriam uma aproximação das circunstâncias suficiente para não depender dessas torções. Mas aquilo que minhas entrevistas com casais demonstrou é que o empreendedorismo moral se manifesta internamente a essas relações íntimas segundo o mesmo processo, ou seja, segundo um par oposicional generalidade/pessoalidade, com o segundo elemento operando a saída do plano do primeiro, uma condição de normalidade abstrata, aquela maneira como a relação *deveria ser* e a maneira como *está sendo*.

Vejamos, então, Priscila e Walter: foi outro casal cuja interação testemunhei, já que almocei na casa dos dois para explicar a pesquisa antes de fazer a primeira das entrevistas, com ele. A dela foi feita dois dias depois, em casa mesmo. Ela é uma artista plástica ainda em busca de reconhecimento por seu trabalho de pintura; ele, um profissional do audiovisual. São jovens e moravam juntos havia sete meses quando os conheci. No almoço, no qual ficou clara uma divisão de tarefas, entre ele cozinhando e ela "organizando" (era o nome que ela dava para atividades como lavar a louça e pôr a mesa), ou, como ele disse, ele "sujando e ela limpando", Walter não preparava nada de muito sofisticado, apenas alguns bifes, que comeríamos com batatas. Trocamos algumas impressões sobre culinária e nos pusemos a falar sobre a rotina deles.

O casal se viu pela primeira vez quando um amigo dela, fotógrafo de jornal, fez aniversário e marcou um chope em um bar. Espaço pequeno na Zona Sul, o boteco ficou ainda menor para o batalhão de relacionados, e logo as pessoas que estavam no bar, em outras mesas, foram incorporadas ao grupo do aniversariante. Priscila e Walter se conheceram por uma discordância: ela falava sobre filmes. Iranianos. Para ela, "lindos e profundos". "Mas, *peraí*", interrompeu o rapaz. "Por que todo filme iraniano tem que ter uma criancinha, uma velha tagarela e um objeto? É sempre maçã, balão branco, sapato, caderno..." "Você não entendeu nada, essas coisas são imagens poéticas." "Não, minha querida, você é que não entendeu: essas formas são *a mesma* [ele enfatiza a palavra na narração] imagem poética... Araújo, mais uma cerveja aqui, meu filho!"

O misto de discordância e indelicadeza com que ele "cagou regra" (a expressão é usada por ela em sua descrição, com aquela "raivinha" de quem já perdoou, mas, quando lembra, bem-humorada, retoma o sentimento) deixou a moça fora de si. Ela comentou com a amiga que tinha ido com ela: "Que cara grosso!" A amiga: "É, mas é um gato." Ela não concordou à primeira vista. Ele fazia mais o tipo da amiga, com cabelo muito curto e barba por fazer. Mas a observação da outra a deixou de sobreaviso: era um rapaz diferente. Do lado dele, quatro cadeiras à direita dela, do outro lado da mesa, ele a achou bonita no momento em que a viu. "Mas eu tenho uma coisa muito esquisita: eu sempre olho para a mulher que eu acho mais bonita num círculo. Se chega uma outra mais bonita, eu posso estar pedindo a mulher anterior em casamento que eu desvio o olhar para a outra", conta, já sem a presença da mulher. Como havia duas moças que ficavam em postos mais altos em uma escala "estritamente racional" (segundo ele) de beleza, ele olhava menos para ela. "Mas ela tem esse sorriso, né! Esse quando ela tá com raiva, olha só", diz, ainda no almoço, quando ele caçoa dela por algo que ela disse. A discussão sobre os filmes iranianos envolveu outros da mesa, mas o debate era mesmo dos dois e seguiu por bem uma meia hora ou mais, até alguém desviar o assunto para "o chefe filho da puta lá da produtora". Nesse momento, iniciou-se uma sessão coletiva — e provavelmente catártica — de desagravo à hierarquia do mundo do trabalho. Quando perguntaram a ela de seu chefe e ela disse que não tinha, que pintava e estava tentando viver de sua arte, ele lançou mais um petardo de implicância: "Ah, então é por isso que você gosta de filme iraniano. É cheio de *natureza morta* [ele, na narração, dá muita ênfase à piada]." Funcionou. O riso generalizado na mesa contagiou até a ela. Tinha sido "zoada" na frente de todo mundo e... gostara disso. Algo estava errado.

"Mas eu não pinto natureza-morta, não. Eu faço *assemblage*",[13] ela tenta recuperar-se do baque com uma demonstração de conhecimento. "Que metida!"

"E você cata lixo na rua, essas coisas, e cola na tela?" (é, não adiantou muito o contragolpe dela).

Já estava pegando mal, ele pensou. Por que estava atormentando aquela menina? Resolveu "pegar mais leve". Horas depois, quando o clima estava bem menos concentrado e as pessoas já se dispersavam, ele se aproximou dela: "Escuta... Me desculpa, eu não quis ser rude. Espero que você não ligue de eu ter sido sincero." "Ah, não... Imagina! Não foi nada" ("Era mentira, claro, eu queria bater nele!"). O que se seguiu foi "totalmente fora de meu controle [dele]": "Deixa eu pegar seu e-mail?" [E deu uma justificativa qualquer para o pedido, "mandou um papinho".]

Trocaram e-mails e ela sentiu que era a deixa para ir embora. "Senão eu não ia mais!" Mas eles trocaram mensagens no dia seguinte, ligaram-se no dia subsequente e foram a um show. Marcaram de se encontrar lá mesmo, já dentro da casa de espetáculos. Viram-se apenas depois de meia hora, depois da banda de abertura. Quando finalmente se encontraram, trocaram um abraço. "Apertado, claro", disse ele. "Ficaram" pela primeira vez na segunda música. "E não desgrudamos mais. Zero. Até hoje. A gente dorme junto todo dia desde aquele dia", diz ele. "Não houve um dia sequer sem que a gente não passasse junto", contam os dois, com quase o mesmo "texto". E ela foi morar no apartamento dele três meses depois. Ele: "Foi uma aventura [quase vale uma referência a Jean-Claude Kaufmann aqui], porque era um quarto e sala que mais parecia um conjugado, com uma dependenciazinha minúscula e ela chegou com aquelas coisas todas de pintura, com aqueles trecos, aquelas latas, aqueles... Cara, ela levou uma roda de bicicleta e um macaco de automóvel! Me deu um medo...". Ela: "Imagina: eu ia morar na casa dele, a maior invasão, e ele quase não tem nada! Tem uns livros empilhados, um armário de roupa. O que ele tem mesmo são os equipamentos. O computador, as telas [monitores], essas coisas. Mas a sala dele tinha esse sofá, dado pelo pai, que morava aqui [no apartamento novo, de dois quartos, para o qual eles tinham se mudado dois meses antes de conhecê-los], e a mesa era um balcão que dava da sala pra cozinha. E eu estava levando pra lá não só minhas coisas de casa, o que incluía o micro-ondas, o meu computador. Eu tava levando também meus materiais de trabalho *e* [ênfase muito forte no "e"] meus trabalhos prontos. Eu não tenho galeria, imagina. E meu ateliê é minha casa. Nos meus pais, eu pintava no quartinho [de empregada], mas o de lá [da casa dele] era minúsculo!"

O estabelecimento de uma rotina também foi algo complicado. Embora ela trabalhasse em casa, passava boa parte do dia estudando na Biblioteca Nacional. "Eu queria fazer mestrado e estava ao mesmo tempo pesquisando para o meu trabalho e para um projeto de pesquisa." O "casamento" inclusive a fez mudar de ideia em relação ao plano de talvez tentar fazer isso fora do Brasil. "Lá fora, eu poderia fazer mestrado *em* arte mesmo, em feitura de obra de arte. Mas aqui eu tenho como conjugar as duas coisas. Na verdade, eu estava em dúvida sobre se eu queria fazer mesmo arte ou comunicação ou, sei lá, antropologia." Já Walter trabalhava ora em casa, ora em produtoras. Tinha dois trabalhos fixos e horários muito variáveis. Se os dois não passaram um dia sem dormir juntos, deu muito trabalho, porque em vários dias ele virou a noite trabalhando. Mas é nesse momento que o casal se estabelece. Priscila fazia café para ele e começou a ajudá-lo quando podia. Esquentava a sopa que ele preparava. "Senão ele não come. Se você não dá na boca, ele fica sem comer!" Já ele, começou a servir de carregador nos passeios dela por feiras de antiguidades, lojas de materiais dos mais variados, e se tornou mesmo um caçador de "lixo". "Ele vive chamando assim o meu material! Mas teve uma vez que ele foi muito fofo! Muito! Ele chegou em casa e me trouxe uma caixa de presente, com laço de fita e tudo. Abri e era... uma série de parafusos, grandes, enferrujados. Ele disse que achou a minha cara. E ele sacou direitinho, porque eu tava numa de fazer algo com objetos pequenos, chaves, parafusos, mas não tinha falado nada com ele ainda. É um amor, esse menino!"

Essa atenção de lado a lado estabeleceu uma rotina que os levou a chamar um ao outro de "carinhoso". Mas o espaço exíguo da casa e as diferenças existem. A primeira, baseada em uma mentira: ele aceitou ir ao show em que começaram a namorar "só pra encontrar com ela". Mas teve que contar a ela depois que odiava aquela banda. Na verdade, ele gostava de jazz e rock progressivo. Ela, de música brasileira (samba, maracatu etc.) e rock "*muderno*" (como ele chama). Parece um tema simples, mas, como os dois são ligados ao cenário artístico, a disputa em torno do cinema iraniano era de fato um emblema. A discussão sobre essa ou aquela obra, esse ou aquele músico, esse ou aquele livro rendeu (e rende até hoje) muitas disputas. Ainda mais porque ele continuou sem papas na língua. Ampliada pela familiaridade, pela intimidade.

Essa falta de cerimônia sempre gera problemas. Por exemplo, quando ela mudou um pouco seu trabalho, ele disse que não gostava da nova fase. A "falta de apoio" que ela via na "sinceridade" dele gerou uma série de mal-estares. "Sabe qual é o problema? Você não ajuda. Você diz que não está bom, mas não diz o que pode ficar melhor!" "Mas como eu vou dizer isso? Eu não entendo nada de pintura!" E arremedava: "Você prefere que eu minta para você?" "Eu prefiro que você me dê apoio, que me ajude." E quando ela finalmente usou os parafusos que ele lhe dera em um trabalho mostrou a ele. "Não tive coragem de dizer que não gostei!" "Disse que não tinha tempo para pensar naquilo, que estava com um problema na produtora." E se manteve desconversando por um bom tempo.

A questão se arrastou até que ela lhe deu um ultimato: ou dizia o que achou, ou ela ia sair de casa. "Você vai sair de casa por causa da minha opinião sobre a sua obra?", perguntou, indignado. A resposta era óbvia, quase literária: "Não, por causa da sua falta de opinião!" Mas ele não queria dizer o que achava:

> Amor, eu acho que a gente devia deixar essa coisa de fora da nossa relação. Eu tenho a maior admiração do mundo pelo seu trabalho, pelo fato de que você faz arte. Te amo, te acho linda e te acho mais linda ainda porque você tem essa sensibilidade. Mas às vezes, uma vez ou outra, eu não acho legal, não me afeta. E eu não quero ser responsabilizado como *aquele-que-não-gosta-do-seu-trabalho* porque uma vez, por acaso, não me agradou. Vamos fazer o seguinte? Quando eu não gostar de alguma coisa que você fez, eu te dou um beijo na testa. E você entende que é o caso e a gente não fala mais nisso. Mas tenha certeza disso: eu acho seu trabalho maravilhoso.

A proposta soava um tanto absurda: substituir uma circunstância específica por uma ação que o desculpasse genericamente pela omissão. Como poderia funcionar uma mentira entre duas pessoas que sabiam qual era a verdade? "Mas não era uma mentira. Era um código, só nosso", justifica ela.

> A ideia de que ele não me admirava ou que poderia não se orgulhar de mim, me dava um medo tremendo. Na verdade, eu andava muito insegura em relação a meu trabalho e vinha pensando em dar um tempo. E estava querendo que ele aprovasse isso. Depois, entendi que estava sendo injusta com ele ao jogar essa responsabilidade sobre ele. E acho hoje que foi bonito o que ele fez, para evitar que a gente brigasse por isso.

O que aparece como centro do discurso de autodefesa daqueles que querem isenção de culpa por suas ações quando a questão é o amor é o fato de que, segundo eles próprios, eles possuem peculiaridades, são "especiais", merecem tratamento "pessoal" ou familiar.

A idade da desculpa (desculpas de idosos)[1]

O corredor dos laticínios se estreita, a certa altura, pela presença de um balcão de queijos finos; a outra, mais incomodamente ainda, pela presença de uma coluna. É um supermercado no Rio de Janeiro, em um dia útil, à tarde. Ao fundo, uma voz anuncia uma "promoção-relâmpago", redução temporária de preço de um item, no setor de aves resfriadas. A loja recebe um número considerável de consumidores, o que se percebe pelo congestionamento humano vielas afora. O estreitamento faz com que o carrinho de compras, mesmo o de menores dimensões, para aquisições diminutas, deva reduzir sua velocidade para avançar. O consumidor, um homem de uns trinta e tantos anos, ensaia o ingresso na passagem com suas mercadorias, mas se vê de repente atravessado pela surpresa: outro carrinho surge da via transversal, guiado por uma senhora de uns 65 anos, que coloca o bico de seu veículo na passagem, empurrando, ainda com a ajuda da mão esquerda, o do outro, que se vê obrigado a recuar. O olhar reprovador do mais jovem em nada altera a trajetória da idosa, que segue seu caminho rumo aos iogurtes. Questionado, o homem depois caracterizaria a ação da velhinha como "violenta" e "desnecessária" — "Até porque eu cederia a vez a ela se ela solicitasse", diria —, mas não sem manifestar como crítico uma forma de contenção da crítica: "Ah, mas não vale nem a pena reclamar. É uma velhinha... É assim mesmo."

Este capítulo é *sobre* a velhice. Mas muito mais por ser escrito *a partir* dela do que por ser *a respeito* dela. Pois, em vez de pensar a velhice e a desculpa como condição e ação, digamos, desviantes, a ideia é as pensar como componentes *simetrizados* de situações, ou seja, como elementos redutíveis à mesma substância e analisáveis segundo uma mesma lógica, como as mesmas coisas. O ponto de partida é conceber essa categoria "etária", recebedora de inúmeras denominações, menos como grupo ou como modo de caracterização "natural" e dotado de características intrínsecas, que precedesse à própria interação social, e mais como um elemento a mais de que se possa lançar mão para dar conta de ações. Em outras palavras, trata-se de se perguntar o que acontece quando *a velhice é usada como desculpa.*

Em outras palavras, a ideia é pensar como uma categoria "identitária", cuja base de definição seja considerada uma *disposição*, determinadora do reconhecimento automático dos atores e de suas ações potenciais e, igualmente, das maneiras como agem de fato — ou seja, do "*habitus*" (Bourdieu) — pode ser operacionalizada como *dispositivo*. Isso evidentemente não anula ou rivaliza com toda uma agenda de pesquisa e uma vasta literatura produzida, no Brasil inclusive, por uma antropologia e uma sociologia da velhice e do envelhecimento — por exemplo, nos trabalhos de Lins de Barros (1987), Debert (1996) e Goldenberg (2008).[2] Pelo contrário, dialoga mesmo com o grau de complexidade que essa linhagem de pesquisa conferiu à própria definição do que é e do que não é um velho. A opção aqui, entretanto, é nos atermos ao uso da velhice como *dispositivo moral*. É uma forma de falar da velhice duplamente de fora, não apenas a uma distância que a própria análise impõe, mas a uma distância também da *velhice em si* como objeto-protagonista.

Nesse sentido, ao afirmar a velhice como um aparato que pode ser ora mobilizado pelos atores que possam adotá-la como *condição de si*, quero chamar a atenção para como ela pode ser vista como elemento importante de um igualmente importante jogo de interações para as quais a participação de idosos ajuda a chamar a atenção. E, igualmente nesse sentido, a ideia desta análise é se colocar nas antípodas da ideia de estigma (Goffman, 1988). Pelo contrário, a velhice aqui aparece como um conjunto de pontos absolutamente normalizados e "dentro da curva". De fato, em relação à categoria goffmaniana clássica, Gayet-Viaud (2006, p. 61) caracteriza o "velhinho" (e o bebê), como antítese(s) do *quidam*, o transeunte anônimo, como figura(s) "à parte, demandando expectativas específicas e condutas típicas", que parece(m) "convocar uma sociabilidade relativamente pouco contensiva e quase 'desinibida'". Pois diferentemente do que se enuncia em geral sobre o velho, neste texto ele não é "o estranho", "o outro", pelo menos não como definição de uma alteridade cuja presença seja a produtora de um conflito ou de uma negação. Aqui, a alteridade é justamente *o* elemento de construção de soluções para conflitos, permitindo retomar a *justesse* (Boltanski, 1990), a *rotina ajustada*, com o aplacamento de qualquer possibilidade de conflito e a indução justamente (ou mesmo injustamente, como veremos) à sociabilidade.

Por outro lado, se passa pelo velho outro conjunto de representações emocionais ligadas à fragilidade, o que tenderia a naturalizar a positividade de sua figura, uma simples ida ao supermercado permite ver situações em que esse personagem, assim como na situação etnográfica descrita antes, pratica um ato que chega a ser criticado, acusado de descortês, e consegue sustentá-lo sem ter sua ação impedida por essa crítica/acusação. E essa potencialidade de ação vem justamente do fato de ele ser idoso e mostrar isso.

Não precisaria ser assim. Qualquer um pode viver uma "disputa de cortesia", ou seja, uma situação em que "uma forma de violência específica (...) pode surgir onde as interações constantemente fazem referência às exigências da cortesia e das civilidades" (Gayet-Viaud, 2008, p. 63). Mas o que estou sugerindo aqui não é uma "falta de educação nominal do idoso", uma "descortesia intrínseca da terceira idade", longe de mim. Não há nada na velhice (ou em qualquer outro grupo etário, aliás; na verdade, em nenhum grupo de nenhum tipo) que caracterize um indivíduo como descortês (ou cortês) *a priori*. Aquilo para o que quero chamar a atenção são as situações nas quais a possível continuidade "violenta"[3] seja aplacada usando-se uma circunstância específica como forma de legitimidade da ação incômoda praticada, a saber, a condição de idoso. Se qualquer um poderia empurrar o carrinho "grosseiramente", não é qualquer um que passará por essa situação sem "levar um carão" (nas palavras do consumidor "atropelado"), como acontecerá com o velho.

Pois, já que estamos falando da velhice como desculpa, trata-se, então, de deslocar uma categoria, nas situações de interação da vida cotidiana, de elemento de definição *fixo*, imutável, para a condição de circunstância. Isso significa algo aparentemente incongruente: trata-se de dizer que algo que estamos acostumados a ver ocorrer *o tempo todo* ocorre *apenas de vez em quando*. Mas o que é "ocorrer" aqui? Esse deslocamento tem a ver com a *situacionização* da questão. Quando se constitui uma situação, estamos diante de um recorte do mundo cujo principal elemento é a geração de consequências. Uma situação é um *setting* no qual elementos se dispõem relacionalmente em posições relativas — sem com isso constituir uma estrutura, já que é uma configuração no limite temporária — e no qual são produzidos efeitos. Como vimos no capítulo sobre o pragmatismo, adotar uma leitura situacionista significa perguntar-se sobre o que as coisas efetivamente fazem (uma vez que tenham feito) sobre sua capacidade de influenciar outras coisas. Trata-se, então, de uma forma de analisar não as caracterizações *estáticas* dos seres na vida social, e sim a *dinâmica* mesma da vida social, na qual os seres assumem esse papel de elementos. Assim, não se trata de perguntar como um velho agirá em uma situação, e sim de analisar: 1) como caracterizar alguém como velho ou jovem não pelo que ele "é", mas pelo que ele faz; e, sobretudo, 2) entre as ações praticadas por aqueles seres caracterizáveis como velhos, quais delas efetivamente tomam partido dessa condição para ocorrer? E, uma vez se caracterize essa tomada de partido, compreender quando essa vantagem pode ser auferida e quando não, ou seja, como é possível que, digamos, ora alguém *seja* velho, ora não, na medida em que *faz diferença* ou não essa condição, em que ela se mostra efetiva.

Para chegar a isso, fui, então, em grande parte provocado por situações como a que apresentei, analisar interações no supermercado. É um espaço riquíssimo: nele, nos movemos por corredores exíguos, com carrinhos que não raro se chocam e que, parados diante de prateleiras enquanto, por exemplo, comparamos preços, interpõem-se entre os outros e um objetivo que nos é comum, os produtos à venda (Perrot, 2009). Essa disputa, se não é explícita e gritante, não deixa de ser disputa e não deixa de produzir, como veremos, uma série de micropolêmicas morais, a respeito das precedências em termos de espaços — pelos quais se trafega e/ou em que se pretenda ficar parado — e em termos de velocidades — em um jogo de movimentos para se chegar a algum lugar, por vezes antes de alguém. O supermercado é um lugar ao qual somos quase todos praticamente obrigados a ir rotineiramente e no qual somos impelidos à interação com outros transeuntes, em uma espacialidade exígua que nos torna "unidades móveis" (Goffman, 1971) bastante fadadas ao conflito: enquanto nos deslocamos em busca da massa e do molho para o jantar, do sabão em pó e do leite, nos movemos diante e por entre pessoas que desconhecemos e às quais devemos uma relativa cordialidade, cortesia que se vê um tanto ameaçada naqueles corredores.

Além disso, o lugar se insinua como espaço pródigo para uma pesquisa sobre a velhice: trata-se de um espaço de grande frequência de idosos. Na pesquisa, pude confirmar não apenas a constituição de um hábito de essa categoria frequentar essas lojas de forma bastante intensa (encontrei muitos idosos que chegam a ir ao mesmo mercado diariamente), como ainda uma permanência longa nas lojas e uma distribuição desse tempo por atividades que muitas vezes pouco têm a ver com a aquisição de itens necessários à vida doméstica, estando mais ligadas à convivência com amigos e vizinhos e mesmo com a rotina da própria loja.

Dediquei-me, então, por um período relativamente curto (seis meses, em visitas esparsas), a uma observação participante, alimentada perpendicularmente por algumas entrevistas, em duas lojas, em dois bairros do Rio de Janeiro: Copacabana e Tijuca, que são as duas localidades com maior população de idosos (considerados como tal pela lei a partir dos 60 anos) na cidade em números absolutos. De acordo com os últimos dados censitários oficiais disponíveis,[4] Copacabana, tradicional e turístico bairro da Zona Sul, possuía, segundo o Censo 2010, 43.431 idosos, enquanto a Tijuca, tradicional bairro da Zona Norte, apresentava 39.531 moradores com mais de 60 anos. Proporcionalmente, aliás, Copacabana é também o líder, com 29,7% de sua população de 146.392 pessoas nessa faixa etária. A Tijuca, entretanto, perde nas proporções na comparação com outros bairros. Sua população de 163.805 tem 24,1% de idosos — menos, por exemplo, que o Flamengo, segundo colocado, com 29,3%.

Cada uma das duas lojas em que realizei a pesquisa pertence a uma diferente rede de supermercados:[5] a de Copacabana, de uma rede formada por trinta lojas que atende apenas à Zona Sul da cidade, além da Barra da Tijuca, é localizada em uma rua central do bairro e serve a moradores de várias classes, embora tenha sua imagem mais associada a uma clientela de classe média e classe média alta, sobretudo devido ao tipo de produto comercializado, uma carteira de mercadorias de preços mais altos, muitas delas importadas. A loja da Tijuca, por sua vez, pertence a uma rede de 18 lojas que recobre várias regiões da cidade (inclusive a Zona Sul e a Barra), localiza-se também em rua central de seu bairro e apresenta um perfil de atendimento a classes igualmente distintas, mas também mais associada a uma imagem de classe; no seu caso, a baixa (não aceitando cartões de crédito, por exemplo).[6]

Nessas visitas, percorri as lojas, livremente, em geral na companhia de um carrinho pequeno (a cesta de compras impedia a feitura de anotações) e um ou outro item (em geral, pão de forma), em busca de situações de mal-estar interacional envolvendo personagens *aparentemente* idosos e, em geral, outros, mais jovens. Nesse caso, claro, um conjunto de representações físicas sobre o idoso entrou em ação. Joseph (1984), inspirado por Goffman, fala em uma "aparência de vulnerabilidade" a marcar o reconhecimento do velho na vida pública. Trata-se de um "trabalho de face" mais voltado para certa imagem desse personagem como alguém a ser objeto de ajuda, que costuma pautar uma série de ações formais nos espaços públicos — como leis que garantem vantagens como gratuidade em transportes públicos ou precedência em filas. Por essa descrição, qualquer permissão para um idoso agir deveria ser pensada por meio de uma mecânica da piedade: a vulnerabilidade aboliria a possibilidade de conflito. Mas o que encontrei foi justamente a antítese do "trabalho de face" do "velhinho". Tanto na interpretação dos jovens sobre os idosos quanto na dos próprios velhos, a imagem de um ator ao qual se lega mais piedade do que crítica é muito pouco acionada. Diferentemente disso, a condição de unidade móvel no supermercado parece anular qualquer possibilidade de reconhecer alguma vulnerabilidade — o que conduziria as ações dos idosos e em relação a eles para o plano da justificação, ou seja, para uma sustentação em alguma gramática do bem comum.[7] Em lugar dela, o que vi efetivar a ação em questão foi o tratamento da condição idosa como circunstância, independentemente da avaliação de uma "prova" que a tornasse uma prestação de contas racional. Como demonstrarei adiante, a afirmativa de que "é assim mesmo" apresentada pelo homem empurrado pela velhinha é emblemática de mais um intrincado mecanismo de deslocamento do universal para o particular, que aqui assumirá a forma da velhice.

A caracterização dos objetos observados, nesse caso, então, é feita de forma relativista: antes de olharem para uma lista de características que definam um idoso, os consumidores nos mercados olham para diferenças de idade. Evidentemente, eles lançam mão de traços distintivos nos quais é flagrante a grande diferença de idade entre envolvidos adultos — como cabelos brancos ou rugas. Mas, nos vários contatos observados, são muito mais recorrentes descrições das pessoas como "mais velhas" do que simplesmente como "velhas". Esse tipo de abordagem aparentemente restringiria a observação às interações intraetárias, mas esse risco cai por terra diante de vários momentos em que atores que seriam facilmente caracterizados pelos jovens como idosos apontam o dedo para alguém nitidamente mais velho e lançam sobre ele a caracterização de "velho". Assim, a atribuição passou a ser definida sempre situacionalmente, a partir da atribuição da condição idosa do outro e da mobilização da condição idosa de si.

Estão em jogo aqui, então, duas dimensões do termo "velho". Por um lado, há sua dimensão substantiva, ou seja, caracterizadora de uma distintividade substancial entre seres. Haveria, nesse plano, uma *velhice* que distinguiria esses seres de outros, marcados pela *jovialidade*. Por outro lado, o termo também tem uma dimensão adjetiva, de característica *atribuída* a uma substância. Característica, portanto, não intrínseca dessa substância, mas temporariamente atrelada a ela (ainda que essa transitoriedade possa ser de longo prazo). Essa distinção permite distinguir duas formas de categorização: uma *taxonômica* e uma *agrupadora*. A taxonomia procura uma alocação dos seres conforme suas susbtâncias, de modo que os substantiva a partir da atribuição de um caráter "natural" a essas características. Já o agrupamento opera de outra forma, lançando mão de atributos adjetivos. Como apontam Boltanski e Thévenot (1983, p. 651),

> O que distingue categorias de grupos das chamadas categorias "naturais" (como formas e cores ou mesmo categorias zoológicas ou botânicas) não pode ser simplesmente explicado pela lembrança de que elas são produto da história. Uma propriedade mais fundamental lhes confere um status completamente original. Como elas são usadas para classificar o mundo social nativo, as categorias se referem a um universo que também pertence à pessoa que dela faz uso e que, quando organizando um conjunto de objetos externos, simultaneamente determina sua própria posição social em relação a eles. De maneira que essas categorias são sempre impregnadas de valores e nunca são recebidas ou usadas de uma forma neutra ou passiva.

De maneira que, como mostraram as pesquisas dos dois autores com as classificações, os atores sociais costumam exigir justificativas para as classificações a eles atribuídas. Isso não aponta apenas para o caráter eminentemente hierárquico de qualquer categorização — o que, no caso de uma atribuição de velhice é bastante explícito, já que em geral estamos diante de uma caracterização inferiorizadora do polo mais idoso da classificação —, mas aponta para o caráter explicitamente situacional do pertencimento à categoria, já que ela estará sempre em julgamento, sempre em risco de não aceitação, e exigindo que esse pertencimento à categoria seja, então, justificado. Isso chama a atenção para todas as zonas cinzentas que podem surgir nas qualificações: a qualquer momento, por exemplo, um homem ou mulher pode apresentar uma aparência limítrofe, cabelos "nem tão grisalhos assim" ou um rosto "nem tão enrugado assim" e recusar "terminantemente" a qualificação: "Idoso, eu? Que é isso, meu filho!", ouço no setor de padaria.

Desculpa, dispositivo moral

Um exemplo testemunhado no supermercado da Tijuca: duas moças estão com um carrinho grande cheio, estilo "compra de mês", na fila do caixa. Elas ocupam o segundo lugar na linha e aguardam a vez atrás de outro consumidor de carrinho também repleto. Atrás delas, a sequência se estende até o meio do corredor de achocolatados. A essa altura do mês, o mercado está especialmente lotado, em especial de consumidores que recebem seus pagamentos nessa época — como aposentados, pensionistas e funcionários públicos (nesse período, então, o mercado tijucano, que não oferece o cartão de crédito como opção de pagamento, concentra suas promoções e atrai um contingente de consumidores visivelmente maior), de modo que, à esquerda, os caixas exclusivos trazem também filas longas. De fato, a celeuma no entorno é grande e as pessoas se acotovelam para atravessar pelo meio das filas, a fim de ingressar nos corredores de gôndolas. Em certo momento, as duas jovens, que conversam, têm sua atenção atraída por uma voz que atravessa o espaço entre as duas. É uma senhora de vestido florido. Ela traz nas mãos, sem nem mesmo uma cesta, um pacote de biscoitos, uma caixa de leite desnatado e dois sacos com legumes. A voz: "Você podia passar essas comprinhas aqui pra mim junto com as compras de vocês?" Uma das duas não entende o pedido direito e pede que ela repita. Ela explica que "em dias normais" entraria na fila para idosos, mas "naquele dia" "não dava". Ela queria, então, que elas incluíssem suas poucas compras em seu carrinho e, mediante o adiantamento do valor de suas compras, passar direto, indo embora antes delas ainda, que ficariam para acertar suas próprias contas.

Temos aqui os elementos típicos de uma desculpa: uma situação em que se estabelece uma desigualdade de grandeza entre duas partes, uma desigualdade considerada ilegítima por uma dessas partes — "Mas isso, na prática, é furar fila, né?", diz uma das moças em rápida entrevista após a saída do supermercado. Elas "até admitiram" passar a compra da idosa, mas não sem reconhecer a injustiça envolvida. Não seria, entretanto, de qualquer forma "bom" ajudar uma idosa? "Ah, mas ela se aproveita, né? Não tinha nenhuma necessidade!", diz a outra, as duas estudantes que dividem apartamento em um prédio dois quarteirões adiante. Essa ilegitimidade, entretanto, é anulada na situação em que é posta em questão a situação em que ocorre. A forma de dar conta da ação demandada por uma crítica moral seria a correção da diferença ilegítima de grandezas, realocando-a em algum princípio universal de bem comum, por exemplo, por uma gramática "cívica", obedecendo-se diretamente à fila ou indo para uma fila exclusiva, ou por uma gramática "doméstica", na qual uma lógica outra permitiria que a ação ocorresse. Em qualquer um desses casos, uma prova de adequação à gramática adotada é exigida. Mas não é isso o que ocorre no mercado. Em vez disso, a idosa simplesmente diz que "desta vez não dá". Sem mais explicações. Ou pelo menos sem uma explicação a ser avaliada logicamente. Na verdade, na prática, ela sugere que em vez de se adentrar em um debate sobre a justiça contida em sua ação, que ela seja liberada "só desta vez" e que "não se fale mais isso". Assim é a desculpa.

Exemplo, na verdade, bastante geral. A situação é relativamente costumeira no supermercado tijucano. Presenciei casos semelhantes, alguns envolvendo outros personagens, não idosos, como crianças e mulheres acompanhadas de crianças. Nesses casos, porém, um claro viés de classe (e, nesse sentido, de piedade) se apresentava: o pedido para passar as compras vinha acompanhado de uma demanda para que o interlocutor também pagasse por elas. Vi uma idosa certa vez recorrer ao mesmo procedimento. Mas em outras vezes presenciei repetições quase esquemáticas da situação que acabo de descrever. Nem sempre com um supermercado cheio que pudesse sugerir um grau de sofrimento que conduzisse a questão para o trabalho de face da vulnerabilidade.

Outro exemplo, este no mercado em Copacabana: no corredor de laticínios, também relativamente estreito e contíguo ao setor de frios e à padaria, onde se formam filas, uma senhora, bem-vestida, estaciona seu carrinho, acompanhada por um rapaz. Ela está em busca de "creme de leite fresco". Era o que tinha que ser adquirido para determinada receita. O rapaz, então, aponta para duas embalagens na prateleira refrigerada: "Olha aqui, creme de leite pasteurizado." "Não, não pode ser pasteurizado, tem que ser fresco." "Mas é a mesma coisa." "Mas esse leva morango", ela argumenta, diante da embalagem do produto, geralmente usado para se preparar *chantilly* caseiro, trazendo no rótulo a imagem da fruta sobre uma montanha de creme. "Não, não é de morango, é só o rótulo... É de preparar..." O debate prossegue por mais alguns instantes, permitindo que se formasse diante dos dois uma pequena aglomeração (eu incluído nela), todos apertados no pequeno corredor: o produto ficava justamente ao lado dos requeijões e das manteigas e margarinas, produtos mais procurados do setor. "... E temos que resolver isso logo, porque as pessoas estão esperando para pegar mercadorias", conclui o rapaz. A resposta da consumidora: "Ah, elas esperam!"

Esperaríamos mais um pouco, de fato. E dessa vez fui a eles. Que *account* pode ser oferecido para fazer outras pessoas, algumas demonstrando certo incômodo, não iniciarem um conflito? Sem disfarçar o desconforto pelo questionamento de sua ação,[8] a idosa não se furta a responder. Em sua fala, surge quase um manifesto da operação lógica aqui em pauta: "Olha aqui, meu filho, eu já fiz o que tinha que fazer na minha vida. Já casei, já criei e casei dois filhos, já enterrei marido, já fiz o meu papel." E, mais adiante, ela completa: "Não é possível que depois disso tudo eu não possa me dar ao luxo de pensar em mim." E outros momentos de sua fala constituem a circunstância: não se trata, nas situações de polêmica moral, de a velhice constituir um ente sofredor, digno de piedade e compaixão, e portanto liberado de punição. Trata-se de a velhice conferir uma condição de permissão moral para uma ação que tenha sido considerada inadequada.

Pequenas disputas por espaço

No que diz respeito a idosos, o espaço assume um papel enormemente digno de nota: os velhos são "lentos", "tem movimentos limitados", "precisam de ajuda", "ficam tempo demais em um lugar só", "param na frente", "permanecem tempo demais" nas lojas (declarações ouvidas na observação ou em entrevistas). Eles seriam, então, "unidades móveis" cuja representação social a respeito de uma mobilidade peculiar aponta muito habitualmente para a conflituosidade espacial. A vida moderna, em grande medida, costuma ser desenhada idealmente como uma vida de jovens e adultos que se movem (por si próprios) e crianças e velhinhos que ficam parados (ou são conduzidos). E as limitações de movimento desses atores "de idade" costumam colocá-los por vezes como obstáculos.[9]

Não se trata, entretanto, como já demonstrei, de construir uma categoria de vitimização ou de estigmatização. Nem, por outro lado, de apontar o dedo para os idosos como praticantes preferenciais de ações incômodas. O elemento central a ser apontado aqui é enxergar os velhos, como qualquer outro ator, como os "agentes competentes" de Garfinkel, ou seja, como seres dotados de uma competência moral capaz de operacionalizar dispositivos disponíveis para dar conta de suas ações. São, então, seres capazes de sustentar a ambiguidade moral que qualquer ser humano em vida social deve ser capaz de sustentar. E que, a pesquisa mostra, são capazes inclusive de invocar, entre esses dispositivos, sua condição etária, articulando-a instrumentalmente como dispositivo de continuidade de suas ações.

Nosso assunto aqui, como já disse: situações em que idosos são praticantes de ações que, por algum motivo, possam incomodar os outros a seu redor, mas que têm a possibilidade de conflito aplacada pela afirmação justamente dessa condição de idoso como circunstância. Por isso mesmo, para poder dar conta desse tipo de situação de forma intensiva, este trabalho optou por se deixar guiar pelo espaço. E foi procurar como laboratório um espaço cuja disputa esteja no próprio horizonte das ações dos atores envolvidos. No mercado, tive a oportunidade de vivenciar situações em que o espaço de fato *comunica* os atores — no sentido em que os coloca em comum e, ao mesmo tempo, no sentido em que os torna informação uns para os outros — e os faz questionar a posição um do outro. Um bom exemplo disso é o fato de que em ambas as lojas pesquisadas — e em outros mercados que, como consumidor comum, frequento há muito tempo — há alguns locais que costumam concentrar os frequentadores mais velhos. Um deles é formal e institucionalizado: a fila preferencial de idosos,[10] na qual se espera uma frequência etária específica.

Mas há as áreas contextualmente construídas, produzidas pela rotina peculiar de cada mercado. Na Tijuca, observei dois locais de concentração: a banca de prova de café e a fila da seção de laticínios a granel e seu entorno. Em Copacabana, essa tarefa é desempenhada por uma lanchonete com mesas. No primeiro caso, seu Gilberto, ex-escrevente, que vi no caixa a questionar a atendente com um "Como você não me conhece? Eu venho aqui todo dia!", explica que ir ao mercado virou uma rotina para ele, porque é divertido e é um lugar em que "encontra os amigos". De fato, na bancada em que a jovem de uma empresa de café oferece provas gratuitas da bebida, ele apoia o braço e bate papo com a jovem atendente e com seu Ricardo, ferroviário aposentado que mora em outro bairro, mas que vai ao mercado "pelo menos duas vezes por semana". Na "fila do queijo minas", como vários entrevistados a chamam, porque o principal atrativo são as provas do produto oferecidas, conversa-se, estando-se ou não na fila. Mas, sobretudo, fura-se a fila: presenciei muitas vezes idosos chegarem diretamente ao atendente, ignorando o resto das pessoas que aguardam, vários outros idosos entre elas. O intrigante aí é a baixa taxa de conflito demonstrada: em seis meses de observação, nunca presenciei um momento em que se reclamasse mais agressivamente dessa ação. Por outro lado, uma série de manifestações de desagrado mais sutis foram constatadas, como suspiros, olhares reprovadores (muitas vezes trocados comigo[11]) ou tapas no ar. Nenhum desses momentos, entretanto, chegou a afetar a rotina. Bem, o fato de que os idosos contam com o atendimento prioritário poderia explicar a concordância; afinal, o que estaria acontecendo ali seria uma adaptação contextual do que ocorre na fila do caixa. Mas a abordagem aos consumidores da fila revelaria o mecanismo da efetivação dessa prática. "Claro que incomoda! A gente tá numa fila enorme, no supermercado lotado. E não tem fila preferencial aqui, só no caixa"; "A gente já entra na filha olhando para a ponta, vendo quando vai aparecer uma senhora pra provar queijo e aproveitar que está ali para fazer seu pedido na frente de todo mundo." E, de forma mais consolidada: "O cidadão é sênior: por isso, ele chega, faz o que quer e não se reclama. Não se reclama de velhinho." Por que piedade? "Não, simplesmente não se faz isso. Vai discutir com o velhinho pra quê? Vai perder a razão", diz um rapaz de 28 anos, professor de matemática.

Perder a razão: é disso que parece se tratar. Diante da condição de idoso, parece não haver argumento racional que possa ser apresentado. Em vez disso, ocorre simplesmente a constatação de algo que poderíamos chamar, inspirados pela fala do último rapaz, de uma *senioridade*, condição afirmada sobre o espaço: no mercado, a condição de idoso estabelece uma prioridade que não é cívica, e sim de tomada de áreas, de reconhecimento de um "egoísmo" (falaremos dessa categoria no próximo capítulo) sobre esse espaço que não se costuma desafiar, embora possa ser questionado (e é), apesar de quase nunca diretamente. Ouvi de vários dos mais jovens uma redução das ações dos idosos a uma dimensão pitoresca, constituindo um desvão de análise moral: "Ah, velho é que nem milionário excêntrico de desenho, né?"; "Velho tem cada uma!"; "Não é fofa? Ela pisa no pé mesmo!" Mas esse mecanismo sempre vem articulado com uma avaliação moral negativa das ações efetivadas e estará em acordo com um dos tipos de desculpa de que falarei adiante.

A lanchonete do mercado da Zona Sul fica localizada bem próxima aos caixas e portanto próxima à entrada/saída da loja, o que torna o lugar um espécie de teatro para os que aguardam pagar. Nela, os idosos costumam ficar sentados, simplesmente sem fazer nada, sem sequer pedir um café. Vi algumas vezes se formarem duplas, não mais que trios, em conversas. Mas em geral as trocas estabelecidas são mesmo furtivas: uma senhora está sentada, "apenas descansando", como me explicaria, "do esforço de ir até ali"; permanece um tempo, até que puxa conversa com outra. É dona Marcela, que igualmente havia se acomodado para descansar "de nada" e chamou a atenção de dona Cleusa. As duas usam argumentos semelhantes aos da senhora do creme de leite: "Quando você passa dos sessenta, por aí, parece que as pessoas não te veem mais. Então, você tem que mostrar a elas que existe ainda", diz a primeira. "Eu fico aqui parada e é como se não estivesse em lugar nenhum, sabe? Mas se você está fazendo a mesma coisa que as outras pessoas, está ali no corredor com elas, comprando a mesma mercadoria, como é que pode não ser visto?" Mas a afirmação da presença do idoso no espaço não constitui negatividade estigmatizadora, pelo contrário: ela é afirmação de um cartão de visitas para a possibilidade de ação. Se usam de força desmedida em várias de suas ações, os velhos observados não forçam sua entrada no mundo dos jovens pela exposição sofredora de sua condição de idosos: eles se movem no espaço municiados pela circunstância que a condição etária lhes oferece para obter precedências.

De volta à Tijuca, na banca de café se reencontra um grupo de senhoras que, ao conversar, corrobora essa tese: "Eu não, meu filho, não quero ser grossa, não. Mas eu sou idosa, né? *Tô podendo*!", diz dona Adalgiza, que foi enfermeira até se casar e, hoje, três filhos depois, não gosta de ir ao mercado com o marido. O riso das outras diante do jogo de palavras da colega, espirituosa a ponto de misturar os sentidos de permissão e empoderamento, conduz a explicações: "Não é uma sacanagem, me perdoe a palavra, não querer que o velho faça seu supermercado, tome seu cafezinho, converse com suas amigas e, se precisar fazer o que tem que fazer pra isso, chegar lá e fazer? Não é uma questão de respeito, não, é uma questão de como as coisas são. O velho é mais experiente, ele tem que poder fazer o que quiser!", diz dona Ilda. "Não tudo o que quiser, né?", atenua dona Shirley, pegando mais um café. "Mas a gente sabe bem o que pode e o que não pode, não é? Não é bater em ninguém, mas eu não vou poder tomar uma atitude de ser enérgica só porque sou a velhinha? Ah, não, senhor, eu não vou deixar de fazer o que quero por isso!"

A velhice como desculpa: "não sou mais eu" e "velho é assim mesmo"

Nesse sentido, minha, digamos, *pesquisa de mercado* se mostrou pródiga. Ao todo, conversei detidamente com vinte idosos. Com seus interlocutores mais jovens, 35, travei conversas mais curtas, nas lojas mesmo, a fim de colher descrições individualizadas dos incômodos que os velhos lhes poderiam causar. Pois as micropolêmicas morais que observei apontam para uma forma peculiar de coordenação entre os dois tipos de desculpa que analisamos até aqui: a do "não era eu" e a do "é assim mesmo".

Em primeiro lugar, a condição de velho mobilizada pelas desculpas dadas pelos idosos é recorrentemente apresentada associada à ideia de que, ao nos tornarmos velhos, deixamos de ser alguém que fomos e passamos a ser outro, dotado de menos recursos físicos. Dessa maneira, há uma forma bastante peculiar de "não era eu" na apresentação da condição de idoso, porque, no final das contas, essa apresentação afirma algo como "este não sou eu". O elemento identitário que aponta para a vulnerabilidade descrita por Joseph (1984) surge nas falas contextualizado como processo de formação, não como retrato da condição, do conjunto de competências do ator. Isso significa dizer que *o processo* de deixar de ser a si próprio se torna uma explicação para dar conta de uma *condição*, a fim de desculpar toda uma série de disposições demonstradas pelo ator e que podem se comprovar na interação com o outro. De modo que falar coisas como "Eu já não alcanço as coisas como antigamente"; "No meu tempo, entrava no mercado, fazia o que tinha que fazer e ia embora" ou "Já foi o tempo em que eu enxergava direito qual era o corredor; hoje, sou esse arremedo do homem que eu era" dão mensagens claras sobre uma distinção entre si e si mesmo: o mundo é desenhado de tal forma que exige determinada demonstração de competência física e mental para operá-lo (ou para nele operar); eu, como todas as pessoas normais, sou perfeitamente capaz de demonstrar essa competência, já que este que eu sou sempre conseguiu fazer tudo que é necessário; mas o envelhecimento me fez deixar de ser como eu era, mesmo que eu não tenha deixado em essência de ser eu mesmo. Obviamente, uma construção como essa dá conta da ideia de que *o idoso é exatamente quem ele sempre foi até ser posto à prova em relação àquelas competências.* A desculpa do "não era eu" aqui funciona para a sustentação de uma identidade de si que suplante a identidade de grupo, pelo menos que suplante a classificação em uma categoria etária na qual o ator não se vê "em essência". Nesse caso, a circunstância que se dissocia da normalidade para constituir a desculpa é aquela em que o fluxo do tempo pega o ator de surpresa, não porque ele não saiba que é velho, mas porque nem sempre é lembrado disso por suas incapacidades adquiridas.

No entanto, o "é assim mesmo" parece operar em conjunto com essa desculpa identitária, reforçando-a na condição de recurso. Aqui, vemos operar a mudança no processo de concretização não do ator, mas da situação. A normalidade alternativa constitui um tipo de situação situacionalmente generalizável que é *a mesma situação do mundo com a qual estamos acostumados, mas com o idoso incluído nela.* É como se se pensasse: essa situação normalmente se desenrolaria de tal maneira, mas se um idoso for adicionado a ela teremos uma circunstância específica e ela terá que ser operada de outra forma.

Uma mulher de 44 anos, frequentadora assídua do mercado da Tijuca por trabalhar como doceira e necessitar constantemente renovar seu estoque, me conta que "com velho, não adianta entrar em conflito, porque ele não muda de ponto de vista; então você acaba virando 'aquele que briga com velho'". Uma das moças que serviram de exemplo para a situação de "passar a compra" descrita anteriormente, Cinthia, me diz que "é preciso relevar o que os velhos fazem". E completa com uma declaração que resume de ponta a ponta a representação dos interlocutores em relação aos idosos: "A gente sabe que eles acham que podem fazer tudo, e se a gente for reclamar de tudo vai brigar por tudo... Se a gente não desculpar isso, não pode viver, porque eles têm a melhor desculpa: eles são velhos."

Na pesquisa, consegui isolar quatro tipos mais típicos de situação de polêmica moral. E, a partir delas, foi possível constituir uma segunda tipologia paralela, de quatro tipos sociais — no sentido de Simmel (1971) — por elas constituídas:[12]

1) Quebra de protocolo: O "velho expansivo" ou "entrão"

No que diz respeito à construção de um espaço de interações, dois tipos de comunicação são descritíveis. O primeiro, como forma regrada e acordada de interação códiga entre entes participantes. É a velha definição de comunicação da Teoria da Informação de Shannon e Weaver como envio de uma mensagem de um emissor a um receptor, por um canal etc. Mas a comunicação ainda surge nesse mesmo espaço de outra forma: como dado ecológico do espaço. Dos pontos de vista pragmático e interacionista, a comunicação é um fato, o fato de que os entes de um mundo social estão expostos uns aos outros como signos e, portanto, como mensagens comunicativas (Goffman, 1963). Pois, em uma ordem em que representa a antítese do passante desconhecido por se constituir em uma imagem "convidativa" (Gayet-Viaud, 2006), o velho tem uma comunicabilidade digna de nota.

No mercado, pude observar um conjunto de ocorrências dignas de nota ligadas aos protocolos de comunicação. É bastante nítida uma distinção entre a aproximação de idosos e de jovens. Estes, em geral, "puxam conversa" bem menos, tomam bem menos a iniciativa de falar com um estranho no mercado. Com os idosos, por sua vez, a prática é recorrente. Em geral, com duas diferentes orientações: primeiramente, naquilo que Gayet-Viaud chamou de "falar para nada dizer", o estabelecimento de uma conversação sem tema específico, apenas para estabelecer contato. A outra prática é solicitar algum tipo de ajuda, o que pode ser feito tanto a funcionários quanto a outros consumidores, em geral mais jovens, mas por vezes também idosos. Nos dois casos, a marca é a quebra de protocolo fático. Diferentemente do observado — e documentado vastamente na literatura interacionista — entre os mais jovens, entre os mais velhos, uma série de exigências, de "formas de falar" (Goffman, 1981), se torna uma burocracia desnecessária. Parece haver, no caso dos idosos, uma sobreposição dos dois tipos de comunicação que apresentei há pouco: o fato de haver uma comunicabilidade estabelecida pela própria copresença anula a necessidade de protocolos para se ingressar na conversação, constituindo o que foi chamado por várias pessoas de "velho expansivo".

Um indicador peculiar desse fato é um desaparecimento da função fática: o idoso se aproxima do interlocutor e... começa a falar. Ele não chama a atenção do outro antes de emitir a mensagem principal. Não chama, não pede licença, não estabelece contato físico. Chega e fala direto: "Qual é a diferença entre esses dois cafés?", pergunta-me uma senhora de seus 70 anos. Não há "com licença", não há "boa tarde", não há nem um "meu filho", nem um "ei!". Evidentemente, a questão aqui não é a suposta falta de "educação", de cortesia, que isso indicaria. Há uma questão cognitiva: não raro, os interlocutores precisam recorrer à função fática com mais ênfase. Tomados de surpresa pela pergunta sem aviso prévio, em geral eles precisam pedir para ouvi-la novamente.

Torna-se uma questão de cortesia mais clara quando surge aquilo que alguns interlocutores chamaram de "velho entrão" (referindo-se tanto a velhinhos quanto a velhinhas), uma espécie de forma radicalizada do "expansivo": com a mesma sem-cerimônia, ele se interpõe a diálogos de outros, estes pejados de intimidade, de uma relação prévia, que os qualifique como interlocutores. Pois ao conversar sobre temas privados nos corredores pode-se de uma hora para outra ouvir um conselho ou uma avaliação de um idoso sábio. "É, minha filha, homem nenhum presta", diz uma velhinha de seus 70 anos, com óculos enormes e vestido florido a uma moça que conversa sobre o namorado com outra. "Experimenta aguarrás", orienta um senhor de cabelo cinzento escapando pela borda do boné, bermuda surrada e... camiseta pelo avesso (!) a um rapaz e uma moça que debatem como limpar uma mancha de tinta em seu apartamento. Os exemplos são muitos e chegam às raias do incômodo quando o assunto privado sofre uma intervenção mais incisiva. Uma moça que fala ao celular fica em fúria quando sua conversa é interrompida por uma senhorinha, que lhe diz: "Manda embora logo, minha filha!" Depois, eu descobriria que ela conversava com a babá do filho, que não estava bem de saúde. Mas, apesar da raiva, a competência analítica impede que ela chegue a quaisquer vias de fato. "Pois é, velhinho se mete na sua conversa, né? Vive acontecendo isso", resigna-se.

2) Competição agressiva pelo espaço: O "velho espaçoso"

Se a copresença impõe a comunicação, ela tem no espaço, como já comentei, seu maior valor. E, quando as pessoas se movem umas pelas outras em busca de algo, as disputas se tornam inevitáveis. Se as filas existem para discipliná-las, poucos são os dispositivos semelhantes. A cordialidade sugere "ceder a vez", em geral aos mais vulneráveis, segundo uma escala historicamente estabelecida: homens adultos devem cedê-la a idosos, crianças, mulheres. Mas o supermercado certamente é um lugar privilegiado para se observar uma disputa pacificada pelo acesso às mercadorias, por posições para se ficar parado (observando prateleiras, descansando, conversando, tomando notas em cadernos de campo), e para se chegar antes a determinados lugares — como uma seção em que uma "oferta-relâmpago" tem lugar ou nas proximidades do caixa, quando se acelera mais o carrinho para chegar à fila ao se ver que outros também se aproximam. Essa é certamente a dimensão em que é mais aparente uma ação descortês de um idoso:[13] observei muitas ocasiões semelhantes às primeiras descritas neste texto. Foram vários carrinhos empurrados, tomadas de dianteira, idosos estacionados diante das gôndolas por longos períodos (por exemplo, apertando o pão de forma para ver qual está mais fresquinho e, com isso, não apenas deixando o pão amassado como impedindo o acesso de outras pessoas ao pão) e outras formas de uso desmedido da força para solucionar a disputa por espaço.

Se não, vejamos: no mercado da Tijuca, pode-se observar a tradicional organização de se levarem para o fundo da loja os setores de venda a granel,[14] em torno dos quais se formam filas, como as seções de doces, carnes e laticínios, estas últimas duas em geral procuradas pela maioria dos clientes (o que os obrigaria a atravessar toda a loja, ficando expostos a outros produtos e à tentação de também adquiri-los). Isso cria um espaço de mobilidade que flui da frente — em que geral se concentram as filas dos caixas — para o fundo. No mercado de Copacabana, os únicos setores a granel são a padaria e os frios, de modo que não há muitas filas internas. Mesmo assim, eles estão no final da loja. No entanto, diferentemente de na loja da Tijuca, a de Copacabana é aberta com bancas e prateleiras de frutas, verduras e legumes. Isso cria uma primeira zona de concentração de consumidores antes dos corredores. Enquanto na Tijuca a concentração nos corredores é pautada pela mobilidade impedida, em Copacabana ela é pautada pelo escape da primeira zona de concentração. A loja da Zona Sul é muito menor que a da Tijuca e, por conta dessa concentração de pessoas na primeira parte, passa uma impressão de supermercado cheio a quem chega a suas portas. Na Tijuca, tem-se essa impressão mais fortemente apenas ao se chegar aos corredores. Impressão multiplicada por casos de "velhos espaçosos" como dona Martina, moradora de Copacabana que costuma frequentar a loja do bairro pertencente à mesma rede da unidade da Tijuca, mas que estava no mercado da outra empresa em busca de um produto específico. Dona de casa, ela se diz cansada de ter que abrir caminho entre as pessoas, porque "ninguém sabe andar no mercado". "Eu tenho é sessenta anos de prática; não tem pra ninguém", diz ela, 67 anos. Casada, gostaria de que o marido estivesse com ela, porque ele gosta de empurrar o carrinho, mas diz que "ele atrapalha um pouco", porque insiste em entrar na fila de idoso, aconteça o que acontecer, enquanto ela prefere "estudar a fila". E descreve uma técnica: entrar no papa-filas — filas para clientes com poucos itens, geralmente 15 —, carregando quantas mercadorias carregar. "Ninguém vai ter coragem de me tirar dali e de não registrar as compras quando chegar a hora. A fila de idoso geralmente demora muito. No papa-fila, você vai bem mais rapidinho."

3) Furar a fila comum: O "velho aproveitador"

O tipo anterior nos leva ao "velho aproveitador" — caracterização mobilizada de forma mais agressiva pelos críticos; não à toa, o adjetivo é de tom bastante mais acusatório. Por exemplo, dona Martina e a idosa descrita anteriormente "pedindo para passar" compras entre as de outras pessoas são exemplos de uma série de técnicas para apresentar velocidades maiores que os outros. A avaliação negativa aponta claramente para uma tensão entre o "respeito" e a "consideração" (Cardoso de Oliveira,

2002): os atores estão de acordo que os idosos têm direito adquirido à precedência. Mas também demandam um direito: ao papel de gentil. "O ideal é que a gente ceda a vez para eles e não que eles tomem a vez. Ela até é deles por direito, mas, quando eles as tomam dessa maneira, para mim perdem a razão", diz Carlos Alberto, morador de Copacabana de 57 anos, que se caracteriza entre os mais jovens, criticando os mais idosos. Ele diz que nunca usará a fila de idoso nem passará na frente na fila comum, "tenha oito ou oitenta" (o que é fácil de prometer, já que ele não terá oito de novo). O respeito é admitido quando intermediado pela consideração. A demanda por justiça é interpretada pelas pessoas como demonstração de falta de humildade. E a ação agressiva não é entendida como uma demanda por respeito, não é entendida como reivindicação legítima de direitos universalmente reconhecidos. O que parece ser mais incômodo para os interlocutores é justamente o uso da velhice como desculpa "esfarrapada" para o que entendem como "tirar vantagem". É bastante recorrente a preferência pela fila comum e pelas possibilidades de nela obter uma posição mais vantajosa, diferentemente do que acontece na fila de idosos, na qual *todos são iguais*. E ela me foi explicada por vários idosos como uma *forma de ser prático*. Se é fácil ver como uma prática pitoresca ou excêntrica, "doideira de velho", e a aceitá-la, permitindo que a situação siga adiante, é igualmente fácil apontar para a injustiça por ela produzida. "Ué, cada um lida com o que tem. Se eu posso fazer isso, tenho que aproveitar, não?", pergunta-me seu Ricardo, que vai ao mercado na Tijuca todos os dias, porque mantém uma pequena banca de salgados em frente a uma escola e passa o dia os preparando. Como não pode ter estoque e depende das vendas para renovar os produtos, vai às compras com tal frequência. Comunicativo, "velho entrão" típico, ele puxou conversa comigo porque minha pasta estava dentro do carrinho e ele queria que eu prestasse atenção nela, que poderia ser roubada. "Não tenho amigo no mercado. Mas é bom conversar com todo mundo, né?", prossegue, para depois explicar sua principal técnica para se livrar das filas: "Às vezes eu faço metade das compras e entro na fila comum menor que tiver. E aí deixo alguém tomando conta do meu lugar e vou pegar mais itens. Volto, ponho no carrinho e vou buscar mais, até terminar. Quando vai chegando a vez, eu vou deixando as pessoas passarem, até poder pagar". Ele é prático? Não para quem toma conta do carrinho dele. "Não entendo por que velho precisa de fila preferencial. Ele é em geral aposentado, não tem nada pra fazer em casa. Pra que a pressa? Já, eu, tenho mil coisas pra fazer e tenho que ficar 15 minutos na fila", diz uma mulher de 37 anos moradora da Tijuca, advogada com dois filhos que diz gostar de culinária, mas não poder adquirir os itens que gostaria no mercado por falta de tempo. Ela se revolta por ser obrigada a se tornar "colaboradora" na estratégia de seu Ricardo. E prefere se chamar de "vítima" da mecânica dele. Mas a condição da idade continua efetivando a postura. "Mas, vai entender. Eles parecem precisar do tempo deles. Deixe-os fazer essas coisas todas para correr."

4) Abordagens de senhores a moças: O "tio" ou "velho babão"

Essa rubrica é associada exclusivamente aos homens. Não é vista tão intensivamente quanto as outras formas, mas ouvi alguns relatos a esse respeito. Nesse caso, a avaliação moral é menos ambígua: em geral, fala-se do "tio"[15] ou "velho babão", com forte negatividade, e com uma desqualificação das mais fortes, atrelada à assepsia. O "velho babão" é uma imagem aludida com nojo. As descrições são sempre pejadas de um horror clínico com sua imagem física de velho, com sua sexualidade que é lida nesse caso como "inoportuna" e, no limite, anacrônica. "É bonitinho ver os velhinhos namorando entre si, mas velho vir se engraçar com menina nova? É o fim do mundo", diz uma jovem de 22 anos que conta já ter sido alvo de um "tio" e que se viu tentada a lhe dar um fora. "Mas não dá nem pra responder, né? É tão descabido que a gente só pode fingir que não ouviu e sair de perto", completa. Ao mesmo tempo, entretanto, ouço de "vítimas" deles falas como: "Mas o que se pode fazer? O que se pode esperar de velho sem noção? Velho é sem noção." Por outro lado, ouço de Carlos, 66 anos, "conquistador", funcionário aposentado de uma burocracia estatal, perfume acentuado, um discurso aproximado ao da escusa do creme de leite: "Eu já namorei, já aprontei.

Depois, casei, tive meus filhos, formei todos eles na faculdade e entreguei pro mundo. E, me separei. Agora, eu quero aprontar de novo. Agora, nada mais me prende; agora, eu posso." De outro senhor, 67 anos, indagado se abordaria uma mulher mais jovem, ouço o discurso de uma virilidade geriátrica quase militante: "Essas meninas, se derem mole, eu pego mesmo. E, se eu pegar, elas vão ver que o velho dá muito mais no couro do que muito garotão por aí."

Da recusa de uma rubrica identitária a seu uso como dispositivo

É verdade: jovens também tomam liberdades desagradáveis na comunicação com estranhos. Eles também competem pelo espaço de forma descortês. Também furam fila. E também eventualmente abordam moças na rua (e no mercado, por que não?) de forma inoportuna. O que é peculiar aos idosos é a articulação de sua condição etária como motivo das ações que praticam. Trata-se, então, como demonstrei, de uma coordenação entre "não sou eu" e "é assim mesmo". A circunstância apontada é a própria condição de velho, a velhice. As situações normais, nas quais se cumpririam determinadas regras de conduta, quando na circunstância de serem atravessadas por idosos, criam para esses uma condição de licença. A velhice se torna uma espécie de desculpa prévia, de salvo-conduto.

Isso aponta para a possibilidade — mais, para a necessidade analítica — de se pensar a velhice em quadro distante da rubrica identitária. Não se trata de pensar o que a velhice traz como *habitus* etário ou como conjunto de disposições, de formas de agir prescritas por essa mesma condição.

Mas isso não precisa ser pensado apenas para a velhice. O que brota desta pesquisa é que, vista pragmaticamente, uma categoria *naturalizada*, *taken for granted*, qualquer uma, pode ser enxergada como um dispositivo de inserção nas situações de sociabilidade. Por mais que os trabalhos de face e as representações operem nessa inserção, os pertencimentos a grupos não precisam determinar disposições na forma de elementos determinantes de quaisquer maneiras de agir. Em vez disso, conseguimos ver aqui essas categorias — idade, gênero, raça, origem nacional ou cultural, qualquer uma — como recurso utilizado pelos atores — aqueles que possam usá-las *efetivamente*, claro (como veremos no próximo capítulo), que possam ser reconhecidos como integrantes de suas categorias a partir dos elementos de representação — para atuações competentes, convenientes, *efetivas*. Nesse sentido, a operação analítica aqui contida consistiu em pensar meu personagem central menos como alguém que *é* velho (e menos também como alguém que *está* velho, em todo sentido de uma condição com a qual é preciso se acostumar) do que como alguém que *opera* (n)a velhice. A velhice, como desculpa, então, como outras categorias identitárias, se converte em uma gramática moral, uma espécie de acessório operado pela pessoa em sua inserção social. Se pensarmos em um "ente individual" (Teixeira, 2010) neutro, ao qual se possam associar diferentes dimensões de individuação (sujeito, indivíduo, pessoa, cidadão, agente etc.),[16] podemos pensar também nos elementos identitários como elementos a entrar depois do hífen (descrevendo um "ente-sujeito, um "ente-indivíduo" etc.). Em vez de disposições básicas, podemos enxergar, então, dispositivos pragmáticos dos quais se pode lançar mão para garantir a desenvoltura em situações. Aquilo que pretendi demonstrar aqui é como a velhice pôde ser construída como um desses pós-hífen, como um desses dispositivos. O "ente-velho" conta, ao se afirmar como tal no meio de uma ordem de copresença, com um actância potencializada pelo fato de que menos limitações se impõem a várias de sua ações, por mais que possam ser consideradas como produtoras de mal-estar relacional. Como desculpa, uma categoria identitária serve como uma das formas mais efetivas de dispositivo para os atores que dela dispõem. É assim mesmo.

De Adão ao Bom Ladrão

> Um dos malfeitores crucificados blasfemava em relação a ele: "Não és tu o Cristo? Salva-te a ti mesmo e também a nós." Mas o outro malfeitor, repreendendo-o, declarou: "Nem mesmo passando pela mesma pena que Deus você é temente a Ele! Para nós, isso tudo é justiça, estamos pagando por nossos atos; mas ele nada fez de mal." E se dirigiu a ele: "Jesus, lembre-se de mim, quando tu entrares em teu Reino." E Jesus respondeu: "Em verdade, eu te digo, ainda hoje tu estarás comigo no Paraíso" (Lucas, 23, 39-43).

Esse episódio bíblico é narrado em apenas um dos quatro evangelhos, o de Lucas (justamente aquele evangelista que não teria conhecido Jesus pessoalmente). Mas mesmo assim (e talvez por isso mesmo, por ser único, singular) é bastante conhecido, celebrado como "a história do Bom Ladrão". Nela, Jesus dialoga com dois "malfeitores" que foram crucificados junto a ele, um a sua esquerda, o outro à direita. Segundo a tradição apócrifa (já que a Bíblia não é clara a esse respeito), são dois praticantes de latrocínio (Gaume, 2003 [1882]). Pois enquanto um simplesmente faz troça do suposto caráter divino daquele que ali está, como ele, no Gólgota, em seus últimos momentos, sucumbindo aos homens, o outro, surpreendentemente, apesar de ter acabado de conhecê-lo, se converte à crença de que aquele ali é "o messias", "o salvador", ou, simplesmente, "a presença de Deus encarnado". A este, Jesus promete o Paraíso.

O padre Antônio Vieira, o grande orador da língua portuguesa, promove uma interessante retomada dessa história. O "Sermão do Bom Ladrão" é uma de suas mais conhecidas homilias. Apresentado em 1655, na Igreja da Misericórdia de Lisboa, o discurso, não surpreendentemente para quem conhecesse o habitual espelhamento que o religioso fazia entre escritura sagrada e o mundo de seu tempo, não é centrado em uma reflexão sobre os últimos momentos de Cristo e a conversão de um pecador como componente de sua extrema-unção. Não, em vez disso, Vieira faz uso da passagem para construir uma espécie de libelo contra... a corrupção no serviço público — o que explica em grande medida sua notoriedade. A cena na cruz serve, nas palavras do teólogo, para criticar a forma como "príncipes" são condescendentes com os "ladrões", que, sob seus auspícios, supostamente a serviço do povo, enchem seus bolsos em detrimento do interesse coletivo. Alcir Pécora, organizador de uma das compilações dos sermões do clérigo, afirma que o discurso dele "denuncia em particular o empenho dos governadores de províncias, como a do Brasil, em explorá-las em vista de seu enriquecimento próprio, sendo que a riqueza ilícita sequer é reaplicada nelas, pois tais governantes retornam à metrópole para gastá-la" (Vieira, 2000, p. 388). De fato, o clérigo afirma uma generalização da roubalheira em tais proporções nas províncias que "se em tais casos se houverem de mandar buscar informações à Índia ou ao Brasil, primeiro que elas cheguem, e se lhes ponha remédio, não haverá mais Brasil, nem Índia" (idem, p. 403). Diz isso para sustentar a tese de que "nem os Reis podem ir ao Paraíso sem levar consigo os ladrões, nem os ladrões podem ir ao inferno sem levar consigo os Reis" (idem, p. 390), afirmação que explorará ao limite em sua retórica notoriamente meticulosa. Vieira quer mostrar que não há desculpa nem para a apropriação indébita — afinal, há um mandamento de Deus, o sétimo, princípio superior comum e universalizado, que a interdita — e muito menos para a vista grossa em relação a ela por parte daqueles que assinalam tarefas em cujo cumprimento os ladrões (corruptos) acabam por agir.

Mas, embora seu tema seja algo em grande medida concreto, pé no chão, o "Sermão do Bom Ladrão" promove um salto de abstração bastante sofisticado: nele, o crime praticado pelo personagem ocupa o lugar de categoria universal, sintética; ali, "furto" é virtualmente igual a "ação ilícita" ou, simplesmente, "ação imoral". Em sua metáfora, qualquer ação moralmente questionada pode ser lida como furto. Não de um bem tangível, obviamente. O furto que se torna categoria universal é o de uma posição que não é legitimamente cabível ao ator questionado: quando pratica um mau ato, alguém rouba... uma posição moral, nos nossos termos, uma *grandeza*. A questão que nos interessa ali, no entanto, é o perdão peculiar ao qual o criminoso tem acesso.

O argumento crítico de Vieira é bastante simples, apesar de enormemente elaborado (embora não seja exclusivamente dele, e sim prospectado a partir de Santo Agostinho, como ele próprio credita): se há roubo (ou, como disse, em sentido amplo, se há pecado), pode, conforme prometido nas escrituras, haver perdão, como para qualquer pecado, desde que haja arrependimento. Esse arrependimento, entretanto, não é simples, não é gratuito. Na formatação agostiniana intermediada por Vieira, o pedido de perdão não pode ser articulado de maneira apenas emocional, na forma da demonstração de uma contrição; tem que o ser também na forma de uma ação: o ladrão precisa, para ser perdoado, restituir o que roubou (idem, pp. 390-391): "Se o alheio que se tomou ou retém se pode restituir e não se restitui, a penitência deste e dos outros pecados não é verdadeira penitência, senão simulada e fingida, porque se não perdoa o pecado sem se restituir o roubado."

Naturalmente, mantém-se a abstração: se o ladrão *concreto* precisa restituir o bem tangível que roubou, o ladrão da metáfora precisa restituir a *grandeza* "roubada", ou seja, precisa passar por todo o ritual de "devolução" urdido na contrição.

Mas eis que, a despeito desse estatuto, Jesus perdoa um dos ladrões, mesmo sem nenhuma restituição. Por quê? A resposta de Vieira é a mais simples do mundo, mas oferece uma leitura enormemente mais complexa daquela cena de questionamento moral: a restituição é uma condição *sine qua non* para o perdão "quando quem o roubou *tem possibilidade*[1] de o restituir" (idem, p. 391). E não é o caso daquele malfeitor redimido: "Porque Dimas [esse é o nome atribuído a ele pela tradição católica, enquanto ao outro é atribuído o nome de Gestas] era ladrão pobre [como João Grilo!], e não tinha como restituir o que roubara" (idem, p. 392):

> Esta única exceção à regra foi a felicidade do Bom Ladrão, e esta a razão por que ele se salvou, e também o mau se pudera salvar sem restituírem. Como ambos saíram do naufrágio desta vida despidos, e pegados a um pau, só esta sua extrema pobreza os podia absolver dos latrocínios que tinham cometido, porque, impossibilitados à restituição, ficavam desobrigados dela (idem, p. 391).

A *desculpa* perfeitamente aceita por Vieira, então, é que a condição de impossibilidade de compensação isentou o Bom Ladrão da mesma. Não se trata nem de afirmar que "bandido pobre é assim mesmo", mas de demonstrar uma situação singular, uma *circunstância total*, segundo a qual se aceita uma desculpa não especificamente relacionada ao ato imoral, mas baseada na impossibilidade de, arrependido que se esteja, cumprir todo o ritual de arrependimento, que culmina com o pedido de perdão. No final das contas, o resultado é o arrefecimento da situação de mal-estar interacional/relacional produzido pelo ato em desacordo com o princípio moral e que, em um horizonte mais ferrenhamente atrelado à necessidade de respeito ao princípio universal, exigiria o cumprimento de todo o ritual.

Perdão e desculpa. A confusão terminológica em português, como comentei anteriormente, torna difícil a conversa que os tente isolar. Mais uma vez: como os atores em português normalmente tratam "pedir desculpas" e "dar uma desculpa" com um mesmo nome, tornando turvos os limites entre dois fenômenos morais distintos, a tendência analítica é construir uma tipologia mutuamente excludente: a "desculpa" do pedido de desculpas busca o perdão; a "desculpa" do dar desculpas busca o arrefecimento condicionado. Ou, como disse antes, o primeiro lida com o esquecimento do passado, visando a um futuro diferente, melhor; o segundo, com a reinvenção e a reinterpretação do passado, visando a um futuro rotineiro, inalterado em relação à *justesse* (Boltanski e Thévenot, 1991). De fato, trata-se de situações-tipo bastante distintas. Mas o mundo (aquilo que em geral chamamos "campo" nas ciências sociais) é muito mais complexo que isso, e por vezes os tipos invadem um ao outro, desafiando a pureza de categorias que construímos analiticamente para serem autônomas umas em relação às outras. Quando isso ocorre, no entanto, obviamente não se trata de uma impossibilidade de purificação categorial. Trata-se, antes, de uma compreensão da necessidade de tornar mais complexa a própria tipologia. Pois um ótimo exemplo disso está justamente em nosso duo moral. Se não, vejamos: o que ocorre na cruz entre Jesus e o Bom Ladrão é, em grande medida, uma representação sintética de uma situação-tipo absolutamente modelar no que diz respeito ao arrependimento e ao arrefecimento do mal-estar interacional/relacional: o sacramento da confissão.

Essa cena, na qual um pecador — um ser humano, portanto — se posta diante de alguém delegado por Deus — portanto, o ser divino todo-poderoso, senhor de todo o bem e todo o mal, de toda moral, e que confere a esse delegado um poder, o de "ligar ou desligar" na terra, com correspondência no céu, conforme dito a Pedro (Mateus 16, 19) — e confessa que errou, demonstra arrependimento e solicita o perdão dos pecados, é uma forma juridicamente condensada e organizada da prática do perdão, estabelecida como ritual social nas vidas dos atores, seja no sentido religioso, seja no laico (Goffman, 1971; Tavuchis, 1991; Lazare, 2004; Bovens, 2006). Ali, Dimas admite seu mau ato e reconhece (para Gestas) ser justa a punição que ambos estão recebendo, solicitando a Jesus, apesar disso, sua admissão na "memória" daquele que afirma ser o Salvador, isto é, a absolvição de seus pecados e a entronização em uma lógica que, como já dissemos, afirma que o futuro será diferente.[2] E de fato será: o Bom Ladrão não apenas ouvirá da boca de seu confessor palavras de absolvição, como chegará a ser agraciado com o status de santo.[3]

Pois bem, a confissão: o *Dictionnaire de Théologie Catholique* de Alfred Vacant, Eugène Mangenot e Émile Amann, um dos mais respeitados tratados gerais de teologia de que se tem notícia, usado como fonte pelo próprio Vaticano (e pelos estudiosos laicos de religião),[4] afirma que, no momento ritualístico do sacramento, o confessor desempenha quatro diferentes papéis: ele é ao mesmo tempo pai, doutor (da lei), juiz e médico. No que diz respeito a essa última identidade, diz que "ele procura a causa; ele aplica o remédio; ele prevenirá as recaídas". E apresenta uma metodologia para isso, afirmando (Vacant, Mangenot e Amann, 1930, p. 944) que

> procurar o origem do mal é indispensável para saber com perfeição os remédios a serem administrados contra ele. Não é suficiente que o penitente tenha confessado o número e o tipo de seus pecados; é por vezes importante ter conhecimento das circunstâncias de tempo, lugar, pessoas, hábitos e oferta de oportunidade que o levaram a pecar.

Mais que isso, o mesmo dicionário transcreve a bula apostólica do papa Bento XIV para o ano 1749, na qual o pontífice afirma que as advertências do confessor são mais importantes que as do sermão na missa, uma vez que o padre, no confessionário, tem acesso às circunstâncias peculiares das ações dos penitentes.[5] Assim, o sacramento da penitência, no qual o perdão divino é ministrado, dependendo apenas do sincero arrependimento para isso, ganha ali uma nova cor, a de que o confessor deve avaliar as circunstâncias pragmáticas da situação em que foi praticado o pecado. As leis de Deus, o máximo princípio de equivalência universal — baseado na fraternidade entre os homens estabelecida pela cofiliação com o Altíssimo —, são variáveis! E de acordo com as condições específicas da situação, ou seja, com a competência do ator para deslocar o caso do abstrato para o concreto.

O caso do Bom Ladrão descrito por Vieira e esse protocolo teológico de intenções em relação ao sacramento ritual apresentam manifestações formalizadas do mecanismo que apontei ao longo de todo o livro: no momento em que se estabelece uma disputa em torno de um mal-estar produzido por um ato de uma parte que esteja em desacordo com um princípio moral respeitado por outra, em vez de uma sobreposição formal entre o princípio moral desrespeitado pela ação (a dimensão metafísica) e a vida (a dimensão pragmática), vemos, filosoficamente, a afirmação de um protocolo, formal, segundo o qual é preciso levar em consideração...

as circunstâncias: o perdão é acessado por meio da desculpa. Ou, em sentido mais abstrato, o arrefecimento de uma situação de mal-estar relacional/interacional passa, conceitualmente, modelarmente, pela consideração das condições pragmáticas de realização do ocorrido, seja qual for o modelo de arrefecimento adotado.

E, se tracei essas linhas com o Bom Ladrão como paradigma, não é sem a consciência de que, no fundo, assim como com Adão, ocupamos seu lugar em inúmeras situações. Isso ocorre repetidas vezes nas situações de depoimento da CPMI dos Correios, repetidas vezes entre os casais — uma esposa, por exemplo, me conta: "Só perdoo o Marcelo se ele me contar o que aconteceu tintim por tintim" —, repetidas vezes entre idosos e jovens (embora no caso deles a questão do perdão se apresente muito mais raramente) e salta aos olhos na metodologia de construção de situações contidas nos manuais de desculpa.

Pois é aqui que chegamos à resposta sobre o que a desculpa ajuda a explicar: se é verdade que os atores sociais possuem uma capacidade moral e uma capacidade crítica, passíveis ou não de utilização, conforme inúmeras variáveis que se colocam como questões de pesquisa, as observações aqui apresentadas demonstraram que podemos depreender uma terceira capacidade: trata-se de uma capacidade para se voltar para as próprias situações em que nos inserimos e, posicionando-nos do lado de fora das coisas, enxergar que há uma distância apreciável entre os *pressupostos metafísicos* dos estados/grandezas (que assumem formas de ações, interações, relações e configurações sociais) e as *condições circunstanciais situacionais* nas quais elas têm lugar, ou seja, trata-se de pensar uma capacidade de dar conta da *pragmaticidade* da vida, ou, em outras palavras, de outra dimensão constantemente colada ao que acontece, que é a de perceber as próprias situações em outro plano de interpretação que se se distancia do metafísico. É uma faculdade que pode ser pensada como, digamos, *metametafísica*, oferecendo uma metafísica outra, esta da forma e não dos conteúdos, na qual avaliamos não (apenas) a concordância entre as ações e os princípios, mas a factibilidade da adequação de princípios e ações (e vice-versa) e na qual se percebe a exigência de outra ordem de competências.

É, portanto, de uma *capacidade metapragmática* que estamos falando, ou seja, de uma capacidade para se dar conta (seja isso consciente ou não; é possível se dar conta apenas em termos actanciais, ou seja, na medida em que se responda competentemente aos desafios propostos pelas próprias situações, pela vida social prática) de que há uma distância digna de nota entre as metafísicas morais que orientam a utopia das ações sociais e os mundos que por meio delas se constituem e, mais que isso, entre esse próprio duo *cités*/mundos — o plural sublinhando seu caráter existencialmente múltiplo — e aquilo diante do que eles se constituem, *o mundo*, a vida prática, as situações pragmaticamente constituídas e os estados assumidos pelos participantes dessas situações.

Não se trata, no entanto, de uma descrição meramente "realista" da moral ou da construção de uma "moral realista", segundo a qual se pesem os prós e os contras de se estar mais na metafísica ou mais na dimensão pragmática. Tampouco é uma leitura em planta baixa de uma perspectiva utilitarista da moral, segundo a qual a moralidade não é senão uma forma estratégica de mobilização de recursos (conferindo a essa capacidade um caráter um tanto cínico). Não, o que uma capacidade metapragmática indica é que se pode considerar essa própria dicotomia como uma utopia e, portanto, como um quadro de referência moral.

Em outras palavras, quando um depoente da CPMI dos Correios diz que "o Brasil é muito complicado" ou quando Nina reivindica poder chegar atrasada por ter visto uma bolsa, algo que só a ela interessava e, mesmo assim, poder manter sua vida de casal incólume, o que está em jogo é a mobilização dessa capacidade. Ela permite que a posição acusatorial adotada pela parte ferida na situação seja desarmada, em um processo de (pacífico) desmascaramento da operação de reificação que converte crítica em acusação. A capacidade metapragmática aponta o dedo para a posição moralista que desconsidera a necessidade de adoção de uma leitura prática da vida e demonstra como a metafísica moral adotada como referência para a acusação não passa de, bem, não passa de uma metafísica moral. Dessa maneira, a desculpa ajuda a mostrar que, em uma situação como essa, a mobilização da capacidade metapragmática não corresponde a uma deriva da moral, um posicionamento do lado de fora dela, constituindo uma "amoralidade realista". Mais do que de realismo, trata-se do reconhecimento de outra derivação: aquela de uma moral empreendedora (e que mobiliza uma exigência de sua observância estrita) rumo a uma moral distinta, dotada de uma característica singular: ela consegue ser *ad hoc*, mostrando-se conveniente em sua dinâmica, em seu dinamismo, em sua capacidade de adaptação às exigências da vida em comum, oferecendo mais recursos relacionais e, portanto, maiores possibilidades de, para colocar nos termos de Simmel, sociação.

Um bom exemplo disso são aqueles momentos em que, no Brasil, para desculpar o outro quando este assume ter cometido um erro (um atraso, por exemplo), reduzimos a importância do erro, dizendo: "Imagine." Esse "imagine" acaba querendo dizer: "Imagine se eu fosse seguir estritamente a regra que você desobedeceu e desconsiderasse as circunstâncias, como o mundo seria complicado." Ou, no caso exemplar, "Imagine como viver neste mundo seria difícil se eu fosse exigir a observância estrita do horário em toda e qualquer situação"; ou mesmo "Imagine se eu daria tanta importância a um detalhe tão abstrato assim". Em vez disso, abrimos uma exceção e aceitamos que o amigo chegue atrasado (digamos, 15 minutos). Esse "imagine" é, em geral, uma confirmação do caráter circunstancialista operado nos pedidos de desculpa mais protocolares e rotineiros e, ao mesmo tempo, um convite para a mesma forma de descida do plano abstrato mobilizado pelo ofensor, mas aqui mobilizado pelo ofendido (quando é o próprio ofensor quem, educadamente, toma a iniciativa da crítica).[6]

A capacidade metapragmática é, assim, a faculdade cognitiva segundo a qual nos damos conta de que elementos do mundo — tanto no sentido lato quanto no sentido estrito segundo o qual "mundo" é compreendido no interior do modelo pragmatista — muitas vezes conduzem para outra forma formal de concretização das coisas (sejam essas coisas ações, estados, significados e/ou representações de e/ou sobre quaisquer dos entes envolvidos em situações, ou seja, sistemas, ordens, lógicas, pessoas, instituições e mesmo entes não humanos, como objetos e animais), ligada ao *imprevisível* e ao *incontrolável*.

O assunto deste livro foi, então, de certa maneira, essa relativa *incoerência* das ações sociais, mas vista em sua coerência muito própria, muito especificadora: a dupla adesão, ao mesmo tempo, a uma ideia e a (no limite) sua antítese, factível porque, no final das contas, não é possível conter em uma metafísica moral todas as possibilidades que as situações nos impõem.

E o invento de Adão se mostrou aqui um dispositivo privilegiado para se acessar essa capacidade.

Pois bem, seguindo o mito e a metáfora: deixado o Éden, o primeiro homem gerou sua prole e a espalhou pelo mundo, constituindo a humanidade. Muito tempo depois, eis então o "filho de Deus" a prometer o retorno ao Paraíso para um homem, Dimas. De Adão ao Bom Ladrão, todos estão perdoados, porque, afinal, nenhum deles tinha como restituir o roubado, porque, no final das contas, na situação, "não sabem o que fazem" (Lucas, 23, 34), ou seja, porque não tinham total controle de suas ações no momento em que agiram, porque demonstraram que a agência dos atores, se é uma capacidade a ser reivindicada (inclusive analiticamente, mas até mesmo politicamente), não pode ser sempre mobilizada, passa por momentos de "branco", de vazio, em que outras agências atuam sobre ele (ainda que não de forma intencional), impossibilitando que ele determinasse totalmente o resultado de sua ação. Talvez por isso, afinal, valha a metáfora do "pecado original", porque quem sabe esse outro que evocamos ter nos tornado quando damos uma desculpa por agir errado seja Adão, o inventor, o tipo ideal da mobilização do dispositivo moral de acesso à capacidade metapragmática, que retorna em cada ação para a qual lançamos mão de desculpas, de circunstâncias. Ou talvez a situação que se mostre recorrentemente lógica apesar de moralmente recusada que vemos nas situações sobre as quais damos uma desculpa por agir errado seja a daquele momento imediatamente anterior ao da "penetração no conhecimento do bem e do mal", ou seja, metaforicamente, o da aquisição da capacidade moral. Essa parece ser justamente a aposta de Vieira em seu sermão. Porque, se desde o princípio apresentei uma galeria dessas repetições do invento, o padre (Vieira, 2000, p. 397) mostra que essa galeria é, igualmente, uma sequência de manifestações também de um ladrão inaugural, que não é apenas Dimas, mas é também o marido de Eva (ou seja, não apenas a imagem do pedido de perdão mobilizado com desculpas, mas também a imagem de um deslocamento em relação a si próprio):

> Pôs Deus a Adão no Paraíso com jurisdição e poder sobre todos os viventes, e com senhorio absoluto de todas as coisas criadas, exceto somente uma árvore. Faltavam-lhe poucas letras a Adão para ladrão; e ao fruto para o furto não lhe faltava nenhuma. Enfim, ele e sua mulher (que muitas vezes são as terceiras), aquela só coisa que havia no mundo que não fosse sua, essa roubaram. Já temos Adão eleito, já o temos com ofício, já o temos ladrão.

Mais uma vez, pois a frase merece retumbar: poucas letras distanciam "Adão" de "ladrão" e nenhuma letra (apenas a ordem delas), "furto" de "fruto". Como se fosse um antepassado de Lacan, Vieira sobrepõe os dois mitos bíblicos apontando a sintomatologia que leva um a se voltar sobre o outro. O mais importante, no entanto, é que, com isso, ele aponta para a mecânica basal contida na história do primeiro homem e para o caráter modelar de sua forma e de seu conteúdo: Vieira não apenas lembra que Adão rouba, ou seja, se apropria de um bem tangível que não lhe pertence (o que de fato ocorre, já que ele toma para si o fruto interditado, o que curiosamente mal se nota, dadas as atenções simplesmente a sua desobediência), mas que ele se apropria de uma condição (p. 405):

> Pôs-lhe Deus [a Adão] o preceito que não comesse da árvore vedada sob pena de que morreria no mesmo dia. (...) Não guardou Adão o preceito, roubou o fruto e ficou sujeito, *ipso facto*, à pena de morte. Mas que fez Deus neste caso? Lançou-o logo do Paraíso, e concedeu-lhe a vida por muitos anos. Pois, se Deus o lançou do Paraíso pelo furto que tinha cometido, por que não executou também nele a pena de morte, a que ficou sujeito? Porque da vida de Adão dependiam a conservação e a propagação do mundo; e quando as pessoas são de tanta importância, e tão necessárias ao bem público, justo é que ainda que mereçam a morte, se lhes permita e conceda a vida. Porém, se juntamente são ladrões, de nenhum modo se pode consentir, nem dissimular que continuem no posto

> e lugar onde o foram, para que não continuem a o ser. Assim o fez Deus, e assim o disse. Pôs um Querubim com uma espada de fogo à porta do Paraíso, com ordem que de nenhum modo deixasse entrar a Adão. E por quê? Porque assim como tinha furtado da árvore da Ciência não furtasse também da árvore da Vida. Quem foi mal uma vez, presume o Direito que o será outras, e que o será sempre.

De modo que, sim, temos em mãos aqui um espelho: se vemos Adão sair do Paraíso e ficar marcado por seu erro pelo resto da vida (que duraria 930 anos!), em uma espécie de "sujeição criminal" (Misse, 1999), já que ele incorporará todas as atribuições a ele lançadas pela acusação, inclusive produzindo uma prole capaz de matar, Dimas será visto ingressando no Paraíso e terá todas as marcas de sua vida de pecador apagadas. Como vimos, ambos, um a imagem inversa do outro, têm suas penas atenuadas pelas circunstâncias. Embora pareça que a desculpa de Adão não funcionou muito, a ele é dada uma vida de purgatório, não de inferno. E embora seja Jesus quem articule no final das contas a desculpa de Dimas, fazendo o que faz qualquer confessor ao assumir o papel de médico, da mesma maneira como é, afinal, Deus quem encontra a melhor circunstância para atenuar o pecado de sua criatura, como Vieira demonstra no trecho anterior do sermão, os dois casos corporificam um dos traços da desculpa mais dignos de nota e mais recorrentes entre os atores investigados em minha pesquisa: a reafirmação do compromisso com o princípio moral nela relativizado.

Por uma sociologia da moral: uma forma pragmática de descrição das situações

Esse compromisso, se parece a princípio algo societal, no sentido em que é uma adesão a uma série de princípios que fomos educados para respeitar, é também (ou sobretudo), como pudemos observar nas quatro pesquisas aqui em pauta, uma adesão à *relação* em questão e/ou à *ordem* em que as interações se manifestam. Trata-se de um dos temas mais clássicos da sociologia que mobilizou quase todos os fundadores da disciplina: a questão de a construção da ordem social ser resultado ou de uma operação normativa forte, ou de uma mediação generalizada dos interesses individuais. Desde o *Leviatã*, de Hobbes, ou de *O contrato social*, de Rousseau, e de todas as suas torções na sociologia, em Comte, Durkheim e outros — passando por sua inflexão psicanalítica descrita em o "Mal-estar da civilização", de Freud —, a pergunta de *por que* há ordem e, não, em vez dela, caos é respondida passando-se por adesões ou tensões com uma operação de pedagogização do indivíduo por forças morais. E, quer de um ponto de vista que privilegie estrutura sobre agência (como nos modelos de Durkheim, Marx ou, mais recentemente, na prática, em Bourdieu), quer de um que dê ênfase à precedência dos interesses individuais sobre as forças estruturais (como no individualismo metodológico mais ligado à ação racional), e mesmo do de modelos compreensivos e/ou idealistas (desde o de Weber até o interacionista, passando pela fenomenologia ou a etnometodologia), ou ainda de outros que igualmente se propõem a passar ao largo dessa dicotomia (como a teoria da estruturação de Giddens ou a abordagem morfogenética de Margaret Archer), essa adesão faz parte de um jogo de compensações: o indivíduo aceita se submeter a definições universalizadas (ou pelo menos generalizadas para um contexto) de correto e incorreto em favor do pertencimento a uma ordem social que lhe garantiria algo que em geral, com inúmeros nomes em diferentes modelos, podemos chamar de *segurança*. Para essas teorias, há sempre um *trade-off* em jogo: essa submissão é descrita sempre como *apesar* dos *interesses* individuais. É preciso abrir mão de uma parcela do *desejo* (em termos psicológicos), ou seja, da *liberdade* ou da *agência* (em termos sociológicos), em favor de um "bem maior", a vida com os outros.

Esse tipo de leitura confere à moralidade um caráter unilateral: como diz respeito à adesão a uma forma consagrada, generalizada, de dizer o que está de acordo e o que não está de acordo com as exigências estabelecidas como contrapartida ao pertencimento, ela será definida como um sistema de normatividade, com uma forma de estabelecer o correto e o incorreto. Isso quer dizer que "correto" e "incorreto", para esse modelo, adquirem um caráter intrínseco — por mais que esse intrínseco seja socialmente construído: como a moral seria generalizada, supostamente difundida por toda a sociedade e aceita por todos os normalmente incluídos — e obedientes à regra —, ela seria um aparato para distinguir ações "imorais" das moralmente adequadas, cuja adequação seria aceita como fato, naturalizadas, já que difundida, reificada. Evidentemente, toda uma série de pensadores reapresenta essa concepção de moral como algo oriundo dos interesses de grupos detentores de poder. É uma tradição que vai desde a filosofia nietzschiana — denunciadora do caráter interesseiro da moral consagrada por meio de sua genealogia —, passando por abordagens sociológicas centradas na dominação — sobretudo no marxismo e na sociologia crítica bourdieusiana —, e chegando a filosofias e sociologias construcionistas — descritoras do processo de construção social, segundo o qual "correto" e "incorreto" são adjetivações cuja sustentação é localizada no tempo e no espaço e que possuem uma história de criação e de manutenção; são modelos tão distintos quanto o da constituição de "tipos sociais" de Simmel, o do "processo civilizador" de Norbert Elias, o da "rotulação" mantida por "empreendedores morais" com que Howard S. Becker dá continuidade aos trabalhos de outros pensadores em uma releitura da sociologia do desvio, o do "estigma" de Goffman e vários outros que se dedicam a modelizar essas formas segundo as quais a vida social seria constituída por uma série de processos nos quais nos inventamos uns aos outros o tempo todo.

A sociologia pragmatista é um desses modelos. Sua "economia das grandezas" tem entre seus princípios elementares, relembremos, o fato de que as operações de classificação são operações de hierarquização, estabelecendo sempre grandezas diferenciais entre os atores em situações. É um modelo no qual o processo de construção social da moral é um processo de construção de ordens morais, gramáticas morais, segundo as quais os atores estabelecem critérios de correto e incorreto em cada contexto. E, ao fazer um modelo construcionista peculiar como esse, Boltanski e Thévenot foram muito felizes ao construir um quadro no qual a normatividade adquire um caráter intrínseco, porque, ao fim e ao cabo, eles modelizam as diferentes formas segundo as quais os atores constroem a *intrinsecalidade* desses caracteres, ou seja, das formas particulares de dizer universalmente o que é certo ou errado. Mas, se eles constroem um quadro plural dessas formas — como vimos antes, definindo em sua primeira apresentação seis delas, localizadas sócio-historicamente, como construtos da vida moderna, as chamadas *cités* —, estabelecem alguns (poucos) parâmetros fixos, em especial um, esse sim o que, para eles, há de intrínseco na moral: o *imperativo de justificação*, ou seja, a necessidade socialmente estabelecida de, independentemente da gramática moral em que se esteja, partir-se de um mesmo parâmetro para se estar de acordo com a moral, um princípio superior comum, ou de *bem comum*. Pois, ao perceberem que a modernidade estabeleceu como seu parâmetro privilegiado essa variável, bem comum, eles estão deslocando o processo de construção social das categoriais morais para um processo mais abstrato, também socialmente construído, porém mais "primariamente" construído, a ponto de ser mais primitivo, mais básico — o suficiente para estar arraigado como capacidade cognitiva — que qualquer construção atributiva surgida de uma interação pontual. Trata-se, então, de uma leitura enormemente mais sofisticada da moral, porque permite enxergar a normatividade não como um sistema de verificação de conformidade com uma série de princípios universalmente dados, e sim como um artefato de generalização da forma consagrada, hegemônica, de administração, gestão, de outro elemento que, dentro de um modelo mais complexo, pode surgir como variável relevante: *o bem*.

O *bem*, simplesmente, porque se, no modelo, é de bem comum que se trata, é, antes deste, do *bem* que estamos falando. E a moral, assim, se torna um aparato, um dispositivo, segundo o qual o bem é concebido. Mas, mais que de sua concepção, é de sua economia que se trata: a questão passa a ser não como o bem é criado, mas como é direcionado. Um modelo como esse sugere, então, pensar o bem como o imperativo das ações e, portanto, pensar uma teoria da ação dissociada tanto da questão da ordem quanto da do interesse.[7] Em uma descrição estritamente pragmatista das ações sociais, em vez de uma pergunta sobre *por que* uma ação acontece, o questionamento que surge diz respeito às referências sobre as quais se assentam as ações — como vimos anteriormente ao falar da compreensividade weberiana e sua leitura linguageira pragmatizada em Wright Mills na longa tradição estabelecida a partir deles que nos trouxe até aqui. Assim, a maneira de explicar as ações sociais passa a ser a modelização das maneiras como os atores — seja consciente seja inconscientemente, seja orientados estruturalmente, seja orientados pelo interesse ou pelo livre-arbítrio racionalmente e/ou conscientemente percebido — direcionam seu investimento *actancial*, ou seja, como direcionam suas ações... *na direção do bem*.

Uma afirmação como essa soa a princípio ingênua. Parece que estou dizendo que somos seres altruístas, orientados para a bondade. Em minha apresentação do pragmatismo, chamei a atenção para como o próprio modelo recusa essa ingenuidade, por não se tratar de um altruísmo embarcado e sim uma faculdade da cobrança: não é que todos sejamos bons; o que nos iguala é que todos queremos que os outros sejam bons conosco e lhes fazemos cobranças por isso. Ou, como mostram os próprios Boltanski e Thévenot (1991, p. 42), a "'moral' [não é entendida] no limitado sentido de uma disposição benevolente que viria compensar o egoísmo interesseiro".

Trata-se, no final das contas, de perceber as possibilidades de se pensar a moral não por meio de sua, digamos, missão delegada, aquilo que ela diz que gostaria de fazer, mas no que ela efetivamente faz. Os *vários o quês* que ela faz, aliás. Trata-se de tentar falar a mesma língua que ela para, no final das contas, notar quais línguas ela fala.

* * *

> E toda a terra é um só lábio, palavras uniformes. E à sua partida do Levante, eles encontram uma falha na terra de Shin'ar e passam a habitá-la. Eles dizem, o homem a seu camarada: "Ofereçamos, façamos tijolos! Queimemo-los ao fogo!" O tijolo é pedra para eles, e o betume é argila para eles. Eles dizem: "Ofereçamos, construamos uma cidade e uma torre cujo topo chegue aos céus: façamo-nos um nome para não sermos dispersados sobre as faces de toda a terra." Javé Adonai desce para ver a cidade e a torre que os filhos do terroso haviam construído. Javé Adonai diz: "Eis, um só povo, um só lábio para todos! Isso é o que começam a

> fazer. Agora, nada lhes impedirá de realizar o que quer que premeditem. Ofereçamos, desçamos e embaralhemos lá seu lábio para que o homem não mais entenda o lábio de seu companheiro." Javé Adonai os dispersa dali sobre as faces de toda a terra: eles cessam de construir a cidade. Por isso, ele chama seu nome: Babel, pois lá Javé Adonai embaralhou o lábio de toda terra, e de lá Javé Adonai os dispersou sobre as faces de toda a terra (Gênesis, 11, 1-9).[8]

Babel: os homens falavam todos a mesma língua e, por força do Criador, passam a falar em "lábios" (o hebraico do texto original usa essa palavra em vez de "língua" para representar as diferentes formas de se expressar) distintos, "embaralhados". Essa história costuma ser interpretada como o mito de origem da incomunicabilidade humana. Babel seria — tornando-se inclusive um adjetivo — o lugar onde todos se confundem. O nome da cidade na qual uma torre tentaria alcançar os céus provém do acadiano *Bab-Ilu*, "porta do El", ou seja, "porta do sábio e poderoso". No texto, o autor bíblico faz um jogo de palavras com a palavra *balal*, "misturar", jogo de palavras que se consagrou, atrelando a Babel essa imagem de lócus da "confusão". Mas há algo de mais interessante nessa história que nos permite uma metáfora de "filosofia política": "falar com o mesmo lábio" e "usar as mesmas palavras" não precisa ser uma condição paradisíaca, um segundo Éden do qual o homem é expulso rumo a uma vida de sofrimento de confusão linguística. Em vez disso, podemos pensá-la como uma pré-história. "Pré" em relação a uma história centrada em uma... disposição para o acordo, mais que isso, de um verdadeiro *imperativo* do acordo: o falar diferentes línguas instaura a *necessidade* de, para se viver, o que significa necessariamente viver em comum, ser necessário criar uma nova língua comum, estabelecida conforme as necessidades de cada par linguístico. Babel não é — apenas, se é que chega a ser — o mito de origem da impossibilidade de comunicação; é o mito de origem do pluralismo, da necessidade premente de reconhecimento de múltiplas formas de falar o mundo e do imperativo de acordos entre essas formas. É o mito de origem da diplomacia nossa de cada dia, da vida social como junção de diferentes que se fazem iguais de acordo com a inserção nas mesmas gramáticas morais, e com o encontro de distintas.

Essa determinação encontrará eco mais à frente na própria Bíblia: nos Atos dos Apóstolos, novamente nos deparamos com uma transformação de caráter linguístico: "Apareceram-lhes, então, línguas como de fogo, que se repetiam e que pousavam sobre cada um deles. E todos (...) começaram a falar em outras línguas (...) Com o ruído que se produziu, a multidão acorreu e ficou perplexa, pois cada qual ouvia falar em seu próprio idioma" (Atos, 2, 1-4; 5-7).

Ignorado o tom místico sugerido pela cena, afinal este não é um trabalho de teologia, esse segundo mito parece querer oferecer a "solução" do "problema" criado em Babel: se os homens foram convertidos em diferentes grupos idiomáticos, oferece-se uma vulgata multilinguística. Os apóstolos passam a falar qualquer língua, atravessando transversalmente a distinção linguística nominal da humanidade para oferecer uma gramática da própria possibilidade de transpor gramáticas, uma metagramática que permita a convivência entre línguas distintas, ou seja, de formas diferentes de ver e descrever o mundo. Parece que estamos ouvindo filósofos políticos iluministas promovendo uma inauguração da própria modernidade com seu ideal de *fraternidade* a potencializar *liberdade* e *igualdade*.[9]

Toda essa *bibliologia* oferece, na verdade, uma base simbólica sobre a qual construir a apresentação de um metarregime, um regime sobre o qual se apoiam os outros, um regime de *regimização*: as diferentes línguas (que dialogam por uma língua comum abstrata, mas que sobretudo apresentam como dado da realidade a distinção entre diferentes expressividades e lógicas) são diferentes formas não simplesmente de descrever o mundo. São ainda, e talvez sobretudo, formas de avaliá-lo. A ideia de fundo aqui é aquela noção, que já expusemos, e de caráter pragmático/fenomenológico/etnometodológico/pragmatista, e ainda confirmadora da "capacidade crítica", de que as coisas na vida social estão em questão, e, portanto, em perene avaliação, exigindo, para se concretizar, prestações de contas, *accounts*, empregados "sempre que se sujeita uma ação a uma indagação valorativa" (Scott e Lyman, 2008

[1968], p. 140), fazendo com que uma diferença fundamental entre gramáticas (línguas) surja como elemento-chave para o entendimento entre os homens, para o "engajamento no viver junto" (Thévenot, 2006).

Pois bem, o que esses mitos nos mostram é a mesma coisa que vimos na pesquisa empírica: quando os "filhos do terroso", ou seja, os descendentes de Adão,[10] os homens, constroem uma cidade e uma torre "cujo topo penetre os céus", é para que eles façam "um nome" e não sejam dispersados pela Terra. Eles buscam seu próprio bem, em oposição a um bem universal (expressado no Pentecostes dos apóstolos multilíngues): "pagam" por isso com a "*falta* originária" que a queda produz, uma falta de unidade, a menos que se *re-unam* na forma de uma simulação de unidade produzida pela comunicação. Essa queda, assim, não eliminou nenhuma língua. Pelo contrário, ela reconhece o pluralismo, a possibilidade de existência de muitas delas. E cada uma dessas diferentes línguas desenha diferentes formas de referenciar as ações, ou seja, de sustentá-las moralmente. Trata-se, então, de entender a moral como aparato dessa sustentação e, ao mesmo tempo, de assumir como pressuposto uma orientação moral nas ações sociais.

Vejamos, então, o que ocorre com nossos personagens: homens de Babel, ladrões na cruz, depoentes da CPMI dos Correios, casais, idosos, o eu narrativo dos manuais de desculpa, Adão, todos eles buscam a manutenção de situações em que estão em ação ações aparentemente não justificáveis. "Não justificáveis" quer dizer: não passíveis de obter uma aprovação para concretização com bases fincadas em um princípio superior de *bem comum*. Isso não significa, entretanto, que elas não ocorram ou que não haja uma continuidade das ações sociais *com* elas, mesmo que *apesar* delas.

Essa constatação conduz a outra: adotar como princípio de análise a *justificação* corresponde a um procedimento de simplificação da complexidade do mundo. Nesse sentido, o trabalho de Boltanski e Thévenot sobre essa categoria pode ser entendido como uma *sociologia* no sentido grande do termo: trata-se, como ocorre com as teorias clássicas da disciplina, de uma descrição teórica da vida social como descrição da modernidade, ou seja, da passagem de uma forma pré-moderna para uma forma moderna de vida em comum. Na leitura deles, o grande traço distintivo da modernidade em relação à era que a precede é a passagem da força à disposição para o acordo (e a seu mecanismo intrínseco, o imperativo de justificação, ou seja, do bem comum).

O fato, no entanto, é que a modernidade não é apenas um período histórico (há uma longa discussão sobre se ela chega mesmo a ser um). Ela é, ela própria, uma metafísica moral, uma utopia, uma lógica orientadora. Nesse sentido, o bem comum é um princípio ideal moderno. Mas ser moderno é justamente um objetivo a ser perseguido pelos homens... O que nem sempre é possível — mais raramente é possível do que habitualmente, aliás;[11] motivo pelo qual os *conflitos* têm lugar. O bem comum, então, é um objetivo a estar no horizonte do homem (que tenta ser) moderno. Mas ele nem é apenas um ideal facilmente realizável, *nem é o único* ideal cabível na mentalidade de um homem cercado pelos ideais da modernidade e que, bem, não tem motivo para vê-lo necessariamente como natural, indiscutível.

De modo que o bem comum, então, para ser adotado como forma de base das metafísicas morais preferenciais da vida moderna, teve que ser *reificado*. Teve que se tornar o signo, o substituto simbólico, daquela operação na qual se orientam as ações sociais. O bem comum funciona aí como suposta forma de expressão universal, como língua pré-babélica ou pós-pentecostal. Nesse quadro, por uma decisão em parte política — de filosofia política — e em parte prática — da forma como se constituem mundos práticos a partir de ideais —, o bem comum se tornou, historicamente, um signo da própria ideia de bem.

A adoção do bem comum como variável-chave da vida moderna foi percebido pelo modelo pragmatista em um lance de perspicácia. Sobretudo por essa adoção ser pensada como uma economia, ou seja, como uma forma formal de administração e distribuição de um recurso escasso: a grandeza. Daí se falar em equivalência. E daí ela, que torna as grandezas distintas algo aceitável, ser a língua comum da Babel moderna. Segundo o modelo, somos acometidos de um poliglotismo moral que nos capacita a reduzir uma língua moral e outra a uma mesma, situacionalmente formada.

Esse é, no entanto, *um dos movimentos* dessa Babel, o das várias particularidades *reduzidas* a uma universalidade construída no acordo. Há, no entanto, outro movimento contido em Babel e que acaba por ser recalcado pelo ideal do universal moderno: trata-se justamente da *afirmação* das particularidades, chamando-se a atenção para as operações de diálogo e *coordenação*. A grande diferença entre os dois movimentos é que o primeiro exclui do *continuum* moral tudo que não for contemplável como regime de ação — ou seja, as disputas aceitáveis são apenas as de justiça, que possam ser resolvidas pelo recurso à equivalência universalizada (situacionalmente) de bem comum. Ao passo que, na segunda alternativa, não há exclusão de línguas, dialetos ou mesmo idioletos morais. A vida prática desenvolveu mecanismos para que eles possam ser igualmente parâmetros de definição das situações.

E um desses mecanismos é justamente a desculpa. Como a experiência mostrou, como as últimas duas centenas de páginas mostraram, não é o bem comum que orienta nenhuma das ações que, para poder ocorrer, reivindicam circunstâncias peculiares. Desculpa não é justificação.

Sobre a efetivação

Uma das maneiras de ler esse pluralismo moral é por meio do mapeamento proposto pela sociologia pragmatista. Uma de suas dimensões se encontra no fato de haver uma série de *cités* (ou seja, uma série de diferentes línguas morais) e uma série de mundos. Nesse sentido, uma maneira de perceber as circunstâncias é como conjunto de desacordos entre essas gramáticas, experimentadas nas situações por meio das presenças de objetos coerentes com uma gramática em situação coerente com outra. Como vimos antes, Boltanski e Thévenot oferecem uma solução para essa dicotomia, promovendo a redução das circunstâncias ao plano da universalidade, por meio do que chamam de "solução de compromisso" (1991, pp. 337-421). Nessa forma, também como já vimos, os problemas produzidos pelos conflitos entre diferentes mundos são solucionados por um compromisso que, digamos, postula uma equivalência, "tratada como evidente sem ser explicitada. Nesse compromisso, os participantes renunciam a tornar claro o princípio de seu acordo, agarrando-se apenas a manter uma disposição intencional orientada na direção do bem comum" (p. 338).

Mas, como acabamos de afirmar, não estamos diante de situações cuja orientação do bem seja comum.[12] Aquilo que ficou claro nas observações de variadas manifestações do invento de Adão é que esses dois diferentes *accounts* compõem um *continuum*, não apenas no plano da tipologia da prestação de contas, mas em um plano mais abstrato, nos modelos de referência que sustentam e que, ao mesmo tempo, lhes dão sustentação.

Pode-se, então, falar do bem comum não como *a* língua do bem, mas como *uma* das gramáticas do bem. E juntamente com outras, de que ainda falarei, ele compõe o quadro, já apresentado aqui, segundo o qual a vida social é um universo atravessado de um lado por práticas tomadas como indiscutíveis, *taken for granted*, e, de outro, por práticas constantemente questionadas. Estas últimas, para seguir adiante, dependem de um operador que permita, em última instância, sua concretização. Pois, a se raciocinar a partir desse modelo, uma pergunta sociológica essencial passa a ser: de que fenômeno se está falando quando se mobiliza esse operador, ou seja, o que acontece quando se concretiza uma ação que está em questão?

As ciências sociais e outros dispositivos de pensamento têm elegido vários conceitos para dar conta dessa questão: "realização" em Hegel; "ação da ideologia" em Marx; "legitimação" em Weber; "justificação", com um sentido em Goffman e outro em Boltanski e Thévenot; "validação" para Habermas, entre vários outros modelos. Minha proposta é oriunda da necessidade de um enquadramento das ações em um plano no qual as circunstâncias façam parte de um *continuum* de possibilidades referenciais e não de um conjunto de desvios lógicos. Os exemplos de descrição que acabo de apresentar dão conta cada um de um conteúdo específico de direcionamento do fenômeno da concretização de uma ação que precise ser, digamos, *aprovada* pelos outros actantes nas situações. Essa é outra operação feliz da sociologia pragmatista: quando Boltanski e Thévenot referenciam seu modelo em clássicos da filosofia política, eles ajudam a compreender como o bem comum ocupa aquele papel central na constituição da vida moderna de que acabamos de falar, ou seja, eles ajudam a mostrar como, de certa forma, a maior parte dos modelos que tenham tentado explicar esse fenômeno da concretização das ações o fez dando um diferente nome para a disputa em torno do bem comum. É o que ocorre não apenas com a justificação, mas também com a legitimação (mesmo em sua versão de dominação legítima e ainda que seja o poder o responsável por sua operação).

Mas, como a desculpa demonstra, o bem comum não é a única coisa que, estando presente nas ações, permite que elas sejam aceitas pelas outras pessoas que demandam justiça. Se não, vejamos: o que a ideia de bem comum faz é constituir uma situação-tipo na qual o conflito é reduzido a uma dicotomia. Por mais actantes que estejam envolvidos na disputa, ela é reduzida a uma questão em torno da distribuição do bem entre duas partes — o lado da crítica e o lado do criticado (mesmo que, por exemplo, o criticado faça a crítica em favor de outra parte ou que, fazendo uma autocrítica, seja ele próprio a parte oposta). Isso modula a disputa com um direcionamento especificado do bem e limita a observação a um único quadro, o dos *regimes de ação* de Boltanski: ou a disputa se resolve por justiça ou por *violência* (e se parte para o oposto da ordem).

É preciso, então, um modelo que suba um degrau de abstração em relação ao bem comum, um modelo que permita transferir a disputa para um plano no qual o conteúdo possa não ter tanta influência, uma vez que diferentes conteúdos da referência de bem parecem deslocar o resultado do processo. É preciso pensar, então, em um quadro tão mais abstrato que dê conta dos vários modelos apresentados para responder à questão dessa "concretização" das ações sociais, permitindo tratar cada um deles como uma diferente manifestação, um conteúdo, de sua forma.

Minha sugestão passa pela máxima orientação pragmática: proponho falar em *efetivação*. Esse termo, que vem de *effectīvus*, latim, "que exprime um efeito", aponta o questionamento contido na concretização de uma ação para a *produção de efeitos*, para a geração de consequências (que podem adquirir diferentes formatos e orientações morais, conforme os diferentes conteúdos modelares). A mais clara descrição de caráter filosófico basal a nos oferecer uma justificativa para essa escolha está em uma palestra que William James apresentou em 26 de agosto de 1898, na Universidade da Califórnia em Berkeley,[13] e intitulada "Philosophical Conceptions and Practical Results" [Concepções filosóficas e resultados práticos], na qual ele (1992 [1898]) diz:

> Para desenvolver o sentido de um pensamento, precisamos apenas determinar que conduta ele é adequado para produzir; essa conduta é para nós sua única significância. E o fato tangível presente na raiz de todos os nossos pensamentos-distinções, por mais sutis que sejam, é que não há nenhum deles tão bom que consista em qualquer coisa além de uma possível diferença em termos práticos. Para se alcançar a perfeita clareza em nossos pensamentos sobre um objeto, então, precisamos apenas ponderar que efeitos, de que espécie prática concebível, o objeto pode envolver — que sensações podemos esperar dele e que reações devemos preparar. Nossa concepção desses efeitos é, então, a totalidade de nossa concepção do objeto, na medida em que essa concepção tem de todo um significado positivo.

Ou, como diz a máxima de William I. Thomas, já na constituição de um discurso propriamente sociológico, "se os homens definem as situações como reais, elas são reais em suas consequências" (Thomas e Thomas, 1938 [1928], p. 572), ou seja, é nas consequências que se podem compreender a unidade analítica do pragmatismo, as situações.[14] Assim, o processo de concretização de uma ação é, nos dois sentidos, fenomênica e analiticamente, um processo de constatação de suas consequências, de seus efeitos. E a pergunta explicativa sobre uma ação é: uma vez que tenha ocorrido, o que fez com que ela pudesse produzir consequências — o que, em última instância, significa que ela ocorreu? O que torna uma ação *efetiva*?

Isso não significa, entretanto, apenas uma neutralização da categoria. Representa justamente o reconhecimento de sua pragmática: essas consequências se colocam segundo uma pluralidade de gramáticas, um conjunto finito de formas de produzir consequências. Quando me refiro à *efetivação*, estou, como já afirmei, localizando a análise em um modelo em que a pergunta essencial sobre a vida social não diz respeito às causas das ações em primeira instância, nem à causa da existência da ordem, mas sim, em vez disso, à modelização de como as coisas acontecem em *última instância*.

Isso, somado às considerações oriundas da observação prática das desculpas, corresponde a fazer duas afirmações sobre a vida social em sentido amplo:

1) Ela é atravessada constitutivamente por um imperativo moral.

2) A moral pode/deve, antes de ser pensada como um plano de normatividade (a definir uma gestão do correto e do incorreto), ser considerada como um plano de gestão do bem: se a justificação, conforme descrita pela sociologia pragmatista, é operada segundo o "bem comum", situações mais complexas moralmente exigem pensar em diferentes regimes para dar conta de outras formas de bem: além do "bem comum", há pelo menos mais um bem que a desculpa a ajuda a enxergar.

O amor e o "egoísmo" como competências: sobre as efetividades

Marcos chega em casa mais tarde todas as quintas-feiras. É o dia do chope com os amigos. Em três anos de casamento (depois de três de namoro), sua mulher, Ana Paula, nunca escondeu a insatisfação. Mesmo sendo constantemente convidada a se juntar a ele e confiando "total e irrestritamente" no marido, ela preferiria que os dois, juntos, fizessem algo sozinhos, no único dia fora dos fins de semana em que ele sai um pouco mais cedo. Ela reclama constantemente. Até que em uma ocasião — ela se lembra de que era julho, já que, professora, estava de férias e se sentiu particularmente sozinha naquele dia — resolveu dizer a ele o quanto a incomodava essa preferência pelos amigos (e pelo samba e pela cerveja que o faziam sempre voltar para casa um pouquinho mais "alto"): "Eu queria que você desse prioridade a nós dois!" Marcos responde: "Mas eu preciso de um chope, encontrar o pessoal!" A resposta dela: "Você está sendo egoísta." Isso quase o deixa mudo.

Quase. Em vez de se calar e deixar a sala, incitando um período de "ficar de mal", ele reivindica que a rotulação moral não pode definir apenas uma negatividade: "Mas o que há de mal em fazer isso que você está chamando de [e faz sinal de aspas com as mãos] 'egoísmo'?"

Em outro canto da cidade, Santoro chega de viagem. Viajou a trabalho. Ele chega tarde, por volta das 2h da madrugada. Choveu muito em São Paulo, para onde foi, e ele preferiu viajar de ônibus, já que tanto o acesso ao aeroporto quanto o ritmo de decolagens produziam grandes atrasos naquele momento. Na rodoviária, pega um táxi e se dirige para a casa da namorada, Anita, com quem tem um relacionamento que define como "intenso" há quatro meses. Ele mora em um bairro vizinho ao dela, e os dois costumam ficar um na casa do outro com grande frequência. Esta noite, no entanto, sente-se ainda mais impelido a ir ter com ela: quando iniciou sua viagem — de seis horas de duração —, ligou para a moça e ela não estava bem; estava chateada, vítima da depressão diagnosticada que a levava a tomar um comprimido pela manhã e um à noite, nem sempre conseguindo dormir direito à noite, nem sempre conseguindo se manter acordada de manhã. "Eu estou chegando já, meu amor. Vou para aí e tento te animar", disse ele. Mas eis que ela responde: "Não, não venha. Não quero que você me veja assim." "Mas estou com saudades de você! Faz dois dias que a gente não se vê!" (eles não haviam se encontrado no dia anterior ao da viagem por uma série de circunstâncias). "Não venha para cá. Vá para casa."

Não vai. No começo da madrugada, ele bate à porta dela. "O que você está fazendo aqui?", ouve pelo interfone. "Estava com saudades de você!" Ela abre a porta e o recebe de cara amarrada, o rosto com olheiras de choro. "Eu falei para você não vir para cá." "Do que você está falando? Sou seu namorado. Você não estava bem. Você achou que eu fosse deixar você..." "Eu queria ficar sozinha! Você não entende isso?" "Não." "Pois eu vou te dizer: quando eu estou assim, não quero ver você, não me faz bem. Será que você só pensa em você?"

A discussão dura duas xícaras de chá para cada um. Ela deseja um tempo para ela quando em crise. Não quer que ele esteja por perto quando se encontra descontrolada emocionalmente. Teme que ele se canse dela por "dar trabalho demais", reclama de ele ignorar seu pedido e, com isso, "não pensar" nela. Santoro fica desconsolado. Diz-se injustiçado. Acredita estar sendo gentil e carinhoso e que estranhamente está sendo punido por isso. Mas, apesar das reclamações — "Se é isso que você quer... Se você não liga para como eu me sinto..." —, ele aceita fazer a vontade dela: da próxima vez, se ela disser que quer ficar só, ele acatará.

Mentira, ele não respeitará nenhum dos pedidos dela para se afastar. Isso leva, meses depois, próximo ao aniversário de um ano do relacionamento, a uma nova troca de acusações de "você só pensa em você" de lado a lado. Crítica muito curiosa, obviamente, já que ela joga na cara do amado que ele — veja que moço interesseiro! —, apesar dos pedidos dela em contrário, não abre mão de estar com ela quando ela passa mal (atitude que normalmente seria uma prova de altruísmo da parte dele); e ele, por sua vez, aponta o dedo contra ela, dizendo que ela queria — veja só que moça que olha apenas para o próprio umbigo! — protegê-lo (outra ação facilmente defensável como altruísta). No entanto, os dois estão ali trocando admoestações por sua suposta generosidade ser lida pelo outro como, "na verdade", "no fundo", uma ação "egoísta".

Egoísmo. Nesses dois casos, os amantes aparecem descritos como seres capazes de abrir mão do bem dos amados (bem que os classificaria como generosos), tornando-se sínteses da ação no horizonte apenas do *bem de si*. E esse "egoísmo" aparece, então, não como traço específico do caráter de Marcos, Ana Paula, Santoro ou Anita, mas como ato de *desamor*, como antítese formal do sentimento de todos o mais sublime: ele é geralmente interpretado como um dispositivo emocional de operacionalização do *bem do outro* — mesmo quando esse outro somos nós mesmos, ou seja, a aposta será sempre no *altruísmo* da outra parte.[15] Por mais *eros* que seja, ele é geralmente apresentado com um forte componente de *ágape*. Toda a construção do outro singular e daquilo que estabelece essa singularidade passa pelo entendimento desse outro como alguém cujo bem manifestamos querer e de quem esperamos que queira nosso bem. Nos dois casos, *acima de tudo*. E, se o esperamos, temos então todo o direito de cobrá-lo. *Egoísmo*, assim, é invariavelmente um termo pejorativo. *Egoísta* seria quem quer *apenas* o próprio bem. E, portanto, não ama.[16]

Mas eis que Marcos apresenta sua definição de "egoísmo" entre aspas. Ele sabe, explica-me, da carga moral que o termo carrega e, assim, quer usá-lo de maneira relativizada. Não quer "vestir a carapuça" de "ser o errado". Quer deixar a responsabilidade da atribuição para Ana Paula, aquela que atribui o rótulo, comprimindo todo um enorme e complexo processo de qualificação em uma única palavrinha. O "egoísmo" que ele mobiliza, como ele mobiliza, não é — e a discussão que se seguiria serviria para mostrá-lo — simplesmente o do fenômeno contido no xingamento "egoísta", que aponta para um conteúdo não apenas não altruísta, mas sobretudo que faz a acusação de uma postura em *prejuízo do outro*. O bem de si, lido como egoísta, é, digamos, o mal do outro. Marcos, no entanto, questiona essa ideia e chama a atenção para um *bem de si* (nas palavras dele) "cabível", "absolutamente normal" e, portanto, aceitável. Pelo menos para ele, sua ação, mesmo sendo "egoísta", não tem motivo para ser objeto de resistência. Ou pelo menos não de uma resistência que a impeça de ocorrer. No final da história, Ana Paula acaba aceitando a manutenção da rotina daquele jeito e reconhecendo certo egoísmo de sua parte também. Mas o que ela aceita mesmo é parar com a discussão (ou seja, sem propriamente encerrá-la), com um "Tá bem, vamos deixar isso pra lá".[17]

Marcos, então, consegue construir a ideia de que "egoísmo" é diferente de egoísmo. Em sua construção, estamos diante de uma categoria que define uma *capacidade de agir pelo bem de si sem que a diferença (de grandezas) produzida nesse caso gere um mal-estar que torne insustentável a interação*. Novamente: estamos diante de uma *capacidade*, ou seja, trata-se de uma faculdade *potencializadora* que indica que alguém *pode* fazer algo, que esse alguém possui o ferramental necessário para fazê-lo, e não de uma faculdade incapacitadora, que caracterizaria uma *deficiência*. Nesse quadro, o "egoísmo" é uma *virtude*, não um *defeito*.

Virtude porque diz respeito a uma forma diferente de enxergar a vida social, uma forma potencializadora não de uma moral ou de outra, mas da *sociação*, ou seja, da potência de interação e relação. Nos casos acima descritos, os atores demandam uma permissão para o bem de si, para uma ação "egoísta", ou seja, eles buscam tornar o bem de si não exatamente legítimo, mas sim... efetivo. A questão ali é: uma ação como essa *pode* acontecer?

E o que quer dizer esse "pode"? Em uma leitura centrada exclusivamente na permissão moralista dos outros, ou seja, segundo um pressuposto exclusivo de bem comum, "pode" se reduz a um "eu aprovo", "eu permito" ou, pelo menos, a um "eu aceito".

Mas o que a desculpa ajuda a mostrar é uma complexidade moral segundo a qual o bem é complexamente negociado entre os atores. E se trata de uma complexidade na qual o "pode" da pergunta precisa ser pensado de outra maneira, segundo a qual a questão é que, se uma ação *pode* acontecer, é porque ela... já aconteceu. Uma abordagem estritamente consequencialista, pragmatista, permite, ao buscar efeitos, enxergar na efetivação das ações outros princípios que sustentem sua realização que não apenas o universalizado pela modernidade. De modo que, se uma ação "egoísta" *pode* ter lugar — ou seja, ela não é impedida de acontecer no curso de sua realização ou não é impedida de se repetir no curso do tempo quando reconhecida —, é porque os atores são capazes de incorporar em suas vidas cotidianas outros princípios do que seja o bem que não o bem comum, ou seja, nossa capacidade moral treinada societalmente pode nos levar a exigir o bem comum, mas ao mesmo tempo somos capazes de lidar com outro bem.

Assim, o "egoísmo" (não o egoísmo, então) pode ser, em nosso quadro analítico, tratado como algo próximo de uma "ação que convém" (Thévenot, 1990), de uma "competência" (Boltanski, 1990), conforme já definimos, ou seja, como um traço peculiar de uma ação a conectá-la a uma forma formal (ou seja, uma gramática) de dar conta dela, permitindo que ela aconteça no social, mantendo os estatutos e os status das relações e as ordens em estado de normalidade. Trata-se, no entanto, de uma competência que diz respeito a outra ordem de questionamento que não a dos regimes de ação. Porque, quando digo que o "egoísmo" é uma competência, conduzo a um outro questionamento: o bem de si é aquilo que está em questão e que precisa ser efetivado ou é ele mesmo o princípio de efetivação? Pois será que os atores colocam, diante de um ato de outrem, uma pergunta como: "Será que essa ação demonstra 'egoísmo', e portanto pode ser aceita por mim, considerando um regime cuja base seja 'egoísta'?" Bem, a resposta é: sim.[18] Trata-se apenas de ter em mente o sentido que "egoísmo" adquire. Como já dissemos, ele aponta para um bem de si cabível. E mostra a necessidade de um *regime de efetivação* que dele dê conta. Isso mais uma vez nos coloca diante do impasse do modelo dos regimes de ação: eles dependem de uma redução de todos os seus quatro eixos a uma pergunta prévia sobre a possibilidade de um bem comum — já que a violência e o amor dizem respeito a uma impossibilidade deste, embora por princípios totalmente diferentes.

Retornemos, então, à cena da desculpa: nela, alguém ouve outro lançar sobre si uma crítica ou acusação, constituída a partir da referência a uma metafísica moral, ou seja, constituída a partir do rebate daquele outro em uma abstração do mundo na qual ele se reproduz como ser metafísico, um ser idealizado que promove observância estrita à regra moral mobilizada na situação por ter sido desobedecida por aquele alguém. Esse ser vive, assim, nas alturas. E, diante desse outro, que se investe dessa posição superior, elevada, *desculpando-o* promove um convite: que o outro desça das nuvens, desmonte de seu pedestal e venha ter com ele em uma paz *pragmática*, *efetiva*. A questão a ser colocada é: essa descida, ao ocorrer, obedece à lei da gravidade? Do alto, abstrato, ao chão, tudo o que sobe terá de descer?

Pois não podemos nos esquecer de que o empreendedorismo moral que permitiu a elevação não é uma máquina voadora, e sim um andaime. É fácil para aquele que demonstrou mal-estar relacional permanecer investido do ser metafísico da regra moral. Não é de gravidade que se trata e sim de uma operação que demanda gasto de energia, que envolve alguma economia que permita esse conjunto de mudanças.

Assim, se Ana Paula encerrou o assunto e permitiu que Marcos conduzisse seu "egoísmo", seguindo para o chope com os amigos, mantendo a relação sem uma ruptura, isso se dá porque, em uma disputa, esse ato foi considerado passível de se efetivar. O que chama a atenção é que isso se deu, mas não porque esse "egoísmo" foi determinado por um traço identitário; nem porque foi imposto pela força — o que o situaria em um "regime de violência" (Boltanski, 1990, p. 111); nem pelo ajuste a um regramento tácito, imposto por tradição, o que o caracterizaria em um regime de "*justesse*" (ibidem); e também sem poder ser considerado "justificado" (Boltanski e Thévenot, 1991, p. 118), uma vez que não foi afirmado um princípio de equivalência, um "princípio superior comum". Pelo contrário, o que é afirmado é justamente um princípio constitutivo de uma *diferença*: Marcos obtém um bem (estar com os amigos) que não é obtido objetivamente por Ana Paula (pelo menos nos termos de sua reivindicação). E o motivo para manter em ação seu próprio bem é... seu próprio bem.

Não. O que permite que Marcos pratique esse "egoísmo" sem mais conflitos, que Ana Paula pouse no chão, é... justamente o que caracteriza a desculpa: o caráter eventual, circunstancial, de sua prática: *ela não é uma nova regra moral universal (nem é a reivindicação da necessidade de uma), é apenas um "ponto fora da curva", um "ato espontâneo" que só pode ser entendido como circunstância imprevista.*

Da disposição para o acordo à disposição para o bem

Essa configuração de avaliação moral apresentada na relação amorosa parece estender-se aos outros tipos de relação que observamos: a noção de bem mobilizada pelos atores em seus julgamentos diz respeito de alguma maneira a uma exigência de altruísmo: mesmo o bem comum, quando mobilizado como elemento central da justificação, pode ser lido no interior de uma gramática de expectativa de que o outro abra mão de si em nosso favor (ainda que tenhamos que abrir também).[19] De modo que a questão a ser aqui enfrentada é a da construção de uma forma formal de conferir efetivação a um bem autocentrado (o que se manifesta nas situações em que é dada uma desculpa) sem que isso rompa como o modelo crítica-concretização, ou seja, sem que isso rompa com uma disposição para a manutenção de estados de paz, estabelecendo, como disse, um *continuum* entre pelo menos essas três formas de bem.

Mas, se temos em mãos, empiricamente observados, esses três tipos, o bem *de si*, o bem *do outro* e o bem *comum*, estamos diante de uma variação: são três formas, ora, do bem. Como princípio, então, o bem se torna um ponto fixo, a partir do qual varia um de seus atributos, qual seja, para quem ele é direcionado. Isso chama a atenção para o fato de que a avaliação moral é um processo de julgamento mais complexo do que desconfiamos: o que está em questão nas "avaliações valorativas" (Scott e Lyman, 2008 [1968]) dos atores nos "momentos críticos" (Boltanski e Thévenot, 1999) não é (tanto assim) o conteúdo específico de uma ação — a ser julgada como boa ou má — e sim o direcionamento para o qual o bem está apontado. O que as pessoas julgam, dessa maneira, não é se, por exemplo, um tapa é algo intrinsecamente bom ou mau, mas se o tapa é algo bom ou mau por ser dado *em alguém* (ou, em outras palavras, ele ser bom ou mal tem a ver com a escolha de a quem ele é destinado); não é se ir beber com os amigos (ou comer da Árvore do Bem e do Mal, ou entregar um trabalho escolar atrasado, ou fazer uso do caixa dois ou empurrar o carrinho do outro para passar) é bom ou mau, mas se, ao ser praticada, essa ação tem como efeito, como consequência, como bem, um bem para a pessoa A ou a pessoa B — e, no meio disso, se é *apenas* para a pessoa A ou *apenas* para a pessoa B. Trata-se, então, de dar conta de uma disputa, como aquela descrita por Charles Horton Cooley, ao escrever que "o progresso emerge de uma luta em que indivíduos, classes ou instituições buscam realizar sua própria ideia de bem" (1983 [1909], p. 199).

A ideia, assim, antes de se falar em uma "disposição para o acordo" — o que especifica o quadro na forma moderna de bem, o "bem comum" e mapeia uma tipificação de acordos centrada nesse bem unificado —, passa a ser falar-se em uma *disposição para o bem*, com essas diferentes formas dele no horizonte e que tipifica regimes diferenciados em cada uma dessas formas. Isso significa que o consenso que passou a ser o centro da vida moderna pode ser alcançado sem a concordância de todos — já que o que importa é a efetividade.

De modo que fica justificada a opção por uma forma mais abstrata (mais, inclusive, do que a justificação) para a descrição de situações como as que analisei neste livro, ao se mostrarem mais complexas em termos de direcionamento do bem, de sua referência, de sua demanda. E isso permite enxergar que essas três diferentes referências de bem de que falamos efetivam situações-tipo distintas: o *bem comum*, efetivando situações em que possam ser sustentadas por princípios universais; o *bem de si*, efetivando situações que possam ser sustentadas por circunstâncias; e o *bem do outro*, uma esfera intermediária, que colhe situações nas quais se defende um bem de um terceiro, externo à negociação contida na disputa. Nesse sentido, o bem comum é revelado como uma dicotomia analítica: ele é a redução da complexidade das situações de disputa ao duo parte ofendida (e crítica)/parte ofensora (e produtora de *accounts*). A resolução da situação centrada no bem comum é o estabelecimento de equivalência *entre* essas duas partes. Já as situações de bem do outro (na qual alguém diria algo como: "Fiz isso contra você por ser a favor dele") e de bem de si podem prescindir da equivalência, dependendo de particularidades e especificidades para se efetivar. De forma que se trata sobretudo de falar do bem em outras bases que não essa mera dicotomia entre "altruísmo" (bem) e "egoísmo" (mal). É, antes, falar babelicamente do bem como princípio variável das efetividades.

Isso chama a atenção para o caráter neutro dessa nova categoria, o bem. Não estou aqui apresentando uma *filosofia moral* (ou uma *disciplina moralista*), baseada em uma generosa noção de bondade, ou defendendo que a motivação básica para as ações é a ideia de que os homens querem o bem uns dos outros, ou negando uma lupinidade das ações (hobbesiana ou não). O que estou dizendo é que, partindo-se do pressuposto de que as pessoas, inseridas na vida social, são dotadas de capacidades moral, crítica e metapragmática, isso corresponde a dizer que elas questionam as ações umas das outras em termos de exigências de bem, e que para uma ação ser *efetiva*, ou seja, produzir efeitos, isto é, acontecer, ela deve ser questionada, e que esse questionamento é feito nos termos das referências às quais essas ações produzam bem.

O modelo, então, centra-se nos bens como princípios básicos de efetividade das ações. A ideia é considerar o princípio mais neutro e ativo possível, permitindo relativizar todas as ações praticadas e, ao mesmo tempo, recusar uma determinação que negue a actância de qualquer ser que seja. Digo isso por conta da tentação, clara, de incluir o "mal" no modelo. Ora, o mal não pode surgir em uma verdadeira sociologia da moral senão como representação. Admitir que o mal possa ser um princípio de ação seria imaginar alguma ação que não represente o bem para ninguém — o que, no mínimo, recusa (absurdamente) a actância do praticante, aquele que, salvo demonstração em contrário, será o beneficiário da ação. "Mal" ou "mau", dessa maneira, não são senão adjetivos, atribuições conferidas às ações dos outros — e eventualmente, às próprias. Sim, o bem também é um adjetivo. Mas é, antes disso, um princípio de efetividade.[20] O pressuposto primeiro de uma sociologia da moral é que não há nada dotado de bem ou de mal *a priori*. O segundo pressuposto, vimos, é que o bem é a resposta à pergunta: o que faz uma ação acontecer? O bem (de alguém) é o que toda ação busca.

Competências, conveniências, efetividades: várias formas de bem

Como vimos antes (de forma mais gritante nas desculpas dadas publicamente), a desculpa opera um processo de transição entre um plano universal e um plano circunstancial por meio de um movimento de *pessoalização*, ou, busquemos mais uma vez a forma mais abstrata, de *particularização*. Um bem de si ("egoísmo") ou um bem do outro ("defesa") questionados fora de um quadro de bem comum necessitam de uma demonstração da particularidade da situação ("é assim mesmo") ou do ator ("não era eu") para se efetivar, alterando o plano no qual a ação se torna cabível. No caso da desculpa, então, parece ter lugar uma mudança de estatuto do elemento central da situação, elemento esse de partida universalizado, rumo a uma dimensão em que essa situação possa ser efetivada por meio da *particularidade*. O que significa que essa *particularidade* se oferece como *outra* forma de efetivar, uma forma distinta daquela apresentada pela crítica/acusação iniciadora do conflito. Essa forma outra, como é, ora, outra, lança luz sobre algo aparentemente óbvio: a outra forma, a universalidade (representada pela justificação), não é *a única forma*. De modo que ela se insinua como uma entre *várias formas*, um entre vários *regimes de efetivação*, uma entre várias diferentes gramáticas da efetivação de situações.

Mas, se é de situações que se trata, a adoção de um situacionismo metodológico não pode ignorar seu caráter dinâmico, ou seja, o fato de que, se há uma situação, ela é ao mesmo tempo oriunda e desencadeadora de processos, isto é, sequências de ações. Daí Boltanski (1990) poder falar em "regime de *ação*" e Thévenot poder falar em "*ação* que convém". Estamos falando de ações que, como pontas de icebergs, indicam — ao mesmo tempo que sintetizam — a própria situação, já que determinam todo quadro contextual que elas representam e, ao mesmo tempo, seu caráter de atuação sobre os actantes — justamente seu caráter *social*.

Ações e grandezas, então, se espelham. Uma grandeza, de certa forma, é uma energia potencial, que conforma ações do actante (ao mesmo tempo que é conformada por elas). Não se trata de uma disposição; é, antes, um eixo de coerência dos dispositivos ali mobilizados (tanto que é produzida *a posteriori*). E, se as avaliações valorativas pragmaticamente constituídas questionam grandezas, é pelas ações observadas que essas grandezas são percebidas — e, portanto, criticadas, acusadas, justificadas etc. As grandezas, assim, representam também uma dimensão abstrata da ação, aquilo que é captado analiticamente[21] pelos atores em condições situadas. Agir em situação, assim, é constituir ali, na prática, o plano abstrato das grandezas. Uma competência é, dessa maneira, uma forma de relacionar plano concreto e situado e plano abstrato e... situado.

A competência/conveniência, então, é um sistema de avaliação duplamente articulado. Com ele, por meio da observação da ação situada, avalia-se sua abstração posicional, diferencial, a grandeza. Para que isso aconteça, no entanto, estejamos falando em *regimes de ação*, estejamos falando em *regimes de engajamento*, a operação se concretiza por meio de um acesso ao *universal*: os regimes deslizam sobre esse plano abstrato, um plano de *generalidade*. Todas as operações postas em prática nos mundos comuns (e portanto no acesso por meio de objetos às metafísicas morais) correspondem a perguntas respondidas no nível da universalidade.

Mas a particularidade mobilizada pela/na desculpa é operada em outra geometria: se um modelo como o dos regimes de ação permite dar conta das operações críticas a partir das competências (ou seja, pela pergunta a respeito do potencial realizador de uma ação) e o dos regimes de engajamento permite dar conta das operações de coordenação por meio da conveniência (ou seja, pela pergunta a respeito da aceitabilidade de uma ação), ambos sempre *par rapport* a um quadro de referência moral, um conjunto de regimes de efetivação oferece a possibilidade de dar conta de toda uma gama de operações morais, ou seja, de administração do bem, por meio de um outra categoria, a *efetividade*. Com ela, como vimos, a pergunta sobre as grandezas/ações diz respeito a outra operação, aquela na qual ações e grandezas são enquadradas segundo suas consequências, e em que essas consequências são redirecionadas como efeitos da geração de bem, esse sim um *princípio motor* da dinâmica social.

A desculpa, então, exige uma geometria que permita um grau de particularidade ainda maior que aquele mobilizado nos mundos comuns e nas soluções de compromisso — já que, como isso, o bem de si poderá ser incluído no horizonte de bens cabíveis. De modo que se faz necessária uma torção perpendicular em relação ao eixo que citamos, aquele centrado na universalidade: é preciso imaginar um conjunto de regimes que, em vez de deslizar no plano do universal, deslize, livremente, entre universal e particular.

Assim, dois eixos distintos constituem paralelamente uma tipologia de regimes de efetivação. Um primeiro eixo diz respeito às diferentes referências de bem que determinam o tipo de *problemática* estabelecida no questionamento sobre as efetividades. Essas referências podem ser observadas empiricamente nas maneiras como os atores mobilizam suas críticas/acusações e em especial na forma como constroem suas desculpas — por meio da compreensão de como as desculpas se mobilizam para se afastar de outras formas de bem na direção do bem de si ou, como vimos nas situações de defesa, do bem do outro.

Naturalmente, quando falo em "referências do bem", refiro-me a uma construção atributiva de segunda instância, de modo que estão recalcados da análise os deslocamentos relativistas, como qualquer possibilidade de redução de todo e qualquer bem ao bem de si, por exemplo como em uma teoria utilitarista dos interesses, ou com afirmações do tipo "o bem comum é o bem de si para alguém politizado" ou "o bem do outro é o bem de si para o altruísta". Como essas definições dependem de adjetivos, atributos, e não de conceitos, e como não estamos interessados na primeira instância — que não é, afinal, matéria sociológica — e, por conseguinte, como não temos como saber o que está do lado de dentro dos atores, o que podemos analisar é como os bens são percebidos nas suas ações, por meio de como esses direcionamentos do bem são julgados pelas outras pessoas. Essa avaliação pode assumir dois sentidos: a) *do bem de um como mal do outro*, ou seja, como elemento central da manifestação de mal-estar interacional/relacional (ou, discursivamente, como crítica/acusação, portanto); b) *do bem de um como bem efetivo*, ou seja, como elemento central da própria efetivação (ou seja, como dispositivo ou, discursivamente, como *account*).

Assim, nesse primeiro eixo, observamos cinco referências de bem percebidas como elementos centrais das ações dos atores sociais:

1) O bem de si: os atores percebem o bem exclusivo do praticante da ação como seu motivo principal, como aquilo que a origina e a orienta prioritariamente. Essa percepção se dá por uma série de comparações entre os elementos da situação e suas consequências. A principal delas é a percepção da outra parte — aquela que promove a avaliação — de que não foi contemplada pelo bem. No que diz respeito ao plano da crítica, ou seja, de, como dissemos, o bem de um ser entendido como mal, essas ações são descritas como egoísmo. E, no que diz respeito ao plano da efetividade, em que ele é entendido

como bem efetivo, elas são descritas como "egoísmo" — no sentido que discutimos anteriormente, no sentido de Marcos.[22]

2) O bem do outro: os atores percebem o bem exclusivo de um terceiro relacionado à ação como seu motivo principal, como aquilo que a origina e a orienta prioritariamente. Essa percepção se dá por uma série de comparações entre os elementos da situação e suas consequências, com a principal delas sendo a percepção da outra parte — aquela que promove a avaliação — de que não foi contemplada pelo bem operacionalizado pela defesa do outro, mas reconhecendo que o praticante da ação também não obtém um bem substantivo para si. Porque *o outro* não é *a outra parte*. Esta é aquela operacionalizadora da economia da crítica/acusação, aquele é o objeto cujo bem está em questão na crítica/acusação, isso que gerou o mal-estar interacional/relacional. No que diz respeito ao plano da crítica, ou seja, de o bem de um ser entendido como mal, essas ações são descritas como mera defesa de alguém por quem se tenha interesse. E, no que diz respeito ao plano da efetividade, em que ele é entendido como bem efetivo, elas são descritas como *altruísmo*.

3) O bem comum: os atores percebem como motivo principal, como aquilo que origina e orienta prioritariamente as ações, um bem superior, não direcionado prioritariamente para nenhuma das partes, nem a praticante da ação nem a outra. Em vez disso, tratar-se-ia de uma benesse comum às duas partes, ou seja, de uma distribuição de pelo menos algum bem para cada uma dessas partes. Nesse caso, essa percepção depende de outra, a de que esse bem é resultante de uma operação, segundo a qual se constitui uma generalidade, na qual, como já vimos, cada uma das partes abre mão de seu bem e exclusivo em favor de um bem dito "maior" que inclua o bem da outra. Trata-se de uma forma de redução da complexidade da diferença de posição entre partes em uma situação (ou seja, de conflitos): essa operação seria, no modelo, baseada em um *princípio de equivalência superior comum às duas partes envolvidas*, ou seja, cujo plano da efetividade é baseado na justiça. No que diz respeito ao plano dos bens efetivos, as ações são lidas

como justas ou simplesmente justificadas. Mas, evidentemente, como se tornou a forma consagrada de efetivação da modernidade — como mostraram Boltanski e Thévenot, que o elegeram, como mostramos anteriormente, um dos axiomas centrais de seu modelo[23] —, o bem comum se tornou o critério de verificação de efetividade mais amplamente consagrado nas situações críticas, de modo que, no plano das críticas, essas ações podem ser desqualificadas apenas ao serem qualificadas como forma ditatorial de anulação de outras. O bem comum surge como mal se for caracterizado como negação da individualidade, da liberdade, da criatividade etc.[24]

4) O bem de todos: os atores percebem como motivo principal das ações, como aquilo que as originam e as orientam prioritariamente, o maior bem possível para todos os envolvidos em um contexto mais amplo, que ultrapasse as dimensões do par crítico/criticado, o par praticante da ação/outra parte. Essa percepção se dá por uma série de comparações entre os elementos da situação e suas consequências. A principal delas é a percepção da outra parte — aquela que promove a avaliação — de que não foi contemplada substantivamente pelo bem, ainda que o praticante da ação não tenha sido também, mas que, apesar disso, um bem maior, que de alguma maneira alcançará a ambos e a outros mais. Trata-se de um bem, então, que não toca objetivamente nem a uma parte nem a outra, mas sim a uma totalidade virtualizada, em especial mobilizando a passagem do tempo: é o bem mobilizado, por exemplo, no discurso da política. Pois, assim como no bem comum, a crítica cabível é negação da individualidade, da liberdade, da criatividade etc. Evidentemente, no plano da efetividade, o bem de todos é mobilizado pela *cité* cívica do modelo das *économies de la grandeur*.

5) "Tudo bem": os atores não questionam o direcionamento do bem nas situações, já que a situação está previamente efetivada pela *rotina*. É um plano correspondente ao que Boltanski e Thévenot chamam de *justesse* (Boltanski, 1990, pp. 112-113).

O quadro a seguir resume as diferentes orientações do bem:

Orientação do bem	**Recebedor do bem**	**Crítica recebida**	**Efetividade como**	**Percepção do bem**
Bem de si	O praticante da ação	Egoísmo	"Egoísmo"	A *outra parte* vê que não foi contemplada pelo bem que toca o praticante da ação
Bem do outro	Um terceiro	Defesa interessada/interesseira	Altruísmo	A *outra parte* vê que não foi contemplada pelo bem, sem que, com isso, o praticante da ação seja tocado diretamente por esse bem
Bem comum	As duas partes	Negação da individualidade, da liberdade, da criatividade	Justiça	As duas partes percebem ser necessário abrir mão de seus bens exclusivos em prol de um bem superior, comum às duas partes, ou seja, que distribui pelo menos algum bem para as duas partes
Bem de todos	Todos os envolvidos em um contexto, sem tocar diretamente em nenhuma das duas partes	Negação da individualidade, da liberdade, da criatividade	Igualdade cívica	A outra parte — aquela que promove a avaliação — de que não foi contemplada substantivamente pelo bem, ainda que o praticante da ação não tenha sido também, mas que, apesar disso, um bem maior, que de alguma maneira alcançará a ambos e a outros mais
"Tudo bem"	Todos os pertencentes a uma ordem em paz	Não há questionamento das situações[25]	*Justesse*, a rotina	Não há questionamento das situações

O segundo eixo diz respeito à maneira como esses bens são tornados efetivos em última instância. Ele brota do primeiro eixo (e segue paralelo a ele), constituindo uma distinta geometria de regimes. Pois, como vimos, essa variação se dá entre dois extremos, segundo os quais os atores operacionalizam suas formas de efetivar as ações, por meio da maneira como os actantes envolvidos na situação no momento de manifestação do mal-estar situacional são redistribuídos na situação efetivada:

1) Regimes de efetivação em universalidade: nesse caso, a efetivação passa pela alocação das grandezas construídas na situação em um quadro de referência universal, ou seja, que toque a todos os actantes da situação ou todos os envolvidos na distribuição diferencial de grandezas — ou pelo menos o máximo deles. Essa universalidade é construída por um processo segundo o qual os entes são alocados em categorias que os contenham, os associem, sendo equalizados. A *equalização*, então, é a parcela prática, operacional, da universalização, de modo que os vários regimes que possam surgir e que mobilizem o universal para efetivar bens correspondem a variáveis formas de tornar igual.

2) Regimes de efetivação em particularidade: nesse caso, a efetivação passa pela alocação das grandezas construídas na situação em um quadro de referência no qual os actantes ou a situação em si são particularizados, tornados diferentes de outros, aos quais são comparados. Essa particularidade é construída por um processo segundo o qual os entes têm suas peculiaridades apontadas. A *peculiarização*, então, é a parcela prática, operacional, da particularização, de modo que os vários regimes que possam surgir e que mobilizem o particular para efetivar bens correspondem a variáveis formas de tornar diferente.

Assim, dois tipos de operações definem dois grupos de regimes de efetivação, relacionados às orientações do bem:

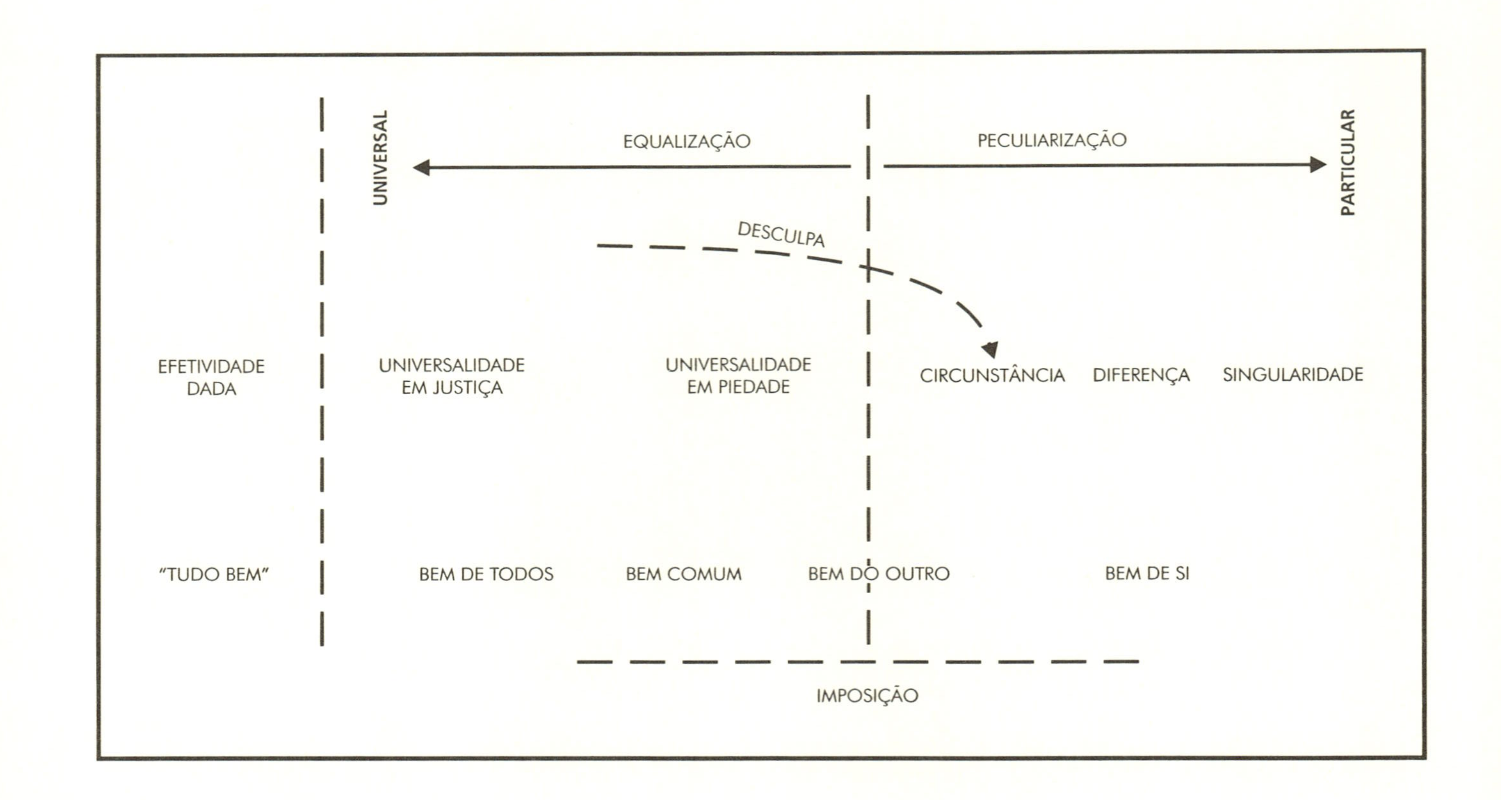
UNIVERSAL
EQUALIZAÇÃO
PECULIARIZAÇÃO
PARTICULAR
DESCULPA
EFETIVIDADE
DADA
UNIVERSALIDADE
EM JUSTIÇA
UNIVERSALIDADE
EM PIEDADE
CIRCUNSTÂNCIA
DIFERENÇA
SINGULARIDADE
"TUDO BEM"
BEM DE TODOS
BEM COMUM
BEM DO OUTRO
BEM DE SI
IMPOSIÇÃO

Esses dois processos, então, definem dois hemisférios de efetivação. De um lado, na direção do universal, definindo um plano de regimes baseados na equalização, e, de outro, na direção do particular, definindo um plano de regimes baseados na peculiarização. O desenho mostra como as diferentes orientações de bem se dividem entre esses hemisférios, ou seja, entre os processos de efetivação. Os atores mobilizam, por meio de desculpas, justificações e outros aparatos, uma série de dispositivos para acessar esses diferentes planos e efetivar os direcionamentos de bem.

Evidentemente, toda a inspiração para esse quadro advém dos modelos construídos por Luc Boltanski e Laurent Thévenot. Há aqui uma série de reproduções de regimes por eles contemplados, tanto no quadro das *économies de la grandeur*, coletivo, quanto no dos regimes de ação e no dos regimes de engajamento, cada qual de um dos autores. A canibalização aqui realizada, no entanto, não tem a pretensão de ultrapassar, substituir ou mesmo demonstrar irreverência. Trata-se, antes disso, de uma utilização formal, a fim de produzir um modelo que elasticamente permita incluir problemáticas morais não claramente resolvidas naqueles modelos. O estudo das desculpas dadas, dessa maneira, permitiu enxergar potencialidades do modelo ainda não operadas. Vamos, então, ao quadro:

1) Equalização:

a) Universalidade em justiça: esse regime se baseia na mobilização de dispositivos que mostrem que a ação em questão é *justa* — em relação a um princípio moral, ou, como definem Boltanski e Thévenot, em que os envolvidos na situação são equivalentes em relação a "um princípio superior". Não o chamarei de comum, porque esse quadro permite a extensão para uma esfera ainda mais ampla, ou seja, dois tipos de bem são de imediato efetiváveis por esse método: o bem comum e o bem de todos. Além desses dois, entretanto, várias situações centradas no bem do outro podem ser efetivadas por esse método — pela demonstração de que o bem de um terceiro, mesmo que não seja partilhado de forma comum pelos envolvidos no momento crítico, pode ser, em última instância, um bem superior. Evidentemente, esse regime de efetivação tem como base o regime de ação em justiça e o quadro de gramáticas de justificação (com suas *cités*, mundos etc.).

b) Universalidade em piedade: esse regime se baseia na mobilização de dispositivos que demonstram que a ação em questão é *certa* — pois corrige uma diferença de grandeza que é considerada má porque alguém sofre. A universalidade aqui é produzida pelo fato de que, segundo essa gramática, *ninguém deve sofrer* (Boltanski, 1993).[26] Evidentemente, tanto o bem de todos — como na configuração de uma "política de piedade" (Arendt, 2011 [1963]; Boltanski, 1993) — quanto o bem do outro — configurando o altruísmo mais cotidiano — são facilmente efetiváveis por esse processo. Será mais difícil, por sua vez, produzir efetivação do bem comum mobilizando-se essa forma, uma vez que esse bem é centrado na justiça.

2) Peculiaridade:

a) Peculiaridade em circunstância: esse regime se baseia na mobilização de dispositivos que demonstram que a ação em questão e/ou o estado ocupado por pessoas ou coisas é circunstancial, não rompendo com a lógica do universal em seu fluxo "normal" (daí a seta que atravessa a linha divisória dos dois hemisférios no esquema), mas operacionalizando uma diferença particularizada na temporalidade. A desculpa é o operador desse regime, de modo que os dois tipos que sugeri, o do "Não era eu" e o do "É assim mesmo", se tornam formas da abertura de parênteses promovida por esse *account*: no primeiro caso, o que está em jogo é uma mudança de regime de efetivação (do universal para o particular) do estado do ator: do ser metafísico que sempre cumpre a regra para a pessoa que ali estava quando agiu e que precisou tratar a coisa toda de maneira peculiar, única, e fora de seu controle; no segundo caso, o que entra em ação é a torção de regime de efetivação do estado da própria situação: da condição ideal de cumprimento da regra para a *normalidade alternativa* que precisou determinar-se como tratável de maneira peculiar. Pois, como já vimos ao longo dos capítulos precedentes, e em especial nas últimas páginas, esse regime é especialmente pródigo para dar conta do bem de si. Mas o bem do outro também é facilmente efetivável por esse processo — o que foi demonstrado não apenas nas histórias-emblema, como a de João Grilo e do Bom Ladrão, mas em todas as situações de defesa do escândalo do Mensalão, da vida de casal ou das interações de idosos com mais jovens no supermercado.

b) Peculiaridade em diferenciação: esse regime se baseia na mobilização de dispositivos que demonstram que a ação em questão produz uma vantagem competitiva em relação a outros estados concorrentes. A gramática se baseia na ideia de uma economia das grandezas operada efetivamente como mercado de "bens" ou "recursos" escassos, de modo que a apresentação de uma peculiaridade é lida não apenas como "diferença", mas como "diferenciação", como "distinção" (Bourdieu, 2007 [1979]), e portanto uma partida hierarquizante em termos de valor. A observação desse regime foi possível graças a uma pesquisa sobre a efetivação da escolha de mulheres que posam para uma revista masculina no Brasil e na França (Goldenberg e Werneck, 2010). As efetividades mobilizadas nesse caso apontam para a competitividade entre actantes e para as características distintivas do estado-pessoa ou do estado-coisa que possam ser lidas como competitivas.[27] Esse se mostra um regime especialmente eficiente para efetivar tanto o bem do outro quanto o puro bem de si.

c) Peculiaridade em singularidade: esse regime se baseia na mobilização de dispositivos que demonstram que a ação em questão e/ou o estado ocupado por pessoas ou coisas é absolutamente único, singular. A observação desse regime foi possível também graças à pesquisa sobre a efetivação da escolha de mulheres que posam para uma revista masculina no Brasil e na França (Goldenberg e Werneck, 2010) e em seu diálogo com o tratamento pragmatista da arte — especialmente em Heinich (1991, 2004, 2005 2009 e 2012), em particular nas discussões sobre "excelência e singularidade" e de "artificação" (Heinich e Shapiro, 2012). Nesse regime, todas as formas são efetivadas por essa singularidade extrema, permitindo pensar em vários regimes — de que tratarei em outro trabalho, em desenvolvimento. Mas certamente é preciso apontar, em um deles, o tratamento que ofereço para a "familiaridade" a partir da singularização do outro na relação amorosa — aqui e em Werneck (2011b) — e para uma discussão propriamente da construção da imagem das pessoas na vida pública e mesmo da ideia de obra de arte, todos esses casos referenciados na ideia de singularidade.

3) Pontos externos:

O modelo contempla alguns regimes que não se compõem como um *continuum* ao lado dos outros, regimes que são acessados por uma relação diferente com o duo universal/particular:

a) Efetividade dada: esse regime se baseia na noção de que as ações e/ ou estados ocupados por pessoas ou coisas não estão em questão, uma vez que as práticas ali colocadas estão incorporadas na própria tipicidade da situação. Evidentemente, esse regime se baseia[28] diretamente na ideia de *justesse* de Boltanski e Thévenot, ou seja, é um quadro no qual as ações são operados pela *rotina*. Mas, embora seja deslocado em relação ao quadro modelar, por não contemplar o questionamento e, portanto, nenhuma operação (nem de equalização nem de peculiarização), esse regime é colocado do lado esquerdo do desenho, ao lado da universalidade, por sua relação de real contiguidade com ela: a ideia de que está "tudo bem" dialoga com a universalidade, por tomar os entes e particular (sem depender de nenhuma peculiarização) por uma igualdade dada (sem, portanto, depender de nenhuma equalização): sem que se tenha que discutir isso, todos são *o mesmo* perante os rituais sociais/hábitos incorporados.

c) Imposição: esse regime se baseia na noção de que as ações e/ou estados ocupados por pessoas ou coisas são efetivados — ou, eventualmente, atacados, na manifestação de mal-estar situacional — por meio do uso da força. Nesse regime, não há possibilidade de oferta de um sentido negociado que sustente a situação. Está contemplado aqui, então, o uso tanto da força que pode ser caracterizada pelos atores como "violência" física quanto como "violência simbólica" (Bourdieu, 1974, 2005 [2001]), ou mesmo os mais simples usos da força desproporcional. Nesse caso, incluem-se também quaisquer formas que esse uso desproporcional possa assumir (como poder). Em todo caso, é preciso sublinhar que — e é por isso que essa categoria ocupa a base da ilustração, sugerindo um trânsito por toda a sua largura — a imposição é uma forma de efetivação cabível tanto no universal quanto no particular e para qualquer forma de bem. Duas últimas observações a respeito desse regime, entretanto, são primordiais. A primeira diz respeito ao fato de que, evidentemente, ele se inspira e dialoga com o "regime de violência" de Boltanski. Mas, diferentemente do caso dos regimes de ação, a imposição não é lida a partir de um duo paz-disputa (e alocada no polo da disputa como forma não negociada da mesma), e sim a partir do puro questionamento da efetividade. A leitura do autor certamente capta o peso moral que a violência tem na vida moderna, dando conta de uma oposição instituída na moral moderna entre ela e a própria ordem — afinal, por mais que se chame "regime de violência", esse regime corresponde a uma *desgramática*, uma *antigramática*. De modo que o modelo privilegia analiticamente as disputas regradas, tratando a violência como resíduo. Certamente que isso se dá não por moralismo da própria análise, mas pelo peso mesmo que a ordem moderna confere a essa exclusão. De modo que o diálogo com aquele regime de ação se dá por sua maneira de se fazer parte da ordem, não fazendo. O que nos leva à segunda consideração primordial: a complexidade contextual encontrada no campo exige pensar no uso desproporcional da força para além do extremo em que ele é incorporado à ordem como coerção e do outro extremo, quando ele é expurgado da ordem como violência. É preciso ter em mente que "violência" é, antes de tudo, uma "representação social" (Machado da Silva, 1995; Misse, 1999). Não existe "violência" enquanto tal. O que existe são ações que podem ser chamadas pelas pessoas de violentas, conforme avaliações morais localizadas. De modo que tratar de violência é, antes de tudo, entender como as pessoas constroem a *acusação* que leva um ato a ser qualificado como tal e de modo que torna necessário um modelo que inclua o uso da forma, a imposição, em um *continuum*.

E finalmente: da capacidade metapragmática à efetividade metapragmática

E é esse, afinal, o papel da desculpa: em vez de corresponder a um artifício retórico, ela funciona como uma espécie de controle remoto, um dispositivo para ativar no outro a percepção de que alguns seres ou algumas situações devem ser tratados de maneira particularizada, circunstancializada, distante do ser metafísico, distante do Éden.

O que está em jogo neste modelo, então, é uma tensão entre a grandeza absoluta, ideal, do ser metafísico contido na regra moral e uma, digamos, *vontade de peculiaridade* de cada actante. "Vontade", no sentido nietzschiano, sim, mas entre aspas, assumindo a dimensão de uma competência, de uma efetividade, e não de um princípio motor. Não se trata de um desejo psicológico, mas de uma efetividade actancial demonstrada nas relações. É essa vontade de peculiaridade que opera quando o "egoísmo" se mostra efetivo, produzindo um quadro em que o *desempoderamento*, a não agência, demonstrados na impossibilidade de agir segundo a própria vontade — o que está exprimido justamente na desculpa — são entendidos não como um sofrimento a demandar solidariedade, porém mais como uma referência para manter as relações sociais ajustadas e efetivas.

A desculpa, então, demonstra um duplo engajamento dos atores: ao mesmo tempo à relação *e* à regra moral — que se mantém ao não questioná-la, evitando discuti-la e preferindo circunstancializar a situação. O que acaba por nos mostrar uma relação especular: relação é regra moral e vice-versa. Não há uma sem a outra, porque ela sempre dependerá do outro singularizado, mesmo que esse outro seja uma entidade abstrata, como o Estado, a política, a democracia etc. As raízes fincadas da relação guiam seus troncos.[29]

O reconhecimento de uma capacidade metapragmática diz respeito, então, à compreensão de uma dimensão da maquinaria cognitiva dos atores sociais correspondente à faculdade de enxergar a distância entre o plano abstrato, metafísico, idealizado, das "utopias morais realizadas" (Boltanski, 1990), e um plano outro, orientado radicalmente em termos situacionais, no qual circunstâncias não contidas no horizonte do estoque de situações costumeiras (de cujo rememoramento depende o recurso à abstração). Como capacidade, no entanto, a metapragmática é, assim como a crítica, um recurso mobilizável ou não.

Nesse caso específico, entretanto, essa não utilização assume um caráter distinto do não uso da capacidade crítica. É que esta última, por contar com a sustentação incontornável e necessária da capacidade moral, e por ser dela estritamente dependente — e, mecanisticamente, consequente —, não pode ser caracterizada, ao não ser utilizada, como uma "ausência", uma *falha de percepção*. A não mobilização da capacidade crítica é alocada no plano da apatia, do conformismo, da preguiça, da alienação.[30] Mas, caso se considere um modelo no qual os atores possuem a capacidade crítica intrínseca, não será por falta de visão que eles não agirão criticamente.

Por sua vez, no caso da capacidade metapragmática, ela é justamente a faculdade perceptiva. O que é afirmado quando ela é manifestada é justamente a possibilidade de perceber algo — mais uma vez, aquela distância problemática entre duas esferas de configuração da vida social. E não mobilizar essa capacidade constitui um fenômeno que a princípio pode ser compreendido de duas maneiras: ou bem o ator não nota que existe um mundo de circunstâncias na situação e acredita ser possível sustentar a semelhança entre o mundo como é um "mundo comum" construído pragmaticamente, ou bem o ator finge não o perceber e ignora essa informação sobre o mundo.

Mas, para todos os efeitos, na prática essa diferença se torna indiferente. Porque o que se questiona efetivamente é que, como dimensão metalinguística, a capacidade metapragmática se constitui também como linguagem e, como tal, uma gramática. De modo que ela pode passar a servir como idealidade das ações e, por conseguinte, como *efetividade, elemento de efetivação*: se algo ficou absolutamente demarcado nas manifestações do tipo ideal do desculpando operacionalizadas em manuais de desculpa, políticos, cônjuges e idosos é que os atores sociais (em especial justamente os que mobilizam a desculpa) podem muito bem — e recorrentemente o fazem — criticar os outros, as ações dos outros, em termos de seu "realismo", de sua "lucidez" no que diz respeito ao reconhecimento das "margens de manobra", de sua flexibilidade, enfim, de sua capacidade de "não ser mais real que o rei".

A dimensão metapragmática da ação ocupa, então, também, o lugar de objeto da questão sobre as ações avaliadas em torno de sua efetividade. A efetivação de uma ação, assim, pode ser deslocada para um plano segundo o qual o que está em jogo não é tanto o conteúdo específico de uma gramática moral, mas sim a mobilização de recursos do mundo de forma "prática", habilidosa, um plano em que isso conta mais do que sua adequação a uma gramática que a caracterizaria como "correta".

Ora, no começo deste livro, quando começamos a falar de Austin, fizemos o trânsito do duo crítica/acusação para o da manifestação de mal-estar interacional/relacional em busca de uma categoria mais abstrata. E esse movimento foi extremamente produtivo para toda esta análise. É hora, entretanto, de retornar àquele duo para esta última reflexão: é que chamei a atenção para a construção da acusação por meio de uma operação de reificação: do pluralismo gramatical moral contido na crítica, que aloca a ação social no plano da *accountability*, a acusação desloca a cena na direção da indiscutibilidade de *um* princípio moral escolhido, digamos, arbitrariamente pelo empreendimento moral localizado — operação que pode ser sócio-historicamente consolidada, como no caso da lei.

Obviamente, a acusação também é de alguma maneira um dispositivo retórico da crítica, já que, na prática, a apresentação de uma crítica costuma seguir um protocolo dramatúrgico voltado para a demonstração do princípio *escolhido* como princípio *dado*. Nesse sentido, a distinção poderia ser "meramente" analítica — como se ser analítico fosse pouco.

Mas as pesquisas deste livro permitiram lançar luz sobre o caráter efetivamente prático, social, dessa distinção: ao fazerem uso de sua capacidade metapragmática para criticar, os atores estão fazendo a denúncia do processo de reificação contido na crítica em sua forma de acusação. E fazer essa denúncia constitui outra forma de questionar grandezas relativas, aquelas estabelecidas pelo próprio jogo moral, no qual, ao se colocar na posição de crítico, um ator se atribui uma grandeza "grande" moralmente em relação ao criticado. Com essa denúncia no horizonte surge outra possibilidade de resolução do conflito: re-horizontalizando-se o plano meta-actancial, ou seja, o plano moral.

Adão e o Bom Ladrão, assim, adquirem um novo estatuto: os dois, pecadores, um radicalmente punido, o outro magnanimamente perdoado, deparam-se com a possibilidade de ingresso do Paraíso. E se o segundo realiza o sonho do primeiro — no fundo fazendo com que aquele também a ele chegue —, ele o faz sobretudo por ter em mãos um recurso especial, que faltou à desculpa do primeiro, o mundo em suas mãos, os elementos do mundo como algo disponível e mobilizável conforme a necessidade.

Perdoados. Afinal, como estão lidando com circunstâncias, com o imprevisível, como todos nós o tempo todo, eles souberam muito bem o que fizeram.

Referências

Livros e artigos científicos

AMB/IPESPE. *Barômetro de confiança nas instituições brasileiras*. Rio de Janeiro: Associação dos Magistrados Brasileiros (AMB)/Instituto de Pesquisas Sociais, Políticas e Econômicas (Ipespe), 2008.

ANDERSON, Elijah. *Code of the Street: Decency, Violence, and the Moral Life of the Inner City*. Nova York: W. W. Norton & Company, 2000.

ANSCOMBE, Gertrude M. *Intention*. Cambridge: Harvard University Press, 2000.

ARENDT, Hannah. *Eichmann em Jerusalém*. São Paulo: Companhia das Letras, 1999 [1963].

______. *Responsabilidade e julgamento*. São Paulo: Companhia das Letras, 2003.

______. *Sobre a revolução*. São Paulo: Companhia das Letras, 2011 [1963].

ARCHER, Margaret S. *Being Human: The Problem of Agency*. Cambridge (RU): Cambridge University Press, 2001.

______. *Structure, Agency and the Internal Conversation*. Cambridge (RU): Cambridge University Press, 2003.

ARISTÓTELES. "Ética a Nicômaco". In: *Coleção Os Pensadores: Aristóteles*. São Paulo: Nova Cultural, 1996.

ATTUCH, Leonardo. *A CPI que abalou o Brasil: Os bastidores da imprensa e os segredos do PT*. São Paulo: Futura, 2006.

AUSTIN, John L. *How to Do Things with Words*. Cambridge: Harvard University Press, 1962.

______. "A plea for excuses". In: *Philosophical Papers*. Londres: Oxford University Press, 1979 [1956-1957].

BADIOU, Alain. *Éloge de l'amour*. Paris: Flammarion, 2009.

BANDURA, Albert. "Mechanisms of Moral Disengagement". In: REICH, Walter (org.). *Origins of Terrorism: Psychologies, Ideologies, Theologies, States of Mind*. Cambridge (RU): Cambridge University Press, 1990, pp. 161-191.

BARBEIRO, Heródoto. *O livro dos políticos*. Rio de Janeiro: Ediouro, 2008.

BAUMAN, Zygmunt. *Amor líquido: Sobre a fragilidade dos laços humanos*. Rio de Janeiro: Jorge Zahar, 2004.

BECKER, Howard S. *Uma teoria da ação coletiva*. Rio de Janeiro: Jorge Zahar Editor, 1977.

______. *Método de pesquisa em ciências sociais*. São Paulo: Hucitec, 1997.

______. *Segredos e truques da pesquisa*. Rio de Janeiro: Jorge Zahar, 2007.

______. *Outsiders: Estudos de sociologia do desvio*. Rio de Janeiro: Jorge Zahar, 2008 [1963].

BENOIT, William L. *Accounts, Excuses, and Apologies: A Theory of Image Restoration Strategies*. Nova York: State University of New York Press, 1995.

BEST, Joel. *Deviance: Career of a Concept*. Belmont (Califórnia): Wadsworth/Thomson, 2003.

BEZERRA, Marcos Otávio. *Em nome das "bases": Política, favor e dependência pessoal*. Brasília/Rio de Janeiro: NuAP/Relume Dumará, 1999.

BLANCHET, Alain; GOTMAN, Anne. *Sociologie 128, numéro 19 — L'enquête et ses méthodes: L'entretien*. Paris: Armand Colin, 2007.

BLUM, Fred. H. "Getting Individuals to Give Information to the Outsider". In: FISLSTEAD, William J. (org.). *Qualitative Methodology: Firsthand Involvement with the Social World*. Chicago: Markam, 1970.

BLUMER, Herbert. *Symbolic Interationism: Perspective and Method*. Berkeley: University of California Press, 1969.

BLUTEAU, D. Raphael. *Vocabulario portuguez, e latino*. Coimbra: Real Collegio das Artes das Companhia de Jesu, 1713.

BOLTANSKI, Luc. *Les cadres: La formation d'un groupe social*. Paris: Minuit, 1982.

______. "Sociologie critique et sociologie de la critique". *Politix*, vol. 3, n. 10-11, 1990a, pp. 124-134.

______. *L'amour et la justice comme compétences: Trois essais de sociologie de l'action*. Paris: Métailié, 1990b.

______. *La souffrance à distance: Morale humanitaire, médias et politique*. Paris: Métailié, 1993.

______. "Affaires, alertes et catastrophes: Point de vue de Luc Boltanski". In: GILBERT, Claude; BOURDEAUX, Isabelle (orgs). *Seminaire du Programme Risques Collectifs et Situations de Crise*. Paris: École des Mines de Paris, 1996.

______. "Nécessité et justification". *Révue Économique*, vol. 53, n. 2, 2002, pp. 275-289.

______. *La condition fœtale: Une sociologie de l'engendrement et de l'avortement*. Paris: Gallimard, 2004.

______. *Rendre la réalité inacceptable: À propôs de "La production de l'idéologie dominante"*. Paris: Demopolis, 2008.

______. *De la critique: Précis de sociologie de l'émancipation*. Paris: Gallimard, 2009.

______. *Enigmes et complots: Une enquête à propos d'enquêtes*. Paris: Gallimard, 2012.

BOLTANSKI, Luc; THÉVENOT, Laurent. "Finding One's Way in Social Space: A Study Based on Games". *Social Science Information*, vol. 22, n. 4-5, 1983, pp. 631-679.

______; THÉVENOT, Laurent. *Les économies de la grandeur: Cahiers du Centre d'Études de l'Emploi, 31*. Paris: PUF, 1987.

______; THÉVENOT, Laurent. *De la justification: Les économies de la grandeur*. Paris: Gallimard, 1991.

______; THÉVENOT, Laurent. "The Sociology of Critical Capacity". *European Journal of Social Theory*, vol. 2, n. 3, 1999, pp. 359-377.

______; GODET, Marie-Nöel. "Messages d'amour sur le Telephone du Dimanche". *Politix*, n. 31, 1995, pp. 30-76.

______; CLAVÉRIE, Élisabeth; OFFENSTADT, Nicolas; VAN DAMME, Stéphane (orgs.). *Affaires, scandales et grandes causes: De Socrate à Pinochet*. Paris: Stock, 2007.

______; CHIAPELLO, Éve. *O novo espírito do capitalismo*. São Paulo: Martins Fontes, 2009 [1999].

BOURDIEU, Pierre. *A economia das trocas simbólicas*. São Paulo: Perspectiva, 1974.

______. *Ce que parler veut dire: L'économie des échanges linguistiques*. Paris: Fayard, 1982.

______. "A opinião pública não existe". In: *Questões de sociologia*. Rio de Janeiro: Marco Zero, 1983.

______. *Réponses: Pour une anthropologie réflexive*. Paris: Seuil, 1992.

______. *Esquisse d'une théorie de la pratique*. Paris: Seuil, 2000 [1972].

______. *O poder simbólico*. Rio de Janeiro: Bertrand Brasil, 2005 [2001].

______. *A distinção: A crítica social do julgamento*. São Paulo: Zouk, 2007 [1979].

______; BOLTANSKI, Luc. "La production de l'idéologie dominante." *Actes de la Recherche en Sciences Sociales*, vol. 2, n. 2-3, 1976, pp. 3-73.

BOVENS, Luc. "A Plea for Apologies". Apresentação no seminário Analyses Normatives Contemporaines. Groupe NoSoPhi (Normes, Societés, Philosophie). Université de Paris 5 (fevereiro de 2007).

BREVIGLIERI, Marc; LAFAYE, Claudette; TROM, Danny. *Compétences critiques et sens de la justice: Colloque de Cerisy*. Paris: Economica, 2009.

CALLE, Sophie. *Prenez soin de vous*. Paris: Actes Sud, 2007.

CAMAROTTI, Gerson; DE LA PEÑA, Bernardo. *Memorial do escândalo: Os bastidores da crise e da corrupção no governo Lula*. São Paulo: Geração Editorial, 2005.

CAMPBELL, Jeremy. *A saga do mentiroso: Uma história da falsidade*. Rio de Janeiro: Graphia, 2008.

CARDOSO DE OLIVEIRA, Luis Roberto. *Direito legal e insulto moral: Dilemas da cidadania no Brasil, Quebec e EUA*. Rio de Janeiro: NuAP/Relume Dumará, 2002.

CAVALCANTI, Luiz Otavio. *Como a corrupção abalou o governo Lula: por que o presidente perdeu a razão e o poder*. Rio de Janeiro: Ediouro, 2005.

CEFAÏ, Daniel. "Type, typicalité, typification: La perspective phénoménologique". In: FRADIN, Bernard; QUÉRÉ, Louis; WIDMER, Jean (orgs.). *L'enquête sur les catégories: De Durkheim à Sacks*. Paris: Éditions de l'EHESS, 1994.

______. "Qu'est-ce qu'une arene publique? Quelques pistes pour une approche pragmatiste". In: CEFAÏ, Daniel; JOSEPH, Isaac (orgs.). *L'heritage du pragmatisme: Conflits d'urbanité et épreuves de civisme*. La-Tou-d'Aigues (França): Éditions de l'Aube, 2002.

CELERMAJER, Danielle. *Political Apologies: Collective Responsibility and Political Ritual*. Tese (Doutorado). Graduate School of Arts and Sciences/Columbia University, 2004.

______. *The Sins of the Nation and the Ritual of Apologies*. Cambridge: Cambridge University Press, 2009.

CHALARI, Athanasia. *Approaches to the Individual: The Relationship Between Internal and External Conversation*. Londres: Palgrave MacMillan, 2009.

CHATEAURAYNAUD, Francis. *La faute professionelle: Une sociologie des conflits de responsabilité*. Paris: Metailie, 1991.

______. *Argumenter dans un champ de forces: Essai de balistique sociologique*. Paris: Pétra, 2011.

CHOMSKY, Noam. *Current Issues in Linguistic Theory*. Londres: Mouton & Co, 1969.

CHOURAQUI, André. *A Bíblia: No princípio (Gênesis)*. Rio de Janeiro: Imago, 1995.

CLARK, Candace. *Misery and Company: Simpathy in Everyday Life*. Chicago: The University of Chicago Press, 1997.

CLAVERIE, Élisabeth. "La naissance d'une forme politique: l'Affaire du chevalier de La Barre". In: ROUSSIN, Philippe (org.). *Critique et affaires de blasphème à l'époque des Lumières*. Paris: Honoré Champion, 1998, pp. 185-260.

______. "La violence, procès et la justification: Scènes d'audience au Tribunal Pénal International pour l'ex-Yougolavie (TPIY)". In: BREVIGLIERI, Marc; LAFAYE, Claudette; TROM, Danny. *Compétences critiques et sens de la justice: Colloque de Cerisy*. Paris: Economica, 2009.

COMTE, Auguste. *Discurso sobre o espírito positivo*. São Paulo: Martins Fontes, 1990 [1844].

CONTI, Mario Sérgio. *Notícias do Planalto: A imprensa e o caso Collor.* São Paulo: Companhia das Letras, 1999.

COOLEY, Charles Horton. *Social Organization: A Study of the Larger Mind.* New Brunswick (EUA): Rutgers, 1983 [1909].

COTRIM, Márcio. *O pulo do gato: O berço de palavras e expressões populares.* São Paulo: Geração Editorial, 2005.

DAMATTA, Roberto. *A casa e a rua: Espaço, cidadania, mulher e morte no Brasil.* São Paulo: Brasiliense, 1985.

DAS, Veena. *Critical Events: An Anthropological Perspective on Contemporary India.* Nova York: Oxford University Press, 1997.

______. *Life and Words: Violence and the Descent into the Ordinary.* Berkeley: University of California Press, 2006.

DAVIDSON, Donald. *Essays on Actions and Events.* Nova York: Oxford University Press, 2001.

DAVIS, Paul. "On apologies". *Jornal of Applied Philosophy,* vol. 19, n. 2, 2002, pp. 169-173.

DEBERT, Guita Grin. "A invenção da terceira idade e a rearticulação de formas de consumo e demandas políticas". São Paulo: Anpocs, 1996.

______. *A reinvenção da velhice: socialização e processos de reprivatização do envelhecimento.* São Paulo: Edusp, 1999.

DERRIDA, Jacques. "O perdão, a verdade, a reconciliação: Qual gênero?". In: NASCIMENTO, Evando (org.). *Jacques Derrida: Pensar a desconstrução.* São Paulo: Estação Liberdade, 2005.

DE VAL, Cornelis. *Sobre pragmatismo.* São Paulo: Edições Loyola, 2007.

DEWEY, John. *The Essential Dewey — vol. 1: Pragmatism, education, democracy.* Bloomington (EUA): Indiana University Press, 1998.

DOSSE, François. *O império do sentido: a humanização das ciências humanas.* Bauru (São Paulo): Edusc, 2003.

DOSTOIÉVSKI, Fiódor. *Crime e castigo.* São Paulo: Editora 34, 2001.

______. *O adolescente.* São Paulo: Companhia das Letras, 2010.

DUCROT, Oswald. *Le dire et le dit.* Paris: Minuit, 1985.

______. *Dire et ne pas dire: Principes de sémantique linguistique.* Paris: Hermann, 1993.

______; ANSCOMBRE, Jean-Claude. *L'argumentation dans la langue.* Paris: Mardaga, 1995.

DUMONT, Louis. *O individualismo: Uma perspectiva antropológica da ideologia moderna.* Rio de Janeiro: Rocco, 1985.

DURKHEIM, Émille. *Textes 1: Eléments d'une théorie sociale.* Paris: Minuit, 1975.

______. *Textes 2: Réligion, morale, anomie*. Paris: Minuit, 1975.

______. *Textes 3: Fonctions sociales et institutions*. Paris: Minuit, 1975.

______. "O individualismo e os intelectuais". In: DURKHEIM, Émille. *A ciência social e a ação*. São Paulo: Difel, 1975 [1898].

______. *Da divisão do trabalho social*. São Paulo: Martins Fontes, 1995 [1893].

______. *As formas elementares da vida religiosa*. São Paulo: Martins Fontes, 1996 [1912].

______. *Ética e sociologia da moral*. São Paulo: Landy, 2003.

ELIAS, Norbert. *Mozart: Sociologia de um gênio*. Rio de Janeiro: Jorge Zahar, 1997.

EMERSON, Robert M.; MESSINGER, Sheldon L. "The Micro-Politics of Trouble". *Social Problems*, vol. 25, n. 2, 1977, pp. 121-134.

FAGUNDES, Ana Paula. *A Imagem de FHC no Jornal do Brasil: o processo de edição fotográfica nos jornais*. Trabalho de Conclusão de Curso (Graduação em Comunicação Social). Universidade Federal do Rio de Janeiro, 2001.

FERNANDES, Francisco. *Dicionário de verbos e regimes*. Porto Alegre: Globo, 1940.

FIGUEIREDO, Lucas. *O operador: Como (e a mando de quem) Marcos Valério irrigou os cofres do PSDB e do PT*. Rio de Janeiro: Record, 2006.

FOUCAULT, Michel. *As palavras e as coisas: uma arqueologia das ciências humanas*. São Paulo: Martins Fontes, 1995.

FREIRE, Laudelino. *Grande e novíssimo dicionário da língua portuguesa*. Rio de Janeiro: Livraria José Olympio Editora, 1954.

FREIRE COSTA, Jurandir. *Sem fraude nem favor: Estudos sobre o amor romântico*. Rio de Janeiro: Rocco, 1998.

GARFINKEL, Harold. "A Conception of, and Experiments with 'Trust' as a Condition of Stable Concerted Actions". In: HARVEY, O. J. *Motivation and Social Interaction*. Nova York: Ronald Press, 1963, pp. 187-238.

______. *Studies in Ethnomethodology*. Englewood Cliffs (EUA): Prentice-Hall, 1967.

______. *Ethnomethodology's Program: Working out Durkheim's Aphorism*. Nova York: Rowan & Littlefield, 2002.

______. *Seeing Sociologically: The Routine Grounds of Social Action*. Londres: Paradigm, 2006.

GAUME, Jean-Joseph (monsenhor). *Life of the Good Thief*. Fitzwilliam (EUA): Loreto, 2003 [1882].

GAYET-VIAUD, Carole. "De l'innocuité sociale aux degrés d'humanité: Les types du petit vieux et du bebé". *Les Annales de la Recherche Urbaine*, n. 100, 2006.

______. *Les interactions furtives entre anonymes dans l'espace public: politesse et sens de la justice en présences occasionnelles*. Tese (Doutorado). Institut Marcel Mauss/EHESS, 2007.

______. "As disputas de cortesia no espaço urbano: Quando a cortesia se transforma em violência". *Dilemas: Revista de Estudos de Conflito e Controle Social*, vol. 1, n. 1, 2008, pp. 61-91.

GIBNEY, Mark. *The Age of Apology: Facing Up to the Past*. Filadélfia: University of Pennsylvania Press, 2009.

GIDDENS, Anthony. *A constituição da sociedade*. São Paulo: Martins Fontes, 1984.

______. *A transformação da intimidade: Sexualidade, amor e erotismo nas sociedades modernas*. São Paulo: Unesp, 1993.

GLASER, Barney G.; STRAUSS, Anselm. *The Discovery of Grounded Theory: Strategies for Qualitative Research*. Piscataway (EUA): Aldine Transaction, 1967.

GOFFMAN, Erving. *The Presentation of Self in Everyday Life*. Nova York: Anchor Books, 1959.

______. *Behaviour in Public Places*. Nova York: The Free Press, 1963.

______. *Stigma: Notes on the Management of Spoiled Identity*. Nova York: Prentice Hall, 1963.

______. *Interaction Ritual: Essays in Face-to-Face Behavior*. Nova York: Pantheon Books, 1967.

______. *Relations in Public: Microstudies of the Public Order*. Middlessex (EUA): Penguin, 1971.

______. *Forms of Talk*. Filadélfia: University of Pennsylvania Press, 1981.

GOLDENBERG, Mirian. *Infiel: Notas de uma antropóloga*. Rio de Janeiro: Record, 2006.

______. *Coroas: Corpo, envelhecimento, casamento e infidelidade*. Rio de Janeiro: Record, 2008.

______. (org.). *Corpo, envelhecimento e felicidade*. Rio de Janeiro: Civilização Brasileira, 2011.

______; WERNECK, Alexandre. "O nu em evidência: As formas de legitimação de 'o corpo' como capital". *Trama Interdisciplinar*, vol. 1, n. 1, 2010, pp. 125-139.

GRAVES, Robert; PATAI, Rapahel. *Hebrew Myths: The Book of Genesis*. Londres: Cassel, 1963.

GUMPERZ, John. *Discourse Strategies*. Cambridge (RU): Cambridge University Press, 1982.

HABERMAS, Jürgen. *The Theory of Communicative Action — Vol. 1: Reason and the Rationalization of Society*. Boston: Beacon, 1984 [1981].

______. *The Theory of Communicative Action — Vol. 2: Life World and System: A Critique of Functionalist Reason*. Boston: Beacon, 1987.

HEILBORN, Maria Luiza. *Compromisso de modernidade: casal, vanguarda e individualismo*. Rio de Janeiro, PPGAS/Museu Nacional/UFRJ (mimeo.), 1980.

______. *Dois é par: Gênero e identidade sexual em contexto igualitário*. Rio de Janeiro: Garamond, 2004.

HEINICH, Nathalie. *La gloire de Van Gogh*. Paris: Minuit: 1991.

______. *La sociologie de l'art*. Paris: La Découverte, 2004.

______. *L'élite artiste: Excellence et singularité en régime démocratique*. Paris: Gallimard, 2005.

______. "Les affinités sélectives". In: BREVIGLIERI, Marc; LAFAYE, Claudette; TROM, Danny (orgs.). *Compétences critiques et sens de la justice: Colloque de Cerisy*. Paris: Economica, 2009, pp. 81-90

______. *De la visibilité: Excellence et singularité en régime médiatique*. Paris: Gallimard, 2012.

______; SHAPIRO, Roberta (orgs.). *De l'artification: Enquêtes sur le passage à l'art*. Paris: Éditions de l'EHESS, 2012.

HERITAGE, John C. "Etnometodologia". In: GIDDENS, Anthony; TURNER, Jonathan. *Teoria social hoje*. São Paulo: Unesp, 2011.

HERMITTE, Marie-Angèle. *Le sang et le droit*. Paris: Seuil, 1998.

HERZFELD, Michael. "The Etymology of Excuses: Aspects of Rhetorical Performance in Greece". *American Ethnologist*, vol. 9, n. 4, 1982, pp. 644-663.

______. *A Place in History: Social and Monumental Time in a Cretan Town*. Princeton: Princeton University Press, 1991.

______. "Practical Mediterranism: Excuses for Everything, from Epistemology to Eating". In: HARRIS, William Vernon. *Rethinking the Mediterranean*. Nova York: Oxford University Press, 2006, pp. 45-63.

HICKMAN, Leo. *A Life Striped Bare: My Year Trying to Live Ethically*. Londres: Eden, 2005.

HIRSCHMAN, Albert O. *Saída, voz e lealdade: Reações ao declínio de firmas, organizações e estados*. São Paulo: Perspectiva, 1973.

______. *As paixões e os interesses: Argumentos políticos para o capitalismo antes de seu triunfo*. Rio de Janeiro: Paz & Terra, 1979.

HOFFMAN, STEVE G. "How to Punch Someone and Stay Friends: An Inductive Theory of Simulation". *Journal of Sociological Theory*, vol. 24, n. 2, 2006.

HONNETH, Axel. *Luta por reconhecimento: A gramática moral dos conflitos sociais*. São Paulo: Editora 34, 2009.

______. "Dissolutions of the Social: On the Social Theory of Luc Boltanski and Laurent Thévenot". *Constellations*, vol. 17, n. 3, 2010, pp. 376-389.

HONORÉ, Tony. *Responsibility and Fault*. Portland (EUA): Hart, 1999.

HUSSERL, Edmund. *Idées directrices pour une phénoménologie*. Paris: Gallimard, 1950 [1913].

IBOPE. "Evolução da confiança em instituições 1989-2005". *Opinião Pública*. Vol. 12, n. 1, Campinas, 2006.

IDOMENEOS, Angeliki. *L'excuse en France et en Grèce dans la vie quotidienne (étude contrastive d'échanges langagiers)*. Paris: Atelier National de Reproduction des Thèses, 1996.

ILLOUZ, Eva. *O amor nos tempos do capitalismo*. Rio de Janeiro: Jorge Zahar, 2011.

INSTITUTO VOX POPULI. *Pesquisa de Opinião Pública Nacional: Voto, Eleições e Corrupção Eleitoral*. São Paulo, Associação dos Magistrados Brasileiros (AMB), julho de 2008.

JAMES, William. *William James: Writings 1878-1899: Psychology, Briefer Course; The Will to Believe; Talks to Teachers and Students; Essays*. Nova York: Library of America, 1992.

______. *William James: Writings 1902-1910: The Varieties of Religious Experience; Pragmatism; A Pluralistic Universe; The Meaning of Truth; Some Problems of Philosophy; Essays*. Nova York: Library of America, 1988.

JAMIESON, Lynn. *Intimacy: Personal Relationships in Modern Societies*. Cambridge (RU): Polity Press, 1988.

JEUDY, Henri-Pierre. *L'Absence d'intimité: Sociologie des choses intimes*. Paris: Circe, 2007.

JOAS, Hans. *Pragmatism and Social Theory*. Chicago: The University of Chicago Press, 1993.

______; KNÖBL, Wolfgang. *Social Theory: Twenty Introductory Lectures*. Cambridge (RU): Cambridge University Press, 2009.

JOSEPH, Isaac. *Le passant considérable*. Paris: Librairie des Méridiens, 1984.

______. *Erving Goffman e a microssociologia*. Rio de Janeiro: Editora FGV, 2000.

KAUFMANN, Jean-Claude. *Ego: para uma sociologia do indivíduo*. Lisboa: Instituto Piaget, 2001.

______. *Premier matin: Comment naît une histoire d'amour*. Paris: Armand Colin, 2002.

______. *La femme seule et le prince charmant: Enquête sur la vie en solo*. Paris: Armand Colin, 2004.

______. *Casseroles, amour et crises: Ce que cuisiner veut dire*. Paris: Armand Colin, 2005.

______. *Agacements: Les petites guerres du couple*. Paris: Armand Colin, 2007.

______. *L'entretien compréhensif*. Paris: Armand Colin, 2007.

KELLY, Henry Ansgar. *Satã: uma biografia*. São Paulo: Globo, 2008.

KLEINMAN, Arthur; DAS, Veena; LOCK, Margaret M. (orgs.). *Social Suffering*. Berkeley: University of California Press, 1997.

KORSGAARD, Christine M. *Self-Constitution: Agency, Identity and Integrity*. Nova York: Oxford University Press, 2009.

KRAMER-MOORE, Daniel; MOORE, Michael. "Pardon me for breathing: Seven types of apology". *A Review of General Semantics*, vol. 60, n. 2, pp. 160-166, 2003.

KUSCHNIR, Karina. *Eleições e representação no Rio de Janeiro*. Rio de Janeiro: NuAP/Relume Dumará, 2000.

LACOSTE, Jean-Yves (org.). *Dictionnaire critique de théologie*. Paris: PUF, 1998.

LAZARE, Aaron. *On Apology*. Nova York: Oxford University Press, 2004.

LATOUR, Bruno. *Pasteur, guerre contre les microbes*. Paris: Nathan, 1985. *Jamais fomos modernos*. São Paulo: Editora 34, 1994.

______. *Ciência em ação: Como seguir cientistas e engenheiros sociedade afora*. São Paulo: Unesp, 1997 [1987].

______; WOOLGAR, Steve. *Laboratory Life: The Social Construction of Scientific Facts*. Nova York: Saze, 1979

LAUGIER, Sandra. "Take care". In: CALLE, Sophie. *Prenez soin de vous*. Paris: Actes Sud, 2007.

______. *Wittgenstein, les sens de l'usage*. Paris: Vrin, 2009.

LEMIEUX, Cyril. *Mauvaise presse*. Paris: Métailié, 2000.

______. "De certaines différences internationales en matière de pratiques journalistiques, comment les décrire, comment les expliquer?". In: LEGAVRE, Jean-Baptiste (org.). *La presse écrite: Objets délaissés*. Paris: L'Harmattan, 2004.

______. *Le devoir et la grâce*. Paris: Economica, 2009.

LIND, Jennifer. *Sorry States: Apologies in International Politics*. Cornell (EUA): Cornell University Press, 2010.

LINS DE BARROS, Myrian M. *Autoridade e afeto: avós, filhos e netos na família brasileira*. Rio de Janeiro: Jorge Zahar, 1987.

______. (org.). *Velhice ou terceira idade? Estudos antropológicos sobre identidade, memória e política*. Rio de Janeiro: Editora FGV, 1998.

______. "A velhice na pesquisa socioantropológica brasileira". In: GOLDENBERG, Mirian (org.). *Corpo, envelhecimento e felicidade*. Rio de Janeiro: Civilização Brasileira, 2011, pp. 45-64.

MACHADO DA SILVA, Luiz Antônio. "Um problema na interpretação da criminalidade violenta". *Sociedade e Estado*, vol. 10, n. 2, 1995.

______. "Criminalidade violenta: Por uma nova perspectiva de análise". *Revista de Sociologia e Política*, n. 13, 1999, pp. 115-124.

MANSBRIDGE, Jane J. "On the Relation of Altruism and Self-Interest". In: *Beyond Self-Interest*. Chicago, University of Chicago Press, 1990.

MARTINELLI, Verônica. "Crime e ideologia: Do Terceiro Reich ao assassinato de Moisés". *Ágora*, vol. 8, n. 2, 2005, pp. 175-191.

MAUSS, Marcel. *Sociologia e antropologia*. São Paulo: CosacNaify, 2003.

MCCULLOUGH, Michael. *Beyond Revenge: The Evolution of the Forgiveness Instinct*. São Francisco: Jossey-Bass, 2008.

MCDOWELL, Banks. *Ethics and Excuses: The Crisis in Professional Responsability*. Londres: Quorum Books, 2000.

MCEVOY, Sebastian. *L'invention défensive: Poétique, linguistique, droit*. Paris: Métailié, 1995.

MENAND, Louis. *Pragmatism: A Reader*. Nova York: Vintage, 1997.

______. *The Metaphysical Club: A Story of Ideas in America*. Nova York: Farrar Straus and Giroux, 2002.

MILLER, Brett A. *Divine Apology: The Discourse of Religious Image Restoration*. Westport (EUA): Praeger Publishers, 2002.

MILLER, Rowland S.; PERLMAN, Daniel. *Intimate Relationships*. Boston: McGraw Hill, 2008.

MISSE, Michel. *Malandros, marginais e vagabundos: a acumulação social da violência no Rio de Janeiro*. Tese (Doutorado). Instituto Universitário de Pesquisas do Rio de Janeiro, 1999.

______. *Crime e violência no Brasil contemporâneo: estudos de sociologia do crime e da violência urbana*. Rio de Janeiro: Lumen Juris, 2006.

______; WERNECK, Alexandre. "O interesse no conflito". In: *Conflitos de (grande) interesse: Estudos sobre crimes, violências e outras disputas conflituosas*. Rio de Janeiro: Garamond, 2012, pp. 7-25.

MEAD, George Herbert. *Mind, Self and Society*. Chicago: University of Chicago Press, 1934.

______; *The Philosophy of the Present*. Amherst (EUA): Prometheus, 2002 [1932].

MORAIS SILVA, António de. *Grande dicionário da língua portuguesa*. Lisboa: Editorial Confluência, 1949-1959.

MURPHY, Jeffrie. *Getting Even: Forgiveness and its Limits*. Nova York: Oxford University Press, 2005.

______; HAMPTON, Jean. *Forgiveness and Mercy*. Cambridge (EUA): Cambridge University Press, 1988.

______; LAMB, Sharon (orgs.). *Before Forgiving: Cautionary Views of Forgiveness in Psychotherapy*. Nova York: Oxford University Press, 2002.

NOBLES, Melissa. *The Politics of Official Apologies*. Nova York: Cambridge University Press, 2008.

OGIEN, Albert. *Sociologie de la deviance*. Paris: Armand Colin, 1999.

______. *Les formes sociales de la pensée: La sociologie après Wittgenstein*. Paris: Armand Colin, 2007.

PATARRA, Ivo. *O chefe: a história dos 403 dias do escândalo do Mensalão, o maior esquema de corrupção de todos os tempos no Brasil. Os acontecimentos que abalaram o país e paralisaram o governo do PT, sob o comando de Lula e dos homens do presidente*. Edição independente (sob licença Creative Commons), 2006.

PEIRCE, Charles Sanders. *Peirce on Signs: Writings on Semiotic By Charles Sanders Peirce*. Chapel Hill (EUA): The University of North Carolina Press, 1991.

______. *The Essential Peirce, Vol. 1: Selected Philosophical Writings (1867-1893).* Bloomington (EUA): Indiana University Press, 1992.

______. *The Essential Peirce, Vol. 2: Selected Philosophical Writings (1893-1913).* Bloomington (EUA): Indiana University Press, 1998.

PERROT, Martyne. *Faire ses courses.* Paris: Stock, 2009.

POGREBINSCHI, Thamy. *Pragmatismo: Teoria social e política.* Rio de Janeiro: Relume Dumará, 2005.

POLLAK, Michael. *L'experience concentrationnaire: Essai sur le maintien de l'identité sociale.* Paris: Métailié, 1990.

RODRIGUES, Fernando. *Políticos do Brasil.* São Paulo: Publifolha, 2006.

SALEM, Tânia. *Sobre o "casal grávido": incursão em um universo ético.* Tese (Doutorado). PPGAS, Museu Nacional, UFRJ, 1987.

______. "O casal igualitário: Princípios e impasses". *Revista Brasileira de Ciências Sociais*, vol. 3, n. 9, 1989, pp. 24-37.

______. *O casal grávido: Disposições e dilemas da parceria igualitária.* Rio de Janeiro: Editora FGV, 2007.

SANTAELLA, Lucia. *O método anticartesiano de C. S. Peirce.* São Paulo: Editora Unesp, 2004.

SCHULZ, Charles M. *I Told you So, you Blockhead! (Peanuts Treasury).* Nova York: Harper Paperbacks, 1999.

SCHÜTZ, Alfred. "The Problem of Rationality in the Social World". *Economica*, vol. 10, n. 38, 1943, pp. 130-149.

______. *Éléments de sociologie phénoménologique.* Paris: L'Harmattan, 1998.

______. *L'etranger: Un essai de psychologie sociale.* Paris: Allia, 2003.

SCOTT, Marvin B.; LYMAN, Stanfordm. "Accounts". *Dilemas: Revista de Estudos de Conflito e Controle Social*, vol. 1, n. 2, pp. 139-172, 2008 [1968].

______; LYMAN, Stanford M. *A Sociology of the Absurd.* Nova York: Appleton-Century-Crofts, 1970.

SEARLE, John R. *Speech Acts: An Essay in the Philosophy of Language.* Cambridge: Cambridge University Press, 1969.

______. *Expressão e significado: Estudos da teoria dos atos da fala.* São Paulo: Martins Fontes, 2002.

SENTIS, Laurent. "Péché originel". In: LACOSTE, Jean-Yves. *Dictionnaire critique de théologie.* Paris: PUF, 1998.

SIMMEL, Georg. "The Problem of Sociology". In: *On Individuality and Social Forms.* Chicago: University of Chicago: Press, 1971 [1908a].

______. "Conflict". In: *On Individuality and Social Forms.* Chicago: University of Chicago Press, 1971 [1908b].

______. "Freedom and the Individual". In: *On Individuality and Social Forms.* Chicago: University of Chicago Press, 1971 [1957].

______. "Fragmentos sobre o amor (escritos póstumos)". In: *Filosofia do amor.* São Paulo: Martins Fontes, 1993 [1921-1922].

______. *Questões fundamentais da sociologia: Indivíduo e sociedade.* Rio de Janeiro: Jorge Zahar, 2006.

STEINER, Philippe. "Altruísmo, egoísmo e solidariedade na escola durkheimiana". In: MASSELLA, Alexandre Braga *et alii.* (orgs.). *Durkheim: 150 anos.* Belo Horizonte: Argumentum, 2009, pp. 91-117.

SLOTERDIJK, Peter. *Critique de la raison cynique.* Paris: Christian Bourgois, 1987.

SMITH, Nick. *I Was Wrong: The Meanings of Apologies.* Nova York: Cambridge University Press, 2008.

SOBOTTKA, Emil A.; SAAVEDRA, Giovani A. "Justificação, reconhecimento e justiça: Tecendo pontes entre Boltanski, Honneth e Walzer". *Civitas*, vol. 12, n. 1, 2012, pp. 126-144.

STREET, Doca. *Mea culpa: o depoimento que rompe 30 anos de silêncio.* São Paulo: Planeta, 2006.

STRINGARI, José F. *Regimes de verbos.* Niterói: Escolas Profissionais Salesianas, 1937.

SUASSUNA, Ariano. *Auto da Compadecida: Edição comemorativa de 50 anos.* Rio de Janeiro: Agir, 2005 [1955].

SYKES, Gresham M.; MATZA, David. "Techniques of Neutralization: A Theory of Deliquency". *American Sociological Review*, n. 43, 1957, pp. 643-656.

TAFT, Lee. "Apology Subverted: The Commodification of Apology". *Yale Law Journal*, vol. 109, n. 5, 2000.

TAVUCHIS, Nicholas. *Mea Culpa: A Sociology of Apology and Reconciliation.* Palo Alto: Stanford University Press, 1991.

TARDE, Gabriel. *A opinião e as massas.* São Paulo: Martins Fontes, 1992.

TAYLOR, Charles. *Sources of the Self: The Making of the Modern Identity.* Cambridge: Cambridge University Press, 1992.

THÉVENOT, Laurent. "Les investissement de forme". In: *Conventions économiques — Cahiers du Centre d'Étude de l'Emploi — 29.* Paris: PUF, 1986.

______. "L'action qui convient". *Les formes de l'action*, 1990, pp. 39-69.

______. "Le regime de familiarité: Des choses en personnes". *Genèses*, n. 17, pp. 72-101, 1994.

______. "Emotions et evaluations dans les coordinations publiques". In: PAPERMAN, Patricia; OGIEN, Ruwen (orgs.). *La couleur des pensées: Emotions, sentiments, intentions.* Paris: Editions de l'EHESS, 1995, pp. 145-174.

______. *L'action au pluriel: Sociologie des régimes d'engagement.* Paris: La Découverte, 2006.

______. Anotações de aula do seminário "L'action au pluriel: du proche au public". Paris: Groupe de Sociologie Politique et Morale/EHESS, 2006-2007.

______; DESROSIÈRES, Alain. *Les catégories socio-professionnelles*. Paris: La Découverte, 1988.

THOMAS, William I.; THOMAS, Dorothy Swaine. *The Child In America: Behavior Problems and Programs*. Nova York: A.A. Knopf, 1938 [1928].

TEIXEIRA, Carla Costa. *A honra da política: decoro parlamentar e cassação de mandato no Congresso Nacional*. Rio de Janeiro: NuAP/Relume Dumará, 1998.

TEIXEIRA, Cesar Pinheiro. *Modalidades discursivas do "homo criminalis": Uma proposta de análise sociológica a partir de concepções, práticas e experiências "subjetivas" de "ressocialização"*. Ensaio teórico de qualificação (Doutorado). Universidade Federal do Rio de Janeiro, 2010.

TOLSTÓI, Liev. *Anna Kariênina*. São Paulo: CosacNaify, 2005 [1873-1877].

TOULMIN, Stephen. *The Uses of Argument*. Cambridge (RU): Cambridge University Press, 1958.

VACANT, Alfred; MANGENOT, Eugène; AMMAN, Émile (orgs.). *Dictionnaire de théologie catholique*. Paris: Maison des Sciences de L'Homme, 1930.

VANDENBERGHE, Frédéric. *Teoria social realista: um diálogo franco-britânico*. Belo Horizonte: Editora UFMG, 2010.

VAUGHAN, Diane. *Uncoupling: Turning Points in Intimate Relationships*. Nova York: Oxford University Press, 1986.

VASSALLO, Philip. "The Art of Apology". *A Review of General Semantics*, vol. 62, n. 3, pp. 329-332, 2005.

VAZ, Lucio. *A ética da malandragem: no submundo do Congresso Nacional*. São Paulo: Geração Editorial, 2005.

VELHO, Gilberto. "O estudo do comportamento desviante: A contribuição da antropologia social". In: *Desvio e divergência: uma crítica da patologia social*. Rio de Janeiro: Jorge Zahar Editor, 1985.

VIEIRA, Antônio (padre). *Sermões, Vol 1*. São Paulo: Hedra, 2003.

VIEIRA, Francisco Domingos. *Grande diccionário portuguez ou Thesouro da língua portuguesa*. Porto (Portugal): Ernesto Chardon e Bartholomeu H. de Moraes, 1873.

WALL, John. *Moral Creativity: Paul Ricœur and the Poetics of Possibility*. Nova York: Oxford University Press, 2005.

WEBER, Max. *Economia e sociedade: Vol. 1*. Brasília: Editora UnB, 1994 [1910].

______. *Economia e sociedade: Vol. 2*. Brasília: Editora UnB, 1999 [1921].

______. "A 'objetividade' do conhecimento na ciência social e na ciência política". In: *Metodologia das ciências sociais*. São Paulo: Cortez, 2001 [1904].

______. *Política como vocação*. Brasília: Editora UnB, 2003 [1919].

______. *A ética protestante e o "espírito" do capitalismo*. São Paulo: Companhia das Letras, 2004 [1904].

WERNECK, Alexandre. *Comunicação e cinismo: A razão cínica na esfera pública observada na cobertura do Primeiro de Maio em jornais*. Dissertação (Mestrado). Escola de Comunicação, UFRJ, 2004.

______. *Queiram desculpar-me: A desculpa como forma de apaziguamento de conflitos sociais e como índice de uma moralidade particularista*. Ensaio teórico de qualificação (Doutorado). Instituto de Filosofia e Ciências Sociais, UFRJ, 2006.

______. "Uma definição sociológica do dar uma desculpa: Do senso comum à sociologia pragmática". In: MISSE, Michel (org.). *Acusados e acusadores: estudos sobre ofensas, acusações e incriminações*. Rio de Janeiro: Revan, 2008a.

______. "Culpabilidade pública e circunstâncias: Casos de desculpas dadas por figuras públicas diante de acusações de corrupção e incompetência em jornais". Trabalho apresentado no 32º Encontro Anual da Anpocs. Caxambu, MG, 2008b.

______. *O invento de Adão: O papel do ato de dar uma desculpa na manutenção das relações sociais*. Tese (Doutorado), PPGSA, IFCS, UFRJ, 2009a.

______. "Moralidade de bolso: A 'manualização' do ato de dar uma desculpa como índice da negociação da noção de 'bem' nas relações sociais". *Dilemas: Revista de Estudos de Conflito e Controle Social*, vol. 2, n. 3, 2009b.

______. "O 'egoísmo' como competência: As desculpas dadas no âmbito das relações de casais como forma de negociação entre bem de si e moralidade". Trabalho apresentado no 33º Encontro Anual da Anpocs, Caxambu, MG, 2009c.

______. "Velhice como desculpa". Trabalho apresentado no Seminário Internacional Corpo, Envelhecimento e Felicidade. Rio de Janeiro, IFCS/UFRJ, 20 e 21 de setembro de 2010.

______. "A velhice como competência de efetivação de ações moralmente questionadas: Situações em supermercados no Rio de Janeiro". *Revista Brasileira de Sociologia da Emoção (RBSE)*, vol. 10, n. 28, 2011a, pp. 10-44.

______. "O 'egoísmo' como competência: Um estudo das desculpas dadas no âmbito das relações de casais como forma de negociação entre bem de si e moralidade". *Revista de Antropologia (USP)*, vol. 54, n. 1, 2011b, pp. 133-190.

______. "A construção social de uma negatividade moral óbvia: A efetivação da imagem das chamadas 'milícias' na CPI que as persegue". Trabalho apresentado na mesa redonda Regimes de Moralidades e Relações de Poder no III Seminário Internacional Violência e Conflitos Sociais: Ilegalismos e Lugares Morais, na Universidade Federal do Ceará, em Fortaleza, 2011c.

______. "A velhice como desculpa". In: GOLDENBERG, Mirian (org.). *Corpo, envelhecimento e felicidade*. Rio de Janeiro: Civilização Brasileira, 2011d.

______. "A contribuição de uma abordagem pragmatista da moral para a sociologia do conflito". In: MISSE, Michel; WERNECK, Alexandre (orgs.). *Conflitos de (grande) interesse: Estudos sobre crimes, violências e outras disputas conflituosas*. Rio de Janeiro: Garamond, 2012, pp. 11-45.

WETHERELL, Margaret (org.). *Theorizing Identities and Social Action*. Londres: Palgrave MacMillan, 2009.

WOODWARD, Bob; BERNSTEIN, Carl. *All the President's Men*. Nova York: Simon and Schuster, 1974.

WRIGHT MILLS, Charles. "Situated Actions and Vocabularies of Motive". *American Sociological Review*, vol. 5, n. 6, 1940, pp. 904-913.

ZIMBARDO, Philip. *The Lucifer Effect: How Good People Turn Evil*. Londres: Rider, 2007.

Textos de jornais e revistas*

ARIS, Ben. "Cannibalism Trial Told of Suspected New Cases". *The Guardian*, International, 06/01/2004.

______. "Self-confessed cannibal is ruled sane by psychiatrist". *The Guardian*, International, 30/12/2003.

ATTUCH, Leonardo. "A testemunha Karina: Ex-secretária do publicitário Marcos Valério, acusado de ser um dos operadores do Mensalão pago a aliados do PT, revela o elo da agência SMP&B com o governo". *Isto É Dinheiro*, 14/07/2005.

BÉRGAMO, Mônica. "Delúbio diz que não dará nomes: Ex-tesoureiro do PT diz que caixa dois visava 'resolver problemas criados pela direção do partido', mas que não citará beneficiados". *Folha de S. Paulo*, Coluna Mônica Bérgamo, 20/10/2005.

CAETANO, Mariana; ROSA Vera. "Berzoini defende financiamento público e voto em lista". *O Estado de São Paulo*, Brasil, 13/10/2005.

CORRÊA, Hudson. "Juiz exclui Dirceu de ação por improbidade: Decisão também beneficia ex-ministro Anderson Adauto em uma ação referente ao caso do Mensalão". *Folha de S. Paulo*, Brasil, 17/01/2009.

FICKLING, David. "Cannibal Killer Gets Life Sentence". *Guardian Unlimited* (www.guardian.co.uk), International, 09/05/2006.

FRANCISCO, Luiz; CORRÊA, Hudson. "Ex-ministro confirma ajuda de Delúbio: Anderson Adauto, que ocupou a pasta dos Transportes, disse que seu assessor sacou no Rural dinheiro para saldar dívidas de campanha". *Folha de S. Paulo*, Brasil, 20/07/2005.

GALLUCCI, Mariângela. "82% não confiam nos políticos, mostra pesquisa da AMB". *O Estado de S. Paulo*, Nacional, Política, 12/08/2008.

GOLDSTEIN, Patrick. "'Sorry' Seems to Be the Easiest Word". *Los Angeles Times*, Coluna The Big Picture, 26/12/2006.

*Estão listados aqui os textos de jornal citados no livro. Mas foram usadas como fonte coleções inteiras dos periódicos.

GREENBERG, David. "The Goal: Admitting Failure, without Being a Failure". *The New York Times*, Week in Review, 14/01/2007.

HARDING, Luke. "Victim of Cannibal Agreed to be Eaten". *The Guardian*, International, 04/12/2003.

______. "Defendant Part of Big Cannibal Scene, Detective Tells Court". *The Guardian*, International, 09/12/2003.

______. "Cannibal who Fried Victim in Garlic is Cleared of Murder: 'Psychologically Sick' Killer Jailed for Manslaughter". *The Guardian*, International, 31/01/2004.

______. "German Court Finds Cannibal Guilty of Murder". *The Guardian*, International, 10/05/2006.

JÚNIOR, Policarpo. "O homem-chave do PTB: O caso que se vai ler e ver (e ouvir em www.veja.com.br) é um microcosmo da corrupção no Brasil. Dá arrepios pensar que a mesma coisa está ocorrendo agora em milhares de outras repartições, prefeituras, câmaras municipais". *Veja*, n. 1905, 18/05/2005.

______; FRANÇA, Ronaldo. "Mesada de 400.000 reais para o PTB: No IRB, estatal de resseguros, Jefferson pressionou para arrancar renda mensal — e não escondeu que quem ganha cargo tem de roubar para ajudar o partido". *Veja*, n. 1906, 25/05/2005.

MONTEIRO, Melissa. "Entrevista de Luiz Inácio Lula da Silva". *Fantástico*, TV Globo. Videoteipe (7 min), exibida em 17/07/2005.

______. "Fiz o que todo jornalista deveria fazer: Produtora que entrevistou Lula em Paris diz que está sendo atacada covardemente". *Folha de S. Paulo*, Brasil, p. A13, 22/07/2005.

OLTRAMARI, Alexandre. "O elo se fechou: O empresário Marcos Valério, que dizia não ter nada a ver com o PT, negociou e avalizou empréstimo de 2,4 milhões para o partido. Mais: a SMPB, uma de suas agências, que trabalha para o governo, bancou uma parcela, pagando 350.000 reais". *Veja*, n. 1912, 06/07/2005.

______. "A propina de Severino: A escandalosa história do deputado que, de março a novembro de 2003, cobrou 10.000 reais mensais do concessionário do restaurante da Câmara e ficou uma fera no mês em que o empresário extorquido só conseguiu pagar-lhe 6.000 reais". *Veja*, n. 1921, 07/07/2005.

PHILIPS, Tom. "British Tourists Mugged by Rio Grenade Gang". *The Guardian*, International, p. 19, 27/11/2006.

RODRIGUES, Nélio. "O homem do dinheiro vivo: Complica-se a situação de Marcos Valério: o Banco Central detectou saques milionários em dinheiro associado a contas do empresário, acusado de ser o pagador do Mensalão". *Veja*, n. 1911, 29/06/2005.

SEM ASSINATURA. "Lula exime governo e cobra PT por erros: Presidente diz que partido é vítima de seu crescimento, critica direção anterior e insinua que caixa dois é prática sistemática no país". *Folha de S. Paulo*, Brasil, p. A6, 18/07/2005.

______. "De Paris, Lula comenta caixa dois: 'PT faz como todo partido'". *Jornal do Brasil*, País, p. 4, 18/07/2005.

______. "Lula falou com jornalista brasileira na França horas antes de entrevistas de Marcos Valério: Uso da expressão 'caixa dois' pelo presidente seria sinal de combinação dos discursos de petistas e de empresário". *O Globo*, O País, p. 8, 19/07/2005.

______. "Funkeira pede desculpas à polícia militar: Tati Quebra-Barraco, porém, diz que PMs roubaram seu rádio". *O Globo*, Rio, p. 23, 15/10/2006.

SILVEIRA, Roseane. "População acredita que Lula não sabia do 'Mensalão', conclui pesquisa". *Folha Online*, Poder, 12/07/2005. Disponível em: http://www1.folha.uol.com.br/folha/brasil/ult96u70450.shtml

SMITH, Lynn. "Michael Richards Apologizes for Racial Slurs at Comedy Club". *Los Angeles Times*, Local News, 21/11/2006.

SOUZA, Leonardo. "Direção do PT sabia do caixa dois, diz ex-secretário". *Folha de S. Paulo*, Brasil, 02/10/2005.

VITKINE, Benoît. "Le Web se saisit de l'affaire Zidane". *Le Monde.fr*, Sport, 11/07/2006.

WERNECK, Alexandre. "A desculpa esfarrapada original". *Jornal do Brasil*, Caderno Ideias. p. L2, 01/11/2008.

Documentos audiovisuais não jornalísticos e relacionados

DARDENNE, Jean-Pierre; DARDENNE, Luc. *A criança* (*L'enfant*). Filme (35mm), 100 min. Bélgica, Les Films du Fleuve, 2005.

EISENSCHITZ, Bernard. *Chaplin today: Monsieur Verdoux*. Filme (documentário, vídeo), 26 min. França, Association Chaplin/France 5/MK2TV, 2003.

SEINFELD, Jerry; DAVID, Larry. "Male unbonding" (roteiro). Episódio 4, Temporada 1, de: *Seinfeld* (série). Nova York, Exibido pela primeira vez em 14 de junho de 1990.

Manuais de desculpa analisados

The Book Of Excuses, Gyles Brandreth, Futura, 1970.

The Golden Book of Excuses, Father John Doe, The SMT Guild, 1977.

The Excuse Book, Marcia Jacobs, Price Stern Sloan, 1978.

Well... Excuse Me: A Good Book Full of Good Excuses, Dennis Roberts, Harvest House, 1979.

Excuses for All Occasions, Bernice A Lever e Gordon Fisher, Highway Book Shop, 1979.

One Hundred One Excuses for Not Having Sex, Patricia Westheimer, Westroots, 1979.

101 (un)believable Excuses for Breaking your Diet, Patricia Westheimer, Westroots, 1980.

Excuses, Excuses, or, How to Get Out of Doing Practically Everything, Robert A. Myers, Bell, 1981.

Smudgkin Elves: And Other Lame Excuses, Dotsey Welliver, Light and Life, 1982.
101 Unbelievable Excuses for Not Doing Homework, Patricia Westheimer e Judy Parenio, Westroots, 1982.
Not Tonight Darling: 1001 Valid Reasons and Excuses, Myed Urts, Pentangle, 1983.
The Best Excuse... and How to Make it, Donald Carroll, Coward, McCann, 1983.
Every Excuse in the Book, Marc Juris e Cindy Juris, Solson, 1986.
Le Petit Répertoire des Excuses, Caron e Charbonneau, Editions du Jour, 1986.
I'll Drink to That!: 366 Unusual Excuses for a Celebration, Russell Ash e Bernard Higton, Corgi, 1987.
Sebastian is Always Late: Sebastian Offers Some Imaginative Excuses for Being Late to School, Anne-Marie Chapouton, North South, 1987.
Doggone Excuses People Make for Smoking, Shigeru Yabu, Vantage Pr, 1988.
101 Excuses Not Doing Homework, Carly Little, Scholastic Australia, 1989.
World's Greatest Golf Excuses: All the Good Reasons for Playing so Bad in the 1990's, Hal Gevertz, Mark Oman e D. Goodwin, Golfaholics Anonymous, 1989.
100 Excuses for Kids, Mike Joyer e Zach Robert, Beyond Words, 1990.
The Greatest Sports Excuses, Alibis, and Explanations, Jeff Parietti, Contemporary, 1990.
Yes, Lord, I Have Sinned But I Have Several Excellent Excuses, James W. Moore, Dimensions for Living, 1991.
Book of Lame Excuses, Dan Piraro, Chronicle, 1991.
My Grandmother Died Again: And Other Almost Believable Excuses, Warren S. Blumenfeld, Peachtree, 1991.
Great All-Time Excuse Book, Maureen Kushner e Sanford Hoffman, Sterling, 1991.
The Emergency Excuses Kit, Gyles Brandreth e Judy Brown, Puffin, 1992.
The Almanac of Excuses, Rupert McPhail e Chutney McPhail, Seven Hills, 1992.
The Dog Ate My Car Keys: And Other Great Excuses Not to Go to Work, Sherrie Weaver, Great Quotations, 1995.
Creative Excuses for Every Occasion: Old Standards, Innovative Evasions and Blaming the Dog, Andrew Frothingham e Tripp Evans, St. Martins Pr., 1995.
The Ultimate Book of Excuses: Fresh, Exciting, Scintillating Excuses (Just Add Water), John W. Thompson e Damon M. Hunzeker, Fountainhead , 1995.
365 Excuses for Being Late to Work, Andy Sharpe, Adams Media, 1996.
Excuses, Excuses: How to Duck, Weave and Wriggle Out of Any Situation, Gray Jolliffe, Kyle Cathie, 1996.
You Won't Believe This But...: Responding to Student Complaints and Excuses, Gary Colwell, Detselig, 1996.

The Monster Guide to Excellent Excuses, Fran Pickering e John Pickering, Kingfisher, 1996.

The Goldfish Ate My Knickers: Best Book of Excuses Ever, Caroline Scruton e C. Plaisted, Bloomsbury, 1996.

A Complete Guide to Effective Excuses, Wayne Allred e David Mecham, Willow Tree, 1996.

The Contractor's Book of Excuses: 198 Reasons Why the Job Will Not Get Done, Karyn Zweifel, Crane Hill, 1996.

Exam Scams: Best Cheating Stories and Excuses from Around the World, John Croucher, Allen & Unwin, 1997.

The Wrong Kind of Shirts: Outrageous Football Excuses, Whinges and Verbal Own Goals, Mark Reynolds, Fourth Estate, 1997.

The Funniest Excuse Book Ever, Maureen Kushner e Sanford Hoffman, Sterling, 1998.

I Didn't Do It... And Other Excuses to Keep You Out of Hot Water, Sherrie Weaver, Great Quotations, 1998.

Chocoholic Reasonettes: Little Excuses to Eat Chocolate, Sherrie Weaver, Great Quotations, 1998.

Every Excuse in the Book, Craig Boldman e Pete Mathews, MJF, 1998.

1500 Excuses Imparables en Toutes Circonstances, Andrew Frothingham, Tripp Evans, e Fabrice Robine, Vents d'Ouest, 1998.

Mulligans 4 All: 101 Excuses, Alibis and Observations on the Game of Golf, Chuck Carlson, Addax, 1998.

104 Excuses for Work Avoidance, Matthew Court e Dave Brady, Mustard, 1999.

366 Excuses for a Sherlockian Party, Joel Senter, Carolyn Freeman e Rick Senter, Classic Specialties, 1999.

Slick Excuses for Stupid Screwups, Charles Goll, CCC, 1999.

Garfield's Big Book of Excellent Excuses, Jim Davis, Troll, 2000.

501 Excuses to Go Golfing, Justin J. Exner e Dawn M. Emerson, Greenleaf, 2000.

1, 001 Excuses!: How to Get Out Of... and Away With... Almost Anything, George Zgourides e Nancy L. Pickering, Loompanics, 2000.

The Hooky Book: More than 200 Excuses for Rolling in Late, Skipping Out Early and Scamming a Whole Day Off, Kerry Speckman, Apiary, 2000.

Speeding Excuses That Work: The Cleverest Copouts and Ticket Victories, Alex Carroll, Rich Lippman e Joe Azar, AceCo, 2001.

Excuses, Excuses: How to Spot Them, Deal with Them, and Stop Using Them, Sven Wahlroos, Backinprint.com, 2001.

The Little Book Of Crap Excuses, Michael Powell, Michael O'Mara, 2001.

It's Not My Fault Because...: The Kids' Book of Excuses, Matt Rissinger, Philip Yates e Jeff Sinclair, Sterling, 2002.

Pull the Other One: Amazing Real-Life Excuses from Around the World, Richard De'Ath, Robson Books, 2002.

1001 desculpas esfarrapadas: as melhores e mais eficazes maneiras de justificar o injustificável, Guca Domenico, Claridade, 2003.

Don't Just Say No: Give A Great Excuse! Effective And Believable Excuses For Any Situation, Phillips Davies, Knight & Davies, 2003.

Giant Book of Put-Downs, Insults & Excuses!, Joseph Rosenbloom e Maureen Kushner, Main Street, 2003.

"Your Legs Are Too Long": Getting Beyond Excuses for Erectile Dysfunction, Deborah Kathryn Hargis, Allbright, 2003.

Excuse Minute, l'Art d'Apaiser les Relations, Ken Blanchard, Michel Lafon, 2003.

501 Excuses for a Bad Golf Shot, Justin Exner, Sourcebooks Hysteria, 2004.

501 Excuses to Play Golf, Justin Exner, Sourcebooks Hysteria, 2004.

The Little Book of Excuses, Kaz Cooke, Penguin Global, 2004.

Excuses, Excuses, John Foster, Oxford University Press, 2004.

Yes But!!!: A Super Book of Excuses, Christine Green, Powerfresh, 2004.

Scooby-Doo's Little Book of Big Excuses, Howie Dewin, Scholastic, 2004.

1001 desculpas esfarrapadas de políticos, Guca Domenico, Claridade, 2005.

Fairly Odd Excuses, David Lewman, Simon Spotlight, 2005.

SpongeBob's Book of Excuses (Spongebob Squarepants), Holly Kowitt, Simon Spotlight, 2005.

101 Shooting Excuses, Bryn Parry, Swan Hill, 2005.

Shite Excuses, Moira La Chame, Crombie Jardine, 2005.

Overeating? 500 Excuses and 500 Solutions, Tonna Brock, Skinned Knees, 2005.

The Dog Ate My Scriptures: Excuses, Agency, and Responsibility, John Hilton III, Deseret, 2005.

The Little Giant Encyclopedia of Outrageous Excuses, David MacFarlane, Sterling/Chapelle, 2006.

Excuses, Excuses! 100 Reasons Why Your Horse Lost the Race!, James A. Vena, Outskirts, 2006.

The Official Procrastinator's Handbook: A Collection of Excuses for the Procastinator in your Life!!, Leslie Fehr, AuthorHouse, 2006.

Forty Excuses to Get Together with the Girls, Nanci Tangeman, BookSurge, 2006.

501 Excuses to be Late for Work, Justin Exner, Sourcebooks Hysteria, 2006.

Best Get Out of Work Excuses, John Tardy, Lulu.com, 2006.

My Bad: 25 Years of Public Apologies and the Appalling Behavior That Inspired Them, Paul Slansky e Arleen Sorkin, Bloomsbury, 2006.

Toutes Les Excuses Pour ne pas Aller Bosser, Sophie Egly, Emmanuel Lehmann e Gabs, Marabout, 2006.

The Complete Excuses Handbook: The Definitive Guide to Avoiding the Blame and Shirking Responsibility for all Your Own Miserable Failings and Sloppy Mistakes, Lou Harry e Julia Spalding, Cider Mill, 2007.

The Little Book of Big Excuses: More Strategies and Techniques for Faking it, Addie Johnson, Conari Press, 2007.

You Can Do It! But Why Bother?: 101 Excuses for Bad Behavior & Stalling Personal Growth, Jeff St John, iUniverse, 2007.

Excuses!: Survive and Succeed with David Mortimore Baxter, Karen Taylor, Stone Arch, 2007.

Why???: A Practical Guide of Excuses for the Married Man Or About to Be!!!, Bill Howell e William F. Howell, Trafford, 2007.

Excuses and Lies for All Occasions, sem assinatura, Knock Knock, 2008.

Everyday Cat Excuses: Why I Can't Do What You Want, Molly Brandenburg, Sterling, 2008.

His 90 Lame Excuses To Escape Commitment: Know What He Really Means..., Pooja Jhaveri, AuthorHouse, 2008.

Coach, I didn't Run Because...: Excuses not to Run, Coach Dean, AuthorHouse, 2008.

The Dog Ate My Homework: And 1, 001 Even Better Excuses to Get Out of School, Avoid the Dentist, and for Every Other Sticky Situation, The Ad Lib Group Handprint, 2008.

Ladies Night· 75 Excuses to Party with Your Girlfriends, Penny Warner, Polka Dot, 2008

Excuses 2010 Day-to-day Calendar: Strategies and Techniques to Fake it Through the Entire Year, Addie Johnson, Universe, 2009.

Notas

NO PRINCÍPIO...

1. Salvo quando indicado, as citações bíblicas deste livro vêm da *Bible de Jerusalém* (1973).
2. O nome foi dado por Santo Agostinho para dar conta do "pecado que ingressou no mundo pela falta de Adão (pecado originante) e pelo qual todo homem é afetado desde seu nascimento (pecado originado)", conforme apresentado na *Patrologia Latina* (*apud* Sentis, 1998, p. 1.055). Sua inspiração está em São Paulo, que, em sua Epístola aos Romanos (5, 12-13), diz que "como por um homem entrou o pecado no mundo, e pelo pecado a morte, assim também a morte passou a todos os homens e por isso que todos pecaram". Esse caráter original sugerido no mito é interessante para nossa metáfora: dá conta justamente do caráter seminal de um dispositivo gerado para responder a uma acusação igualmente seminal.
3. André Chouraqui, um dos mais importantes tradutores da Bíblia, corrobora essa impressão (Chouraqui, 1995, p. 56): "Todo o drama da queda é narrado em termos fortemente humanos e não desprovidos de humor ferino: Hava se abriga atrás da serpente, enquanto Adâm imagina fugir a sua responsabilidade abrigando-se atrás de sua mulher e tentando culpar ao próprio Elohîms, que lhe pôs sobre os braços uma auxiliar realmente 'contra ele'."
4. "Conhecer", aliás, é uma palavra digna de nota em termos sociológicos: é notória a expressão "em sentido bíblico" que se coloca ao lado dessa palavra para falar do ato sexual. Ao mesmo tempo, como sublinha Chouraqui (1995, p. 66), o trecho original fala de uma "penetração no bem e no mal", ou seja, uma ação, uma experiência prática e física. O autor original usa o termo *iada*, verbo que significa ao mesmo tempo "penetrar" e "conhecer". Conhecer o bem e o mal, então, é entrar nele, ingressar em um ambiente distinto daquele em que antes se estava.

O INVENTO DE ADÃO

1. Para apresentações sintéticas e discutidas dos vários modelos incluídos sob esse guarda-chuva, que açambarca coisas tão distintas quanto uma abordagem funcionalista — que considera o desvio uma anormalidade moral em relação a uma sociedade normal — ou uma abordagem da rotulação — que analisa as formas de construção social da adjetivação de atores como desviantes por meio de outros atores —, ver os ótimos trabalhos de Ogien (1999) e Best (2003).
2. Um marco dessa abordagem surge no trabalho do alemão radicado nos Estados Unidos Lewis Coser, que publicaria em 1956 seu clássico *The Functions of Social Conflict*. Ex-seguidor de Talcott Parsons, que se tornaria seu crítico, Coser é em grande parte influenciado por Simmel, apontando o papel do conflito na própria consolidação dos laços sociais. Para uma apresentação bastante didática de sua abordagem — e de toda a chamada teoria do conflito —, ver Joas e Knöbl (2009), pp. 174-198.
3. Obviamente — e como mostram não apenas as pesquisas aqui reunidas, mas também toda a bibliografia a respeito das desculpas —, quaisquer formas de expressão (verbais e não verbais) servem como desculpas. Por exemplo, Afonso (e, em separado, sua esposa, Paula) descreve(m) como ele sempre coloca as mãos nas costas para mostrar que sua coluna serve como desculpa diante da cobrança da mulher de que ele participe mais das tarefas domésticas.
4. Vários autores articulam essa partição. Comte (1990 [1844]), por exemplo, fala de "seres metafísicos" a habitar uma dimensão abstrata da vida social, opostos aos seres reais. E mesmo o conceito de "tipo ideal" de Weber é investido dessa divisão, embora ela só opere em um plano analítico. Hannah Arendt (2003) sofistica essa operação de uma maneira bastante interessante, modernizando-a como operação intelectiva: "os invisíveis" são seres criados pela atitude de pensamento, e que se digladiam com o mundo como ele está acomodado. Essas entidades protagonizam uma tensão poderosa: o pensamento é, para ela, por definição, a ação de pôr em questão as verdades solidificadas do mundo, e ele não se faz sem essa operação de sair do mundo, por meio dos invisíveis. Ao mesmo tempo, entretanto, essas verdades sólidas estão em uma instância outra, abstrata, ela mesma invisível e apenas alcançável pela operação de abstração do pensamento.
5. Como mostra Kelly (2008), em sua excelente apresentação desse personagem, satanás é menos um substantivo próprio do que um substantivo comum ou mesmo um adjetivo. Ser "um satanás", na Bíblia, significava simplesmente ser um oponente, posição em que eventualmente o demônio é colocado. O autor lembra como essa figura é enigmática, e mostra como ele não teve sempre a imagem que hoje tem: apenas no século II, com Justino, o Mártir, um dos primeiros grandes doutores

da Igreja, deu-se a ele uma dimensão emblemática, associando o réptil do Éden a Satã. Essa associação não é apenas uma ampliação do sentido do personagem nem uma pura e absoluta vilanização.

6. O seriado *Seinfeld* foi criado pelos humoristas americanos Jerry Seinfeld e Larry David em 1990. Comediante do gênero *stand-up* (no qual o artista se apresenta de pé, falando sobre seu estranhamento diante das idiossincrasias do mundo), Seinfeld criou com o colega um programa que acompanha o cotidiano de um humorista do gênero, mostrando como a vida pode ser idiossincrática — sempre com uma apresentação dele na abertura e outra no final —, e a influência de sua vida em seu humor. Em torno de Jerry, convivem três personagens: o fracassado e neurastênico George, a poderosa e decidida ex-namorada de Jerry, Elaine, e o histriônico e grotesco Kramer, vizinho de porta do protagonista. Trata-se de um grupo peculiarmente egoísta de amigos. Com esse enredo e com uma maneira irônica de apresentar conversas banais (que o levou a ser identificado como "a comédia sobre o nada") e, em especial, dicotomias morais, o programa se tornou a mais celebrada emissão de TV humorística da história, chegando a nove temporadas e ficando no ar até 1999. O episódio aqui analisado, intitulado "Male Unbonding" ("Rompimento entre homens"), foi o primeiro a ser filmado depois do piloto, e o terceiro a ser exibido, de uma primeira temporada formada por quatro episódios.
7. Sétimo longa-metragem de Chaplin, *Monsieur Verdoux* foi o primeiro e maior fracasso comercial do diretor nos Estados Unidos. Reflexo da conturbada relação que o artista britânico vivia com o país que não mais o acolhia tão bem quanto no passado, o filme chegava em um momento em que ele era vigiado pela Comissão de Investigação de Atividades Antiamericanas, para a qual ele era comunista. Considerado uma agressão à política externa do país e a sua sociedade desde o roteiro, o filme foi perseguido pela imprensa já na estreia. Apesar disso, Chaplin teve seu roteiro indicado ao Oscar de 1948.
8. O general Charles De Gaulle seria chefe das forças francesas durante a Segunda Guerra e uma das imagens mais divulgadas internacionalmente da França. Assim, ainda que a cena se passe no final da década de 1930, o fato de o filme ser de 1947 justifica o uso da imagem do militar como símbolo da força marcial francesa.
9. Para uma análise de como Lacan se debruça sobre esse caso, ver Martinelli Costa (2004).
10. Todo o discurso crítico de Verdoux representava um posicionamento pessoal do próprio Chaplin, expressado desde seu filme anterior, *O grande ditador*, de 1940. Radicalmente pacifista, o diretor não admitia a maneira como as nações vinham procedendo na Segunda Guerra e logo depois dela. Ao usar um criminoso homicida, que mata em grande quantidade, ele dizia querer relativizar outro

grande homicida em grande quantidade como criminoso, o Estado. Nas notas de produção de *Monsieur Verdoux*, Chaplin escreveria um pensamento que não poderíamos não chamar de *compreensivo*: "É mais importante entender um crime do que condená-lo" (Eisenschitz, 2003).

11. Em seu trabalho sobre a experiência em campos de concentração vivenciada pelos judeus na Segunda Guerra Mundial, Michael Pollak (1990) mostra como, em situações extremas, a moralidade universal dá lugar a arranjos peculiares para garantir a sobrevivência diante do inimigo: "A profundidade da catástrofe engendrou uma crise de consciência que dá saltos periodicamente, colocando em jogo a covardia, o oportunismo e a cumplicidade que puderam nascer naquela época e que foram condutas mais generalizadas do que a resistência e a oposição declarada." Esse tipo de situação extrema aponta para uma desculpa importante: ao adotar alternativas de sobrevivência em uma condição na qual a maioria das pessoas está morrendo, o argumento de que "não se era forte o suficiente como os que morreram" surge como um *account* emocional. "As sequelas mais duradouras de um sistema repressivo como aquele provêm de seu poder de fazer todo um exército de auxiliares e, por vezes, das próprias vítimas, aquilo que eles recusariam em 'circunstâncias normais'" (p. 8).
12. Para uma digressão sobre a possibilidade de uma descrição da ordem social brasileira a partir do exemplo de João Grilo em *Auto da Compadecida*, ver Werneck (2009a), pp. 123-134.
13. Entre os quais o mais representativo é o filósofo americano John R. Searle, que se propôs a desenvolver a ideia de performativo e outras como a de "ato ilocutório" por meio de uma teoria dos "atos de fala". Sua obra mais digna de nota nesse sentido é o seminal *Speech Acts*, de 1969.
14. Estranhamente, no entanto, os autores dão como exemplo de desculpa o caso do soldado que mata em combate, "cumprindo ordens". Ora, esse é um dos exemplos mais modelares de justificação/justificativa que podem ser dados, inclusive do ponto de vista da própria definição deles, "*accounts* em que alguém aceita a responsabilidade pelo ato em questão, mas renega a qualificação pejorativa associada a tal ato". O caso do soldado que mata em combate é o exemplo paradigmático do monopólio *legítimo* da violência do Estado. E é justamente o plano da *legitimidade* que distingue os dois *accounts*: a justificação afirma a legitimidade do ato questionado.
15. Essa formulação permite distinguir duas categorias de abordagem para as ações: uma que poderíamos chamar de "moral" (com aspas, porque, do ponto de vista desse livro, todas as ações são morais, ou seja, orientadas na direção do bem, de *um* bem *de alguém*) e outra que poderíamos chamar de "moralista". A diferença está na referência utilizada como elemento de legitimidade: enquanto as ações

"morais" são efetivadas pela associação de um motivo com um quadro de referência (ou seja, ação moral = ação competente = ação que convém = ação efetiva), as "moralistas" são operadas pela reificação de uma moral eleita que, uma vez escolhida, se afirma como única e indiscutível; portanto, trata-se da adoção de uma metalinguagem como referência: seu quadro de referência é a observância estrita à moral reificada, seu valor maior é a valorização do valor escolhido como maior.

16. Para as versões mais sofisticadas e aprofundadas dessa discussão, ver o tratamento clássico de Anscombe (2000) para a questão das intenções e seu desenrolar em Davidson (2001); no plano específico da sociologia, ver a discussão de Archer (2001; 2003) sobre a agência e a "conversação interna".
17. Naturalmente, em ambos os planos, há manifestações das duas dimensões. Estamos falando, então, de um privilégio cognitivo de cada uma delas em cada um deles.
18. Alguns analistas têm traduzido a expressão como "teoria fundamentada", o que de fato é uma boa tradução. Mas, mesmo assim, preferi manter o termo no original, por dois motivos: 1) pela consagração de seu uso e 2) para manter a riqueza multissêmica do termo "*ground*", que contém um caráter físico importante. Por ser uma teoria produzida "no campo", a palavra "*ground*", que pode significar "chão", sugere um duplo sentido digno de nota: é "*grounded*" porque é "sustentada", mas também porque, digamos, tem os pés no chão e vem do contato com a experiência efetiva.
19. Herzfeld, por exemplo, faz um belo apanhado do uso das desculpas na Grécia, em uma cidadezinha de Creta (1991) e, depois, de toda a região do Mediterrâneo (2006). Antes mesmo, ele próprio (1982) já havia discutido a etimologia do termo (em inglês), e feito uma comparação entre vários sentidos nacionais. Ao mesmo tempo, Tavuchis (1991), ao falar sobre pedidos de desculpa (*apologies*), mostra como, por exemplo, no Japão, um boa conciliação por demonstração de arrependimento oscila entre o perdão (*forgiveness*) contrito e a apresentação de bons motivos (*excuses*).
20. Para o detalhamento e a discussão teórica aprofundada da metodologia de pesquisa, ver Werneck (2009a, pp. 70-85).

DE UMA SOCIOLOGIA PRAGMATISTA DA CRÍTICA A UMA SOCIOLOGIA PRAGMATISTA DA MORAL

1. Impactante, apesar de, no final das contas, não tão fértil do ponto de vista da construção de uma corrente associada a agendas de pesquisa. Do ponto de vista prático, e muito provavelmente por conta de sua radicalidade, a produção atual de

caráter formalmente etnometodológica não é tão alta quanto de outras correntes. Para mais a esse respeito, ver: Heritage (2011).

2. Em minha opinião, essa opção não foi escolhida sem gerar problemas. A escolha como espelhamento da um tipo da justificação de um quadro como o de Sykes e Matza, destinado a uma descrição criminológica da delinquência, deixa cair por terra em sua análise uma grande medida de sua perspectiva compreensiva originária (em Weber, Wright Mills e Austin). De fato, a estratégia de Scott e Lyman os leva a se perder no meio do caminho — por exemplo, ao afirmar que "as justificações reconhecem um sentido geral em que o ato em questão não é permitido, mas alegam que uma ocasião em particular permite ou mesmo exige o tal ato" (2008 [1968], p. 147), tratam a mesma com uma definição própria da que dão para desculpa. Mas o texto permanece seminal em seus acertos e merece figurar entre os clássicos da sociologia qualitativa.
3. O apelido foi dado pelo próprio Boltanski e, pelo que dizem alguns, era mais ou menos consagrado entre os jovens seguidores do sociólogo nos anos 1970. Segundo ele (2008, p. 179), "o termo dá conta bastante bem, em minha opinião, do tipo de relação que havíamos estabelecido e que misturava, de minha parte, respeito e proximidade, e, acredito, da parte dele, autoridade e afeto. Nossa diferença de idade o autorizava a me tratar por *vous* (...), mas essa distância, voluntariamente mantida de parte a parte, não comprometia o tipo de cumplicidade que se instaura obrigatoriamente entre as pessoas que trabalham cotidianamente juntas".
4. Não apenas isso, Luc Boltanski é reconhecido como o principal parceiro do "patrão" na criação da revista *Actes de La Recherche en Sciences Sociales*, em 1975. De fato, conforme memórias daquele momento, inclusive do próprio Boltanski (2008), o jovem figurava como mentor intelectual da publicação, que encontraria em Bourdieu o apoio para o que ele chamava de "um fanzine sociológico", a ser criado nos moldes de uma revista sobre o universo dos quadrinhos batizada com o nome dos Smurfs. Era desejo daquela nova geração, encabeçada por Boltanski, uma revista que publicasse seus próprios textos, sem as pressões do processo de avaliação por pares e da "patrulha epistemológica" segundo ele em voga na época, projeto que encontrava no orientador, então na casa dos quarenta anos, o lugar de patrono.
5. Como se veria posteriormente especificamente na obra de Luc Boltanski, a intenção não era anular a possibilidade de uso crítico da sociologia, o que o faria produzir um movimento gradativo de reaproximação em relação ao pensamento de Bourdieu — sem nunca retornar a ele como modelo, obviamente. Embora esse movimento já tenha ficado estabelecido em *O novo espírito do capitalismo*, lançado originalmente em 1999 e escrito em parceria com a economista Éve Chiapello, essa tendência ganharia as cores de manifesto analítico em *De la critique: Précis*

de sociologie de l'émancipation, de 2009, no qual ele se propõe a construir uma sociologia crítica do interior de uma sociologia pragmatista da crítica.

6. Tenho preferido falar em português de forma diferencial de *sociologias pragmáticas* e *sociologias pragmatistas*, ambas no plural. A primeira forma se refere ao pragmatismo social de George Herbert Mead e a seus desenrolares propriamente sociológicos, como na Escola de Chicago; a segunda forma se refere à série de modelos contemporâneos cujo ponto de partida é o situacionismo metodológico, o consequencialismo e o contextualismo analíticos e a gramaticalidade das situações sociais, como a teoria dos atores-rede de Latour e Michel Callon, a nova sociologia dos públicos de Isaac Joseph e, claro, em especial, a sociologia pragmatista da crítica de Boltanski e Thévenot.
7. O conceito de *actante* ocupou um espaço privilegiado no modelo semiótico do linguista lituano Algirdas Greimas, em seu quadro conceitual dedicado a analisar narrativas, a narratologia. Segundo o próprio, o actante é aquele ou aquilo que pratica um ato. Trata-se de um ente dotado de capacidade determinadora de suas ações, influenciando as ações de outros. E esse ente pode ser de qualquer natureza, uma pessoa, um animal, um objeto, um conceito, uma ideia. Latour se utiliza da ideia de Greimas no modelo dos atores-rede, a fim de construir logicamente a ideia de *simetrização*, ou seja, a inclusão de todos os entes contidos em uma situação em um mesmo plano analítico, não os diferenciando em termos de agência (o que lhe permitiu analisar os seres humanos e os não humanos em laboratório em um mesmo quadro).
8. Essa abordagem obviamente está em tensão não apenas com a sociologia crítica de Bourdieu e de toda a linhagem sistêmica que, de Parsons, chega até ele, mas também com todas as outras nas quais o conflito é um elemento essencializado das relações sociais, demarcando a diferença, que aqui é lida como *comparação justificada entre grandezas*, nesses outros modelos como *desigualdade*, modelos que já citei anteriormente ao falar da importância do conflito social. Ao mesmo tempo, ele dialoga de forma tensa com outros quadros ligados à própria questão da ordem, como ordem moral (a começar, obviamente, pelo funcionalismo de Durkheim). E mesmo com modelos que se propõem a também passar ao largo da dicotomia agência-estrutura — como o próprio modelo bourdieusiano e a teoria da estruturação de Anthony Giddens. E com toda uma abordagem crítica de linhagem frankfurtiana, em especial a de Jürgen Habermas e sua teoria do agir comunicativo, e de seu desenvolvimento no trabalho sociológico de Axel Honneth com sua teoria do reconhecimento. Por motivos estritamente práticos (e didáticos), já que extrapolariam os limites deste livro, no entanto, não investirei aqui nessas tensões específicas, o que demandaria praticamente um outro volume inteiro. Alguns autores, entretanto, têm investido nessa operação de comparação.

Para aquela com Bourdieu, por exemplo, ver Boltanski (2009) e Vandenberghe (2010). Para a com Habermas/Honneth, ver, em especial, o próprio Honneth (2010) e comentários como o de Sobottka e Saavedra (2012). Para uma situação desse modelo em meio à linhagem da questão do conflito, ver Werneck (2012).

9. Embora essa ligação com a etnometodologia tenha sido estabelecida desde 1990, com citações bibliográficas em *L'amour et la justice comme comepétences*, de Boltanski, e, ainda mais claramente, em "L'action qui convient", de Thévenot, apenas em 2008 é que essa influência seria assumida como determinante por Boltanski, em uma série de conferências proferidas no Institut für Sozialforschung de Frankfrurt, ao lado de Axel Honeth. Essas conferências dariam origem ao livro *De la critique: Précis de sociologie de l'émancipation* (2009). Nesse meio-tempo, alguns pragmatistas dedicaram atenção especial ao autor americano, em especial Louis Quéré, que promoveu inclusive um notório seminário de epistemologia no Centre d'Études des Mouvements Sociaux da EHESS, em que discute sobretudo a obra de Harold Garfinkel, chegando a organizar, individual e/ou coletivamente, alguns livros de discussões de sua obra, tendo sido um dos tradutores de *Studies in Ethnomethodology* para o francês.

10. A escolha desse termo francês, cuja tradução não é cognata como parece, referindo-se a uma unidade política da antiguidade (muito diferente de *ville*, cidade), direciona o modelo para um campo metafórico geográfico. Se isso contribui para aproximá-lo de sua herança aristotélica — e mesmo da de Bourdieu, que, afinal, centra sua concepção sociológica do conceito de *campo* —, ele ao mesmo tempo serve como metáfora capciosa: o *geografismo* induz a pensar essas "cidadelas" como um conjunto de espaços fronteiriçamente delimitados, nos quais se entra e dos quais se sai, e que deveriam ser pensadas como espaços estabelecidos, nos quais se fica. Isso pode induzir à ideia de que determinadas dimensões da vida social e mesmo que alguns de seus espaços de fato representem ou corporifiquem *cités* — por exemplo, a ideia de que uma casa *seja* uma *cité* doméstica ou uma fábrica *seja* uma industrial. Obviamente, há uma expectativa forte de que as situações passadas em uma casa de família sejam tipicamente domésticas, mas isso não passa de uma representação que só pode adquirir sentido se for testada em uma situação pragmática. Para todos os efeitos práticos, na verdade, estando em uma casa, qualquer um de nós poderá, em um curto intervalo de tempo, passear por várias *cités* sem sequer sair do lugar. Imaginemos, por exemplo, um pai que, sentado em sua velha poltrona, comunica ao filho infante que este ano não dará a ele um presente de Natal, pois ele tirou uma nota ruim em uma prova, situando-se em uma *cité* industrial. O filho poderá protestar, invocando a *cité* doméstica que esperava das ações de um pai. E o pai poderá invocar ainda, por exemplo, uma cité cívica, dizendo que todos precisam ser tratados de maneira igual e que a educação

representa o bem de todos. Em minha opinião, uma metáfora mais adequada seria a tradicional imagem da caixa de ferramentas, ou seja, de algo que traduza um caráter de dispositivo que se possa mobilizar conforme a necessidade da situação e ainda um caráter de portabilidade (totalmente distinta da metáfora geográfica, portanto), ou talvez a imagem de um colete de pescador, que pode carregar vários apetrechos úteis. Nele, essas metafísicas morais estão livremente disponíveis para os atores sociais para uso a qualquer momento, como se pudessem ser levadas nos bolsos e sacadas quando preciso. Nem todos são capazes de demonstrar plena competência em todas essas gramáticas, mas a aposta do modelo é que todos (os homens modernos) possuem capacidade de compreendê-las diferencialmente e de lidar com elas (mesmo que seja para denunciar o uso inadequado de uma delas diante de atores não muito treinados para com elas lidar). Naturalmente, pesquisadores brasileiros serão imediatamente deslocados para o par *casa/rua* proposto por Roberto DaMatta (1985), também uma metáfora geográfica que se reduz a uma dicotomia conceitual. Mas o investimento avançado nessa comparação extrapola os limites deste livro.

11. É interessante e curioso notar que em *Les économies de la grandeur*, o livro de 1987, a ideia de "mundo" era apresentada como "natureza", com o rebate sobre o concreto articulado na forma de uma capacidade de reconhecer a "natureza das situações", ou seja, seu caráter enraizado, definindo um "senso do natural" como capacidade dos atores. Em vez de falar em "mundos comuns", então, Boltanski e Thévenot falavam em "naturezas", a definir diferentes corpos de substâncias do acordo.
12. Essa é notoriamente uma questão central para a filosofia, em especial a partir do estruturalismo. É mais do que consagrada, por exemplo, a descrição de Michel Foucault em *As palavras e as coisas* (1995) — que, ao citar o texto "O idioma analítico de John Wilkins", do escritor argentino Jorge Luis Borges, mostra como na linguagem tudo por ser criado e soar lógico. Ou toda a filosofia de Ludwig Wittgenstein, que se centra nos jogos de linguagem como tema central da construção do mundo. Aquilo para o que quero chamar atenção aqui, por outro lado, é a dimensão nativa dessa questão, ou seja, a percepção dos atores sociais do poder da linguagem e, justamente por conta dela, de sua desvalorização moral em relação a outras formas de ação social.
13. A expressão "desculpa esfarrapada" é um regionalismo brasileiro, embora haja registro de seu uso em dicionários portugueses. O termo "esfarrapado" se refere, nesse sentido, a algo mal-ajambrado e pode se referir a qualquer coisa, de um sanduíche a uma desculpa. "Esfarrapado" vem, claro, de "farrapo", originado para o português do espanhol "*harapo*", que depois se transformou em "*farapo*", ambos com o sentido de "trapo, andrajo" (primeiro registro de uso em 1300),

vindo do antigo verbo espanhol "*farpar*" ou "*harpar*", "cortar em tiras, estragar uma roupa, pôr tiras ou rebarbas em pendão, setas, anzol etc." Outras línguas têm construções semelhantes. Em inglês, a expressão é *lame excuse* (algo como "desculpa coxa" ou "desculpa capenga") ou, nos Estados Unidos, em alguns casos, *lousy excuse* (literalmente, "desculpa preguiçosa"); em francês, há construções como *fausse excuse* ("desculpa falsa") ou a gíria *bidon* (algo como "enrolação"). No alemão, o termo é *faule Ausrede* (que tem o mesmo sentido da *lousy excuse*).

14. Convém diferenciar duas situações de pedido de desculpa: uma na qual são usadas palavras-chave consagradas e cujo horizonte simbólico não provém diretamente da relação específica entre as pessoas. É o que ocorre quando pisamos no pé de um desconhecido — ou mesmo de um conhecido — e simplesmente dizemos: "Desculpe-me" ou mesmo: "Perdão". Ali, o compromisso parece estar simplesmente em um ideal de paz, na anulação de um possível conflito em uma relação não familiar. O outro caso, aquele de fato de interesse para um estudo de desculpas dadas, é aquele em que, no meio da contrição, teremos que utilizar argumentos mais longos, exigidos tanto pelo tipo de ação quanto pela relação específica. É o que acontece quando o amigo chega atrasado, quando um marido fala mais alto com a esposa ou quando um problema de responsabilidade é estabelecido e quando, no meio de um pedido de desculpas, se mobiliza uma "explicação" que ajude a tirar o peso do que se admite ter feito.
15. Austin prefere o termo "constativo" ao termo "descrição". Como este não é um estudo de linguística, uso "descrever" aqui para me referir à reprodução de um pensamento.
16. Scott e Lyman (1970, p. 112): "As pessoas não requisitam um *account* quando estão ligadas à rotina, a um comportamento de senso comum em determinado meio cultural que o reconhece como tal. Assim, na sociedade americana, normalmente não se pergunta por que pessoas casadas mantêm um relacionamento sexual ou por que elas sustentam casa e filhos, embora a última pergunta possa muito bem ser feita se tal comportamento ocorre entre os naires do Malabar. Essas perguntas não são feitas porque as respostas são determinadas de antemão em nossa cultura e são indicadas pela própria linguagem. Aprendemos que o significado de 'casal' é: duas pessoas de sexos opostos que têm o direito legítimo de manter relações sexuais e criar seus filhos em um ambiente doméstico. Quando tais fenômenos tidos como óbvios são questionados, o inquiridor (se for um membro do mesmo grupo cultural) é visto como 'apenas um gozador' ou talvez uma pessoa 'doente'."
17. Como ele próprio costuma dizer, não foi Becker quem inventou a ideia de "rotulação". O que ele fez foi promover uma sistematização peculiar a partir dos conceitos de "*outsider*" e de "empreendimento moral". Muito antes dele, no entanto, Frank Tannenbaum, em 1938, em seu clássico *Crime and the Community*, já havia lan-

çado, sob influência de George Herbert Mead e Charles Horton Coaley, as bases da "*labeling theory*", no que seria seguido por vários desenvolvimentos de vários autores, como Edwin Lemert, Becker e Erving Goffman.

18. Scott e Lyman (1968; 1970) tratam essa forma como um dos "estilos linguísticos" dos *accounts*, indicando-o como "íntimo", e dão um exemplo: "Um homem casado, deitado ao lado de sua mulher, a acaricia sem receber em troca uma resposta afetuosa. Ela emite uma única palavra, 'quebrada'. Por esse termo, o marido entende que o *account* dado em resposta à pergunta não verbalizada: 'Por que você não faz amor comigo? Afinal de contas, sou seu marido e você tem obrigações maritais!', é: 'Entendo que em circunstâncias normais eu deveria responder — e de fato responderia — ao seu desejo de fazer amor, mas esta noite estou cansada demais para esse tipo de atividade. Não pense que isso significa que perdi afeição por você ou que negligencio minhas obrigações maritais.'" Kaufmann (2007) apresenta vários casos em que o *agacement* (incômodo) entre casais assume a forma de uma gramática não verbal. Em minha pesquisa, vários exemplos dessa noção surgiram, como no do não uso do apelido que gerou conflito entre Sérgio e Berenice.
19. Salvo por essa elaboração da noção de mal-estar e da ênfase situacionista, esse esquema não difere muito de outras apresentações do procedimento de desculpa, como o de Austin e o de Scott e Lyman e os de Herzfeld (1982), Benoit (1995), McDowell (2000), Miller (2002) ou mesmo Boltanski (2004). Mas todos esses modelos insistem em centrar a observação na dimensão retórica desse ato, em sua forma como estratégia discursiva.
20. Há uma vasta literatura em psicologia social a respeito da ideia de "*moral disengagement*", sobretudo a partir do trabalho de Bandura (1990), mas não discutirei este tema aqui, justamente por considerar que as ações que estou descrevendo demonstram engajamento e não o contrário.
21. Pode haver certa dificuldade em se diferenciar desculpa de justificação, sobretudo quando entra em jogo uma retórica da necessidade. Dois exemplos de explicação para atrasos são bons para ajudar a esclarecer esses limites: no caso de um atraso de trem que provoca o atraso do passageiro, essa motivação é apresentada como algo totalmente fora de seu controle, configurando uma motivação superior comum, algo que efetivamente é partilhado por ambos os envolvidos. Já no caso de uma ida ao banco, o atraso foi motivado por uma decisão tomada pelo actante, que acabaria se atrasando, o que caracteriza sua responsabilidade. Em certo sentido, entretanto, toda desculpa objetiva ser recebida como justificação, ou seja, tem a pretensão de ser plenamente entendida como justa (e é por isso que se desloca a decisão para o plano da necessidade – "Tive que ir"). Afinal, os actantes não produzem "justificações" ou "desculpas", eles produzem falas nas situações, ou

seja, eles não pensam necessariamente de antemão na categoria. Isso define um duplo estatuto para a desculpa dada, ao mesmo tempo como forma de engajamento moral e como "retórica de defensividade" (McEvoy, 1995).

CACHORRINHOS, IMPRESSORAS E JABUTIS (MANUAIS DE DESCULPA)

1. Uma versão bastante preliminar deste capítulo foi publicada na forma de artigo (Werneck, 2009b), pouco antes da defesa de minha tese. Agradeço aos pareceristas que, com suas avaliações anônimas, contribuíram enormemente para o desenvolvimento da interpretação dos manuais de desculpa. Igualmente, agradeço aos integrantes de minha banca, em especial aos professores Daniel Cefaï e Paulo Vaz, cujos comentários específicos a respeito deste capítulo contribuíram sobremaneira para a forma final que ele adquire aqui.
2. Optei por usar os títulos no original (a fim de fornecer uma informação direta sobre a origem) e traduzir subtítulos, trechos e outros elementos informativos que esclareçam temas analisados.
3. A listagem completa das publicações analisadas se encontra no final das referências bibliográficas do livro, em forma de tabela, ordenada por ano de lançamento.
4. Desde que concluí a pesquisa, muitos manuais novos chegaram ao mercado, ampliando ainda mais a galeria de guias de desculpa e consolidando o gênero mais ainda. Bons exemplos são o *The Complete Excuses Handbook: The Women's Edition*, versão feminina do *handbook* feita pelos mesmos autores; *Excuses and Lies for All Occasions*, integrante de uma série de tiradas para "todas as ocasiões"; ou *My Bad: The Ultimate Guide to Apologies, Confessions, and Excuses*, que está no prelo para lançamento em 2013.
5. Na verdade, esse segundo texto é uma adaptação para a realidade francesa de um outro, lançado nos Estados Unidos, em 1995, mas de edição já esgotada.
6. De fato, a este livro se somariam outros três com o mesmo espírito: *Scooby-Doo's Little Book of Big Excuses* (Dewin, 2004), com dicas do cão dinamarquês medroso que acompanha jovens investigadores de casos sobrenaturais em um desenho animado da Hanna-Barbera; *Sponge Bob's Book of Excuses* (Kowitt, 2005), com as desculpas de Bob Esponja, o personagem *nonsense* e quase surrealista que habita o fundo do mar; e *Fairly Odd Excuses* (Lewman, 2005), que tem como mestres de cerimônia os personagens do desenho que no Brasil recebe o nome de *Os padrinhos mágicos*. Estes dois últimos livros são da mesma editora, Simon Spotlight.
7. O *corpus* formado na pesquisa, assim, foi composto por um produto literário escrito em três línguas e em quatro contextos culturais diferentes. A galeria demonstra que, no mercado americano, a publicação desse tipo de livro constitui

um gênero. Ao final de minha contagem, pude observar 87 livros americanos, com um grande número de editoras diferentes produzindo esses títulos, 78, configurando um mercado relativamente competitivo. Na França e no Brasil, esse mercado é consistentemente menor, com quatro títulos na primeira e três no segundo. Explicar essa diferença quantitativa seria uma empreitada por demais intrincada e de pouco interesse efetivo para os fins deste livro. O fato é que foi fácil simetrizar os conteúdos desses livros a despeito dos possíveis *bias* culturais contidos em suas diferenças.

8. Para uma ótima (e didática) descrição da relação entre o conceito de ritual de Goffman e a descrição de Durkheim do totemismo em *As formas elementares da vida religiosa*, ver Joseph (2000).
9. Evidentemente, há formas ritualizadas de cada uma dessas interações. Por exemplo, o sacramento da confissão é baseado em uma forma totalmente ritual de pedir perdão. Mas a questão apontada aqui diz respeito a essas práticas como ações livremente mobilizadas no cotidiano.
10. É curioso que se fale, aliás, metaforicamente, em "ritual de acasalamento" para se referir a essa prática de conquista de um parceiro, aludindo à maneira como procedem os animais. Trata-se indubitavelmente apenas de uma metáfora, pois enquanto os bichos procedem de uma forma "ritualizada", estritamente prescrita (dirão os biólogos, em seu código genético), o homem segue inúmeros caminhos. A metáfora, em grande medida, é reveladora da manualização: pois a estratégia torna a ação conveniente um tanto obrigatória, de modo que determinadas práticas operadas na conquista são apontadas ironicamente como elementos de um verdadeiro ritual, ou seja, como ações obrigatórias, prescritas (por exemplo, digamos, a prática de "levar para jantar" ou a de "ir ao cinema").
11. Um exemplo clássico da diferença entre regras restritivas e regras prescritivas está na distinção entre jogo e esporte. Em um jogo, temos uma situação de competição entre duas ou mais partes centrada na disputa indireta entre elas, operacionalizada pela disputa direta de cada uma das partes com o acaso. Para que isso seja realizado, o tipo de regra constitutiva do jogo é prescritiva: são definidas as ações a serem praticadas em todas elas. Por exemplo, em um jogo de dados, a regra diz que, se rolam um ou mais dados, que se observe o valor e que se comparem os resultados de cada jogador. Se um dos jogadores, por exemplo, jogar o dado para cima ou o girar como peão, isso simplesmente não fará parte do jogo. Já no esporte, temos uma situação de competição entre duas ou mais partes centrada na disputa direta de competências (em geral físicas) entre as partes. Para que isso seja realizado, o tipo de regra constitutiva do esporte é restritiva: define-se o que não pode ser feito com um conjunto de punições para elas. Naturalmente, tanto jogos quanto esportes possuem um núcleo duro de regras prescritivas, justamente

suas definições (por exemplo, o fato de que no futebol se usam uma bola e os pés). Mas estamos nos referindo às regras de disputa. Na mesma partida de futebol do exemplo, um jogador de linha poderá fazer qualquer coisa desde que não use as mãos, desde que não agrida outros jogadores, desde que não tire a camisa etc. Daí os manuais esportivos sugerirem estratégias, formas de agir de maneira mais eficiente, embora se possam praticar quase infinitas ações em uma partida. Evidentemente, podemos falar de estratégias de jogo — que têm sua parcela de disputa de competência, a rigor de uma única, aquela para interpretar o comportamento dos outros jogadores em relação ao acaso (o que permite antecipar movimentos e obter vantagens).

12. Sobre isso ver McDowell (2000).
13. De fato, mesmo nos livros desses contextos particularizados, subcontextos também são mobilizados, embora não com a mesma abrangência.
14. Entrevista realizada em setembro de 2008.
15. Chama a atenção, por exemplo, o fato de haver um crescimento considerável no número anual de lançamentos do gênero no terço final da apuração: enquanto de 1970 a 1998, os valores se concentram na casa dos dois lançamentos/ano (com um ou outro pico mais alto), dali por diante a média de lançamentos chegaria a cinco/ano, com pico de oito (2006). Esse dado sugere um interesse maior do mercado por esse tipo de publicação e, nesse sentido, uma difusão maior da consciência de que a desculpa se tornou uma ferramenta recorrente. Considerando a concentração do pico de lançamentos no ano que foi eleito como "ano das *apologies*" (Goldstein, 2006) e que todos esses pedidos de desculpa pública foram operacionalizados, mais do que por meio de contrições, por ação da oferta de escusas, isso indica uma maior circulação de empreendimentos morais, de discursos acusando a desculpa de ser um mecanismo usado cinicamente pelas pessoas em geral e pelas públicas em especial.
16. Entre as muitas celebridades que foram à mídia depois de criticadas por terem praticado algo que desagradou alguém, estava o astro de cinema americano Mel Gibson, que, quando foi parado por excesso de velocidade enquanto dirigia embriagado, ao constatar que os policiais eram judeus, disse: "Os judeus são responsáveis por todas as guerras do mundo!" Depois, Gibson mostrou arrependimento em um programa de TV e atribuiu justamente ao álcool seu deslize. Outro caso famoso foi o do humorista Michael Richards, que vive o personagem Kramer na série *Seinfeld* (citada anteriormente), que fez piadas racistas em uma apresentação de *stand-up*. Ao participar de um *talk show* logo depois, ele tentou dar conta do que disse desta forma: "O mais maluco dessa história é que eu não sou racista!" Outra estrela que deu uma desculpa um tanto esfarrapada quando pedia desculpas foi a atriz Sienna Miller, que chamou a cidade em que estava

filmando de Shittsburg (em vez de Pittsburg, trocando o início do nome para a palavra em inglês para "merda"). Na correção, ela disse que "conversas podem ser facilmente manipuladas na imprensa". No Brasil, em um caso que, obviamente, não é citado por Goldstein, um exemplo desse gênero ocorreu (*O Globo*, 15/10/2006): a funkeira carioca Tati Quebra-Barraco foi parada por policiais em uma blitz e notificada por estar sem habilitação e os insultou, chamando-os de "mortos de fome". Depois de protestos, ela foi a público pedir desculpas à PM e ao batalhão da corporação: "Não me lembro de ter falado, estava nervosa, mas me referia apenas àqueles policiais que me abordaram." E, mais à frente: "E, se eu estava sem habilitação, eles roubaram meu rádio e tentaram extorquir dinheiro da gente."

17. Embora os autores tenham usado originalmente um termo jurídico, *defeasibility*, e haja um correspondente para esse termo, o neologismo *derrotabilidade*, oriundo dele e também de uso judicial, referindo-se ao tipo de caso em que o ator não possui livre-arbítrio diante de uma situação, preferimos essa tradução, a fim de deixar seu sentido mais claro.
18. Há alguns outros livros com esse mesmo título principal, aliás. Dois deles são dignos de nota, mas não podem ser classificados como manuais, porque são na verdade livros de discussão filosófica sobre a moral, e não fazem coleções de desculpas ou de formas gerais de seu funcionamento, não caracterizando uma *manualização*. O primeiro é *The Dog Ate My Homework: Personal Responsibility, How We Avoid It and What to Do About It*, do filósofo americano Vincent E. Barry, de 1998. O outro é *The Dog Ate My Homework, or Did He? The Complete Guide for Accountability from a Dog's View*, publicado em 2011 e escrito por John Dwyer. Ambos os casos, entretanto, recorrem à mesma metáfora constituinte de uma desculpa genérica.
19. Não estou sugerindo uma conexão real entre esses dois fatos, mas não deixa de ser uma coincidência curiosa que, conforme mostrei em minha dissertação de mestrado (Werneck, 2004), o cão seja ao mesmo tempo um ícone paradigmático da desculpa e o animal inspirador do cinismo, corrente filosófica grega que renegava o conhecimento escrito e preferia sua manifestação na forma da ação e dava primazia à dimensão irônica das interações. De fato, o termo grego *kynikós* significa "aquele que se porta como cão" (*kýon* = cão), referindo-se ao comportamento típico dos cínicos de andar na rua e olhar para as posições formalistas de outras "escolas" com refinada ironia. O cínico costumava desqualificar os argumentos dos oponentes reduzindo-os ao ridículo, a fim de reivindicar um olhar personalista sobre o mundo.

RESPONSABILIDADE PÚBLICA E CIRCUNSTÂNCIAS (O MENSALÃO)

1. Uma versão de todo preliminar deste capítulo foi apresentada no 32º Encontro Anual da Associação Nacional de Pós-Graduação em Ciências Sociais (Anpocs), no Grupo de Trabalho Crime, Violência e Punição (Werneck, 2008b). Agradeço pelos comentários dos debatedores e coparticipantes, em especial pelos do professor Sergio Adorno, um dos coordenadores do grupo.
2. Se acato aqui a divisão proposta pela Procuradoria-Geral da República, é estritamente para facilitar a apresentação. Mas, como nosso objetivo aqui não é discutir a verdade dos fatos do julgamento e sim apenas as desculpas lançadas no processo de apuração parlamentar das denúncias, não estou considerando como dado indiscutível da realidade nenhuma das acusações nem ações descritas na peça de Gurgel. Considerem-se, então, no condicional todas as atribuições feitas aos acusados, inclusive os votos dos ministros.
3. Os dois votos foram considerados bastante polêmicos. O de Dias Toffoli por ele ter sido advogado do PT e, portanto, subordinado e, diz-se, amigo pessoal de Dirceu (o que apenas torna mais irônico que sua argumentação tenha se baseado no fato de que o testemunho principal de incriminação de Dirceu foi o de Roberto Jefferson, notoriamente inimigo do acusado, o que tornaria o testemunho nulo por conflito de interesses). E o de Lewandowski, porque, segundo ele, seria perfeitamente cabível que Dirceu soubesse do esquema de corrupção e mesmo que ele fosse seu coordenador e até o mentor, mas como a acusação não foi capaz de prová-lo, baseando-se em depoimentos de outros acusados e em suposições e inferências, ele não poderia ser condenado. Por conta disso, seu voto foi considerado por muitos algo atrelado meramente a "tecnicalidades jurídicas". O revisor ancorou seus votos para a Ação Penal 470 em geral à presunção de inocência do réu, votando muitas vezes contra a posição do relator, que, por sua vez, foi considerado por muitos um realista, capaz de enxergar sutilezas que a presunção de inocência — e a necessidade de provas indiscutíveis para a condenação — tornaria ocultas, facilitando a defesa de óbvios corruptos e corruptores.
4. Segundo Rodrigues (29/07/2012), uma série de reuniões foi realizada em 2005, logo que o escândalo explodiu, entre a cúpula do PT e os envolvidos, a fim de criar a versão de que o dinheiro se destinava ao caixa dois. O jornalista afirma que, segundo uma fonte — evidentemente não identificada — o idealizador da versão foi o publicitário Marcos Valério, que a teria apresentado em 12 de julho, [*em*] "uma reunião secreta em São Paulo, em um escritório do advogado Arnaldo Malheiros Filho, responsável pelos casos de Delúbio e Silvio Pereira. Além de Delúbio, Silvio e dos advogados, estava no local José Genoino, presidente do PT, quando o escândalo surgira". Ainda segundo Rodrigues, Valério disse aos outros participantes:

"Temos três hipóteses. A primeira é derrubar a República. Vamos falar tudo de todos. PT, PSDB, PFL, todos. Não sobra ninguém. A segunda hipótese é a tática PC Farias: ficar calado. Só que ele ficou calado e morreu. A terceira hipótese é um acordo negociado, de caixa dois." E a decisão pela terceira teria partido de Genoíno, no que teria sido seguido pelos outros. A descrição do jornalista, então, não possui comprovação legal. Faz, em vez disso, aquele movimento típico do jornalismo político, no qual especulações se tornam certezas por meio de provas testemunhais sem nome e de informações de "que todo mundo sabe". Não discutirei a veracidade ou não dessa narração nem a validade de sua metodologia. Mas ela é digna de nota por chamar a atenção para a representação social a respeito do caráter construído de uma versão. A ideia de "invenção" do caixa dois lança luz sobre o fato de que a narração, seja ou não verdadeira, apresenta uma série de dispositivos que poderiam ser mobilizados justamente para compor a versão.

5. Também não entrarei no mérito de julgar se uma desculpa mobilizada corresponde ou não à verdade. É evidente que faz todo o sentido a hipótese de que o caixa dois tenha sido escolhido como versão não apenas mais eficiente, mas sobretudo menos onerosa, já que se trata de um delito menos grave que o de corrupção ativa (compra de deputados). Mas a questão aqui não é determinar a verdade dos fatos *em primeira instância* e sim discutir a operacionalidade das circunstâncias, ou seja, sua capacidade de ser efetiva, de produzir consequências *em última instância*.
6. Não à toa, a partir dali um enorme debate sobre a possibilidade de implementação do financiamento público de campanhas eleitorais se estabeleceu no país. O modelo, segundo seus defensores, seria o único capaz de aniquilar o caixa dois e o comprometimento entre políticos e financiadores de campanha.
7. A pesquisa CNT/Census foi realizada entre os dias 5 e 7 de julho, nas cinco regiões do país — em 24 estados e 195 municípios. Foram ouvidas 2 mil pessoas. A margem de erro é de três pontos percentuais para cima ou para baixo.
8 Aqui, estamos falando de uma solidariedade moderna, algo bastante aproximado da ideia de solidariedade orgânica de Durkheim, mas sem levar em conta seu caráter funcionalista, ou seja, uma solidariedade que permite a integração entre pessoas que não se conhecem, centrada em um ente superior ao qual todos os indivíduos se referenciam — no caso do modelo, essa pessoa coletiva cívica.
9. Assim, a pesquisa que se segue passou pelo acompanhamento dessa movimentação discursiva nas coleções dos jornais *Folha de S. Paulo* e *O Globo* naquele período. Por remissão a partir desta primeira pesquisa, foram consultados exemplares anteriores e posteriores destas e de algumas outras publicações (em particular o *Jornal do Brasil* e as revistas *Veja* e *IstoÉ Dinheiro*). Foram privilegiadas as leituras dos cadernos "Brasil" (*Folha de S. Paulo*) e "O País" (*O Globo*). Outras editorias foram consultadas quando havia algum redirecionamento das consultadas para elas.

10. Como lembra Filgueiras (2009), uma certa descrição tradicional do Brasil tende a tirar proveito de uma partição entre "indivíduo" e "pessoa" (notadamente no trabalho de Roberto DaMatta, 1979; 1985) para explicar a corrupção como resultado do processo de modernização do Brasil, incompleta, e a partir da qual o "patrimonialismo" seria o cerne da matriz explicativa. A dualidade que aqui coloco, entre *agente público* e *pessoa*, é de outra ordem; diz respeito a uma partição entre dois planos de interpretação do ator em seu trânsito entre mundo cívico e mundo doméstico.
11. Pesquisa realizada entre 27 de junho e 6 de julho de 2008 com 1.502 entrevistados de mais de 16 anos, em cidades das regiões Nordeste, Norte, Centro-Oeste, Sul e Sudeste.
12. Entre 29 de maio a 2 de junho de 2008, com 1.500 entrevistados, em amostra representativa da população adulta brasileira com acesso à rede telefônica (nos domicílios e/ou nos locais de trabalho), de todas as regiões do país.
13. A chamada Lei da Ficha Limpa — Lei Complementar nº 135/2010 — se apresenta como a outra forma de mudança no grau de agência de um ator no mundo político brasileiro. Essa lei, como se sabe, determina que um político condenado por decisão colegiada, e após a segunda instância, não pode se candidatar a cargos eletivos. O caráter simbólico dessa lei é devido ao fato de ela ser o resultado paradigmático de um empreendimento moral, já que foi originada como um projeto de lei popular — referendado por um 1,3 milhão de assinaturas, recolhidas pela ONG Movimento de Combate à Corrupção Eleitoral (MCCE).
14. Este é, alias, um dos motivos que permitiram que o procurador-geral da República dissesse que "a atuação do Supremo Tribunal Federal servirá de exemplo, verdadeiro paradigma histórico, para todo o Poder Judiciário brasileiro e, principalmente, para toda a sociedade, a fim de que os atos de corrupção, mazela desgraçada e insistentemente epidêmica no Brasil, sejam tratados com rigor necessário" e que esse caráter "histórico" fosse repetido e sublinhado ao longo de todo o julgamento. Isso foi particularmente sublinhado no momento de condenação do primeiro politico envolvido, o deputado federal João Paulo Cunha, do PT, presidente da Câmara entre 2003 e 2005 (portanto, na época do escândalo) — e que teria recebido propina para favorecer as empresas de Marcos Valério e foi condenado por corrupção passiva, peculato e lavagem de dinheiro. Cunha havia sido absolvido no processo de cassação na Câmara e se desconfiava que ele e todos os outros pudessem ser incluídos na longa estatística do Supremo de ter condenado apenas *um* político em 45 anos. Essa impressão era ainda reforçada pelo recorrente retorno às atividades de políticos cassados — como o ex-presidente Fernando Collor de Mello, que voltou ao Senado após seu período de inelegibilidade de oito anos.

15. O fenômeno do *grande escândalo* tem, então, um caráter essencialmente *publicizado*. Isso chama a atenção para a necessidade de uma "voz pública" para a "denúncia pública" (Boltanski, 1990). De modo que o jornal assume um papel essencial nas democracias modernas e contemporâneas como lugar do escândalo, do *affaire* público. Em grande medida, a maneira como o jornalismo tem se movimentado como empreendedor moral é o que tem potencializado esses momentos críticos públicos. Para mais a respeito, ver: Boltanski (1993), Werneck (2004 e 2009a) e Lemieux (2000).
16. Apesar desse biografismo, Gushiken não tocaria em nenhum momento de sua fala em sua militância estudantil no grupo trotskista Liberdade e Luta (Libelu), o que poderia deslocar sua imagem para o radicalismo político. O ex-ministro, aliás, seria absolvido no STF.
17. Para a maneira como o modelo pragmatista concebe a relativização, ver: Boltanski e Thévenot (1991, pp. 408-421).

DISCUTINDO A RELAÇÃO (DESCULPAS DE CASAL)

1. Uma primeira versão preliminar deste capítulo (Werneck, 2009c) foi apresentada no 33º Encontro Anual da Associação Nacional de Pós-Graduação em Ciências Sociais (Anpocs), no GT 38, Subjetividade e Emoções. Agradeço, pelos valiosos comentários, aos professores Maria Claudia Coelho, Octavio Bonet, Susana Durão, Claudia Barcellos Rezende e Laura Moutinho. Foi publicada ainda uma segunda versão (Werneck, 2011b), mais desenvolvida, mas atacando outras dimensões da questão.
2. É curioso que a obra tenha causado polêmica por conta da "evasão de privacidade": sim, está ali a artista a expor seu caso de amor. O uso da própria vida, entretanto, é recorrente no trabalho de Sophie Calle. E, no caso de Bouillier, parece ainda mais contraditório o choque: seu primeiro romance, *Rapport sur moi* (2002), foi premiado justamente pela maneira como o autor expunha sua vida pessoal. O posterior, *L'invité mystère*, de 2004 (lançado no Brasil em 2009 como *O convidado surpresa*), é sobre como os dois se conheceram — em uma festa de aniversário de Sophie, que servia justamente como obra, na qual ela guardaria os presentes de festas feitas por anos e dados por um convidado desconhecido, trazidos por um convidado seu — e sobre o relacionamento.
3 Para uma apresentação de como essa obra colabora para a discussão do conceito de "egoísmo" de que trato no capítulo final, ver Werneck (2011b).
4 Ela é, aliás, autora de um belo livro sobre o filósofo austríaco, *Wittgenstein, les sens de l'usage* (Laugier, 2009). Há outros bons livros que relacionam o trabalho do filósofo à sociologia, como, por exemplo, Ogien (2007).

5. Todos os nomes de entrevistados foram alterados. Além disso, a citação de cada um seguirá protocolos variados, com maior ou menor grau de informação. Essa forma de apresentação é oriunda da necessidade de preservar os entrevistados, que confiaram profundamente em mim e me deram acesso a detalhes muito íntimos, alguns desconhecidos até do cônjuge. Adotei, entretanto, um identificador, um traço peculiar de cada um que possa ser usado para diferenciá-lo sem que eu tenha de recorrer a características. Entretanto, preciso dizer: o nome de minha amiga Cláudia não foi mudado e, sim, ela costuma se atrasar.
6. O termo "ficar" remete a alguns diferentes sentidos na dinâmica amorosa con temporânea. Basicamente, refere-se a um momento passageiro em que se constitui um casal (eles se beijam, se abraçam, podem chegar a fazer sexo), em geral de desconhecidos ou recém-conhecidos (mas não necessariamente), e em que a interação não se converte em relação. O casal "fica" e depois se desfaz. Entretanto, o termo também se refere a cada vez que um casal constituído interage afetivamente de maneira física. E, em algumas vezes, para designar um casal que ainda não assumiu um "namoro" ("É, a gente fica" ou "Estamos ficando").
7. Esta é outra expressão recorrente entre os entrevistados e com dois sentidos bastantes definidos: primeiramente, trata-se ao mesmo tempo de um sinônimo para desculpa esfarrapada, quando alguém conta alguma história para dar conta de algo errado (em geral para se livrar de alguém incômodo). O sentido mais interessante, no entanto, é o de um simulacro de desculpa esfarrapada, no qual o argumento é usado para fingir que se considera algo errado, mas se está, na verdade, tentando obter alguma vantagem a partir dessa desculpa dada. O caso de Marcelo é paradigmático.
8. Essa história do "pelo menos uma satisfação" lembra uma outra história de casais e desculpas, com que tive contato externamente à pesquisa, mas que vale a pena recordar aqui. Quando uma amiga minha se casou, a cerimônia exigiu certa dose de esforço dos convidados, já que foi realizada em Tiradentes, interior de Minas, cidade em que morava a mãe do noivo, um inglês radicado no Rio de Janeiro. Ela enviou convites e sua família providenciou um ônibus para que os convidados fossem para lá. Um amigo dela, entretanto, lhe mandou uma mensagem eletrônica, dizendo que não poderia ir. "Terei aula da minha pós-graduação sábado o dia todo", justificava-se. Ao receber a missiva, ela conta, passou a mão no telefone e disse a ele: "Eu vou apagar seu e-mail e você vai me mandar outro. E nele você vai tratar de me mandar uma desculpa bem doida, com elefante [Ah, os animais desculpófilos!], o que você quiser, mas não aceito que você me diga que não vai ao meu casamento por causa de uma aula de pós, né! É muita *desatenção*!"
9. A pessoa com que se fica pode ser construída mesmo como a antítese da imagem de alguém com quem se tem um relacionamento. "Ali a gente não era mais *ficante*

[aquele com o qual se fica em um determinado momento ou com o qual se está ficando habitualmente, sem que isso configure um relacionamento reconhecido], a gente tava já namorando" (Nina) ou "Você fica com um cara e é só diversão; ele não significa nada pra você. Mas quando você namora, ele é diferente, é como se você nunca tivesse ficado com ele" (Marta, mulher de Hélio).

10. Na versão dele para o episódio, ela disse ainda: "Eu chamo a polícia para te prender." Mas ao contar a história, ela colocaria a polícia do outro lado: "Ainda mais se eu souber que você anda com aquele polícia seu amigo." Segundo ela, teria havido um momento em que ele "andou fazendo umas coisas", o que sugeriu envolvimento com o jogo do bicho local e com o mercado ilegal constituído em torno de ferros-velhos. Mas eles evitaram a todo custo entrar em detalhes sobre a interferência dessa história na vida dos dois como família. Em outro episódio, ele descreve o momento em que a achou "ingrata" por ela não ter aceitado um dinheiro "extra" que ele teria ganhado vendendo um carro com o amigo. Disse-lhe que precisavam do dinheiro para o conserto do banheiro. E ela ficou semanas brigada com ele após o final da obra.
11. Nas entrevistas, esforcei-me para que os entrevistados apontassem esses "defeitos" no âmbito de uma narração de situações específicas. Becker (2007, pp. 85-86) diz que, "quando se entrevistavam pessoas, e se indagava *por que* haviam feito algo, provocava-se inevitavelmente uma resposta defensiva. Caso se perguntasse a alguém por que havia feito certa coisa em que eu estava interessado (...) o pobre e indefeso entrevistado compreendia minha pergunta como um pedido de justificação, de uma razão boa, suficiente para a ação sobre a qual eu estava indagando. Respondia aos meus 'por quês?' de maneira breve, cautelosa, pugnaz, como se para dizer: 'Certo, meu chapa, isto é bom o bastante para você?' Quando, por outro lado, eu perguntava como alguma coisa havia acontecido (...), minhas perguntas 'funcionavam' bem. As pessoas me davam respostas longas, contavam-me histórias cheias de detalhes, forneciam-me explicações que incluíam não só suas razões para o que quer que tivessem feito, mas também as ações de outros que haviam contribuído para o resultado em que eu estava interessado." Esse princípio metodológico me conduziu para uma forma dupla de tratar essa questão: perguntar "como?" e "por quê?" ao mesmo tempo, ou melhor, partir de uma demanda por narrativas, e portanto para respostas analíticas, para um questionamento em busca de respostas mais sintéticas. Isso fez com que eu pudesse ocupar um lugar efetivo no aparato de pesquisa, emulando o lugar do empreendedor moral, aquele que ouve as desculpas, que, afinal, são "respostas sintéticas" de Becker: "Se você estiver fazendo certo tipo de pesquisa, talvez não lhe agrade que um entrevistado tenha esse tipo de liberdade" (p. 87). Pois bem, minha pesquisa era justamente "do certo tipo" em que a liberdade narrativa tinha que ser articulada

com um direcionamento de respostas. Foi importante, então, ocupar esse papel de empreendedor, reforçando o caráter "imoral" das ações descritas, a fim de fazer com que os atores relembrassem suas desculpas mais típicas ou que articulassem novas. Esse posicionamento, entretanto, não vinha sem uma problemática metodológica determinante e efetivamente teórica — no sentido de que determinava densas questões a respeito do objeto: um ator articula suas desculpas de acordo com o tipo de ação ou com o ator que está diante dele? Qual era a diferença de o ator dar uma desculpa para mim e ele contar para mim uma desculpa que *deu* ou *daria* para seu companheiro? E, embora a resposta a essa pergunta parecesse óbvia — *é claro* que a desculpa depende de quem vai ouvi-la —, para mim ela poderia revelar detalhes nem tão óbvios assim — ligados justamente à tipificação do "não era eu" e do "é assim mesmo": uma intrincada matriz entre reputação, engajamento moral e forma de efetivação seria composta ao final de minha pesquisa.

12. Thévenot tem trabalhado com o conceito de familiaridade (constituindo mesmo um regime para ela), mas utilizo o termo aqui de maneira independente de suas definições.
13. Um dos exercícios mais limítrofes dessa noção foi o caso do técnico de informática alemão Armin Meiwes, de 42 anos, que em 2003 ficou conhecido mundialmente como "O Canibal de Rothenburg" ou como *Der Metzgermeister* ("o mestre açougueiro"). Meiwes foi preso e admitiu ter matado, desmembrado e comido o corpo de um homem que respondeu a um anúncio postado por ele na internet para participação em um ritual de canibalismo. A questão do julgamento foi que a vítima respondeu ao anúncio por livre e espontânea vontade e, consciente de todos os detalhes, permitiu que Meiwes o apunhalasse no pescoço, cortasse seus órgãos genitais e os fritasse com alho para ser consumido por ambos enquanto praticavam sexo, o fizesse sangrar até a morte, o matasse e, depois de morto, que ele o cortasse em pedaços, o congelasse e o consumisse, regularmente, em suas refeições. O processo foi gravado em vídeo e assistido pelos dois enquanto ocorria — o que acabou servindo de prova no tribunal contra o "suposto" assassino. Meiwes fora preso em dezembro do ano anterior, quando um novo anúncio postado por ele foi denunciado à polícia e os agentes encontraram as provas em sua casa. Os anúncios de Meiwes falavam em "ritual de intimidade absoluta" e o juiz aceitou sua alegação de que o ato era consentido e que o exercício da intimidade entre duas pessoas é inviolável e tudo permite desde que seja de comum acordo. Foi condenado, então, por "homicídio culposo", a oito anos. Ele só seria punido mais severamente depois que a Suprema Corte da Alemanha julgou o recurso da promotoria, em 2005. Na segunda sentença, proferida em 2006, ele foi condenado por assassinato e por "trama para ação hedionda", e sentenciado à prisão perpétua.

14. Estilo de arte hoje associada à pintura, mas que, florescido na França e nos Estados Unidos no começo dos anos 1950, é baseado no pressuposto de que qualquer material pode integrar uma obra de arte. No *assemblage*, habitualmente se faz uma "colagem" de objetos sobre uma tela (associada a pigmentos ou não) ou em um objeto sólido, constituindo um objeto escultórico. Um excelente exemplo (meu favorito) de artista dessa vertente é um de seus fundadores/consolidadores, o americano Robert Rauschenberg. O trabalho de Priscila é bastante bom, devo dizer.

A IDADE DA DESCULPA (DESCULPAS DE IDOSOS)

1. Versões preliminares deste capítulo foram tornadas públicas e debatidas em diferentes espaços. Primeiramente, ele foi apresentado (Werneck, 2010) no Seminário Internacional Corpo, Envelhecimento e Felicidade, no final de setembro de 2010, no IFCS/UFRJ. Agradeço enormemente à professora Mirian Goldenberg pelo convite para tomar parte do seminário, convite que deu origem à própria pesquisa geradora deste texto, justamente com as outras apresentações seria publicado em livro (2011d). No meio-tempo entre os dois, uma versão mais elaborada e detalhada (trazendo inclusive mapas dos supermercados que preferi não apresentar aqui) seria publicada na forma de artigo (2011a). Agradeço pelos valiosíssimos comentários dos avaliadores da *Revista Brasileira de Sociologia da Emoção*.
2. Para ótimos panoramas sobre essa temática no Brasil, ver: Lins de Barros (1998) e Goldenberg (2011) — e, neste, em especial Lins de Barros (2011).
3. A ideia de violência utilizada aqui não está necessariamente ligada à agressão física. Trata-se, antes, de um regime no qual o acordo se torna impossível, no qual nenhuma condição de legitimidade é produzida e em que a efetivação da ação depende do uso desmedido da força, seja ela física ou simbólica. Para uma discussão sobre uma noção pragmatista de violência, ver Clavérie (2009).
4. Fonte: Armazém de Dados, Instituto Pereira Passos, Prefeitura do Rio de Janeiro, informações disponíveis (on-line) em: http://www.armazemdedados.rio.rj.gov.br/arquivos/2973_pop%20por%20idade%20e%20por%20grupos%20de%20idade_ap_ra_bairro_2000_2010.XLS.
5. Não obtive autorização de nenhuma das duas empresas para realizar a pesquisa em suas dependências. Ambas alegaram que conceder esse tipo de permissão não faz parte da política das companhias. Isso, obviamente, determinou alguns traços importantes da pesquisa. O principal deles é que não consegui obter informações que só poderiam ser oferecidas pelas próprias empresas, como a frequência diária de clientes em cada loja ou metragem nominal das mesmas. Além disso, a falta de permissão conduziu a uma rotina de pesquisa bastante peculiar: antes de

tudo, ao longo dos meses em que frequentei os mercados, tive que fazê-lo como cliente comum, com um carrinho, por vezes, por conta da longa permanência nas lojas, tendo que adquirir alguns itens para não gerar desconfiança por parte dos seguranças. Além disso, também por conta da segurança das lojas, tive certa limitação para observações e abordagens aos clientes. Isso determinou uma prática de conversas com vários clientes do lado de fora, a fim de marcar entrevistas. Nada disso, entretanto, impediu que alguma das dimensões da pesquisa fosse concretizada.

6. Apesar dessas diferenças, não fiz recortes de classe, raça, gênero ou de qualquer outra espécie entre os observados e/ou entrevistados. Em vez disso, trabalhei com aleatoriedade induzida pelas próprias situações que pude presenciar e cheguei inclusive a contar com a "colaboração" de vários atores que me abordavam, "puxando conversa" antes mesmo que eu me aproximasse deles. Meu objetivo, claro, era me ater aos atores que se incluíssem nas várias representações da velhice, lançando mão da categoria de "desculpando" (o ator na situação de dar uma desculpa), associada, claro, a esses mesmos idosos.
7. Conforme a tipologia de Boltanski e Thévenot (1987, 1991), a legitimidade de uma precedência como a formalizada em uma fila prioritária ou mesmo de um ceder a vez poderia ser localizada em um plano "cívico", já que constituiria a afirmação de um direito formal inerente à categoria dos idosos. Uma abordagem mais próxima de Cardoso de Oliveira (2002), por exemplo, poderia caracterizar a ação do idoso nesses casos como uma afirmação de "respeito" por uma ação de "consideração". Mas tratarei essas ações do ponto de vista de um conjunto de aparatos de efetivação de um bem exclusivamente atribuído ao idoso, sem o lugar do bem comum mobilizado por nenhum dos envolvidos (salvo no momento da crítica).
8. Tomei todo o cuidado para não negativar moralmente minhas abordagens. Não seria de nenhum modo produtivo que eu me aproximasse de meus objetos os acusando de ações indesejáveis e exigindo deles alguma justificação ou desculpa. Nesse caso específico, entretanto, mesmo com esses cuidados, a falta de disposição da entrevistada para dar uma entrevista obrigou a encurtá-la e obter o máximo de informação no mínimo de tempo. Mas, no caso dela, o próprio movimento de escapar a uma conversa mais longa se mostraria um índice do processo de uso da condição como desculpa.
9. Não é minha intenção aqui iniciar uma discussão substantiva sobre o espaço como questão sociológica. Qualquer esforço nesse sentido estaria para além das possibilidades deste livro. Para os efeitos de uma sociologia da moral nos moldes como traço aqui, o relevante é o fato de que o espaço pode ser entendido como conteúdo de uma série de disputas — além, evidentemente, de poder ser pensado como um dispositivo do qual os atores podem lançar mão para dar conta de suas

ações — e conflitos. Nesse sentido, ele surge como uma dimensão privilegiada da conflituosidade, uma vez que é o plano sobre o qual têm lugar os movimentos dos atores sociais.

10. O Estatuto do Idoso, criado pela lei nº 10.741, de 1º de outubro de 2003, que altera a lei nº 10.048, de 8 de novembro de 2000, estabelece a garantia "às pessoas com idade igual ou superior a sessenta anos" o "atendimento preferencial imediato e individualizado junto aos órgãos públicos e privados prestadores de serviços à população".
11. Essa foi, aliás, uma técnica muito importante nesta pesquisa: a troca de olhar com outros que, na mesma posição de observador da cena que eu, poderiam ter sua crítica moral. Em geral, erguer a cabeça e procurar os olhares dos outros observadores oferecem acesso a uma série de olhares de "aprovação da reprovação". E há todo um vocabulário gestual para isso: os olhos arregalados e os olhos virados para cima; a negativa com a cabeça acompanhada de lábios apertados; a testa franzida acompanhada de um leve balançar de positivo com a cabeça; o sorriso amarelo. Esses olhares "cúmplices" revelavam uma atitude crítica bastante disposta a se manifestar e foram primordiais na coleta de entrevistas.
12. Como ocorre com qualquer tipologia, esta também tem uma coordenação entre um conjunto de ações e um conjunto de representações a respeito de categorias analiticamente construídas a partir daquelas ações (Boltanski e Thévenot, 1983; Cefaï, 1994). As pessoas em torno umas das outras as interpretam simbolicamente, e determinadas práticas criam expectativas a seu respeito. Nesse caso, a tipologia é oriunda de um conjunto de práticas observadas nas lojas com as falas dos atores jovens e idosos a respeito delas.
13. Aqui, acho que cabe salientar mais uma vez algo para que fique bem claro: não tenho nenhuma intenção de afirmar que o idoso é nominalmente descortês. É, antes, uma modelização do que acontece quando ele eventualmente é e de como sua condição é manifestada como dispositivo para dar conta da ação julgada pelos outros como descortesia.
14. Chama-se de "a granel" o setor que vende os produtos apresentados sem embalagem de fabricante e que são adquiridos em quantidades escolhidas pelos clientes, pesados na hora. E de "varejo" os produtos já embalados pelo fabricante ou pelo próprio mercado, com massas ou volumes padronizados. No mercado tijucano, as carnes, por exemplo, são oferecidas nas duas modalidades. No de Copacabana, apenas a varejo.
15. O termo parece ter surgido a partir de um famoso comercial de refrigerante da década de 1990, em que um homem maduro encontra uma bela jovem no elevador que toma a bebida quase eroticamente com canudinho, e se engraça com ela, para ouvir, em resposta: "Tio, aperta o... [e diz o número do andar]."

16. Uma discussão substantiva sobre diferentes formas de particularização dos entes ultrapassaria os limites deste livro. Teixeira (2010) faz uma boa síntese dessa discussão. Para discussões aprofundadas sobre o tema, ver: Taylor (1992), Kaufmann (2001), Korsgaard (2009) e Chalari (2009). Para uma galeria de pesquisas a esse respeito, ver Wetherell (2009).

DE ADÃO AO BOM LADRÃO

1. Grifo meu.
2. Uma apresentação riquíssima do personagem é feita pelo grupo paulista de *hip hop* Racionais MC's, que lança mão de Dimas eventualmente em suas letras. Aquela em que ele aparece mais claramente, *Vida loka 2*, diz: "Aos 45 do segundo arrependido,/ Salvo e perdoado,/ É Dimas o bandido,/ É loko o bagulho,/ Arrepia na hora, /Ó/ Dimas, primeiro vida loka da história." "Vida loka" é uma expressão de uso corrente nas periferias de São Paulo, em especial em referência ao crime, e que surge muitas vezes no trabalho dos Racionais. Trata-se de uma configuração em que se associam a inserção no crime, a busca do prazer, a religiosidade (pois o *vida loka* tem proteção de Deus), ou seja, uma série de dispositivos morais associados, por um lado, à força — como a disposição, a coragem e o desapego à vida — e, por outro, à contenção — como o respeito, a paz e a humildade. A ideia de que Dimas é o *vida loka* inaugural aponta justamente para o caráter particularizado de uma biografia que pode ser perdoada por Jesus porque é, na cruz, uma circunstância: a vida nessa condição *exige* força e capacidade de contê-la.
3. Muito embora a própria existência histórica desse personagem seja discutível, a Igreja admite que a cena da cruz é a de sua absolvição. Mais que isso, a tradição católica admite que aquele momento é mesmo o de sua canonização, e pelas mãos do próprio Cristo, chegando a afirmar que ele foi o primeiro santo. De modo que embora Dimas — cujo nome não é citado em nenhum momento na Bíblia, e teria surgido no apócrifo *Evangelho de Nicodemus* — nunca tenha sido oficialmente canonizado, esse caráter "suboficial" não impediu que ele tenha uma atribuição, protetor dos agonizantes, uma oração oficial, uma festa, 25 ou 26 de março, dependendo da localidade, e mesmo paróquias em seu nome, e até uma catedral, a única do mundo, consagrada a ele na cidade de São José dos Campos, interior de São Paulo. Além disso, há uma considerável produção teológica e hagiográfica a seu respeito. Para uma apresentação alongada da hagiografia e da teologia sobre São Dimas, ver a clássica obra do monsenhor Gaume (2003 [1882]).
4. A leitura dessa obra foi feita por sugestão de Luc Boltanski, a quem agradeço.
5. Essa observação adquire uma relevância mais curiosa por ser oriunda de um papa como Bento XIV, bolonhês, considerado um pontífice de inflexão rumo a uma

igreja mais racionalista, já que teve seu pontificado atravessado pelo apogeu do iluminismo — a *Encyclopédie* começa a ser publicada em 1750, dez anos depois do início de seu papado — e demonstra em vários momentos posturas direcionadas para a razão.

6. Foi o colega português José Resende, da Universidade Nova de Lisboa, quem chamou minha atenção para esse dispositivo linguístico, segundo ele não mobilizado pelas pessoas em seu país. Agradeço a ele pela inspiração.
7. Alguns autores têm dado especial atenção a tratamentos alternativos para a questão do interesse como motor das ações sociais. Um exemplo especialmente sofisticado é o da corrente "antiutilitarista" (Caillé, 2010), que se apega à discussão maussiana da reciprocidade para redefinir e remodelizar o interesse individual.
8. Este trecho foi utilizado conforme a tradução de André Chouraqui (1995), diretamente do aramaico.
9. Naturalmente, a teologia religiosa atribuirá ao próprio cristianismo esse papel de metagramática capaz de derrubar as fronteiras entre os homens. Mas o caráter de substituição das mecânicas religiosas clássicas por correspondentes mecanísticos laicos modernos é algo já bastante estabelecido e podemos entender essa imagem metaforicamente sem necessidade de grandes esforços.
10. O nome do primeiro homem, *Adâm*, remete-se, segundo Chouraqui (1992, p. 51), "ao termo adama, 'gleba, terreno'". Mas, ainda segundo ele, pode-se pensar "também no adjetivo *adôm*, 'vermelho'. No Oriente, as argilas mais férteis e mais plásticas são vermelhas. Homem e húmus ou terreno e terroso mantêm a mesma relação linguística que Adâm e adama".
11. Para uma discussão sobre essa ideia, ver Latour (1994).
12. Sim, poderíamos pensar que sempre se podem reduzir as diferenças de orientação de bem a um bem comum mais abstrato (e, de certa forma, superior), localizado na manutenção da relação ou, simplesmente, na paz. Mas as situações que observei se deslocam em relação ao bem comum operacionalizado *na regra*, de maneira que a manutenção da relação é um bem sempre presente e seu rompimento, uma consequência desse deslocamento, não podendo ser tomado como variável definidora.
13. De acordo com Louis Menand, autor de *The Metaphisical Club*, espécie de biografia intelectual da corrente, foi justamente nessa conferência que o nome "pragmatismo" surgiu, em uma afirmação de James de que apresentava "o princípio de Peirce, o princípio do pragmatismo".
14. Para apresentações sucintas — e didáticas — do papel das consequências nos pragmatismos filosófico e social, ver Joas (1993), Santaella (2004), Pogrebinschi (2005) e De Val (2007). Para uma seleção de textos clássicos do pragmatismo orientada por esse conceito, ver Menand (1997), em especial a introdução e sua seleta de Peirce.

15. Produzi essa descrição analítica a partir da compreensão nativa dos entrevistados a respeito do amor. Mas ela se mostra bastante coerente com a maneira como o sentimento tem sido descrito por vários autores. Para uma apresentação sobre a maneira como o amor é encarado no mundo ocidental — e para uma perspectiva bastante peculiar e instigante do sentimento — ver Badiou (2009). Naturalmente, os escritos de Georg Simmel sobre o amor contribuem sobremaneira para recolocar a discussão no plano sociológico. Em especial, ver Simmel (1993 [1921-1922]).
16. Vários autores, como Heilborn (1980), Vaughan (1986), Salem (1987), Illouz (2011), entre muitos outros, têm dado ênfase a uma "transformação da intimidade" — conforme Giddens (1993), mais um autor desta série —, marcante na atual fase da vida moderna: aquela na qual têm lugar uma afirmação da individualidade, mais especificamente do "individualismo", no âmbito das relações de casal. Uma ótima tradução dessa transformação é dada pela ideia de "casal igualitário" de Salem (1987, 1989; 2007), uma "modalidade ideal de relação conjugal", modulada por uma série de princípios racionais e que passa a ser centrada no individualismo moderno, aquele no qual a relação diádica está em grande parte a serviço de uma relação contratualmente igualitária. Outros autores, mais "pós-modernos", como Bauman (2004), levam ao extremo (de moralização, inclusive) esse sistema do livre exercício das individualidades, pressupondo que as relações afetivas contemporâneas estão *a serviço* do livre exercício dos interesses individuais, das individualidades, do indivíduo. Em todos esses casos, o "egoísmo" aqui em jogo é sua forma adjetiva, atributiva, aquela em que ele aparece como negativo de um *dever*: o egoísmo seria, no "momento crítico", a antítese da exigência de altruísmo esperada como rotina da relação. O ator que se sinta agredido em seu direito ao altruísmo do outro (e não em seu direito ao individualismo) reconhecerá nesse caso um ato de *desamor* e, a partir daí, demonstrará (intencionalmente ou não) o mal-estar. Para uma discussão mais aprofundada sobre a diferença entre individualismo moderno e "egoísmo", ver Werneck (2011b).
17. Tenho que sair aqui em defesa de Marcos e contar que a discussão com Ana Paula o fez mudar um bocado seus hábitos, e ele passou a encontrar menos os amigos e a sair mais com a mulher nas quintas-feiras. A vida boêmia, no entanto, acabou por cansar a ambos e ele se tornou mais "caseiro". Mas ele chama a atenção para o fato de que, depois daquele momento, todas as vezes em que quis sair com os amigos, passou a ter que dar uma desculpa, ou seja, mostrar para a mulher como aquele momento não era um hábito e sim uma circunstância. Assim, ele passou a mobilizar não apenas aniversários e outras comemorações demarcadas como efemérides, mas ainda pequenas celebrações de conquistas de trabalho. Encontrei os dois num momento em que ela foi a um "boteco de quinta", como ela chamava,

fazendo piada com o marido, e ele me disse: "Eu não podia deixar de vir! Imagina, minha mulher disse que viria! Quando é que isso vai acontecer de novo?"

18. Naturalmente, isso é afirmado na medida em que se possa abstrair das ações essa pergunta, e não em uma aposta de que as pessoas de fato pensem isso conscientemente.
19. Para uma discussão nada ortodoxa e bastante interessante sobre a relação entre altruísmo e "*self-interest*", ver Mansbridge (1990).
20. Do ponto de vista lógico, e mais uma vez recorrendo à mitologia, apenas um ser pode agir pelo mal *em si*: o demônio. Ele não tem bem de si. Ele não tem interesse, não é egoísta (ele, aliás, não tem ego, não é um eu, não tem nem um *self*). Fundado em um puro princípio de antagonismo, ele não faz o bem nem a si próprio. E embora ele possua, afinal, actância — como qualquer entidade mítica possui —, o demônio possui outra peculiaridade que o impede de servir de contraexemplo: como é "em si", ele não é constituído pela interação social. O demônio é único absolutamente e não constitui relações de caráter social — por princípio, ele não pode ser influenciado pelas ações dos homens. Além disso, por mais que se possa dizer que o demônio é "incorporável" nos homens (e, por que não, nas coisas), o que seria um *account* das ações de muitas pessoas, essas ações são classificadas como "más", mas pela impossibilidade de serem vistas como outra coisa que não ações "egoístas", ou seja, como "bem de si" não legitimável. Naturalmente, teríamos que acreditar numa existência factual do demônio para isso ser cabível, o que não é o caso aqui.
21. Naturalmente, esse caráter analítico não corresponde a uma cientificidade, voltada para uma forma de coerência racional nas abstrações e categorizações. É, antes, aquela capacidade de abstração mobilizada pelos atores em suas ações cotidianas, apontadas por autores como Schütz e Garfinkel.
22. No que diz respeito ao momento crítico, essa é, como qualquer outra — mas em especial aqui, por conta da autodefesa do bem da outra parte que acaba sendo —, uma avaliação ela própria criticável como subjetiva e interessada, sujeita portanto à desconfiança. Por isso mesmo, em geral precisa seguir as regras do imperativo de justificação para se manifestar como crítica. Ao mesmo tempo, no entanto, é uma orientação franca e flagrantemente em desacordo com o bem comum, de modo que é recorrentemente mobilizada nas operações críticas como recurso privilegiado para criticar, acusação privilegiada. Por outro lado, no que diz respeito ao momento de efetivação, a complexificação analítica advém da aceitação da crítica pelo criticado, o que inicia o ciclo de circunstancialização que leva à desculpa.
23. Para uma discussão mais alongada do conceito ver toda a Parte I de *De la justification*.
24. Uma forma bastante elaborada dessa crítica possível é aquela apresentada por Boltanski e Chiapello em *O novo espírito do capitalismo*.

25. Como se trata de uma condição de não crítica das ações e situações, a rotina poderá ser questionada apenas em sua condição de rotina em si, ou seja, pode-se mobilizar uma crítica ao caráter automático, irrefletido, das ações praticadas e das situações apresentadas. Pode-se criticar a rotina, por exemplo, por ela ser "conservadora" ou mesmo por ser "enfadonha". Nesse caso, estamos diante de um deslocamento da operação de avaliação, do quadro situacional como referência para ele como objeto questionado em si.
26. Uma vasta tradição de pensamento sociológico e filosófico tem se dedicado à questão do sofrimento. Para uma síntese a respeito, ver Amato (1990) e Halpern (2002). Para discussões mais específicas sobre o sofrimento como elemento de uma descrição da vida social, ver Arendt (2011[1963]), Boltanski (1993), Das (1997 e 2006), Kleinman, Das e Lock (1997) e Clarke (1998).
27. Pode-se comparar esse regime com as *cités* mercantil e industrial de Boltanski e Thévenot. Mas, no caso destas metafísicas morais, o processo diz respeito ao universal e, portanto, ao plano da equalização — e, portanto, no plano da *justiça*. Nessa gramática, por sua vez, a efetivação é operada pela peculiarização e, portanto, não busca a equivalência e nem o bem comum (o que é o caso nas *cités* "econômicas" das *économies de la grandeur*).
28. O termo "basear" aqui exerce função dupla: além de se referir a uma inspiração, o sentido principal é que ele usa o regime de ação como base, que este se constrói na dimensão mais abstrata daquele. É como se flutuasse sobre ele.
29. Voltamos a falar de árvores, então: o ato de desculpa parece ocupar um papel na economia temporal da moral. Isso porque, se é circunstância, a desculpa pode se tornar recorrente, conforme a necessidade de circunstancialização se tornar mais uma normalidade alternativa ou não. E, com isso, um processo de mudança moral pode se estabelecer. Assim, se serve como água para regar a árvore da regra moral ao evitar que a discussão de seus princípios oriunda da constante pressão da questão fundamental venha ameaçar seus galhos, o ator de dar uma desculpa, como água, também ajuda a erodir o solo em que ela se sustenta, podendo fazer com que, ao longo do tempo, ela tombe, provocando uma transformação moral. Um dia talvez o caixa dois seja considerado um ato lícito no Brasil, talvez ele ganhe uma legislação específica e a recusa a seu uso se torne uma forma de omissão imoral ao financiamento de campanhas. Se isso acontecer, os novos empreendedores morais talvez se lembrem da desculpa dada por Luiz Inácio Lula da Silva em 2005, dizendo que ela era "o que é feito sistematicamente no Brasil". Ele poderá ser louvado como um cruzado contra a retórica de uma política hipócrita ou coisa que o valha. Isso poderá não acontecer. Pode ser que não tenhamos mais oportunidades de ter em defesa do caixa dois um personagem dotado de conteúdo simbólico tão firme a efetivar sua relação com seus eleitores ou seus governados

(a ponto de ter saído ileso e com altos índices de aprovação do escândalo de corrupção formado em torno dele). O fato é que sua posição de "não era eu" se manteve efetiva, produzindo efeitos.

30. Naturalmente, nos modelos chamados críticos, a não crítica será invariavelmente qualificada como problema perceptivo, já que os atores sociais estarão mistificados pela ideologia ou eclipsados pela ação da estrutura e do poder. Mas há uma diferença importante aí em termos de modelo: a alienação será um problema constitutivo, já que os atores, nesses modelos, são incapazes cognitivamente de acessar estados de consciência do mundo que lhes permita agir — seja por não possuir ferramental cognitivo, seja por serem constantemente enganados por sofisticados ferramentais de ludíbrio. Mas estamos aqui em um modelo cujo *ponto de partida* é a afirmação dessa possibilidade de enxergar a verdade e de se manifestar sobre ela. Obviamente, essa dicotomia constitui diferentes alternativas de leitura para a política e tem interessado a vários autores da corrente pragmatista da crítica, em especial o próprio Boltanski. Para uma discussão sobre a diferenças entre modelos críticos e modelos "da crítica" no que diz respeito a uma economia da consciência ver Boltanski (1990) e Boltanski (2012).

Índice

A
ação que convém (Thévenot), 91, 295
account, 80, 100, 112, 118, 251, 288
actante/ modelo actancial, 85, 91, 140
acusação, 23, 50, 60, 62, 77, 106, 109, 141, 146, 152, 224, 229, 243, 274, 294, 296, 300, 315
Adão, 19, 22, 38, 50, 59, 75, 78, 100, 106, 115, 130, 144, 273, 276, 285, 288
affaire, *forme*, 90
ágape, regime de, 94, 293
amor, regime de, 94
Antônio Vieira, padre, 268, 276
apelo
 a acidentes, 137
 à anulação, 137
 a determinações biológicas, 137
Austin, John L., 19, 60, 77, 80, 100, 137, 199

B
Becker, Howard S., 17, 28, 107, 221, 280
bem
 comum, 88, 93, 95, 97, 112, 180, 247, 281, 291, 296, 306
 de si, 56, 210, 293, 300, 303, 306, 310
 de todos, 88, 99, 305, 306, 310, 317
 do outro, 56, 293, 297, 304, 306, 310
Blumer, Herbert, 86
Boltanski, Luc, 12, 27, 63, 81, 91, 93, 95, 104, 107, 112, 130, 280, 282, 285, 287, 288, 301, 309
Bourdieu, Pierre, 81, 242, 279, 311, 344, 345

C
cãozinho que come o dever de casa, desculpa do, 57, 111, 137, 144
capacidade
 cognitiva, 41, 79, 114, 122, 229, 275, 281, 314, 369
 crítica, 68, 90, 97, 114, 202, 273, 284, 314
 metapragmática, 274, 299, 313
 moral, 114, 202, 273, 276, 295, 314
caráter *taken for granted* das ações, 121, 264, 288
caso, forma, *ver affaire*
casos extraconjugais, desculpas para, 51
Chomsky, Noam, 91
cités, 95, 123, 161, 274, 281, 287, 305, 346, 368,
competência, 39, 79, 84, 91, 120, 130, 163, 199, 210, 227, 235, 252, 257, 272, 291, 295, 300, 314, 347, 351

influência da gramática generativa, 85, 91, 97
moralista, 97
conflito, 18, 35, 46, 69, 87, 93, 96, 101, 107, 111, 113, 134, 140, 201, 211, 218, 226, 245, 251, 286, 289, 301, 316, 340, 345
contaminação do mundo cívico pelo mundo doméstico (corrupção), 160, 356
conveniência (Thévenot), 91, 295, 300
corrupção, desculpas para, 73, 148, 155, 267
crítica, 63, 69, 72, 77, 82, 88, 92, 106, 113, 141, 144, 160, 163, 177, 193, 202, 212, 242, 247, 250, 274, 289, 296, 299, 304, 306, 315, 367
culpa, 19, 23, 38, 42, 62, 66, 107, 110, 139, 206, 240, 339

D

defensividade, 40, 350, 359
desamor, 203, 209, 224, 293, 366
desculpa
total, 25, 38, 42, 130, 138, 270, 339
definição de Austin, 62
dispositivos mobilizados para, 32, 37, 40, 62, 81, 98, 102, 121, 125, 133, 161, 212, 242, 249, 252, 265, 276, 293, 303, 309, 347, 355, 362
esfarrapada, 22, 39, 101, 118, 131, 135, 231, 262, 347, 354,
manualização da, 119
modelo do, "é assim mesmo", 142, 157, 175, 180, 188, 191, 201, 205, 209, 242, 247, 256, 264, 270, 300, 310
modelo do, "não era eu", 137, 140, 157, 177, 185, 188, 191, 195, 256, 300, 310
origem da palavra, 101, 113
pedido de, 101, 112, 134, 225, 269, 277, 343, 348
tipos de Scott e Lyman
apelo a acidentes, 137
apelo à anulação, 37, 137
apelo a determinações biológicas, 137
uso de bode expiatório, 137
Dimas, São, 269, 271, 276, 278, 364
disposição
para o acordo, 87, 99, 283, 297
para o bem, 297
dispositivos morais, 32, 37, 40, 62, 66, 69, 74, 100, 122, 133, 212, 242, 249, 252, 264, 276, 286, 293
disputa, *ver regimes de disputa*
Domenico, Guca, 119, 123, 132, 141
Dosse, François, 81

E

efetivação/efetividade, 120, 145, 157, 162, 218, 227, 234, 244, 254, 265, 287, 291, 295, 299, 302, 306, 310, 313, 343, 355, 362, 367
dada, *ver regime de efetivação por efetividade dada*
metapragmática, 313
egoísmo/ "egoismo", 254, 282, 291, 292, 299, 304, 306, 314, 357, 366
Elias, Norbert, 18, 280
empreendedores morais (Becker), 109, 144, 175, 187, 213, 221, 235, 280, 296, 316, 348, 352, 356, 357, 359, 368
escândalo, 107, 160

estados/grandezas, 85, 97, 111, 143, 160, 249, 269, 286, 294, 301, 310, 345

F

familiaridade, 24, 51, 160, 226, 233
- inevitabilidade, 143, 230
- intimidade, 232, 239
- previsibilidade, 229
- regime de engajamento em, 360

forma formal, 40, 119, 122, 275, 286, 295
- tipos de
  - rituais, 24, 32, 120, 129, 269, 271
  - práticas, 32, 40, 63, 69, 73, 121, 136, 139, 205, 220, 232, 254, 258, 271, 288, 351, 363,
  - procedimentos, 41, 65, 77, 107, 120, 145, 231, 250

G

Garfinkel, Harold, 19, 78, 89, 252, 346, 367

Gayet-Viaud, Carole, 27, 243, 258

Glaser, Barney G. e Strauss, Anselm, 73, 343

Goffman, Erving, 18, 101, 120, 129, 243, 258, 271, 280, 288, 349, 351

gramática, 66, 91, 97, 99, 120, 162, 186, 201, 212, 247, 250, 265, 285, 288, 295, 309, 313, 345, 347, 365
- generativa, 91
- *grounded theory*, 73, 343

I

imperativo de justificação, 81, 89, 99, 281, 291, 367

imposição, 109, 302, 308, 312

interação social, 13, 19, 36, 63, 69, 88, 93, 104, 108, 120, 136, 141, 228, 232, 242, 244, 256, 281, 294, 358, 367

interacionismo, 78, 86

intimidade, 201, 232, 259, 360, 366
- actancial, 232
- informacional, 232

J

James, William, 79, 85, 290, 365

Joseph, Isaac, 85, 246, 256, 345, 351

julgamento, 48, 58, 78, 89, 92, 114, 147, 199, 248, 297

justesse, regime de, 40, 93, 109, 243, 270, 297, 305, 312

justiça, 52, 89, 93, 112, 143, 154, 162, 178, 194, 250, 262, 267, 287, 306, 368,
- regime de, 109
- justificação, 49, 89, 104, 108, 112, 157, 180, 194, 207, 232, 281, 290, 297, 309, 342, 349, 359, 362

K

Kaufmann, Jean-Claude, 200, 213, 228, 238, 349, 364

L

Latour, Bruno, 85, 91, 345, 365

legitimidade/legitimação, 65, 75, 88, 96, 111, 244, 269, 288, 295, 342, 348, 361, 362, 367

M

mal-estar relacional/interacional/situacional, 25, 39, 46, 69, 78, 104, 108, 111, 118, 122, 140, 162, 195, 209, 211, 219, 224, 239, 246, 265, 270, 294, 303, 307, 312, 349, 366

manualização, 74, 119, 132, 351, 353
manutenção, 25, 33, 99, 101, 111, 141, 203, 212, 218, 227, 280, 294, 365
McEvoy, Sebastian, 40, 63, 100, 350
Mead, George Herbert, 78, 345, 349
metafísica moral, 95, 160, 226, 272, 286, 296, 302, 347
Misse, Michel, 11, 25, 30, 35, 107, 161, 110, 278, 313
motivos, sustentação das ações sociais, 64, 80, 106, 113, 224, 264, 297, 303, 343

N
narratologia, 85, 345
neutralização, técnicas de, 81, 290

P
Parsons, Talcott, críticas a, 18, 78, 340, 345
Peirce, Charles Sanders, 85
perdão, *ver* desculpa, pedido de
pessoalidade, 160, 192, 233
piedade, 58, 247, 250, 254, 310
pluralismo, 66, 92, 283, 287, 316
pragmatismo, 33, 38, 65, 73, 78, 81, 97, 106, 244, 273, 278, 284, 287, 295, 311, 345, 346, 357, 361, 365, 369
prova, 89, 94, 98, 136, 209, 231, 247, 288

Q
qualificação, operações de, 161, 248, 294
questão moral fundamental, 202, 212, 218, 226

R
reflexividade, 49, 83, 114, 122, 129
regimes,
  definição, 93
  de ação, 93, 287, 295, 301, 312, 368
  de efetivação, 196, 301
    em particularidade, 307
      por circunstância, 308, 310
      por diferenciação, 308, 311
      por singularidade, 308, 311
    em universalidade, 307
      em justiça, 308, 309
      em piedade, 308, 310
    por efetividade dada, 308, 312
    por imposição, 308, 312
  de engajamento (Thévenot), 93, 285, 301, 309
  de paz, 93
  de violência, 109, 296, 312
reificação, 66, 107, 274, 316, 343
relação social, 24, 33, 36, 39, 44, 73, 101, 108, 130, 141, 145, 162, 197, 200, 206, 211, 278, 294, 297, 314, 348, 358, 365, 366
responsabilidade, 14, 23, 40, 50, 63, 104, 118, 129, 138, 140, 147, 157, 210, 240, 294, 339, 342, 349, 354
rito de interação, 120
rotina, 40, 63, 68, 75, 93, 104, 120, 213, 236, 238, 253, 294, 305, 306, 312, 348, 366, 368
rotulação, 106, 163, 280, 292, 340, 348

S
Schütz, Alfred, 79, 367
Scott, Marvin B. e Lyman, Stanford, 63, 80, 89, 100, 104, 121, 137, 232, 284, 298, 344, 348, 349
Searle, John R., 105, 342

seres metafísicos da regra moral, 38, 72, 95, 140, 194, 227, 272, 286, 296, 310, 340, 368
Simmel, Georg, 18, 35, 46, 78, 145, 201, 233, 257, 275, 280, 340, 366
singularidade, 51, 90, 211, 224, 227, 230, 293, 311
situação, 34, 59, 62, 65, 77, 85, 91, 96, 105, 108, 143, 206, 226, 249, 257, 272, 289, 296, 300, 310, 345, 351
situacionismo metodológico, 85, 301, 345
sociação, 36, 145, 234, 275, 294
sociologia compreensiva, 47, 65, 144, 199, 233, 279, 282, 342, 344
sociologia crítica, 81, 114, 280, 345, 369
sociologia da crítica, 84
sociologia da moral x sociologia da crítica, 30, 81, 114
sociologia da moral x sociologia moral, 30, 114, 300
solução de compromisso, 99, 145, 163, 194, 278, 287, 302
Suassuna, Ariano, 57
sujeição criminal (Misse), 14, 107, 110, 163, 165, 193, 278
Supremo Tribunal Federal (STF), 147, 153, 162, 357
Sykes, Gresham M. e Matza, David, 80 344

T
Thévenot, Laurent, 12, 27, 63, 81, 89, 91, 104, 107, 112, 119, 160, 248, 270, 280, 285, 287, 295, 301, 309, 312, 345, 346, 347, 357, 360, 362, 363, 368
Thomas, William I. (teorema de), 290
trabalho de face (Goffman), 246, 250
tudo bem e *justesse*, 40, 305, 306, 312

U
unidades móveis (Goffman), 245, 252
universalidade, 13, 38, 66, 70, 72, 90, 98, 104, 112, 154, 180, 191, 200, 203, 218, 247, 268, 270, 285, 287, 295, 300, 307, 309, 342, 368
utopias, 94, 109, 210, 219, 228, 234, 274, 286, 314

V
violência, 96, 107, 202, 243, 289, 296, 312, 342, 361
simbólica, 82, 312

W
Weber, Max, 35, 47, 64, 77, 80, 279, 282, 288, 340, 344
Wright Mills, C., 64, 77, 80, 282, 344

*O texto deste livro foi composto em Sabon,
desenho tipográfico de Jan Tschichold de 1964
baseado nos estudos de Claude Garamond e
Jacques Sabon no século XVI, em corpo 11/15.
Para títulos e destaques, foi utilizada a tipografia
Frutiger, desenhada por Adrian Frutiger em 1975.*

*A impressão se deu sobre papel off-white
pelo Sistema Cameron da Divisão Gráfica
da Distribuidora Record*